重庆工商大学经济学院"重庆市经济学拔尖人才培养示范基地"与国家一流专业建设点系列成果

国际税收案例集

GUOJI SHUISHOU ANLIJI

主　编 ○ 汤凤林
副主编 ○ 粟丽历　韩　健

西南财经大学出版社
Southwestern University of Finance & Economics Press
中国·成都

图书在版编目(CIP)数据

国际税收案例集 / 汤凤林主编;粟丽历,
韩健副主编.--成都:西南财经大学出版社,
2024.10.--ISBN 978-7-5504-6420-9

Ⅰ.F810.42

中国国家版本馆 CIP 数据核字第 2024E6W631 号

国际税收案例集

主　编　汤凤林
副主编　粟丽历　韩　健

策划编辑:李特军
责任编辑:冯　雪
责任校对:金欣蕾
封面供图:董潇枫
封面设计:何东琳设计工作室
责任印制:朱曼丽

出版发行	西南财经大学出版社(四川省成都市光华村街 55 号)
网　址	http://cbs.swufe.edu.cn
电子邮件	bookcj@swufe.edu.cn
邮政编码	610074
电　话	028-87353785
照　排	四川胜翔数码印务设计有限公司
印　刷	郫县犀浦印刷厂
成品尺寸	185 mm×260 mm
印　张	20.125
字　数	447 千字
版　次	2024 年 10 月第 1 版
印　次	2024 年 10 月第 1 次印刷
印　数	1— 2000 册
书　号	ISBN 978-7-5504-6420-9
定　价	48.00 元

▶▶ 前言

　　案例教学法是应用型人才培养过程中的经典教学方法之一。对税务专硕和税收专业本科人才的培养来说，要发挥案例教学法的优点，达到培养学生综合分析能力，关键在于有好的教学案例素材。目前，国内税务案例教学教辅资料并不多，大部分案例还以零散原始资料的形式留存在税务系统内部、事务所和企业，小部分因诉讼被司法系统在网上得以披露，每年也会有部分案例被撰写出来并以各类参赛案例的形式面世，但由于版权问题，这些案例很少可以被免费公开查阅使用。有少量的教学案例附见于相关教材，但作为教材的一部分，案例数量非常少，也不是每本教材都有。这些都严重影响了教学效果和应用型实务人才的培养质量，于是重庆市教委在2020年启动了专业学位研究生教学案例库建设，以教改项目形式立项给予愿意编写专业学位案例库的团队经费支持，以推动案例教学法在专业学位研究生培养中的应用。《国际税收案例集》就是在重庆市教委立项项目"国际税收案例库"建设的基础上，在每个案例正文前，梳理了相关基础知识、税收政策，同时给每个案例编写了使用说明书，便于教学者使用。

　　在国际税收领域，信息技术、网络科技的快速发展，加速了全球经济一体化进程，全球跨境贸易和投资活动更加频繁，规模也更大，从而带来了一系列国家间的税收利益分配与协调问题。如两个或两个以上国家都对同一课税对象征收相同或类似的税，而导致对跨国企业的重复征税问题，为了消除重复征税，需要相关税务当局进行税收协调；又如部分国家为了吸引国外资本的流入制定了许多税收优惠政策，甚至不征所得税，导致跨国企业通过各种避税手段把利润囤积在避税地或低税地，使居住国和东道国利益受损。为此，各国不得不相互协调，谈签双边税收协定，对来源国、居住国的税收利益进行协调分配；OECD和联合国也为各国制定双边税收协定范本供各国参考。针对避税地"恶性税收竞争"，OECD通过发布黑名单、灰名单和白名单的方式向避税地施压。然而，数字技术的快速发展和产业数字化的浪潮颠覆了传统的国际税收规则，以有形场所为基础的常设机构规则不再能为东道国谋得数字企业来自本国的价值和利润的征税；跨国企业集团利用数字技术把利润留在低税地或避税地也更容易。

居住国和东道国的税收利益受损愈加严重，一场针对避税地的"围剿"行动一触即发。以 2008 年全球性金融危机引发的经济危机为导火索，全球经济增长放缓、国内财政压力加大，各国政府开始把目光瞄准国际税部分，如何对本国居民企业隐藏在避税地的利润征到相应的税，如何避免本国居民企业或非居民企业把利润从辖区内转移到海外，如何引导海外囤积的利润回流发展本国经济等，成为大多数国家在国际税收领域重点关注的问题。在美国、欧盟等发达经济体的率先尝试下，以 OECD 为首的国际经济组织研究并推出了《税收征管互助公约》、BEPS15 项行动计划和 CRS 等，旨在从信息透明、加强征管合作等方面迫使低税区避税地配合居住国东道国的行动，使国际税收利益分配回到公平的轨道上来。同时，为了解决数据和信息创造了价值但价值创造者所在国无法征到税，税利过多地集中在数字企业居住国的问题，以及数字企业避税的问题，OECD 提出"双支柱"方案：其中"支柱一"建议自上而下由跨国企业总部按照特定的公式对利润在各相关国家之间进行分配；"支柱二"则建议跨国企业全球整体税负至少达到 15%，如果某辖区实际税负低于此标准，则由母公司或中间母公司来补足征税。

正是由于数字经济的蓬勃发展、企业的跨境避税与各国的反避税、国家间不断地税收竞争与协调等原因，国际税收领域涌现出许许多多的实践案例；随着中国经济实力增强以及对世界的影响力增强，在新一轮的国际税收规则重塑过程中我国发挥了比较重要的作用。本案例集共收录了 22 个国际税收案例（11 个案例涉及中国），希望通过对这些案例的分析为中国税务当局、企业提供解决类似问题的思路和参考，为中国高校培养国际税收人才提供教学素材。

《国际税收案例集》是重庆工商大学财税系教师汤凤林在其重庆市教委研究生教改项目"国际税收案例库"建设成果整理基础之上补充基础理论知识后完成的。本案例集包含国际双重征税案例专题、国际避税与反避税案例专题、国际税收征管合作协调案例专题和商品课税国际协调案例四个模块，一共 22 个案例。其中，有为维护我国税收利益对非居民高管在中国的收入补税的案例，也有税务机关针对跨国企业在中国投资通过转让定价转移利润的行为进行转让定价调整，或者预约定价，还有"一带一路"涉税争议解决等方面的案例等。这些案例都带有非常有意义的思政元素，对培育和践行社会主义核心价值观，培养学生鲜明的爱国主义情操、敬业精神与职业操守等都有非常重要的意义。

案例集所选案例具有较好的典型性，编者采用"基础知识—案例正文—案例使用说明—参考文献"的范式对内容进行编排与组织，可以帮助高校老师在税务专硕、税收本科的课堂上教学使用。每一个案例按照"案例背景、公司的框架、焦点问题的分析和案例启示"的逻辑完整地呈现，内容翔实、分析深入；关于 3D 打印技术和数字经济的征税、离岸信托和供应链管理中的税收筹划等案例反映了当下国际避税与反避税领域中的新问题。因此，本案例集适合作为高校学生、老师和实务工作者进行学习研究的基础参考书籍。

编者

2024 年 4 月

▶▶ 目录

第三篇　国际税收征管合作、协调案例

第四篇　商品课税的国际协调案例

第一篇
国际双重征税案例

案例1-1 厦门税务机关通过加比规则判定税收居民身份案

一、基础知识

跨境资本的流动促进了人员的国际化发展，不同国家依据本国税法对其所得进行征税时就产生了国际重复征税问题。税收居民身份判定是确定一个企业或个人在一国负有多大纳税义务的基础，也是消除国际重复征税的前提。对于自然人来说，判定其税收居民身份的标准有住所标准、居所标准和停留时间标准；为了避免重复征税，国际上形成了按照"长期性住所、重要利益中心、习惯性住所、国籍和由双方国家协商解决"的顺序（加比规则）来确定自然人税收居民身份以消除重复征税的办法。

（一）国际重复征税

1. 国际重复征税的概念

一般来说，重复征税就是对同一人（自然人和法人）或同一物品（税源或征税对象）征税两次以上。按其性质的不同，一般可将各国普遍存在的重复征税现象分为税制性的、法律性的和经济性的重复征税。其中，税制性重复征税是同一课税权主体对同一纳税人、同一税源课征不同形式的税收，这种重复征税是由各国实行复合税制度所造成的；法律性重复征税是不同的课税权主体对同一纳税人的同一征税对象进行的多次征税，它是由于法律上对同一纳税人采取不同征税原则造成的；经济性重复征税是对同一税源的不同纳税人的重复征税，通常是由于股份公司经济组织形式引起的。国际税收研究的国际重复征税一般属于法律性国际重复征税。

国际重复征税是指两个或两个以上国家对同一跨国纳税人的同一征税对象进行分别课税所形成的交叉重叠征税。这种重叠征税，一般情况下都是两重的，即两个国家对跨国纳税人的同一征税对象进行的重复征税，所以，人们一般把这种重复征税统称为国际双重征税。

2. 国际重复征税的类型

（1）狭义的国际重复征税。

狭义的国际重复征税是指两个或两个以上国家对同一跨国纳税人的同一征税对象进行的重复征税，它强调纳税主体与课税客体都具有同一性。对于同一个参与国际经济活动的纳税主体来说，所应承担的税收负担不应大于其仅在一个国家内产生的纳税义务。当同一纳税主体因同一课税客体承担了大于其在一个国家内产生的纳税义务的税收负担时，就产生了国际重复征税。

（2）广义的国际重复征税。

广义的国际重复征税是指两个或两个以上国家对同一或不同跨国纳税人的同一课税对象或税源所进行的交叉重叠征税。其征税涉及的范围要比狭义的国际重复征税宽泛，它强调国际重复征税不仅要包括因纳税主体与课税客体的同一性所产生的重复征税（狭义的国际重复征税），而且要包括由于纳税主体与课税客体的非同一性所发生的国际重复征税，以及因对同一笔所得或收入的确定标准和计算方法的不同所引起的国际重复征税。例如，甲国母公司从其设在乙国的子公司处取得股息收入，这部分股息收入是乙国子公司就其利润向乙国政府缴纳公司所得税后的利润中的一部分，依据甲国税法规定，母公司获得的这笔股息收入要向甲国政府纳税，因而产生了甲、乙两国政府对不同纳税人（母公司和子公司）的不同课税客体或同一税源（子公司利润和股息）的实质性双重征税。

3. 国际重复征税的原因

所得国际重复征税是由不同国家的税收管辖权同时叠加在同一笔所得之上引起的。这种国与国之间税收管辖权的交叉重叠可以分为两种情况，即相同的税收管辖权相互重叠和不同的税收管辖权相互重叠。

（1）两国同种税收管辖权相互重叠。

两国之间同种税收管辖权的相互重叠主要是由有关国家判定所得来源地或居民身份的标准相互冲突造成的。比如，同一笔所得被两个国家同时判定为来自本国，或者同一纳税人被两个国家同时判定为本国居民，两个国家的地域管辖权与地域管辖权或者居民管辖权与居民管辖权就会发生交叉重叠。另外，如果一个纳税人具有双重国籍，而这两个国家又都行使公民管辖权，则两国的公民管辖权也会发生交叉重叠。

（2）两国不同种税收管辖权相互重叠。

两国之间不同种类的税收管辖权相互重叠具体有三种情况：居民管辖权与地域管辖权的重叠，公民管辖权与地域管辖权的重叠，公民管辖权与居民管辖权的重叠。由于世界上大多数国家都同时实行地域管辖权和居民管辖权，因此这两种税收管辖权的交叉重叠最为普遍。例如，一甲国居民在乙国从事经济活动并在当地有一笔所得，甲国依据居民管辖权有权对这笔所得征税，乙国依据地域管辖权也有权对这笔所得征税。这样，甲、乙两国的税收管辖权就在该甲国居民的同一笔所得上发生了重叠。如果甲、乙两国都行使自己的征税权，则会出现这笔所得被两国重复征税的情形。公民管辖权与其他税收管辖权重叠的情况与上述居民管辖权类似。

此外，国际重复征税还可能发生在两个国家对企业之间收入分配和费用扣除的看法及法规存在差异的情况。如，甲国企业向乙国企业支付利息，但对这笔利息支付，甲国不允许企业税前扣除，而乙国又要对这笔利息收入征税，此时国际重复征税就会发生。两国对关联企业的转让价格看法不一致时，也会发生经济性的重复征税。

（二）自然人税收居民身份的判定标准

对于自然人而言，居民是与参观者或游客相对应的概念。某人是一国的居民，意味着他已在该国居住较长的时间或打算在该国长期居住，而不是以过境客的身份对该国做短暂的访问或逗留。然而，就各国的具体情况来看，国与国之间判定自然人居民身份的标准并不完全相同。归纳起来，各国使用的判定标准有两大类：一是主观意愿标准；二是事实与境况标准。具体的判定标准又有以下三种。

1. 住所标准

住所是一个民法上的概念，一般是指一个人固定的或永久性的居住地。当采用住所标准判定自然人居民身份时，凡是住所设在该国的纳税人均为该国的税收居民。

作为一个法律概念，住所无论是在大陆法系国家还是在英美法系国家一般都有明确的法律定义。然而，各国民法确定住所的具体认定标准并不完全相同，因而采用住所标准判定个人居民身份的国家在税法中规定的税收居民判定标准也不尽一致。目前，多数国家采用客观标准来确定个人的住所，即要看当事人在本国是否有定居或习惯性居住的事实。但也有一些国家同时还采用主观标准确定个人的住所——如果当事人在本国有定居的愿望或意向，就可以判定他在本国有住所。在验定住所的客观标准方面，目前国与国之间也不完全统一。多数国家把当事人的家庭（配偶、子女）所在地作为判定住所的重要标准。一些大陆法系国家（法国、奥地利、比利时、荷兰等国）还采用经济利益中心标准或经济活动中心标准来判定当事人的住所。经济利益中心是指能够给当事人带来主要投资收益的不动产、专利或特许权等财产的所在地；经济活动中心是指当事人的主要职业或就业活动的所在地。

住所也是我国判定自然人税收居民身份的一项重要标准。《中华人民共和国个人所得税法》（以下简称《个人所得税法》）第一条规定，在中国境内有住所，或者无住所而一个纳税年度内在中国境内居住累计满一百八十三天的个人，为居民个人。居民个人从中国境内和境外取得的所得，依照本法规定缴纳个人所得税。另外，《中华人民共和国个人所得税法实施条例》第二条规定，个人所得税法所称在中国境内有住所，是指因户籍、家庭、经济利益关系而在中国境内习惯性居住。这表明我国税法判定个人住所依据的是个人的"习惯性居住地"。如果个人由于户籍、家庭和经济利益关系而在中国习惯性居住，则其住所就在中国境内。这里的在中国境内习惯性居住，是指个人在中国以外学习、工作、探亲、旅游等活动结束后必然要返回中国境内居住，而不是指个人在中国境内实际居住。也就是说，只要某人的习惯性居住地在中国境内，那么在某个纳税年度中，即使该个人实际并没有在中国境内居住，其在中国境内仍属于有住所，在该纳税年度中他（她）仍属于中国的居民纳税人。根据《中华人民共和国个人所得税法实施条例》第二条的上述解释，个人习惯性居住在中国境内的原因有"户籍、家庭和经济利益关系"，至于其中哪个原因最重要，或者是否需要三者同时具备，

《个人所得税法》并没有明确，所以在现实当中就需要进行综合判断。

2. 居所标准

居所在实践中一般是指一个人连续居住了较长时期但又不准备永久居住的居住地。与住所相比，居所在许多国家并没有一个严格的法律定义，因而各国对居所的认识和判定标准并不一致。但一般认为，居所与住所至少有两点区别：①住所是个人的久住之地，而居所只是人们因某种原因而暂住或客居之地；②住所通常涉及一种意图，即某人打算将某地作为其永久性居住地，而居所通常是指供个人长期有效使用的房产，该标准强调的是人们居住的事实，即某人在某地已经居住了较长时间或有条件长时期居住，但并不强调其在此长期居住的意愿。

从判定居所的具体依据来看，有的国家主要看当事人是否拥有可供其长期使用的住房。也就是说，如果某人在本国拥有可由他支配的住房，那么该人在本国就有居所。不过，以拥有住房为标准判定居所的国家一般还要求当事人在有关的纳税年度中确实在本国居住过，哪怕住的时间很短。另外，有的国家以当事人居住的时间长短以及当事人与居住地关系的持久性来判定居所的存在。甚至在有的国家，如果某人在该国包租几年打猎季节用的狩猎屋，则他在该国就要被认定为有居所。由此可见，各国对居所的判定并无一定之规。

3. 停留时间标准

许多国家规定，一个人在本国尽管没有住所或居所，但在一个纳税年度中在本国实际停留的时间较长，超过了规定的天数，则也要被视为本国的税收居民。由于个人实际停留在某个国家是否会引致该国的税收居民身份关键取决于停留时间的长短，所以这种判定居民身份的标准又被称为停留时间标准或居住时间标准。显然，这一标准强调的是当事人在某一纳税年度中是否待在本国及待多长时间，而不论他或她待在什么地方。

停留时间标准一般是按纳税年度制定，即当事人如果在一个纳税年度中在本国连续或累计停留的天数达到了规定的标准，他就要按本国居民的身份纳税。但也有的国家（如新西兰）规定，在任何连续的 12 个月中，当事人在本国停留的天数达到了规定的标准（182 天），就要被视为本国的居民。至于当事人在一个规定的年度中在不同国家停留多长时间才被判定为本国居民，目前各国的规定并不完全一致。多数国家采用半年期标准通常为 182 天，如印度、马来西亚、挪威、新西兰、葡萄牙、巴基斯坦、新加坡、泰国、英国、乌克兰、俄罗斯、罗马尼亚等；还有些国家则规定为 180 天，如泰国、澳大利亚、加拿大、丹麦、芬兰、德国、意大利、爱尔兰、韩国、卢森堡等。在上述国家，如果一个人在某一纳税年度中（新西兰、哥伦比亚、越南等国为任何连续 12 个月）在该国住满半年，那么他在整个纳税年度或者 12 个月中都属于这个国家的居民。另外，也有少数国家采用 1 年期（365 天）标准，如日本和阿根廷。我国在 2019 年个人所得税改革之前也采用 365 天标准。此前的《个人所得税法》及其实施条例规定，在中国境内居住满一年的个人为中国的税收居民；而在境内居住满一年，是指在一个纳税年度中在中国境内居住 365 天，临时离境的，不扣减日数。2019 年开始实施的《个人所得税法》将 365 天改为 183 天，即在中国境内有住所，或者无住所而在一个纳税年度内在中国境内居住满183天的个人，为中国的居民纳税人。

（三）约束自然人居民管辖权重叠的国际规范

如果同一自然人被两个国家根据本国法律同时判定为本国的居民，从而都有权对其行使居民管辖权时，《经济合作与发展组织关于避免对所得和财产双重征税的协定范本》（以下简称《经合组织范本》）和《关于发达国家与发展中国家间双重征税的协定范本》（以下简称《联合国范本》）都建议按照以下附加标准规则或加比规则来确定其最终居民身份，从而将税收的居民管辖权赋予其中某一个国家来行使：①长期性住所；②重要利益中心；③习惯性住所；④国籍。也就是说，最终确定某人是哪个国家的居民，由哪国对其行使居民管辖权。

1. 长期性住所

首先要看他（她）在哪个国家有长期性住所，在两个协定国中该个人的长期性住所在哪个国家，他（她）就是哪个国家的居民。这里的住所包括任何形式，它可以是个人拥有或租住的独住房或单元房，也可以是个人租住的带家具的单间。长期性住所是指人们安排和持有该住所的目的是长期居住，而非由于旅游、出差、上课等原因而临时性的短期居住。

2. 重要利益中心

如果一个人在两个国家都拥有或都不拥有长期性住所，则要看他（她）的重要利益中心在哪国，即两个国家中哪个国家与其个人的经济关系更为密切，他（她）的重要利益中心就在哪国，此时他（她）就应该被认定为是该国的居民。在判断该个人与哪个国家经济关系更紧密时，需要综合考虑个人的家庭、社会关系、职业、政治及文化活动、营业地点、管理个人财产的地点等因素。如果一个人在甲国有住所，后来又在乙国建了一个住所，但同时仍保留其甲国的住所，而且一直在甲国生活和工作，他（她）的家庭和财产也都在甲国，这些情况加在一起，就可以判定该个人在甲国有重要的利益中心，其与甲国有更紧密的经济关系。

3. 习惯性住所

如果这个人在两国都拥有一个长期性住所，但其重要利益中心所在国无法确定，或者他（她）在其中任何一国都没有长期性住所，此时就要看他（她）的习惯性居所在哪个国家，哪个国家有其习惯性居所，他（她）就应该被认定为是哪个国家的居民。在上述第一种情况下，即该个人在两国都拥有一个长期性住所，但其重要利益中心所在国无法确定，此时就应当看他（她）经常去哪个国家；如果该个人经常去某个国家，但并不经常在该国的长期性住所居住，那么也应认定其习惯性居住地在该国，该国可以对他（她）行使居民管辖权。在上述第二种情况下，即这个人在其中任何一国都没有长期性住所，比如他（她）在两国经常是从这个宾馆搬到另一个宾馆，那么就要看哪个国家有他（她）的习惯性居所，此时就要比较他（她）在两国停留的时间。但在一个多长的时间段内（比如近一年内还是近三年内）进行这种比较，目前还没有一个统一的国际规范。

4. 国籍

如果这个人在两个国家都有习惯性居所或都没有习惯性居所，那么就要以国籍为标准来判定其应为哪个国家的居民，即他（她）拥有哪个国家的国籍，就应认定他（她）是哪个国家的税收居民。

如果按照以上顺序还不能解决问题，即当这个人在两国都有或都没有国籍时，上述两个税收协定范本要求有关缔约国应通过相互协商来确定最终由哪个国家对其行使居民管辖权。也就是说，如果这个人在两个国家都同时具有或不具有国籍，则最终应由双方国家通过协商来确定该跨国自然人属于哪一国居民，由哪一国对其行使居民管辖权。

二、厦门税务机关通过加比规则判定税收居民身份案例①

案例概述： 本案例是关于厦门税务机关用加比规则来判定外籍人士税收居民身份的问题，厦门市地税局涉外分局根据我国个人所得税法确定了外籍人士 A 某属于我国税收居民（同时构成了我国和其国籍国双重税收居民身份），根据"加比规则"的"重要利益中心标准"，将 A 某认定为我国税收居民，对我国负有无限纳税义务，应就其全球所得向我国申报纳税。各国依据不同的自然人居民身份判定标准，容易造成同一个纳税人具有双重税收居民身份，"加比规则"就是用来协调双重税收居民身份分歧的工具。本案例中"加比规则"的使用对于税务机关处理相同案件有着重要的参考价值，也让学员对理解外籍个人的税收居民身份判断标准、用"加比规则"解决双重税收居民身份问题有了更为直接、深刻的感受。

（一）案例背景

随着经济全球化的进一步发展，我国"引进来"的外资与"走出去"的投资规模都不断增大；大规模的双向投资带来了人员的跨境流动，加上中国是一个文化大国，越来越多的外国人员来中国工作和生活，从而也带来外籍人士在构成我国税收居民身份的问题。由于这些外籍人员收入高、出入境相对较频繁，也不太熟悉居住国和我国的税法，对自己到底是哪国的税收居民身份并不太清楚，甚至有可能在同一纳税年度被两国同时认定为税收居民，从而产生双重税收居民身份的问题。这同时也对我国税务部门对外籍人员的税收管理带来挑战。

本案中的厦门市地税局涉外分局对某外籍人员 A 某开展税收核查，A 某在解释其收入的同时提出开具中国税收居民身份证明的要求。相关材料表明，A 某是其国籍国的税收居民，但在其国籍国没有房产，同时未有任职，取得的收入来源仅有股息。而

---

① 1. 本案例由重庆市专业学位研究生教学案例库建设项目——《国际税收案例库》建设小组（重庆工商大学）成员吕文倩、汤凤林撰写，作者拥有著作权、修改权、改编权，未经允许，本案例的所有部分不能以任何方式与手段擅自复制或传播。

2. 本案例只供课堂讨论之用，并无暗示某种管理行为是否有效之意。

3. 本案例资料来源于海峡财经导报——厦门成功利用"加比规则"判定中国税收居民身份。

A 某自 2006 年开始就长期在我国租房居住，现在是厦门某外资企业总经理，同时在我国投资设立公司，有任职并负责经营管理，领取收入并且申报纳税，且在我国其他地区也开展业务。针对以上信息，税务机关应该如何来认定 A 某的税收居民身份呢？

（二）焦点问题

针对上述所给的全部资料，A 某是否能够构成我国税收居民？若构成我国税收居民，且 A 某同时也是国籍国税收居民，应该如何解决 A 某的双重税收居民身份问题？

（三）案件分析

针对上述情况，首先应根据我国税收居民身份判定标准判定 A 某是否构成我国税收居民。其次，A 某若构成我国税收居民，同时也是其国籍国的税收居民，将会形成双重税收居民，这时需要利用"加比规则"来进行税收居民身份判定。

1. 根据我国法律 A 某构成我国税收居民

上述材料表明，A 某在我国租房居住，在其国籍国无居住地，未说明具体居住时间，因而不能立即确定 A 某是否为我国税收居民，所以需进一步判断。根据《中华人民共和国个人所得税法》（第六次修改）第一条规定，在中国境内有住所，或者无住所而在境内居住满一年的个人，从中国境内和境外取得的所得，依照本法规定缴纳个人所得税。《中华人民共和国个人所得税法实施条例》第二条规定，税法第一条第一款所说的在中国境内有住所的个人，是指因户籍、家庭、经济利益关系而在中国境内习惯性居住的个人。我国对居民个人的判定有住所和停留时间两个标准，只要满足其一就可以判定为我国的税收居民。其中，在中国境内有住所的标准是指"因户籍、家庭、经济利益关系而在中国境内习惯性居住"。由此可以看出，住所标准其实主要是一种习惯性居住，这种习惯性居住是户籍、家庭和经济利益关系等原因所致，它独特的地方在于，这不是一个具体的居住地，而是一种习惯性住所。这种习惯性居住的住所，并不意味着只有买了房屋或有了居住的房间才是有住所，而是指所有那些在中国境内有长期停留地且长期享受公共服务的人都是有住所的个人。本案例中，A 某非中国籍，且并未告知家庭情况，就只能从经济利益关系入手判断我国是否为 A 某习惯性居住地。材料表明，A 某自 2006 年起在中国居住，与此同时 A 某在中国投资设立公司，有任职并负责经营管理，领取收入并且申报纳税，且在中国其他地区也开展业务。因此可以认定 A 某的经济来源主要来自我国。根据《中华人民共和国个人所得税法》和《中华人民共和国个人所得税法实施条例》可以认为 A 某因经济利益关系而在中国境内习惯性居住，符合住所标准，所以 A 某构成我国税收居民。

2. 运用"加比规则"判定 A 某为我国税收居民

在 A 某构成我国和其国籍国双重税收居民的情况下，我国税务机关引入税收协定中关于居民认定的条款税收协定中的"加比规则"，进一步判定 A 某税收居民身份归属。"加比规则"是我国为了防止造成双重税收居民征税而与其他国家签订税收协定时用来判断纳税人税收居民身份的依据。按照"永久性住所—重要利益中心—习惯性住所—国籍"的顺序来协调双重居民身份矛盾的一种规则，当采用上述顺序进行判断后仍无法确定单一居民身份的,再由双方税务主管当局协商解决。而一旦确定 A 某是我国的税收居民,根据个人所得税法的规定,A 某应履行居民纳税人义务,就其全球所得缴纳个人所得税。

（1）永久性住所标准。

"永久性住所标准"一般是指某个人本身所拥有,配偶和家庭所在地,并有连续永久居住的意愿,而不是那种以旅游、谋生、上学等为目的的短期居留。根据税收协定的规定,同时为双方居民的个人应认为是其有永久性住所所在一方的居民。永久性住所包括任何形式的住所,例如有个人租用的住宅或公寓、租用的房间等,但该住所必须具有永久性,即个人已安排了长期居住,而不是为了某些原因（旅游、商务考察等）临时逗留。本案中,由于 A 某在两国都无永久性住所,可以认为永久性住所标准无法判断 A 某为哪国税收居民。此时应该引入对"重要利益中心"的考量。

（2）重要利益中心标准。

同时为双方居民的个人,如果在双方同时有永久性住所,应认为是与其个人和经济关系更密切（重要利益中心）所在一方的居民。"重要利益中心标准"要参考个人家庭和社会关系、职业、政治、文化及其他活动、营业地点、管理财产所在地等因素综合评判。其中特别注重的是个人的行为,即个人一直居住、工作并且拥有家庭和财产的国家（地区）通常为其重要利益中心之所在。上述资料表明,A 某在国籍国没有任职,仅取得股息收入,属于消极投资所得;但在我国投资设立了公司,有任职并负责经营管理,取得的是主动所得。综合考虑消极投资所得与主动所得,认为 A 某与我国的经济活动联系更紧密,其重要利益中心在我国而非其国籍国,因此认定 A 某为我国税收居民。所以税务机关在给 A 某开具中国居民身份证明的同时要求其就全球所得申报纳税,由此 A 某补缴个人所得税及滞纳金 50.44 万元。

（四）通过本案引发的问题思考

通过分析本案,可以发现我国税收居民身份认定存在一些漏洞。

第一,适用《中华人民共和国个人所得税法实施条例》第二条规定判定税收居民身份时,影响因素户籍、家庭、经济利益关系三者没有明确规定参考的先后顺序,以及参考的重点项。户籍、家庭、经济利益关系每一项因素都存在不同的影响,如果不规定判定的先后顺序,最终的判定结果将会有很多种,会造成极大的主观性判定税收居民身份。例如,本案中 A 某由于未考虑其户籍、家庭的因素,只考虑了经济利益关系,恰好证明其经济利益关系在我国。当存在运用多种因素考虑时,首先是无法确定其重要顺序,其次若存在多种因素分布在两国,最终判定的结果将不具有说服力。

第二,《中华人民共和国个人所得税法实施条例》第二条规定不太适用判定外籍人士税收居民身份。第二条的判定因素有三个,即户籍、家庭、经济利益关系。随着经济全球化的进一步发展,越来越多的外国人员来中国工作和生活,这些外籍人员收入高、出入境相对较频繁,而户籍与家庭的判定因素太局限了,往往只能依靠经济利益关系来判断,使税收居民身份判断有一定局限性,因而我国可针对外籍人士设置相关法律条款,确保对外籍人士税收居民认定具有广泛性。

第三，引用重要利益中心规则缺乏法律依据。重要利益中心规则比较适合与住所标准结合使用，很多国家在实践过程中都或多或少会运用到这个标准。作为一个在税收协定中非常重要的标准，在我国税法中，却没有一个具体的规定，这使得税务机关在引用这个标准时缺乏有力的法律依据。税收法定原则要求任何的税收问题都要有相关的法律规定，任何征税行为都要有法律前提。因此，仅仅在税收协定中出现的重要利益中心规则在很多情况下的运用都缺乏说服力。

（五）案例启示

本案例详细地展示了在判定我国税收居民和当构成双重税收居民时，如何根据税收协定中的"加比规则"判定实际税收居民身份的过程，分析了案例的进程及相关内容以及税务机关完整的解释。A某虽然为其国籍国的税收居民，但同时也满足我国税收居民的认定标准，构成了双重税收居民。根据税收协定中"加比规则"，按照"永久性住所—重要利益中心—习惯性住所—国籍"的判定顺序，在永久性住所标准无法判断的情况下，采用重要利益中心的判断标准，A某的重要利益中心在我国，所以A某是我国的税收居民，应就全球所得在我国进行申报纳税。

从纳税人角度：随着经济全球化发展，跨国工作的人群越来越多，很多外籍人员受雇于境外公司，却在境内公司工作，工资部分既有境外支付部分又有境内支付部分，支付方式相对复杂。针对这些现象，纳税人应当主动提供相关资料给税务机关进行判定其是否构成我国税收居民；若同时构成我国税收居民与其国籍国的双重税收居民，则应根据我国与其国籍国签订的税收协定来判定。当纳税人被认定为我国税收居民时，应就其全球所得缴纳个人所得税。

从税务机关角度：我国实行的是居民管辖权和地域管辖权相结合的税收管辖权，而对于一个行使居民管辖权的国家来说，判断一个纳税人是否是本国的纳税居民具有极其重要的意义，这是一国正确行使税收管辖权的前提，也保证了一个国家的税源不被流失，保障了一个国家的税收主权；税务机关为维护国家主权，保证本国税源不被流失，务必要做好对税收居民身份的认定工作，必须对税收居民进行明确定义，并列出具体的判断标准和冲突协调规范；存在双重税收居民时，应该按照"加比规则"的顺序，即"永久性住所—重要利益中心—习惯性住所—国籍"来判断纳税人的税收居民身份。当以上判断标准都无法解决税收居民身份认定时，双方主管当局应通过协商解决。

本案的进一步启示：纳税人的税收居民身份是国际身份规划和财富安排的核心。税收居民意味着被认定在该主权国负有无限纳税义务。根据我国相关的法律规定，自然人一旦被认定为我国的税收居民，就要对其来自境内境外的财产和所得负有无限纳税义务，因此，判断外籍个人的税收居民身份，决定了其纳税义务的范围。纳税人应主动配合税务机关进行税收居民身份认定，税务机关也需客观地判定。存在双重税收居民时，可以运用"加比规则"解决，对于仍无法确定单一居民身份的，再由双方主管税务当局协商解决。

三、案例使用说明

（一）适用对象与教学目的

1. 适用对象

案例主要适用于"国际税收"等课程。本案例的教学对象包含财经类的本科生和研究生，特别是税收学专业的本科生和研究生。

2. 教学目的

一是使学生对相关知识具有感性的认识及深入的思考，其中包括的知识点有我国税收居民的认定方式、运用"加比规则"判定双重税收居民身份等问题。二是培养学生的辩证、逻辑思维能力。引导学生运用类比法、逆向思维和多向思维，以及归纳总结等方法去分析和学习，站在税务机关的角度思考应该如何认定本国税收居民身份，当存在双重税收居民身份时又该如何判定，从而避免机械地学习、记忆。三是便于教师对启发式教学、发现式教学、研究式教学等教学方法的灵活运用，以打破教师在课堂上"一言堂"，通过课堂的引导性提问，让学生站在税务机关的立场作答，充分调动学生的积极性，启发学生思维，让学生积极参与教学过程，将被动变为主动。

（二）思考题

1. 我国判定税收居民身份的标准是什么？

2. 加比规则是什么？

3. 对自然人的居民身份判定标准主要有几种？

4. 你认为《中华人民共和国个人所得税法》是否适用于外籍人士？

5. 若法人税收居民身份出现双重税收居民，又应如何解决？

（三）分析思路

应先明确本案例的焦点问题，即根据我国税收居民身份的判定标准，A 某是否能够构成我国税收居民？若构成我国税收居民，且 A 某同时也是国籍国税收居民，应该如何解决 A 某的双重税收居民身份问题？然后再查阅相关资料《中华人民共和国个人所得税法》及《中华人民共和国个人所得税法实施条例》解决焦点问题，最后讨论分析得出结论。

（四）理论依据及分析

本案分析的顺序为先确定 A 某能否构成我国税收居民身份，其次，当构成我国与其国籍国的双重税收居民时，又应运用"加比规则"进行具体分析。

所以本案的焦点之一在于 A 某能否构成我国税收居民。根据《中华人民共和国个人所得税法》第一条规定，《中华人民共和国个人所得税法实施条例》第二条规定，结合住所标准，A 某可以构成我国税收居民。本案的焦点之二在于如何解决 A 某既构成我国税收居民，又构成其国籍国税收居民的双重税收居民身份。根据税收协定中的"加比规则"中的"重要利益中心标准"可以判定 A 某属于我国税收居民。所以 A 某应就其全球所得而在我国缴纳个人所得税。

（五）关键点

本案例中需要识别的知识点有三个，即我国税收居民身份的认定标准、双重税收居民身份的解决办法及"加比规则"。

通过对本案例的学习，再将其与实际联系起来，一方面可以培养学生查找与案例相关的法律法规的能力，如《中华人民共和国个人所得税法》《中华人民共和国个人所得税法实施条例》；另一方面可以增强学生表达能力和团队合作能力，以及培养学员对案例进行系统分析、逻辑推理并合理决策的能力。最终通过案例分析找出案例中可能存在的漏洞，提炼出自己的观点，从而加深对上述知识点，即我国税收居民身份的认定标准、双重税收居民身份的解决办法及"加比规则"的记忆和理解。

（六）建议课堂计划

本案例可以通过专门的案例讨论课来分析讲解。具体教学计划见表1-1。

表1-1　案例教学计划

案例教学计划	具体内容
教学时长	1个学时
课前计划	发放案例正文和思考题，要求学生在课前完成阅读并对思考题作答
课堂计划	1. 介绍税案始末，让学生了解案例的基本情况和焦点问题。 2. 将学生分成小组进行讨论，讨论根据我国税收居民身份认定标准，A某是否构成我国的税收居民身份，当出现双重税收居民身份时，又该如何解决双重税收居民身份问题，并说明理由，然后每个小组派一名同学上台发言。 3. 归纳总结每个小组的发言，提出各小组的优缺点，并解答有争议之处。 4. 结合问题，回顾案例
课后计划	整理思考题答案，写在作业本上并提交

（七）案例的建议答案以及相关法规依据

本案例中关于我国税收居民身份的认定应根据《中华人民共和国个人所得税法》第一条规定、《中华人民共和国个人所得税法实施条例》第二条规定判定A某构成我国税收居民身份。当存在双重税收居民时，应根据税收协定中"加比规则"判定顺序中的"重要利益中心标准"作为判定标准，判定A某属于我国税收居民。

（八）其他教学支持材料

本案例以幻灯片的形式进行辅助说明。

（九）思考题参考答案

（扫一扫）

（十）附件（相关法律法规条款）

1.《中华人民共和国个人所得税法》

第一条规定：在中国境内有住所，或者无住所而在境内居住满一年的个人，从中国境内和境外取得的所得，依照本法规定缴纳个人所得税。在中国境内无住所又不居住或者无住所而在境内居住不满一年的个人，从中国境内取得的所得，依照本法规定缴纳个人所得税。

2.《中华人民共和国个人所得税法实施条例》

第二条规定：税法第一条第一款所说的在中国境内有住所的个人，是指因户籍、家庭、经济利益关系而在中国境内习惯性居住的个人。

四、参考文献

［1］徐于平，邱磊，余娜. 厦门成功利用"加比规则"判定中国税收居民身份［N］. 海峡财经导报，2014-08-07.

［2］朱青. 国际税收［M］. 北京：中国人民大学出版社，2021.

案例 1-2 澳大利亚当局关于 Gould 实际管理机构的判定案

一、基础知识

（一）税收管辖权

税收管辖权是指国家在税收领域中的主权，是一国政府行使主权征税所拥有的管理权力，即一国政府有权自行决定对哪些人征税、征收哪些税以及征多少税。税收管辖权具有独立性和排他性，它意味着一个国家在征税方面行使权力的完全自主性，在处理本国税务时不受外来干涉和控制。

当然，这种权力并不是绝对地不受任何限制和约束。因为在确定纳税人方面，任何国家都无权对那些同本国毫无关系的人征税；在确定征税对象或征税范围方面，一个国家也不可能漫无边际地巧立名目，毫无根据地任意设置税种；同时，在税率（决定征收多少税）方面，一个国家也不能毫无原则，不考虑纳税人的负担能力。

税收管辖权不受限制和约束的真正含义在于：任何主权国家的税收管辖权都是独立自主的，纳税人、税种和税率等都由各国政府根据本国国情并参照国际惯例自行规定，任何外力都不得干涉和控制。正是由于世界各国都拥有不受外来干涉和控制的税收管辖权，各国政府都可以按照本国的需要制定本国的税法，因而相关国家的涉外税收部分难免发生冲突，给跨国经济活动带来重复征税，加重企业负担，需要相关国家间的税收协调。

1. 居民管辖权

居民管辖权是按照属人主义原则确立的税收管辖权，一国政府对于本国居民的全部所得拥有征税权，也称居住管辖权。

一个国家行使居民管辖权，所考虑的已不再是收入或所得的来源地，而是纳税人的居民身份，它是以纳税人是否居住在本国并拥有居民身份为依据，确定对其是否行使课税权力及征税范围。一般来说，凡是本国的居民（自然人和法人），不论其收入或所得包括多少种类，也不管其所得或收入是来自本国还是外国，本国政府都有权对其来自世界各地的全部所得进行征税。即使居民在本国无所得而仅在其他国家取得所得，但只要是本国居民，本国政府就有权对之征税。因为收入来源地管辖权虽被认为是比较合适的、优先的税收管辖权，但并非唯一的税收管辖权。收入来源地国家不能独占对跨国纳税人的征税权力，税收利益应当在有关的收入来源国和居住国之间进行合理的分享。所以，居住国政府并不放弃对属于本国居民在其他国家取得收入或所得的征税权力，而对外国居民来源于本国境内的所得并不注重。因此，只要跨国纳税人（自然人和法人）是某个国家的居民，这个国家就有权对其来自国内和国外的一切所得征税。可见，居民管辖权的特征是对本国居民纳税人来自国内外的所得同等课税。

2. 收入来源地管辖权

收入来源地管辖权是按照属地主义原则确立的税收管辖权，一国政府只对来自或被认为是来本国境内的所得拥有征税权力，也称地域管辖权。

在实行收入来源地管辖权的国家，所考虑的不是收入者的居住地或纳税人的身份，而是其收入的来源地，即以纳税人的收入来源地为依据，确定征税与否，因此，也有"从源课税"之说。一般它只对跨国纳税人来自本国境内的收入或在本国境内从事经济活动取得的收入，不分本国人或外国人，一概行使税收管辖权，依照本国税法规定全部予以征税；而对于跨国纳税人来源于境外的收入，不论其所在国家是否征税，都不在本国税收管辖权范围之内。可见，收入来源地管辖权的特征是只对来自本国境内的收入征税，而不对来自境外的收入征税。由于这一税收管辖权既体现了国家之间经济利益分配的合理性，又体现了税务行政管理的方便性，故已得到世界各国公认，并被普遍采用。

（二）法人税收居民身份的判定

在民事法律关系上，法人是与自然人相区别又相对应的一种主体，它一般是指依照有关国家法律和法定程序成立的，有必要的财产和组织机构，能够独立享有民事权利和承担民事义务并能在法院起诉、应诉的社会组织。类似于对自然人征税，一个实行居民管辖权的国家在对法人征税时首先也要确定其是否为本国的居民。目前，各国判定法人的居民身份主要有以下几个标准。

1. 注册地标准

注册地标准又称法律标准，即凡是按照本国的法律在本国注册成立的法人都是本国的法人居民，而不论该法人的管理机构所在地或业务活动地是否在本国境内。一个公司的注册地有时也被称为"法律住所"。主张以注册地标准判定法人居民身份的观点认为，法人是模拟自然人而由法律赋予其人格的实体，但对法人不能像对自然人那样以其吃饭睡觉的地方作为其居住地；由于一个组织只有依法注册成立才能取得法人资格，所以法人的居住国应当是它注册成立的国家。注册地标准的优点是容易操作，因为公司的注册地点是唯一的，并且很容易识别。依据该标准，法人无法轻易通过移居来进行避税，因为公司法人要改变注册地点就必须先进行清算，并就其资产的增值部分（资本利得）缴纳所得税，从而限制了企业任意向国外迁移。

2. 总机构所在地标准

总机构所在地标准是指，凡是总机构设在本国的法人均为本国的法人居民。这里的总机构是指法人的主要营业所或主要办事机构。从法人的机构组织结构来看，一般总机构负责制定法人的重大经营决策，并负责统一核算法人的盈亏。在实践中，法人的总机构也就是法人的总公司或总店。与管理机构所在地标准相比，总机构所在地标准强调的是法人组织结构主体的重要性，而管理机构所在地标准强调的是法人权力或决策中心（法人的实际权力机构或人物）的重要性。

3. 选举权控制标准

选举权控制标准，即法人的选举权和控制权如果被某国居民股东所掌握，则这个法人即为该国的法人居民。采用这一标准主要是基于以下考虑：法人只不过是覆盖在一群成员（股东）身上的一层薄纱，它使这些成员（股东）联合起来凝聚成一个法人，所以法人与被联合起来的股东实际上不可分，因此法人股东的居住地也就是法人的居住地。但如果一个法人企业被几个国家的居民股东所共同控股或公司的股票公开上市交易，就很难采用选举权控制标准，此时该公司的利润就应当像合伙企业那样，由不同的股东就自己应得的利润在不同的国家分别纳税。

4. 管理机构所在地标准

管理机构所在地标准是指，凡是一个法人的管理机构设在本国，那么无论其在哪个国家注册成立，都是本国的法人居民。公司的管理机构所在地有时也被称为"财政住所"。赞成采用这一标准判定法人居民身份的观点认为，一个法人注册成立与一个自然人出生一样，这在确定其居住地时确实是一个需要考虑的因素，但它绝不是确定一个公司法人居住地或居民身份的唯一因素；确定法人的居住地，关键还要看它组建起来以后管理机构设在哪里，在哪里开展业务。法人的居住地取决于其从事经营业务的地点，而法人的管理活动属于经营活动的一部分，因而法人的居住地可以根据其管理机构的所在地来判定。由于公司的管理机构很容易迁移，而且管理机构迁移一般不引发资产增值的纳税义务，所以管理机构所在地标准容易被公司法人利用进行避税。

根据企业所得税法，我国对于居民企业的认定采用的是注册地和实际管理机构标准。如果一个企业是依据中国法律在中国注册成立，该企业就是中国的居民企业；或者该企业不在中国注册成立，但其实际管理机构在中国，也认定该企业是中国的居民企业。所谓实际管理机构，是指对企业的生产经营、人员、账务、财产等实施实质性全面管理和控制的机构。如果境外中资企业同时符合以下条件，应判定为其实际管理机构在中国：①企业负责实施日常生产经营管理运作的高层管理人员及其高层管理部门履行职责的场所主要位于中国境内；②企业的财务决策（借款、放款、融资、财务风险管理等）和人事决策（任命、解聘和薪酬等）由位于中国境内的机构或人员决定，或需要得到位于中国境内的机构或人员批准；③企业的主要财产、会计账簿、公司印章、董事会和股东会议纪要档案等位于或存放于中国境内；④企业1/2及以上有投票权的董事或高层管理人员经常居住于中国境内。

二、澳大利亚当局关于 Gould 实际管理机构的判定案例①

案例概述： 在经济全球化和数字经济背景下，企业通过一系列方式表面转移实际管理机构，隐藏其真实所在。如何判定实际管理机构所在地不仅是认定法人实体的税收居民身份的基础，也是解决双重税收居民身份冲突的关键。澳大利亚高等法院 2016 年审结的 Gould 案件是一起典型的表面改变管理控制中心所在地的代表案例。实际纳税人 Gould 通过建立代持关系、成立伪装实体的方式，试图通过长链条的财产转移关系并规避其纳税义务。澳大利亚税务局通过调查最终认定 Gould 案件应当尊重实质重于形式的原则，以事实标准判定 Chemical Trustee Ltd（以下简称"Chemical"）公司管理和控制所在地应为澳大利亚，Chemical 公司应当就其全部应税所得向澳大利亚纳税。通过对本案例的分析，帮助学生了解在实践中税务机关如何判定实际管理机构所在地，以及企业是通过何种方式改变管理控制中心，也有助于其进一步理解实际管理机构所在地判定标准、管理和控制中心、税收居民管辖权等有关知识点。

（一）案例背景

Chemical 公司在英国注册成立，其所有发行股份均由 Guardheath Securities Ltd（以下简称"Guardheath"）持有。Chemical 公司唯一记录在案的董事和股东是 Peter Martin Borgas（以下简称"Borgas"）和他的妻子、儿子。在 2001 年至 2007 年间，Chemical 公司会议记录显示其董事会议是在瑞士举行的，并有 Borgas 及其夫人参加。在 2003 年、2004 年和 2005 年，该公司通过在澳大利亚证券交易所买卖股票获得了高额收入。JA Investments Ltd（以下简称"JA"）在开曼群岛注册成立，其唯一有记录的董事和股东为 Borgas。经查证，Guardheath 只是作为 Chemical 的名义股东，代替 JA 公司持有 Chemical 的股份，JA 公司才是 Chemical 的实际股东，即 JA 公司是 Chemical 公司的最终母公司。根据 JA 公司章程的规定，Vanda Russell Gould（以下简称"Gould"，澳大利亚居民）有权向公司指派附加成员，并且这些附加成员有权撤换或者任命新的董事，即 Gould 为 JA 公司的实际受益人。具体股权关系见图 1-1。

Chemical 公司声称，因为 Borgas 居住以及经营都在瑞士，Chemical 公司的实际管理机构应当位于瑞士，因此 Chemical 公司没有就任何相关的收入向澳大利亚税务机关申报纳税。然而澳大利亚专员于 2010 年 8 月 12 日向其送达了纳税单，要求 Chemical 公司就其股票交易利润缴纳税款以及罚款。澳大利亚税务机关认为 Gould 是 JA 公司的实际受益人和控制人，实际管理机构位于澳大利亚，属于澳大利亚税收居民，有义务就其全部应税所得向澳大利亚纳税。Chemical 公司认为澳大利亚无权对这些收入征税，因此向联邦法院提起诉讼。

---

① 1. 本案例由重庆市专业学位研究生教学案例库建设项目——《国际税收案例库》建设小组（重庆工商大学）成员欧千尔、汤凤林撰写，作者拥有著作权、修改权、改编权，未经允许、本案例的所有部分不能以任何方式与手段擅自复制或传播。

2. 本案例只供课堂讨论之用，并无暗示某种管理行为是否有效之意。

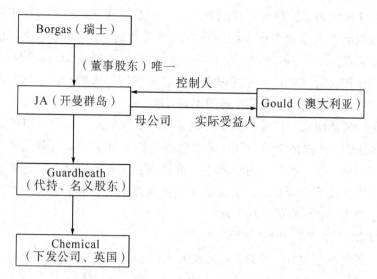

图 1-1　Gould 案股权关系

此后，澳大利亚高等法院通过概念分析、过往案件梳理，最终持与联邦法院相同的观点，认为 Chemical 公司的实际管理机构位于澳大利亚。澳大利亚高等法院 2016 年审结的 Gould 案件是表面上改变管理控制中心（Central Management and Control）所在地的典型代表案例。案件涉及的一系列公司都是纳税人 Gould 故意安排的伪装实体，其试图通过长链条的财产转移关系规避纳税义务。

（二）案例焦点

Gould 案件是引起国际税收界广泛关注的一个著名税案。案件的焦点问题在于，Chemical 公司的管理控制中心实际是位于澳大利亚还是瑞士。

（三）案例分析

目前绝大多数国家在课征所得税的同时主张居民税收管辖权和所得来源地税收管辖权。纳税人居民身份关系事实的存在，是一国对其行使居民税收管辖权的前提。对纳税人居民身份的确认，是各国居民税收管辖权的重要内容。国际税收领域由于各国行使不同的税收管辖权，如居民管辖权和来源地管辖权，会形成国际双重征税的问题。比如一国法人在两个国家同时被认为是其税收居民，就会造成法人主体在税收居民身份认证方面的问题。因此，如何判定企业的居民身份成了国际税收界的一个核心要义，"实际管理机构所在地"就应运而生。实际管理机构所在地规则将关注重点从注册登记移至实质经济活动层面，对于认定法人实体的税收居民身份以及解决双重居民身份冲突具有重要作用。

1. 实际管理机构所在地判定标准

（1）OECD 和联合国关于"实际管理机构所在地"的阐释。

《经济合作和发展组织关于对所得和财产避免双重征税的协定范本》（以下简称"OECD 范本"）第四条第一款将"缔约国一方居民"定义为："按照该缔约国法律，由于住所、居所、管理机构所在地，或者其他类似的标准，在该缔约国负有纳税义务的人，并且包括该缔约国及其行政区或地方当局。但是，这一用语不包括仅因来源于该缔约国的所得或财产收益而在该缔约国负有纳税义务的人。"为了解决双重征税的问题，OECD 范本第四条第三款规定：基于第一款的规定，除个人以外，同时为缔约国双方居民的人，应被认为仅是其实际管理机构所在缔约国一方的居民。即 OECD 范本将实际管理机构所在地作为判定居民身份的重要标准。

联合国关于发达国家与发展中国家间避免双重征税的协定范本（以下简称"联合国范本"）第四条第三款是参照 OECD 范本所编写的。其关于第三款的注释文本中认为，在确定实际管理机构所在地时应考虑下列因素：企业实施实际管理和控制的所在地；企业进行重大决策的所在地；从经济和业务角度来看，企业最高领导层进行管理的所在地；企业重要会计账簿的所在地。

（2）相关国家的"中央管理和控制标准"。

①英国。英国税法中对一般的公司居民并无法定定义。虽然自 1998 年起，在英国注册成立的公司被认为是税法定义下的英国居民，但一直以来公认的原则是公司的居民身份所在地取决于集中管理和控制的所在地。从英国一系列判决来看，它们都认为公司董事会议召开地点十分重要，许多案例中董事会议召开地和业务经营所在地一致，那么管理控制中心就位于此地，但是也有一些案例管理控制中心和业务经营所在地不一致的。总体来说，董事会议地点虽然非常重要，但是不是决定性因素，只有董事会议召开地点在该会议构成了集中管理和控制才具有判定意义。

②澳大利亚。在澳大利亚注册成立的公司，或未在澳大利亚注册成立的公司，在澳大利亚经营业务，在澳大利亚拥有中央管理和控制权，或其投票权由澳大利亚居民所控制，均构成澳大利亚税收居民。该条规定了三项法定审查，其中第二项与第三项皆为将中央管理和控制标准作为未在澳大利亚注册成立的公司被视为本国居民的法理依据。

澳大利亚税务局发布的税务裁定（TR2004/15）指引了如何确定管理控制中心，即重点考虑在于公司的战略决策由何人、何时、在何地做出。而这些决策是由公司董事会制定的，所以董事会召开地点与确定管理控制中心息息相关，但当某公司的董事会其实并不是最高层决策者的情况下，这就不是唯一考虑的因素。

2. 澳大利亚税务机关的理由

在税务机关做出裁决之前，Borgas 提供了相关的证据，以此来证明自己是 JA 公司股份的受益所有人，并且也代表 Chemical 公司做出了所有的商业判断和决定。但是税务机关得出的结论与上述相反，税务机关认定 Borgas 其实是"影子董事"，认为 Gould 实际拥有 JA 公司事务的控制权。

首先，在与案件相关的整个收入年度之中，Gould 是 JA 公司章程中的任命人，根据 JA 公司章程的规定，Gould 作为公司财产受益人（Appointor），有权向公司指派附加成员（Additional Member），而这些成员有权更换并任命新的董事。由此可见，Gould 实际控制 JA 公司是无可争议的。其次，澳大利亚税务机关经调查发现 Borgas 并没有实际参与公司的决策，他的职责就是将 Gould 的生意当作自己的生意处理，从而掩盖 Gould 才是实际控制 Chemical 公司并且做出了事实上的决策行为。综上，澳大利亚税务机关认为 Chemical 公司在澳大利亚进行股票交易且 Gould 实际控制 Chemical 公司并做出事实上的决策行为，因此认定 Chemical 公司的实际管理机构也位于澳大利亚，所以其应仅被认定为澳大利亚税收居民，有义务就其全部应税所得向澳大利亚纳税。

3. Chemical 公司的异议

Chemical 公司对上述判定有异议，被澳大利亚税务机关驳回后，遂向联邦法院上诉。Chemical 公司认为其公司决策是通过 Borgas 在瑞士召开的董事会做出的，其管理控制中心应该位于瑞士而非澳大利亚，故不应该被认定为澳大利亚税收居民。并且，决定管理控制中心所在地的条件除了公司注册地之外，还有做出对公司具有约束力决策的法定公司机构或者章程规定的公司机构所在地。此外，公司外部的第三人对公司决策施加影响或进行指示的情况非常正常和普遍，第三人并不能因此被认定为对公司形成控制。如果以董事会是否接受外来的第三人指示作为判断管理控制中心的标准，这会产生很大的不确定性。

4. 澳大利亚联邦法院的判决依据

针对 Chemical 公司的辩解，澳大利亚联邦法院观点如下：首先，JA 公司的实际受益人和控制人是 Gould，而 Borgas 只是代持。其次，Gould 对 Chemical 公司决策施加的影响形成了控制，Gould 在没有 Borgas 参与的情况下，做出 Chemical 公司的所有决策；而在瑞士召开的董事会上董事并没有对决议进行独立判断。Gould 不仅实际管理着 Chemical 公司的报表和银行业务，还在 Chemical 公司在澳大利亚证券交易所买卖大量股票时代替该公司承担了澳洲证券交易所要求的相关披露义务。因此，Chemical 公司表面的所有权关系和董事会都是"伪造的"，实际管理控制 Chemical 公司的是 Gould。澳大利亚联邦法院判定 Chemical 公司的管理控制中心位于澳大利亚。根据澳大利亚《所得税评估法》（Income Tax Assessment Act，ITAA）和《澳英税收协定》的相关规定，应就其在相关年份全部的股票交易所得向澳大利亚缴税。

5. 澳大利亚高等法院判决依据

澳大利亚高等法院通过概念分析、过往案件梳理，最终持与联邦法院相同的观点，认为 Gould 实际上管理控制着 Chemical 公司，故 Gould 居住地悉尼应被认定为实际管理机构所在地。

首先，高等法院对 ITAA 第 6（1）章节税收居民的概念进行了分析，认为其除了规定公司注册成立地是管理控制中心的直接决定性条件，并没有规定其他直接决定性条件。即并不能将决定公司管理控制中心的条件局限于形式上做出决策的公司机构所在地，而是应该综合考虑公司注册办公所在地、董事和股东的住所、董事会或股东会议召集地点、公司会计账簿保存地点等事实因素。其次，高等法院通过梳理一系列先例，进一步确认在澳大利亚以往的判决中对公司管理控制中心所在的判断是遵循实质重于形式的原则的，而事实标准就是该原则的具体体现。即对管理控制中心的认定应当以事实上做出最高决策的地点或者最高权力所在地为标准，而非局限于对董事会等形式上的公司决策机构所在地的判断。本案的特殊性在于 Chemical 公司的董事都只是

Gould 通过手中长线控制的"木偶",并没有实际行使公司的最高决策权。Gould 在法律形式上不属于 Chemical 公司的董事或股东,却是实际控制人。如果依照 Chemical 公司的主张,即以形式标准判定管理控制中心所在地的话,不仅违背实质重于形式的原则,还违背横向的税收公平。最后,高等法院认为本案中 Borgas 并没有实际管理 JA 公司和 Chemical 公司的事务,Chemical 董事会也没有在决策时进行独立判断,而只是机械地实施 Gould 的意志,Gould 实际上管理控制着 Chemical 公司,故 Gould 居住地悉尼应被认定为管理控制中心所在地。

(四)案例启示

本案详细介绍了澳大利亚税务当局判定 Gould 所在地悉尼为实际管理机构所在地的具体内容,分析了澳大利亚税务当局、联邦法院及高等法院为何认定案件涉及的一系列公司都是纳税人 Gould 故意安排的伪装实体。

国际经济新环境使得判定实际管理机构所在地较为困难。虽然关于实际管理机构的定义在 OECD 范本和联合国范本中都有所指引,但是在实际案例中,判断实际管理机构所在地并非易事。在经济一体化广泛深入发展的国际经济新环境下,各国所得税税法上传统的居民税收管辖权概念和以居民税收管辖权为基础的国际税收协调模式和协调规则,面临着诸多方面的困境与问题,例如:各国所得税法上关于纳税人居民身份的认定,往往是以纳税人与本国存在着住所、居所、国籍、注册成立地或主要管理机构地这类属人性质的法律事实为依据。然而,在电子商务广泛运用于跨国商业交易活动的数字经济新环境下,自然人的住所、居所,法人团体的注册成立地或主要管理机构所在地这类物理性的存在,并不一定代表纳税人与特定地域之间存在着更为经常持久性的经济联系。

跨国企业通过各种手段转移实际管理所在地,会侵蚀各国的税收利益。近年来,企业常常通过改变股东和董事的国籍,将股东大会或董事会转移到他国召开,避免从高税国发出电话与其他电话指示,相应地,通过将这些活动安排在低税国进行等方式改变实际管理机构所在地,或者通过建立代持关系、任命"影子董事"、成立伪装实体、虚设信托关系、滥用法律形式等方式表面上转移实际管理机构,隐藏其真实所在。第三国居民通过在税收条约的缔约国设立具有居民身份的"导管公司"套取税收条约的优惠待遇,已成为让许多国家税务主管当局头疼的问题。在纳税人容易通过人为安排改变或设置与某个国家的居民身份连接因素的现实情况下,双边税收条约继续沿用缔约国国内所得税法上规定的这类传统的居民身份认定标准来界定有资格享受条约优惠待遇的"缔约国一方居民"概念,并对所得来源地国的属地税收管辖权加以课税条件、程度和范围的限制,无疑会给跨国纳税人从事转移利润国际避税提供更多方便和机会。因此,各国的税务当局都应当对当今世界经济变化的新形势做出适当的回应,对相关的税收制度进行改革。

三、案例使用说明

（一）适用对象与教学目的

1. 适用对象

本案例主要适用于"国际税收"，也可以将本案例作为"税收筹划"课程的辅助案例。本案例的教学对象包含财经类的本科生和研究生，特别是会计和税收学专业的本科生和研究生。

2. 教学目的

一是加深学生对实际管理机构、管理和控制中心、税收居民管辖权等知识点的理解，使其了解税务机关在判定企业的实际管理机构过程中处理相关事件时的基本准则和流程；二是以案例的形式进行讲解，剖析实际管理机构方面的知识点，这不仅能提高学生的学习兴趣，而且能培养学生的自学能力、运用理论分析解决实际问题的能力，从而避免机械式地学习和记忆；三是使学生对实际管理机构和实际控制中心形成新的认识，即进一步理解实际管理机构判定标准。

（二）启发思考题

1. 什么是税收管辖权？
2. 什么是居民管辖权？
3. 什么是来源地税收管辖权？
4. 居民公司的认定标准是什么？

（三）分析思路

先归纳整理案例基本情况，归纳出案例的焦点问题，即 Chemical 公司的实际管理机构应当位于瑞士还是位于澳大利亚；再针对 Gould 故意安排的一系列伪装实体，分析澳大利亚税务当局依据事实重于形式的原则判定 Chemical 公司管理和控制所在地应为澳大利亚的依据；最后，联邦法院及高等法院也认同税务当局的观点，裁决 Chemical 公司的实际管理机构位于澳大利亚，应当就其全部应税所得向澳大利亚纳税。

（四）理论依据与分析

对本案例的分析一直围绕着 Chemical 公司的实际管理结构所在地这一核心主题，分析了澳大利亚当局判定 Gould 为实际管理人的原因及 Chemical 公司的实际管理机构所在地应为澳大利亚的原因。因 Gould 实际管理着 Chemical 公司的财务报表、银行业务以及承担了证券交易所需的披露义务；除此之外，Gould 对 Chemical 公司的相关经营业务做出了独立的决策。依据澳大利亚对税收居民概念的分析以及管理和控制中心的知识点等，认为 JA 公司的实际受益人为 Gould。

（五）关键点

第一，本案梳理了 Chemical 公司被澳大利亚判定为税收居民的基本情况，分析了澳大利亚当局判定 Gould 为实际管理人的原因及 Chemical 公司的实际管理机构所在地应为澳大利亚的原因。此部分内容主要涉及税收居民管辖权、税收居民身份、实际管理机构、管理和控制中心等知识点。

第二，通过对本案例的学习，学生了解了税务机关如何判定实际管理机构所在地，理解了管理和控制中心的要义。

第三，通过分组讨论的学习方式，增强学生的团队合作能力和自我表达能力，以及培养学员对案例进行系统分析、逻辑推理并合理决策的能力。

（六）建议课堂计划

本案例的具体教学计划见表 1-2。

表 1-2　具体教学计划

案例教学计划	具体内容
教学时长	1 个学时
课前计划	发放案例正文和思考题，要求学生在课前完成阅读并对思考题作答
课堂计划	1. 介绍税案始末，让学生了解案例的基本情况和焦点问题。 2. 将学生分成小组进行讨论，讨论本案中 Gould 如何规避自己的纳税义务？然后分组派代表上台扮演公司、澳大利亚税务当局、联邦法院和高等法院进行辩论。 3. 归纳总结每个小组的发言，提出各小组的优缺点，并解答有争议之处。 4. 结合问题，回顾案例
课后计划	通过对本案例的学习，请同学们谈谈自己的收获和感悟（500 字左右），并以 word 的形式上交

（七）案例的建议答案

Gould 规避其纳税义务简单总结如下：

Gould 为澳大利亚税收居民，实际为 JA 公司的受益人，Guardhelth 公司代替 JA 公司持有 Chemical 公司。Borgas 是英国的居民，表面为 Chemical 公司和 JA 公司的控制人，实际上是代替 Gould 执行公司的决策，构成 Borgas 是管理人的表象。该案例中，Gould 规避纳税义务的方法是通过建立代持关系和一系列长链条的财产转移。

（八）其他教学支持材料

本案例以幻灯片的形式进行辅助说明。

（九）思考题参考答案

（扫一扫）

（十）附件（相关法律法规条款）

1. OECD 范本第四条第一款

该条款将"缔约国一方居民"定义为："按照该缔约国法律，由于住所、居所、管理机构所在地，或者其他类似的标准，在该缔约国负有纳税义务的人，并且包括该缔约国及其行政区或地方当局。但是，这一用语不包括仅因来源于该缔约国的所得或财产收益而在该缔约国负有纳税义务的人。"

2. OECD 范本第四条第三款

该条款规定："依第一款的规定，除个人以外，同时为缔约国双方居民的人，应被认为仅是其实际管理机构所在缔约国一方的居民。"

3. 联合国范本第四条第三款

该条款认为，在确定实际管理机构所在地时应考虑下列因素：企业实施实际管理和控制的所在地；企业进行重大决策的所在地；从经济和业务角度来看，企业最高领导层进行管理的所在地；企业重要会计账簿的所在地。

4. ITAA 第 6（1）章节

该节规定，符合下列任一情况的公司应被认定为澳大利亚税收居民：1. 在澳大利亚境内注册成立；2. 注册地虽不在澳大利亚，但其在澳大利亚经营且 CMC 在澳大利亚或控制公司投票权的股东是澳大利亚居民。

5. 2003 年《澳大利亚政府和大不列颠及北爱尔兰联合王国政府关于对所得避免双重征税和防止偷漏税的协定》第四条第四款

该条款规定，除个人以外，同时为缔约国双方居民的人，应认为仅是其实际管理机构所在国家的居民。

四、参考文献

［1］熊昕，郑金涛. 实际管理机构所在地判断标准研究：以澳大利亚 Gould 案为切入点［J］. 国际税收，2019（9）：54-61.

［2］林胥宇. 对我国以实际管理机构标准认定居民企业的思考［J］. 山西财政税务专科学校学报，2017，19（4）：14-18.

［3］付树林. 完善依据实际管理机构判定居民企业的标准及管理［J］. 国际税收，2014（8）：6-10.

［4］黎颂喜，乔舒亚·科尔曼. 关于实际管理机构所在地原则的阐释［J］. 国际税收，2014（8）：11-16.

［5］朱青. 国际税收［M］. 北京：中国人民大学出版社，2021.

［6］杨志清. 国际税收［M］. 2 版. 北京：北京大学出版社，2018.

案例 1-3　意大利意迩瓦萨隆诺公司与中国税务机关税收诉讼案

一、基础知识

一国对某企业的所得进行征税的依据主要有居民税收管辖权和地域管辖权，依据居民管辖权，一国有权对本国居民企业的境内外一切所得征税；依据地域管辖权，一国有权对来源于本国境内的所得征税。居民企业应就其境内外全部所得在居住国纳税，非居民企业只就来源于本国的所得在该国纳税。本案例是我国对非居民企业的征税，主要涉及中国关于非居民企业的界定、中国对非居民企业征税的一般规定和非居民企业间接转让股权征税的特殊规定等内容。

（一）中国关于非居民企业的界定

1. 非居民企业的界定

根据《中华人民共和国企业所得税法》（以下简称《企业所得税法》）的第二条，非居民企业是指依照外国（地区）法律成立且实际管理机构不在中国境内，但在中国境内设立机构、场所的；或者在中国境内未设立机构、场所，但有来源于中国境内所得的企业。

2. 非居民企业机构、场所的判定

《企业所得税法》中所称的"非居民企业机构、场所"，是指在中国境内从事生产经营活动的机构、场所。具体包括：①管理机构、营业机构、办事机构，比如外国企业在中国设立的中国总部、子公司、商场、代表处等。②工厂、农场、开采自然资源的场所，比如厂房、车间、农场、牧场、林场、渔场、采矿、采油所在地。③提供劳务的场所，比如从事交通运输、仓储租赁、咨询经纪、科学研究、技术服务、教育培训、餐饮住宿、中介代理、旅游、娱乐、加工等劳务服务所在地。④从事建筑、安装、装配、修理、勘探等工程作业的场所，比如建筑工地、港口码头、地质勘探场地等。

⑤其他从事生产经营活动的机构、场所。本项包括前面四项未穷尽列举的各种情况，但必须都属于企业从事生产经营活动的场所。⑥非居民企业委托营业代理人代其签订合同，或者从事储存、交付货物等生产经营活动的，该营业代理人视为中国境内的机构、场所。

（二）非居民企业缴纳企业所得税的特别规定

1. 应纳税所得额的计算

（1）经营所得和劳务所得。

经营所得和劳务所得以净所得为应纳税所得额。非居民企业在中国境内设立的机构、场所，就其中国境外总机构发生的与该机构、场所生产经营有关的费用，能够提供总机构出具的费用汇集范围、定额、分配依据和方法等证明文件，并合理分摊的，准予扣除。

（2）股息、红利等权益性投资收益和利息、租金、特许权使用费所得。

股息、红利等权益性投资收益和利息、租金、特许权使用费所得，以收入全额为应纳税所得额。

（3）转让财产所得。

转让财产所得，以收入全额减除财产净值后的余额为应纳税所得额。其中，财产净值是指财产的计税基础减除已经按照规定扣除的折旧、折耗、摊销和准备金等后的余额。

2. 非居民企业取得的以下收入为免税收入

（1）股息、红利等权益性投资收益。

在中国境内设立机构、场所的非居民企业从未上市的居民企业取得与该机构、场所有实际联系的股息、红利等权益性投资收益。

（2）上市流通股票的投资收益。

在中国境内设立机构、场所的非居民企业从上市的居民企业取得与该机构、场所有实际联系并超过 12 个月上市流通股票的投资收益。

（3）股息（红利）所得。

对持有 B 股或海外股的外国企业，从发行该 B 股或海外股的中国境内企业所取得的股息（红利）所得。

3. 对非居民企业所得税的核定征收

非居民企业因会计账簿不健全、资料残缺难以查账，或者其他原因不能准确计算并据实申报其应纳税所得额的，税务机关有权采取以下方法核定其应纳税所得额：

（1）按收入总额核定应纳税所得额。

该方式适用于能够正确核算收入或通过合理方法推定收入总额，但不能正确核算成本费用的非居民企业应纳税所得额。计算公式为

$$企业应纳税所得额＝收入总额×经税务机关核定的利润率$$

（2）按成本费用核定应纳税所得额。

该方式适用于能够正确核算成本费用，但不能正确核算收入总额的非居民企业应

纳税所得额。计算公式为

应纳税所得额＝成本费用总额÷（1－经税务机关核定的利润率）×经税务机关核定的利润率

（3）按经费支出换算收入核定应纳税所得额。

该方式适用于能够正确核算经费支出总额，但不能正确核算收入总额和成本费用的非居民企业应纳税所得额。计算公式为

应纳税所得额＝经费支出总额÷（1－经税务机关核定的利润率）×经税务机关核定的利润率

（三）对非居民企业间接转让股权等财产所得课税的特殊规定

1. 中国应税财产

中国应税财产，是指非居民企业直接持有，且转让取得的所得按照中国税法规定，应在中国缴纳企业所得税的中国境内机构、场所财产，中国境内不动产，在中国居民企业的权益性投资资产等。

2. 非居民企业间接股权转让

非居民企业间接股权转让是跨国企业进行避税的一种方式，是指通过组织形式，设立中间控股公司间接持有股权，最后将中间控股公司股权转让给其他企业，获得交易对价的行为。典型模式（见图1-2）：一个设立在英属维尔京群岛的C公司，把其持有的设在中国香港地区的B公司（为中国居民企业A公司的母公司）的股权转让给设在美国的D公司。但B公司只是一个空壳公司，主要业务收入都来自境内的A公司，所以C公司转让B公司的股权其实质是转让了A公司。我国企业所得税法规定权益性投资资产转让所得的来源地按照被投资企业所在地确定，从经济实质看，该项所得属于中国境内所得，C公司应该就股权转让产生的收益向中国缴纳企业所得税。但是，由于形式上C公司转让的是设在中国香港地区的B公司，属于中国境外所得，在缺乏具体文件规定的情况下，我国税务当局对该项所得课税一度十分困难。

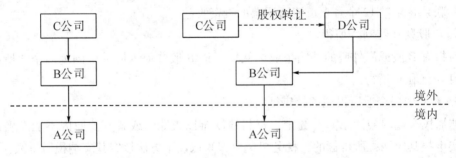

图1-2 非居民企业间接股权转让模型

那么，要判定非居民企业间接转让股权在中国是否有纳税义务，最重要的依据便是《国家税务总局关于非居民企业间接转让财产企业所得税若干问题的公告》（国家税务总局公告2015年第7号）（以下简称"7号公告"）。根据7号公告第一条，非居民企业通过实施不具有合理商业目的的安排，间接转让中国居民企业股权等财产，规避企业所得税纳税义务的，应按照企业所得税法第四十七条"企业实施其他不具有合理

商业目的的安排而减少其应纳税收入或者所得额的，税务机关有权按照合理方法调整"的规定，重新定性该间接转让交易，确认为直接转让中国居民企业股权等财产。

3. 判断合理商业目的

判断合理商业目的，应整体考虑与间接转让中国应税财产交易相关的所有安排，结合实际情况综合分析以下相关因素：

①境外企业股权主要价值是否直接或间接来自中国应税财产；②境外企业资产是否主要由直接或间接在中国境内的投资构成，或者其取得的收入是否主要直接或间接来源于中国境内；③境外企业及直接或间接持有中国应税财产的下属企业实际履行的功能和承担的风险是否能够证实企业架构具有经济实质；④境外企业股东、业务模式及相关组织架构的存续时间；⑤间接转让中国应税财产交易在境外应缴纳所得税情况；⑥股权转让方间接投资、间接转让中国应税财产交易与直接投资、直接转让中国应税财产交易的可替代性；⑦间接转让中国应税财产所得在中国可适用的税收协定或安排情况；⑧其他相关因素。

4. 不具有合理商业目的

间接转让中国应税财产相关的整体安排同时符合以下情形的，无需进行分析和判断，应直接认定为不具有合理商业目的：

①境外企业股权75%以上价值直接或间接来自中国应税财产；②间接转让中国应税财产交易发生前一年内任一时点，境外企业资产总额（不含现金）的90%以上直接或间接由在中国境内的投资构成，或间接转让中国应税财产交易发生前一年内，境外企业取得收入的90%以上直接或间接来源于中国境内；③境外企业及直接或间接持有中国应税财产的下属企业虽在所在国家（地区）登记注册，以满足法律所要求的组织形式，但实际履行的功能及承担的风险有限，不足以证实其具有经济实质；④间接转让中国应税财产交易在境外应缴所得税税负低于直接转让中国应税财产交易在中国的可能税负。

二、意大利意迩瓦萨隆诺公司与中国税务机关税收诉讼案[1]

案例概述：意大利意迩瓦萨隆诺控股股份公司（以下简称"意大利意迩瓦控股公司"）间接转让张裕集团股权诉讼案件，最终以山东省烟台市中级人民法院判定芝罘区国家税务局所作出的征税决定并无不妥结束。该案件从2013年到2016年历时四年，最初山东省烟台市芝罘区国家税务局认为应当按照中华人民共和国的现行税收法律规定予以征税，并下达了税务事项通知书，要求意大利意迩瓦控股公司缴纳税款约0.46亿

① 1. 本案例由重庆市专业学位研究生教学案例库建设项目——《国际税收案例库》建设小组（重庆工商大学）成员吴中英、汤凤林撰写，作者拥有著作权、修改权、改编权，未经允许，本案例的所有部分不能以任何方式与手段擅自复制或传播。

2. 本案例只供课堂讨论之用，并无暗示某种管理行为是否有效之意。

元，但意迩瓦控股公司不服，向山东省烟台市芝罘国税局申请复议未果，后提出行政诉讼至烟台市一、二审法院，最终以意大利意迩瓦控股公司败诉告终。虽然税务争议已经结案，但对于我们如何理解"合理商业目的""实质重于形式原则"的内在含义，对于我们进一步明确各类市场主体间接股权转让的征税准则具有重要的理论和现实意义。

（一）案例背景

意大利意迩瓦萨隆诺控股股份公司（以下简称"控股公司"）系意大利意迩瓦萨隆诺投资有限公司（以下简称"投资公司"）的母公司，投资公司系控股公司的全资子公司，两公司均为意大利的法人公司。

2005年9月29日，投资公司经山东省对外贸易经济合作厅批准，以人民币约4.81亿元的对价取得烟台张裕集团有限公司33%的股权。2012年7月17日，控股公司与投资公司分别通过股东大会决议，决定由控股公司对投资公司实施吸收合并，接受该投资公司的全部资产与负债，其中包括烟台张裕集团有限公司33%的股权，参见图1-3。在合并吸收之后，投资公司已于2012年11月21日依法注销了公司登记，由控股公司直接持有烟台张裕集团有限公司33%的股权。2012年7月17日控股公司将两公司的合并情况致函告知张裕集团有限公司。

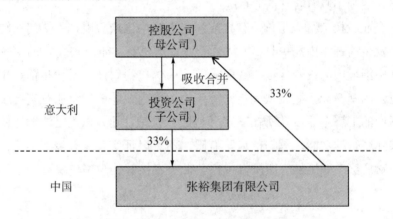

图1-3　意迩瓦萨隆诺公司税案交易架构

但是，芝罘区国家税务局认为应当按照中华人民共和国的现行税收法律规定对此吸收合并行为予以征税。并于2013年9月9日，向控股公司下达了烟芝国税外通（2013）002号税务事项通知书（以下简称"通知书"），通知原告应缴税款约0.46亿元，于2013年9月25日前到被告处进行纳税申报。2013年9月22日控股公司缴纳了上述税款，但控股公司不服，于2013年11月20日向山东省烟台市国家税务局提起了行政复议，要求撤销通知书。

此后，山东省烟台市国家税务局认为芝罘区国家税务局的做法并无不妥，做出维持其相关处理的决定，控股公司对市国税局的复议决定仍然不服，于2014年4月24日向山东省烟台市芝罘区人民法院提起行政诉讼，请求撤销山东省烟台市芝罘区国家税务局做出的征税决定，并返还已缴纳的约0.46亿元税款。原审法院驳回控股公司的诉讼请求，控股公司不服原审判决，向山东省烟台市中级人民法院提起上诉，烟台市中级人民法院于2016年8月15日，驳回上诉，维持原判。

（二）案例焦点问题

案件的焦点问题在于中国税务机关是否有权基于实质重于形式的原则，穿透中间公司（投资公司）向非居民企业间接转让本国公司股权获得的收益征税。

（三）案例分析

我国同时行使居民税收管辖权和收入来源地税收管辖权。按照居民管辖权来看，此次股权交易的当事人，分别是意大利控股公司和意大利投资公司，双方都不是我国的税收居民。按收入来源地税收管辖权，我国税法规定，“非居民企业股权转让所得是由取得所得的非居民企业自行或委托代理人向被转让股权的境内企业所在地主管税务机关申报纳税”，在这次交易中股权转让行为发生地和被转让股权公司（投资公司）均不在中国。故从形式上看，这笔交易无需在我国纳税。然而，事实果真如此吗？

1. 山东省烟台市芝罘区国家税务局的征税理由

山东省烟台市芝罘区国家税务局认为上述交易所得应该在中国纳税，主要理由有三点：一是意迩瓦控股公司的子公司意迩瓦投资公司仅持有烟台张裕集团有限公司一家的股份，其主要资产就是对张裕集团的股权投资，此次吸收合并直接导致了张裕集团的股东由意迩瓦投资公司变更为意迩瓦控股公司，实现了意迩瓦控股公司对烟台张裕集团公司的直接控制，故将此交易行为认定为股权转让是正确的，属2013年12月12日国家税务总局72号文所载明的“境外企业合并导致中国居民企业股权被转让属于非居民企业股权转让”的规定；二是根据59号文第五条和第七条的规定本案交易行为是“子转母公司”的情形，且应按一般性税务处理的规定进行处理，不能享受免税待遇；三是在中国企业所得税法的制度体系中，对境外非居民企业按照其独有特点制定专门的征收管理规定，不能认为这就是对作为非居民企业的意迩瓦控股公司的歧视，这也是目前世界惯例。并且如果意迩瓦控股公司对中国税务机关的征税决定有疑义，在进行国内诉讼程序后，根据中意税收协定第二十五条以及中意税收协定议定书第七条的规定，可以启动中意两国的税收协商程序，寻求可能的救济途径①。

2. 山东省烟台市中级人民法院的判决依据

意迩瓦控股公司与意迩瓦投资公司的吸收合并，直接导致张裕集团股东的变化，其实质就是意迩瓦投资公司将其持有的张裕集团的股权转让给了意迩瓦控股公司，税务局将其认定为股权转让，对其做出的通知书，符合国税函〔2009〕698号文和59号文的相关规定。

意迩瓦投资公司将其持有的张裕集团股权转让给了意迩瓦控股公司，是“子公司”将股权转让给了“母公司”，不符合59号文第七条第（一）项规定，即不符合特殊性税务处理规定应当适用的条件。意迩瓦控股公司主张本案交易应适用59号文规定的特

① 事实上，意迩瓦控股公司在走完烟台市中级人民法院的诉讼程序后，接受了其吸收合并要在国内交税的事实，最终没有申请启动中意两国的税收协商程序。

殊税务处理的规定，依据不足。通知书并不违反中意税收协定、中意投资协定的相关规定，意迩瓦控股公司认为通知书存在选择性执法问题亦无事实依据。

因此，山东省烟台市中级人民法院依据国税函〔2009〕698号文第七条规定以及国税函〔2009〕59号文第五条和第七条规定，最终支持了税务机关的主张。

（四）案例启示

本案例详细地分析了意大利控股公司间接转让张裕集团股权获得所得的征税问题，分析了案例的进程及相关内容，以及双方当事人各自的观点。意大利控股公司对投资公司的吸收合并间接导致了位于中国山东张裕集团股权的变化，属于股权转让行为，按照我国法律，应由取得所得的非居民企业自行或委托代理人，向被转让股权的境内企业所在地主管税务机关申报纳税。

从纳税人角度，它表明跨国的经营组织框架日益复杂，实际控制人可能通过层层的股权控制关系来持有一家企业，因而可以通过中间控股公司来方便地进行企业重组和股权交易；从税务机关角度，它体现了一个主权国家怎样行使其税收管辖权，其中涉及股权间接转让、实质重于形式司法原则的应用以及合理商业目的的界定等多个重要的税收问题。

本案的进一步启示：跨国企业在安排企业构架时，应了解相关国家的税收法律以避免一些可能遇见的税收风险，要认识到基于合理商业目的的安排业务活动的重要性；各国立法机关和税务当局只有制定严谨的税收法规，尽可能弥补现行税法的漏洞，才能在反国际避税中占得先机，有效地维护国家的税收权益，同时也有助于给企业提供更多确定性，创造良好的营商环境。

三、案例使用说明

（一）适用对象与教学目的

1. 适用对象

案例主要适用于"国际税收""税收筹划"，也可以将本案例作为"中国税制"课程的辅助案例。本案例的教学对象包含财经类的本科生和研究生，特别是会计和税收学专业的本科生和研究生。

2. 教学目的

一是培养学生的辩证、逻辑思维方式。引导学生运用类比法、逆向思维和多向思维，归纳总结等方法去分析和学习，从而避免机械地学习、记忆。二是便于教师采用启发式教学、发现式教学、研究式教学等教学方法的灵活运用，以打破教师在课堂上"一言堂"，充分调动学生的积极性，启发学生思维，使其参与教学过程，将被动变为主动。

（二）思考题

1. 税收管辖权分为哪几类？

2. 本案例交易行为若按适用特殊性税务处理或一般性税务处理,两种处理方式有何区别?

3. 怎样理解"实质重于形式"原则?

4. 怎样理解基于合理的商业目的,企业什么样的经营活动是满足这一条件的?

(三) 分析思路

先在案例背景基础上明确案例的焦点,即中国税务机关是否有权基于"实质重于形式"的原则,穿透中间公司(投资公司)向非居民企业间接转让本国公司股权获得的收益征税;再分析意大利控股公司对投资公司的吸收合并以及此合并对中国山东张裕集团股权的影响;然后根据我国的相关税收政策(国税函〔2009〕698 号文和〔2009〕59 号文),税务局、法院将该吸收合并判定为非居民企业间接股权转让,应在我国境内缴税。

(四) 理论依据与分析

本案例的焦点在于此交易行为是否能够穿透中间公司向非居民企业间接转让本国公司股权获得的收益征税。因此,相关的理论依据大多与股权转让有关,如国税函〔2009〕698 号文是规范非居民企业股权转让所得企业所得税的专门文件,规定了股权转让的定义、所得的计算方法和相关反避税规定。另外,根据国税函〔2009〕59 号文第五条规定和七条的规定,此交易行为应按一般性税务处理的规定加以处理,故当地税务机关所作处理并无不妥。

一般性税务处理和特殊性税务处理下,两者税负相同,但是选择"特殊性税务处理"可以递延纳税,获得资金的使用价值。

(五) 关键点

本案例需要学员识别的主要知识点包括:股权转让所得来源地的确定、非居民企业间接转让公司股权、特殊性税务处理和一般性税务处理等。

通过对现存真实事件进行全面分析,将理论和实践紧密结合。一方面可以培养学生快速获取案例基础信息(企业背景信息、经营状况和经营结构等)的能力;另一方面可以增强学生表达能力和团队合作能力,以及培养学员对案例进行系统分析、逻辑推理并合理决策的能力。

(六) 建议的课堂计划

本案例的具体教学计划见表1-3。

表1-3 具体教学计划

案例教学计划	具体内容
教学时长	1 个学时
课前计划	发放案例正文和思考题,要求学生在课前完成阅读并对思考题作答

表1-3（续）

案例教学计划	具体内容
课堂计划	1. 介绍税案始末，让学生了解案例的基本情况和焦点问题。 2. 将学生分成小组进行讨论，讨论本国税务机关能否对本案例中非居民企业间接转让本国公司股权获得的收益征税，并说明理由，然后每个小组派一名同学上台发言。 3. 归纳总结每个小组的发言，提出各小组的优缺点，并解答有争议之处。 4. 结合问题，回顾案例
课后计划	整理思考题答案，写在作业本上并提交

（七）案例的建议答案以及相关法规依据

意迩瓦控股公司与意迩瓦投资公司的吸收合并，其实质就是意迩瓦投资公司将其持有的张裕集团的股权转让给了意迩瓦控股公司，税务局将其认定为股权转让，对其作出的通知书，符合国税函〔2009〕698 号文和 59 号文的相关规定。再者，根据国税函〔2009〕59 号文第五条规定和第七条规定，该行为应按一般性税务处理规定进行。

故本案最终认定此交易行为为股权转让行为，且按一般性税务处理规定进行处理，税务机关做出的税务事项通知书并无不妥。

（八）其他教学支持材料

本案例以幻灯片的形式进行辅助说明。

（九）思考题参考答案

（扫一扫）

（十）附件（相关法律法规条款）

1. 国税函〔2009〕59 号文第五条

该条规定："企业重组同时符合下列条件的，适用特殊性税务处理规定：（一）具有合理的商业目的，且不以减少、免除或者推迟缴纳税款为主要目的。（二）被收购、合并或分立部分的资产或股权比例符合本通知规定的比例。（三）企业重组后的连续 12 个月内不改变重组资产原来的实质性经营活动。（四）重组交易对价中涉及股权支付金额符合本通知规定比例。（五）企业重组中取得股权支付的原主要股东，在重组后连续 12 个月内，不得转让所取得的股权。"

2. 国税函〔2009〕59 号文第七条

该条规定："企业发生涉及中国境内与境外之间（包括港澳台地区）的股权和资产收购交易，除应符合本通知第五条规定的条件外，还应同时符合下列条件，才可选择适用特殊性税务处理规定：（一）非居民企业向其100%直接控股的另一非居民企业转让其拥有的居民企业股权，没有因此造成以后该项股权转让所得预提税负担变化，且转让方非居民企业向主管税务机关书面承诺在3年（含3年）内不转让其拥有受让方非居民企业的股权；（二）非居民企业向与其具有100%直接控股关系的居民企业转让其拥有的另一居民企业股权；（三）居民企业以其拥有的资产或股权向其100%直接控股的非居民企业进行投资；（四）财政部、国家税务总局核准的其他情形。"

3. 国税函〔2009〕698号文第七条

该条规定："非居民企业向其关联方转让中国居民企业股权，其转让价格不符合独立交易原则而减少应纳税所得额的，税务机关有权按照合理方法进行调整。"（2017年12月1日起全文废止）

4. 国家税务总局公告2013年第72号第一条

该条规定：本公告所称股权转让是指非居民企业发生《通知》第七条第（一）、（二）项规定的情形；其中《通知》第七条第（一）项规定的情形包括因境外企业分立、合并导致中国居民企业股权被转让的情形。

5. 中意税收协定第二十五条协商程序

该程序规定："一、当一个人认为，缔约国一方或者双方所采取的措施，导致或将导致对其不符合本协定规定的征税时，虽有各国国内法律的补救办法，可以将案情提交本人为其居民的缔约国主管当局；或者如果其案情属于第二十四条第一款，可以提交本人为其国民的缔约国主管当局。该项案情必须在不符合本协定规定的征税措施第一次通知之日起，二年内提出。二、上述主管当局如果认为所提意见合理，又不能单方面圆满解决时，应设法同缔约国另一方主管当局相互协商解决，以避免不符合本协定规定的征税。三、缔约国双方主管当局应通过协商设法解决在解释或实施本协定时发生的困难或疑义。四、缔约国双方主管当局为达成第二款和第三款的协议，可以相互直接联系。为有助于达成协议，双方主管当局的代表可以进行会谈，口头交换意见。"

6. 中意税收协定议定书第七条

该条规定："关于第二十五条第一款，'虽有国内法律的补救办法'一语是指当对不符合本协定规定的征税提出疑义时，相互协商程序不能取代国内诉讼程序，在任何情况下，应首先按国内诉讼程序提出诉讼。"

四、参考文献

［1］（2016）鲁06行终324号. 意大利意迩瓦萨隆诺控股股份公司与山东省烟台市芝罘国家税务局行政征收二审行政判决书. 2016.08.15.

［2］杜莉. 国际税收［M］. 上海：复旦大学出版社，2019.

［3］朱青. 国际税收［M］. 北京：中国人民大学出版社，2021.

案例 1-4　Aoeora UK 双重征税诉英国皇家税务与海关总署案

一、基础知识

（一）双边税收协定

1. 双边国际税收协定

双边国际税收协定是两个国家（地区），通过谈判的方式签署的确定双方的税收管辖权范围并解决其他相关税收问题的书面条约。对所得和财产避免双重征税和防止偷漏税的协定是两个国家（地区）全面协调所得税和财产税征收关系的最为重要的税收协定。除针对所得税和财产税的税收协定外，各国往往还对外签订关于互免国际空运和海运收入税收的协定、遗产赠予税协定、税收情报交换协定等。

2. 双边国际税收协定的作用

国家间谈签的税收协定，有利于消除税收障碍促进国际的经济往来，鼓励跨境投资和贸易，并防止从事跨境交易的企业和个人的偷漏税。具体体现在如下五个方面：

（1）消除国际重复征税。

国际重复征税是两个或两个以上的国家就纳税人的同一课税对象课征两次以上的税收的现象。国际重复征税包括法律性国际重复征税和经济性国际重复征税。法律性重复征税是不同国家对同一个纳税人的同一项所得根据各自规定征税的现象；经济性重复征税是不同国家对具有经济联系的不同纳税人的同一项所得课征两次及两次以上的税收的现象。双边国际税收协定采用多种措施解决国际重复征税问题，其中，法律性国际重复征税在国际税收协定中的解决方法主要是限制非居民国对本国来源所得实行来源地税收管辖权征税的范围，如限制股息、利息、特许权使用费等消极所得在非居民国的适用税率，消除双重居民身份，由居民国采取免税法或抵免法消除国际重复征税等。而经济性国际重复征税的解决方法主要是由居民国对境外来源的股息、红利所得实行间接抵免等。

（2）防止偷税漏税。

在经济全球化的背景下，企业和个人纳税人可以更方便地取得来自世界范围的所得，而各国税务主管当局充分掌握本国居民纳税人在世界范围内获得所得的信息却十分困难，到境外开展税收征管和调查活动更是困难重重。因此，国际税收协定中包含税收情报交换和税收征管协助等方面的条款，从而使缔约国双方的税务主管当局可以相互合作，更有效地应对跨境交易中的偷税漏税现象。

（3）消除税收歧视。

为了维护跨境交易活动的公平以及跨境交易活动中各个主体的正当权益，税收协定中往往附带无差别待遇条款，从而保证缔约国一方国民或企业在缔约国另一方负担的税收，不比另一方国民在相同情况下负担的税收更重。

（4）解决税收争端。

随着跨国经济交往的增加，国家间关于税收问题的争议也越来越多。为解决这些问题，提供一个企业与税收当局之间的对话渠道，双边税收协定往往包含税收争端的相互协商程序。同时各缔约国还可以在已有的税收协定的基础上重新签订税收协定或对税收协定进行解释，以解决税收争议，使得国际税收协定符合各缔约国的需要。

（5）为纳税人提供稳定的税收法律环境。

在税收协定生效期间，不管各缔约国国内税收法律如何变化，国际税收协定的基本内容不会改变。因此，税收协定可以为缔约国双方的纳税人提供一个相对稳定的税收法律环境，使纳税人可以更方便地进行企业经营等方面的规划，从而有利于促进国际贸易和国际投资等跨境经济活动的开展。

从上述目标出发，双边税收协定都不产生新的税种，也不增加税收负担，同时，对所得和财产避免双重征税及防止偷漏税的税收协定包含大量限制缔约国税收权力的条款，因此对纳税人来说，相当于获得了更为优惠的税收待遇。然而，由于每个国家并不是和所有其他国家都签有税收协定，而且已经对外签订的税收协定的具体规定也不尽相同，因此，税收协定提供优惠的税收待遇的同时也造成从事跨境交易的企业和个人面临的税收环境更为复杂——跨国企业在评估投资于不同东道国面临的税收负担时，不仅要考虑不同东道国国内税法的差异，还要考虑居民国和不同东道国之间签订的税收协定的差异。

（二）滥用税收协定

滥用税收协定是指通过各种方式规避税收协定的限制而违背税收协定缔约国的意图获取税收协定优惠的行为。滥用税收协定有两类：一是第三国居民通过特定安排设法享受税收协定优惠的情形，二是其他违背缔约国的意图设法享受税收协定优惠的情形。

1. 择协避税

根据税收协定，缔约国的居民纳税人往往可以享受各种税收优惠待遇，例如从另一缔约国取得的投资所得可以按较低的税率缴纳预提所得税等。然而，为了规避税负，本来没有资格享受协定待遇的第三国居民也会设法利用税收协定提供的税收优惠，这就是择协避税。择协避税又分为设置直接导管公司和"踏石过河"型导管公司。

2. 拆分合同

根据 OECD 税收协定范本，建筑工地、建筑或安装工程等持续时间不足 12 个月（联合国范本规定的是 6 个月）时，不会被认定为常设机构。针对这一规定，纳税人可能通过将长期的工程合同拆分为多个短期合同来避免在来源国被认定为设有工程型常设机构，从而根据税收协定获得在来源国免予缴纳所得税的好处。

3. 收入性质由股息改为其他所得

根据 OECD 税收协定范本，股息往往需要在来源国缴纳预提所得税，而资本利得无须在来源国缴纳预提所得税，因此纳税人可能通过特定安排将所获得收入的性质由股息转为资本利得，借以规避在来源国的预提所得税。例如，子公司可以将利润留存而不进行股息分配，在一段时间以后母公司将股权进行转让，就可以资本利得的方式获得投资收益。

4. 规避较低的股息限制税率关于持股时间的规定

根据 OECD 税收协定范本，来源国对股息的限制性预提税率有两档，分别是 15% 和 5%，而 5% 的限制税率要求股东持有分配股息公司的股权超过 25%。但是这一规定没有对于股东持股期限的要求。针对这情况，纳税人可能仅短期持有分配股息公司相当比例的股权，在获得协定优惠后又将股权转让。

5. 规避资本利得免预提税关于持股时间的规定

有的国家对外签定的税收协定规定，股东持有被投资公司的股权超过一定比例时，股权转让收益无须在来源国缴纳预提所得税。针对这一情况，纳税人同样可能仅短期持有被投资公司相当比例的股权，在获得协定优惠后又将股权转让。

（三）反税收协定滥用

1. 渠道法

渠道法即在协定中专门设置针对导管公司的条款，税务机关通过摸清跨国公司的组织形式及相互关系的渠道，来堵塞这一漏洞，防止非缔约国纳税人通过转手方式谋取协定优惠内容。其主要内容是缔约国一方居民公司支付给第三国居民的股息、利息、特许权使用费等款项，不得超过其总收入的一定比例。超过限定比例的居民公司，则不得享受协定的优惠待遇。此法可有效应对踏石过河型择协避税法。

2. 透视法

在协定中规定，缔约国一方的居民公司如果被非缔约国居民直接或间接控制，即那些由第三国居民在协定国成立的、不是实际受益所有人的居民公司（"导管公司"）不能享受协定利益。

3. 对方国家征税法

对方国家征税法即在协定中专门规定缔约国另一方非居民除直接或间接持股居民公司一定比例股权且对公司实施管理或控制外，缔约国另一方依照税法的一般规则征税的所得才享有免税或减税的优惠。

4. 真实经济活动条款

该条款是针对应用透视法、对方国家征税法和渠道法而增加的税收协定条款，这些条款都可能影响到真实经济活动的情况，而对其他条款进行的补充，其目的是确保真实的经济活动可以享受到协定的优惠待遇。如公司设立出于良好的商业上的原因；从事实质商业运作；该公司是上市公司或本国上市公司控制的全资公司；第三国（本国非居民隶属的）也与本国签订了税收协定、协定已生效且有相同的减免优惠。

5. 利益限制条款

在税收协定中加入综合性的利益限制条款是应对择协避税的重要手段之一。利益限制条款通过一系列的客观测试规则，判断纳税人是否应当享有税收协定缔约国的居民身份。OECD 自 2003 年起在税收协定范本注释中引入了利益限制条款，供签署税收协定的国家参考选用。2017 年的 OECD 范本和联合国范本还将利益限制条款列入了正文，并为此增加了第二十九条"利益的授予"。

（四）合法期望原则

合法期望原则起源于以英国为首的普通法国家，它是指因行政机关做出的某一承诺、实践做法或某一意思表示甚至某项政策，引发了当事人认为自己若按照上述行政意思表示去行动便会获得某种好处或优势的预期，而该预期可以合法地获得法律保护。该原则的核心是如何保护受行政机关变更行为影响的私人预期权益。在利用双边税收协定的避税和反避税中，合法期望的意义体现在以下几个方面：

1. 保障税收稳定性

双边税收协定旨在减少跨国企业或个人的税收负担，并提供可预测性和稳定性。一旦税收当局承诺给予某个人或组织特定的税收待遇，该人或组织会合理地期待这种待遇在合理的时间范围内保持不变。合法期望的保护确保了税收协定的稳定性，避免了政府对税收政策的任意更改。

2. 促进投资和经济增长

合法期望的保护有助于吸引外国投资和促进经济增长。跨国企业或个人在决定在特定国家投资时，通常会考虑该国的税收政策和双边税收协定。如果政府取消或改变已经承诺的税收待遇，可能会破坏先前的投资计划，并对经济产生负面影响。

3. 维护法律和公平原则

合法期望的保护有助于维护法律和公平原则。税法和税收协定是经过合法程序通过的，并为纳税人提供了合法合规的方式。如果政府在无合法理由的情况下突然撤销或修改已经给予的税收优惠，可能会损害公众对法律的信任，并违反公正原则。

总之，合法期望在利用双边税收协定的避税、反避税等方面起到重要作用。它既保障了税收稳定性和投资可预测性，又维护了法律和公平原则的尊重。然而，需要指出的是，合法期望并不意味着永远的不可动摇，政府可能会在法律规定下对税收政策进行调整，但必须遵守适当的法律程序并给予合理的过渡期。

二、Aoeora UK 双重征税诉英国皇家税务与海关总署案例[①]

案例概述：日本银行在美国投资建立的全资子公司向其在英国建立的全资子公司 Aoeora UK 借款并支付利息，但因为利益限制条款，Aoeora UK 不能享受英美双边税收协定不征收预提税且税收抵免的优惠政策；根据英国国内法，由于双边税收协定的存在，Aoeora UK 也不能获得单边税收救济，从而大大加重了 Aoeora UK 的税收负担。于是 Aoeora UK 基于合法预期原则对英国皇家税务与海关总署提起诉讼，法院根据合法预期的要求认为税务部门适用法律正确，驳回了 Aoeora UK 的上诉，最终双重征税无法得到救济，美国按照 30% 的税率征收预提税，不提供双边税收抵免，英国国内也不允许单边抵免。通过对本案例基本情况的描述和分析，可帮助学生们进一步了解利益限制条款、双边税收协定优惠、合法预期等有关的知识点及其在税收实践中的应用。

（一）案例背景

随着经济全球化的不断深入，国家间税收协定缔结十分活跃，各国越来越重视通过签订双边税收协定的合作方式来解决经济全球化带来的国际税收新问题，以避免对跨国企业的重复征税，提升跨国企业投资发展经济的积极性。然而，纳税人不恰当地运用税收协定会带来许多税务风险，有时不仅无法享受到协定的优惠，甚至不能获得本国的税收优惠政策，从而负担了更重的税收。

皇室负责监督该国的法律管理，因此所有的行政行为都被赋予了女王的名义，如英国的税务与海关总署被称为英国皇家税务与海关总署。英国税务及海关总署（HMRC）由英国税务局和英国海关于 2005 年 4 月 18 日合并而来，是英国政府一家负责征税、为国家支付某种形式支持以及其他监管制度管理（国家最低工资标准等）的非部级部门。其主要职责包括征收税项［直接税，包括所得税、公司税（CT）、资本增值税（CGT）、遗产税；间接税，包括增值税、印花税等］、进口管制及部分形式的国家支援。OAO 代表"根据申请"。Aoeora CMAC Investment Limited（以下简称"Aoeora UK"）是一家由日本银行在英国设立的全资子公司，同时日本银行还在美国投资拥有全资子公司。本案例关注的是一起 Aoeora UK 不服英国税务与海关总署税收征管上诉到英国法院的司法复审案件。

基本案情如下：Aoeora UK 是日本银行在英国设立的一家全资子公司，日本银行还在美国投资设立了一家全资子公司。美国子公司欲从母公司借款，但直接借款会导致日本银行在收到美国子公司的利息时要就利息全额缴纳 41% 的所得税，但由于美日双边税收协定的存在，美国不对汇往日本的利息支付征收预提税，此时整体税负为 41%。而如果是日本银行将钱先借给英国的子公司 Aoeora UK，再转借给美国子公司，利息从美国子公司支付给英国 Aoeora UK 再转付给日本银行（具体资金利息流向见图 1-4）。

---

① 本案例由重庆市专业学位研究生教学案例库建设项目——《国际税收案例库》建设小组（重庆工商大学）成员梁淑婷、汤凤林撰写，作者拥有著作权、修改权、改编权，未经允许，本案例的所有部分不能以任何方式与手段擅自复制或传播。

同样由于美国与英国签订了双边税收协定，Aoeora UK 认为美国不会对美国子公司的利息支付征收预提税，同时英国收到利息征收 30% 的所得税，此时整体税负仅为 30%。

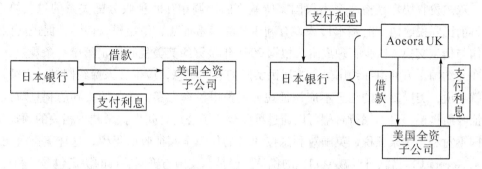

图 1-4　两种情况的跨境借款

然而，美国在双边税收协定中增加了利益限制条款，只有当受控的英国子公司是适格主体时，才能适应零预提税的税收政策；但是母公司日本银行非欧盟或北约自由贸易协定成员国，不具备同等受益人资格，美国不给予其享受协定免预提的税收优惠政策，同时也不提供单边救济。而英国税务当局也不给予英国子公司 Aoeora UK 双边税收抵免的待遇，同时其国内法也不给予单边救济抵免。日本银行最终承受了双重征税，税率高达 51%（30%+70%×30%）。Aoeora UK 不服，于是向英国法院提起行政诉讼。法院最终维持了税务部门的决定。

本案例汇集了与外国税收抵免（税收协定项下的双边税收抵免和国内法下的单边抵免）、利益限制（limitation-on-benefits，LOB）规则和反避税措施等相关问题。

（二）案例焦点问题

本案例有两个焦点问题：其一，Aoeora UK 是否应该获得双边税收抵免；其二，因为利益限制条款，Aoeora UK 无法享受免预提税的协定优惠，英国税务部门认为 Aoeora UK 无权获得双边税收抵免，也无法获得单边救济抵免，Aoeora UK 基于合法预期提起诉讼是否合理？

（三）案例分析

1. 直接从日本借款

若直接从日本银行借款，美国全资子公司向日本银行支付利息。由于日本与美国签有互惠双边税收协定，美国支付的利息，对于日本纳税人来说，其利息收入按税收协定的规定可享有税收优惠。根据美日所得税条约：如果利息受益所有人，在某些条件下，是缔约国另一方的居民公司，其通过缔约国任何一方的一个或多个居民，在确定享有股权日后的 12 个月内，直接或间接拥有支付股息公司 50% 以上的表决权，或者是缔约国另一方的退休基金居民，只要该股息不是直接或间接从该退休基金的经营中取得，在这两种情况下，股息的预提税税率为 0%。因此，美国提供税收抵免，不在美国纳税，利息只需要在日本缴纳 41% 的税负。

2. 从英国子公司借款

（1）英美两国的双边税收协定。

双边税收协定是指两个主权国家所签订的协调相互间税收分配关系的税收协定，是目前国际税收协定的基本形式，有利于消除双重征税、稳定税收待遇，促进两国的合作与信息交换，减少管理成本。根据 2001 年签订的英美税收协定第十一条规定，发生在缔约国一方并由缔约国另一方居民实际拥有的利息，应仅在该缔约国另一方征税。也就是说，美国支付的利息不应该征税，其预提税率为零，而英国收到的利息应该全额征收所得税。日本银行希望可以通过英美全资子公司之间借款来减少相关的预提税，美国不对利息源泉征税，英国对利息按 30%的税率全额征收所得税，这样美国公司通过从 Aoeora UK 借款可以减少 11%的税负。但是，英国与美国签订的协定包含了利益限制条款。

随着各国的税收协定网络越来越广泛，跨国纳税人利用协定来获取利益的择协避税问题也越来越突出。为此，各国不断强化国际反避税相关法规及措施，美国就率先将利益限制条款应用于税收协定中。《美国所得税协定范本（2006 年）》（以下简称"美国范本"）提出了五条标准，只要满足其中一条规定即有权获得协定的全部利益。标准一规定：缔约国一方的自然人居民，如果实际上是第三国的居民代表，只是所得的"名义"持有人，那么根据股息、利息等条款中该所得的受益所有人须是缔约国一方居民的规定，该自然人居民的该项所得会被拒绝给予协定利益。也就说，为了获得协定的利益，收到利息的英国公司必须是适格主体；然而，Aoeora UK 并非由英国居民而是由日本居民所持有的公司，不属于适格主体；也不在"同等受益人"拥有的公司符合资格之列，因为日本不属于欧盟成员国和北美自由贸易协定（NAFTA）国家。因此，Aoeora UK 不能享受到英美税收协定的优惠。

为了获得协定待遇，美国和英国公司向美国主管当局申请酌情批准。2001 年英美税收协定的第二十三条第六款规定，如果主管当局发现在英国设立公司的主要目的之一不是获得协议的优惠待遇，则可以同意根据该协议给予优惠待遇。Aoeora UK 在意识到自己不是合格的实体时，便向美国主管当局提出了酌情申请，但遭到了美国主管当局的拒绝。因为美国主管当局认为，在公司成立之初，该集团已经详细了解了税收协定，获得协定待遇是其主要目标之一。英国税务部门遵循了与美国主管当局相同的决定，并认为英国居民公司无权根据该协定获得税收抵免，因此 Aoeora UK 没有得到协定的优惠待遇，需要就来源于美国的利息在美国缴纳 30%的美国预提税。

（2）英国国内法的规定。

根据英国国内法的相关规定，Aoeora UK 从美国全资子公司获取的利息可以获得英国国内的单边税收抵免。但是英国 1988 年《所得和公司税法》第 793A 节的相关部分规定：如果与英国境外相关的安排载有明文规定，即在指明的案件或情况下不得通过抵免给予救济，则也不允许给予单边救济的抵免。这意味着 Aoeora UK 因为利益限制条款被排除在协定适用之外，不能获得双边税收协定，因而也不能获得单边税收抵免。这最终导致了对 Aoeora UK 的双重征税：美国不提供税收优惠，对利息支付征 30%的预提税；英国对公司的利息所得征 30%的所得税，应税所得是扣除美国税款后剩余的

70%，从而 Aoeora UK 的总税负达 51%（30%+70%×30%）。

（3）Aoeora UK 基于合法预期的诉讼。

针对英国税务部门拒绝给予单边救济的做法，英国公司基于合法预期向英国法院提起了诉讼。英国为了避免行政机关变更行为给私人预期权益带来影响，在行政法上实行合法预期原则。该原则具体是指：因行政机关做出的某一承诺、实践做法或某一意思表示甚至某项政策，引发了当事人认为自己若按照上述行政意思表示去行动便会获得某种好处或优势的预期，该预期可以合法地获得法律保护。

法院认为：根据法律的相关规定，要提出合法预期的要求，纳税人必须展示三个要素。首先，Aoeora UK 必须证明税务部门有相关表述。Aoeora UK 公司认为，税务部门已经公布了他们的立场。在英国税务部门发布的《国际税收手册》（以下简称《手册》）第 793A 节结尾对不能获得税双边，也不允许给予单边救济抵免的情形做了解释，新《英美所得和财产税收协定》第二十四条第 4 款 c 项所限定的情形主要是针对特别反回购而进行的反避税，Aoeora UK 公司认为该规定不应该妨碍公司享受协定的优惠待遇；真正导致公司不能享受抵免的是第二十三条利益限制条款。但是，Aoeora UK 声称，他们在阅读《手册》中的句子时产生了合法预期，认为他们可以获得单边救济，并且不会遇到相关的困难。其次，Aoeora UK 是否对该表述产生了依赖：答案是否定的，纳税人无法依赖于这种虚假表述，从对日本银行成立英国公司的原因进行分析就可以得出这个结论。因为，日本银行在向美国主管当局提出申请时说，他们在英国成立公司是因为英国是主要的金融中心，在英国成立公司具有商业意义；而该集团在英国成立公司时已对英美税收协定的运作进行了审核，但对于英国税务部门的表述却只字未提。没有任何证据表明他们依赖于《手册》中的表述。最后，法院拒绝给予其单边救济是否不公平。根据相关的协定和手册以及相关的法律条款，法院认为税务部门正确遵守了法律，不存在不公平的现象。因此，Aoeora UK 基于合法预期提起了诉讼是不合理的。该公司不能获得双边税收协定优惠，导致其也不能获得单边救济抵免。

实际上，由于 Aoeora UK 公司不能享受到协定的优惠，也不能获得英国的单边救济抵免，实际税负达到了 51%，比两个国家中任何一国的税负（30%）都要高，双重征税加重了 Aoeora UK 公司的税收负担。

（四）案例总结和启示

1. 案例总结

日本银行投资成立了英国 Aoeora UK 公司和美国全资子公司，美国全资子公司需要融资时不直接向日本银行借款，而是向英国 Aoeora UK 公司借款，并支付利息，希望可以通过此举获得英美两国之间的双边税收协定优惠，降低税收负担。但由于美国的利益限制条款，英国 Aoeora UK 公司不是适格主体，不适用 2001 年的英美税收协定，不能获得两国间双边税收抵免的优惠。而英国国内法规定，如果与他国的约定中有相关条款规定，特定案件或情形不得通过抵免给予救济的，也不允许给予单边救济抵免。于是，Aoeora UK 公司通过合法预期原则起诉英国皇家税务与海关总署。而在诉讼判决中，英国法院认为 Aoeora UK 公司不满足合法预期的三要素，拒绝给予其单边救济。可见，如果没有双边税收协定，Aoeora UK 公司本来可以得到单边救济，但由于协定的存在，其境遇变得更糟，由于协定拒绝给予外国税收抵免，国内法也因此拒绝抵免，最后使得 Aoeora UK 公司承担了更多的税负。

2. 案例启示

（1）跨国公司税收筹划要与时俱进，要特别注意税收协定中的相关措施。

作为普遍的原则，纳税人的待遇不应因协定而有所恶化。两国签订双边税收协定是为了减免税收，而不是加征税收。但是，英美之间的税收协定导致了 Aoeora UK 公司的税负更重。协定不但没有实现预期减轻纳税人税负的目标，而且还尽可能地将反避税措施纳入协定中，增加了双重征税未得到抵免的情形。随着越来越多的协定包含利益限制条款或主要目的测试，这个问题还会更频繁地出现。如果将其视为一项特别规定，纳税人被排除适用协定，并且因国内法规则而被排除适用单边救济的案件将会更多。新的税收政策、国际国内的反避税新趋势等的变化以及税收征管力度的加强，都需要税收筹划与时俱进，密切关注政策协定的实时更新，避免筹划失败加重企业的税收负担。

（2）税收政策与制度的设计要合理保护纳税人利益，要加强对纳税人进行引导。

双边税收协定的存在本意是为了避免或消除重复征税促进经济交往和发展。本案例中，纳税人因为双边税收协定相关规定的存在而使单边抵免也不可以适用，使其被重复征税。除了纳税人本身应该重视以外，税务部门在进行税收政策与制度设计时要在税收公平原则基础上，合理保护纳税人权益；同时，应加强对相关纳税人的引导，加大相关税收法律制度的宣传力度，使纳税人了解政策的真正含义，及时了解政策的变化，从而维护其合理权益。

三、案例使用说明

（一）适用对象与教学目的

1. 适用对象

本案例主要适用于"国际税收""税收筹划"，也可以将本案例作为"中国税制"课程的辅助案例。本案例的教学对象包含财经类和经济法的本科生和研究生，特别是税收学专业的本科生和研究生。

2. 教学目的

一是加深学生对利益限制条款、双边税收协定优惠、合法预期等知识点的理解；二是以案例的形式进行讲解，剖析国际双边税收协定和利益限制条款的知识点，不仅能提高学生的学习兴趣，而且能培养学生的自学能力、运用理论分析解决实际问题的能力，从而避免机械地学习和记忆；三是使学生对跨国公司税务处理方面产生新的认识，即跨国企业的税务合规不仅需要考虑本国税务当局的要求，还需要考虑所在国税务当局和有关国际组织的相关规则的要求。

（二）启发思考题

1. 什么是双边税收协定？
2. 什么是利益限制条款，我国应该怎么做？
3. 怎样理解合法预期？

（三）分析思路

先基于案例背景，归纳出案例的两个焦点问题，即 Aoeora UK 能否获得双边税收抵免；以及因为利益限制条款，英国税务部门接受美国主管当局拒绝酌情适用协定的决定并拒绝给予 Aoeora UK 公司单边救济，Aoeora UK 基于合法预期提起的诉讼是否合理？再分析 Aoeora UK 不能享受英美双边税收协定不征收预提税且税收抵免的优惠政策的原因，以及不能获得单边税收救济的原因。然后，得出法院支持英国皇家税务与海关总署的观点，Aoeora UK 败诉，需要向美国缴纳 30% 的预提税，不能享受双边税收抵免，也无法在英国国内享受单边抵免。

（四）理论依据与分析

本案例的分析一直围绕着税收协定这一核心主题，分析了由于协定的存在，纳税人的境遇变得更糟；由于受益所有人限制条款，日本银行的英国子公司获得从美国子公司支付的利息无法获得免预提税的优惠，英美间税收协定也拒绝给予双边税收抵免，根据英国国内法，如果得不到双边税收抵免，英国公司也不允许享受国内单边救济。

（五）关键点

第一，本案例梳理了日本银行在英国和美国建立全资子公司，美国公司从英国公司借款并希望借助英美税收协定来减轻税收负担，但是因为协定中的利益限制条款无法享受双边税收抵免，也无法享受单边救济抵免，造成重复征税的基本情况。之后，本案例分析了英国公司基于合法预期提起诉讼的过程，以加强学生对利益限制条款、双边税收协定优惠、合法预期等有关知识点的理解。

第二，通过分组讨论的学习方式，增强学生的团队合作能力和自我表达能力，以及培养学生对案例进行系统分析、逻辑推理并合理决策的能力。

（六）建议课堂计划

本案例教学计划见表 1-4。

表 1-4　案例教学计划

案例教学计划	具体内容
教学时长	1 个学时
课前计划	发放案例正文和思考题，要求学生在课前完成阅读并对思考题作答

表1-4(续)

案例教学计划	具体内容
课堂计划	1. 介绍税案始末, 让学生了解案例的基本情况和焦点问题。 2. 将学生分成小组进行讨论, 讨论本案中英国子公司既不能获得双边税收抵免, 又不能获得单边救济抵免的原因, 然后每个小组派一名同学上台发言。 3. 归纳总结每个小组的发言, 提出各小组的优缺点, 并解答有争议之处。 4. 结合问题, 回顾案例
课后计划	通过对本案例的学习, 请同学们谈谈自己的收获和感悟（500字左右）, 并以word的形式上交

（七）案例的建议答案

首先, 根据利益限制条款规定, 英国子公司不属于适格主体, 也不属于符合条件的其他国家居民的"同等受益人", 因此不能享受双边税收抵免; 其次, 由于英国国内法的规定: 纳税人未获得税收协定抵免, 也将无法获得单边救济抵免。尽管公司基于合法预期原则提出了上诉, 但最终也因为不满足合法预期的三个要素, 因此也不能获得单边救济抵免。

（八）其他教学支持材料

本案例以幻灯片的形式进行辅助说明。

（九）思考题参考答案

（扫一扫）

（十）附件（相关法律法规条款）

1. Convention Between the Government of the United States of America und the Government of the United Kingdom of Creat Britain and Northern Ireland for the Avoidance of Double Taration and the Prevention of Fiscal Evasion with Respect to Tares on Income and on Capital Gains (24 July 2001), Treaties IBFD [hereinafte UK–US Income and Capital Tax Treaty].

2.《美国和日本关于对所得避免双重征税和防止偷漏税协定（2003）》第十条和第十一条

条款规定: 如果利息、股息的受益所有人, 在某些条件下, 是缔约国另一方的居民公司, 其通过缔约国任何一方的一个或多个居民, 在确定享有股权日后的12个月内, 直接或间接拥有支付股息公司50%以上的表决权, 或者是缔约国另一方的退休基金居民, 只要该股息和利息不是直接或间接从该退休基金的经营中取得, 在这两种情况下, 股息的预提税税率为0%。

3. 英国 1988 年《所得和公司税法》第 793A 节

相关部分规定：如果与英国境外相关的安排载有明文规定，即在指明的案件或情况下不得通过抵免给予救济，则也不允许给予单边救济的抵免。

4.《国际税收手册》第 793A 节

其中解释：该指南的最后一句话说："在 2003 年 4 月，该节唯一适用的规定是新《英美所得和财产税收协定》第 24 条第 4 款 c 项"：美国税收不应根据本款（b）项计入，应允许在美国居民公司支付股息的情况下抵免英国税收，如果且程度：（1）英国将股息视为由英国居民实际拥有；（2）美国将股息视为美国居民实际拥有的；（3）美国允许美国居民扣除参照该股息确定的金额。

5.《英美所得税和资本税条约（2001）》第十一条第一款

该条款规定：发生在缔约国一方并由缔约国另一方居民实际拥有的利息，应仅在该缔约国另一方征税。

6.《英美所得税和资本税条约（2001）》第二十条第六款

该条款规定：缔约国一方的居民如果既不是合格的人，也无权享受本条第三款或第四款规定的收入、利润或收益项目的利益。但是如果缔约国另一方的主管当局确定设立、获取或维持该居民及其经营活动的主要目的之一不是获得本公约规定的利益，仍应获得本公约的利益；缔约国另一方主管当局在拒绝根据本款给予本公约利益之前，应当与首先提及的国家的主管当局协商。

7.《美国所得税协定范本（2006）》（United States Model Income Tax Convention 2006）

其中的利益限制条款包括五款，即二十六条规定：

第一款，除本条另有规定外，缔约国一方居民无权享受本公约以其他方式给予缔约国一方居民的利益，除非该居民是第二款所定义的"合格人"；

第二款规定了"合格的人"界定标准，其中包括所有权和税基侵蚀测试。缔约国一方居民符合下列条件的，应为一个纳税年度的合格人员：

（1）个人；

（2）缔约国或其政治分区或地方当局；

（3）一家公司，如果：

（a）其主要股票类别（以及任何不成比例的股票类别）在一个或多个公认的证券交易所定期交易，并且，其主要类别的股票主要在该公司是其居民的缔约国的一个或多个公认的证券交易所进行交易，或者公司的主要管理和控制地在其作为居民的缔约国；

（b）公司股份总表决权和价值的至少 50%（以及任何不成比例股份类别的至少 50%）由五个或以下有权根据本项（a）条获得利益的公司直接或间接拥有，条件是，在间接所有权的情况下，每个中间所有人都是缔约国一方的居民；（所有权测试规则）

（4）本公约第 4 条第 2 款所述的人，但就该款（1）项所述的人而言，50% 以上的受益人、成员或参与者是居住在缔约国任何一方的个人；

（5）或者个人以外的人，如果：

（a）在纳税年度至少一半的天数中，作为该缔约国居民并根据（1）项、（2）项、（3）项或（4）项有权享受本公约利益的人，且该缔约国居民的人直接或间接拥有代表该人总表决权和价值至少50%的股份或其他受益权益（以及任何不成比例的股份类别的至少50%），但在间接所有权的情况下，每个中间所有人都是该缔约国的居民；（所有权测试规则）

（b）在该人居住国确定的应纳税年度的总收入中，直接或间接支付或应计给非根据本公约（1）项、（2）项、（3）项的（a）项或本项（b）项的享有本公约利益的任何一缔约国居民的人的收入少于50%，可在该人的居住国就本公约所涵盖的税款进行扣除（但不包括在正常业务过程中为服务或有形财产支付的公平交易费用）；（税基侵蚀测试）

第三款"积极贸易或营业"测试，缔约国一方居民有权就从缔约国另一方取得的一项收入享受本公约规定的利益，无论该居民是否为合格的人，即如果该居民在第一个提到的国家从事积极的贸易活动或业务（为居民自己的账户进行或管理投资的业务除外，除非这些活动是由银行、保险公司或注册证券交易商进行的银行、保险或证券活动），以及从缔约国另一方获得的收入是与该贸易或业务有关或附带的……

第四款税务主管当局的自由裁量权，如果缔约国一方居民既不是第二款规定的合格人，也无权享受本条第三款规定的与某项收入有关的利益，但如果缔约国确定该人的设立、获得或维持其经营活动的主要目的之一不是获得本公约的利益，缔约国另一方主管当局可以授予本公约的利益，或与某一特定收入项目有关的利益。

第五款规定了本条款适用的定义，就本条而言："公认证券交易所"是指全美证券交易商协会（National Association of Securities Dealers, Inc.）拥有的纳斯达克系统，以及根据《1934年美国证券交易法》在美国证券交易委员会注册为国家证券交易所的任何证券交易所……

四、参考文献

［1］埃里克·C. C. M. 坎梅伦. 全球税收协定判例集［M］. 北京：中国税务出版社，2020.

［2］杜莉. 国际税收［M］. 上海：复旦大学出版社，2019.

［3］朱青. 国际税收［M］. 北京：中国人民大学出版社，2021.

［4］杨志清. 国际税收［M］. 2版. 北京：北京大学出版社，2018.

第二篇
国际避税与反避税案例

案例 2-1　某公司无形资产转让定价调整

一、基础知识

（一）转让定价

1. 转让定价概念

转让定价是指公司集团内部机构之间或关联企业之间相互提供产品、劳务或财产而进行的内部交易作价；通过转让定价所确定的价格称为转让价格。转让定价既可以发生在一国之内，又可以发生在国与国之间。发生在跨国公司集团内部交易方面的转让定价被称为国际转让定价，国际转让定价会影响相关国家的国际税收利益。由于跨国公司集团的内部成员之间在经营管理、经济利益等方面存在着紧密的联系，这些成员间的交易作价是根据集团的整体利益进行确定的，因而不一定符合市场竞争的原则。也就是说，一项交易的转让价格既可以等于市场自由竞争所形成的价格，也可以不等于这种竞争价格。转让定价的这种特殊性，决定了它在跨国公司集团的内部管理和国际避税方面有着广泛的用途。如果跨国集团人为操纵转让定价，使内部交易的转让价格高于或者低于市场竞争价格，来达到在跨国集团内部转移利润的目的，是对转让定价的滥用，但习惯上人们仍称其为转让定价。所以，在研究国际税收问题时，人们提到的转让定价，通常是指跨国公司集团通过操纵内部交易定价，在公司集团内部人为转移利润的情况。

2. 无形资产的转让定价

无形资产转让定价是指企业利用各国或地区之间关于无形资产的计税差异，运用某些反市场公平交易的手段将集团企业的利润进行不正当的分配转移。在实践中，无形资产转让定价主要有四种类型，分别是直接转让、许可使用、委托研发或是签署成本分摊协议。

（1）直接转让。

集团企业采用直接转让方式开展无形资产转让定价，大多是因为其拥有无形资产所有权的下属企业所在国家或地区适用的税率较高，集团在税率较低或是拥有税收优惠的地区设立一个关联企业，再以低于合理市场交易的价格将其出售给新设立的关联企业。在集团企业的后续经营中，因该无形资产所产生的利润将被保留在有税收优惠的关联企业处，从而可以降低集团企业的整体税收负担。由于无形资产在市场上不具备其他商品价格交易的可比性，税务征管机关在一定程度上很难在无形资产直接转让的交易过程中发现交易价格的不合理性，因而企业的无形资产转让定价具有隐秘性。

（2）许可使用。

许可使用是指企业以收取许可费的形式将无形资产以许可的方式转让给境外关联企业使用，一般是对知识产权和技术专利这类无形资产采用许可使用的方式。知识产权通常被视为独特而有价值的资产，其授权使用可以为提供方带来相应的收入。许多国家在税法上对知识产权的收入给予一定的优惠待遇，以鼓励创新和技术转让，所以通过提供许可使用的方式产生的收入通常适用较低的税率，从而达到避税的目的。在实际操作中，关联双方会将许可协议结合其他相关服务一起来开展交易，并且由于无形资产的独占性，征税机关很难对许可费用的合理性进行确定。

（3）委托研发。

委托研发通常是指受托关联方以收取与研发无形资产相关费用的方式为委托方提供研究与开发服务，在完成研发活动后产生的无形资产所有权归委托方所有。受托方在后续的使用过程中，仍需向委托方支付相关许可费用。

（4）成本分摊协议。

成本分摊协议是关联企业之间为了共同研发无形资产而签署的协议，参与研发无形资产的企业需在协议中明确各方的责任，有效的成本分摊协议可以帮助企业节约税款支出并避免纳税风险。

在成本分摊协议里需要明确各参与方的成本和收益配比关系，确保企业投入的成本、承担的风险与得到的收益符合独立市场交易原则。签订成本分摊协议后，开发成功的无形资产所有权属于参与签订协议的各方，因此关联企业在使用无形资产时无需支付特许权使用费，同时可以享受按照协议约定的比例对无形资产收益进行分配。

（二）转让定价调整的方法

由于跨国集团可以利用内部交易作价来减轻其整体税负，因此，转让定价会影响相关国家的税收利益，税务当局会根据独立交易定价原则或总利润原则对转让定价进行调整征税，在实践中主要形成了以下五种转让定价调整方法。

1. 可比非受控价格

可比非受控价格也称市场标准，是指以转出企业或转出企业所在地的同类货物、工业产权和劳务的市场价格或资金借贷的市场利率作为跨国关联企业之间交易往来价格制定的标准。简单地说，可比非受控价格就是按当时、当地的独立竞争市场价格来确定跨国关联企业之间交易的价格。

在市场独立竞争的基础上，谋求以市场价格解决跨国收入和费用分配的问题，正是独立交易定价原则的本来目的和要求。所以，以可比的自由竞争市场价格作为跨国关联企业之间交易价格制定的标准，是最符合独立交易定价原则本意的一项基本的跨国收入和费用分配标准。

按照独立交易定价原则，实行可比的非受控价格，在跨国联属企业之间发生的交易往来中，必须把由相互进行控制而起作用的因素（特殊的商业和财务关系等）完全排除在外，即完全以无关联独立竞争企业在市场上相互进行类似交易的市场价格，作为关联企业之间交易价格制定的标准。这种市场价格，首先应该是转出企业提供给其他并非处于共同控制下的独立企业的同类货物、专利和技术等特许权、咨询服务以及贷款等的市场价格或市场利率；其次，如果该转出企业本身并无此同种市场价格或市场利率，也可以是转出企业所在地当时的一般市场价格或市场利率。

可比的非受控价格适用于跨国关联企业之间的各种交易，如企业间内部的有形财产销售、贷款、劳务提供、财产租赁和无形资产转让等。实行可比的非受控价格的国家税务当局，对跨国关联企业相互间的交易定价，包括销货收入、特许权使用费收入、劳务收入以及利息收入等各项主要业务收入的分配，都要以市场价格标准进行检验和衡量。凡检验结果不符合市场标准的，即跨国关联企业间交易的定价高于或低于市场价格，不管是转出企业因超过市场标准（交易定价高于市场价格）而使转出国政府增加了财政收入，还是转入企业因低于市场标准（交易定价低于市场价格）而使转入国政府增加了财政收入，转出国政府和转入国政府的税务当局都要按照市场标准对跨国收入和费用进行重新调整分配。以销售收入的分配为例，在国际上跨国关联企业通过内部销售人为转移跨国收入的问题，已成为各国税务当局矛盾的焦点。对于销售收入的分配，可采用市场标准进行适当的调整。

2. 再销售减利价

再销售减利价，是市场标准的一种延伸，是一种运用倒算价格法推算出来的市场价格标准，即通过进销差价倒算出来的市场价格。它是以转入企业的这批产品的市场销售价格，减去当时它本身的产品进销差价（合理销售毛利）后的价格，作为跨国联属企业之间工业产品销售收入分配的标准。

再销售减利价一般适用于跨国关联企业之间工业产品销售收入的分配。在转出企业和转入企业所在地当时都没有同类产品的市场价格作为分配标准的情况下，可以采用再销售减利价。

3. 成本加利价

成本加利价是指用成本加利润的方法组成一种相当于市场价格的标准，以此来确定跨国关联企业之间某种交易的价格，并进行分配。它要求关联企业首先要遵循正常的会计制度规定，记录有关成本费用，然后加上合理的利润作为关联企业间内部产品销售收入分配的依据。其中的合理利润（率）是从国内和国际贸易的情报资料中取得的。成本加利价是一种运用顺算价格法计算出来的市场价格。

成本加利价是市场标准的继续延伸。它一般适用于在既无市场标准，又无再销售减利价的情况下，跨国关联企业之间缺乏可比对象的某些工业产品销售收入和特许权使用费收入的分配。尤其是当关联企业之间发生有关专利、专有技术和商标等无形资产的转让和特许使用时，必须收取一项符合独立核算原则的特许权使用费收入（此项收入通常按年度计算）。由于无形资产种类很多，而且所涉及的技术、性能、成本费用和目标效益等的差异也比较大，因而常常缺乏有可比性的同类产品市场价格或再销售减利价作为分配的依据。同时，由于这些差异，也很难对其收费依据做出统一的规定。因此，必须更多地采用成本加利价。

4. 利润分割法

利润分割法是对若干关联企业共同参与的销售交易中产生的净利润，以各企业履行的职责和贡献，并参考外部市场对同类利润分配比例的标准，在有关企业之间加以分配。

典型的利润分割法有一般利润分割法和剩余利润分割法两种。一般利润分割法是对某受控交易的综合利润，以每个关联企业在交易中履行职能的相对价值为基础，在关联企业之间进行分配。剩余利润分割法是把受控交易综合利润的分配分为两个阶段：第一阶段，每个参与企业都分到一定的利润，以保证其获得一般的基本回报，这种基本回报，是参考独立企业从事相同类型的交易所获取的市场回报确定；第二阶段，将第一阶段分配后的剩余利润在各方进行分配，这是着重考虑开发无形资产的贡献等特殊因素。

5. 交易净利润率法

交易净利润率法是一种以独立企业在一项可比交易中所能获得的净利润率为基础来确定转让定价的方法。根据交易净利润率法，纳税人在关联交易下取得的净利润率应与可比非关联交易情况下非受控纳税人取得的净利润率大致相同。

交易净利润率法建立在以下基础之上，即从长期来看，那些在相同产业以及相同条件下经营的企业应取得相同的利润水平；因为从经济理论上说，如果一个企业比它的竞争对手利润率高，那么它就可以扩大生产和销售，此时它的低效率的竞争对手就可能被淘汰出局，或者提高效率迎头赶上，这样各类企业的利润率就会趋同。根据交易净利润率法，在关联交易下，纳税人取得的收益要与独立交易情况下非关联交易的利润指标进行比较，而且所要比较的是净利率，而不是毛利率。再销售减利价和成本加利价两种方法比较的都是相关企业的毛利率。毛利是指销售收入减去销售成本（但不能减去各种费用）以后的差额；而这里的净利润则等于销售收入减去销售成本和各种费用（但其中不包括利息和所得税税款）后的差额，其又被称作息税前利润。净利润比毛利润受交易条件差异的影响要小，所以使用净利润率指标调整转让定价比较科学。使用交易净利润率法一般是比较成本净利润率（净利润÷成本）、销售净利润率（净利润÷销售额）或资产净利润率（净利润÷营业资产）。在使用交易净利润率法时，可以采用如下利润率指标：

（1）资产收益率＝息税前利润÷[（年初资产总额+年末资产总额）÷2]×100%；

（2）营业利润率＝营业利润÷营业收入×100%；

（3）息税前营业利润率＝息税前利润÷营业收入×100%；

（4）完全成本加成率＝息税前利润÷完全成本×100%；

（5）贝里比率＝营业毛利÷（营业费用+管理费用）×100%。

6. 其他符合独立交易原则的方法

其他符合独立交易原则的方法包括成本法、市场法和收益法等资产评估方法，以及其他能够反映利润与经济活动发生地和价值创造地相匹配原则的方法。

二、某公司无形资产转让定价调整的案例[①]

案例概述：本案是以税务机关发现 A 公司销售利润率与总利润率偏低，与其生产经营状况不匹配为开端，把 A 公司列入跟踪管理名单，从而进行立案调查。税务机关以 B 集团与境内 A 公司的关联交易存在转让定价行为，并且 B 所提供的无形资产价值贡献回报远高于市场同类技术的价格标准，有违公平交易原则为由，要求其停止支付 2013 年的专利费用，在以后年度对"根据销售收入的一定比例提取特许权使用费的支付"进行调整，并补交全以前年度税款约 1.5 亿元人民币。通过此案例的学习，对我们如何理解"转让定价""独立交易原则"的内在含义有所帮助，让我们对以后如何处理相关的无形资产转让定价事件有着初步的了解。

（一）案例背景

位于境外的 B 集团公司在我国各个省份均设立了多家全资子公司从事生物科技业务，在某市所设立的 A 公司是其子公司之一。同时，B 集团也在我国多地设立了饲料加工企业，这些企业多选择 A 公司作为供应商并购买其产品的食品添加剂。

自 A 公司在我国设立以后，与其母公司 B 集团签订了一系列的专利使用合同，合同规定 A 公司每年须按照苏氨酸销售收入的 3%、赖氨酸销售收入的 3% 和核苷酸销售收入的 5% 等作为专利费用支付给其位于境外的母公司 B，并且支付期限为 20 年。合同中还约定了将授予 A 公司生产氨基酸技术的独家授予权，且当 A 公司出现亏损的情况时，可按 65 万元人民币为基本单位，每单位的亏损可享受适当的专利费用减免的优惠待遇。

期间，某市国税局在调查该公司时发现，A 公司自 2008 年成立后，于 2010 年开始盈利，但是一直处于微利或亏损的状态，直至 2014 年被发现其仍向母公司 B 公司支付了上亿元人民币的特许权使用费。因此，A 公司成了该市国税局的重点调查对象。在经过详细的案头分析后，税务机关把该案件层报国家税务总局立案，并进入现场审计环节。税务人员通过约谈企业的研发、财务、项目管理和供应链部门的人员，查找筛

① 1. 本案例由重庆市专业学位研究生教学案例库建设项目——《国际税收案例库》建设小组（重庆工商大学）成员刘玲林、汤凤林撰写，作者拥有著作权、修改权、改编权，未经允许，本案例的所有部分不能以任何方式与手段擅自复制或传播

2. 由于企业保密的要求，在本案例中对有关名称、数据等做了必要的掩饰性处理。

3. 本案例只供课堂讨论之用，并无暗示某种管理行为是否有效之意。

4. 本案例资料来源：俞佳力. 跨国企业无形资产转让定价对税收流失影响的研究：以 WD 公司为案例 [D].
上海：上海国家会计学院，2018.

选 BVD 数据库可比企业数据和网络资料，搜集了充足的证据。

通过税务人员细致深入的分析，面对有力的证据资料，A 企业最终接受了其转让定价存在问题的事实，并向母公司反馈了税务机关的意见。最后，B 公司同意 A 公司停止支付 2013 年的专利费用，在以后年度对销售收入的提取比例进行合理调整，并补全以前年度税款约 1.5 亿元人民币。

（二）案例焦点问题

该案例的焦点问题在于：该企业是否存在无形资产转让定价的行为。

（三）案例分析

1. 企业引起税务机关的反避税关注的疑点

第一，A 公司为 B 公司的全资子公司，A 公司建厂期间所消耗的资本是 B 公司投资的，同时 B 公司向 A 公司提供生产技术的使用权。但是合同规定了日后 A 公司需要因建厂费用向 B 公司支付补偿，并且对 B 公司的补偿所得以特许权使用费的形式支付并申报纳税。

第二，税务机关了解到，对于 B 公司授予 A 公司独家使用的专利权，WB 公司也在使用，其中 A 公司为 B 公司在华另一省份设立的全资子公司。

第三，合同规定，在 A 公司出现亏损的情况下，可以允许其在支付专利费用时享受特定的优惠减免，然而 A 公司近年来在处于亏损状态的年份，却一直未向 B 公司提出申请，而是按照原规定支付专利费用。

2. 避税行为分析

对于上述案例，多年来 A 公司一直处于亏损或微利的状态，但是每年都定期向境外的 B 公司支付巨额的特许权使用费，因此这符合税务局将其作为重点调查企业的前提条件。在 2010 年到 2014 年，A 公司的相关财务数据见表 2-1。

表 2-1　A 公司财务数据简况

年份	2010 年	2011 年	2012 年	2013 年	2014 年
营业收入/万元	573 549	766 238	932 706	960 438	1 055 975
营业成本/万元	532 875	746 886	918 290	961 226	1 067 321
营业利润/万元	40 674	19 352	14 416	(788)	(11 346)
销售毛利率/%	7.09	2.53	1.55	-0.08	-1.07
利润总额/万元	46 483	24 486	8 553	(60)	(1 994)
净利润/万元	39 897	20 284	7 003	(48)	(1 693)
总利润率/%	6.96	2.65	0.75	-0.01	-0.16

从以上数据可以看出，自 2010 年至 2014 年，A 公司大多处于低盈利或是亏损的状态。与同行业相比，A 公司一直处于较高成本水平，造成较高成本水平的原因也许是从境外关联公司采购了高价的原材料或每年支付了巨额的专利费用。同时，A 公司主营的氨基酸种类在我国有着较为可观的市场，其用途也十分广泛，在医学、化学试剂

和一些食品添加剂方面均有应用，其在国内的需求量呈现爆发式的增长趋势。按理来说，A 公司每年的利润应随营业收入呈乐观状态，但是其利润一直不可观，说明其存在着收入增长率与利润增长率配比严重失衡的不合理现象。

3. 可比性分析

（1）财务数据对比分析。

在对案例所述 A 公司的可比信息进行选择时，本文主要从数据库中选择了两家境内主营氨基酸业务公司（C 和 D 公司）的相关数据。之所以选择 C 和 D 公司，主要是因为这三家企业在国内该行业处于龙头地位，占据了国内市场将近 70%的份额。其中，C 和 D 公司主要财务数据如表 2-2 和表 2-3 所示。

表 2-2　C 公司财务数据简况

年份	2010 年	2011 年	2012 年	2013 年	2014 年
营业收入/万元	501 505	686 621	746 968	778 038	986 497
营业成本/万元	417 945	612 487	677 034	729 915	943 539
营业利润/万元	83 560	74 134	69 934	48 123	42 958
销售毛利率/%	16.66	10.80	9.36	6.19	4.35
利润总额/万元	96 943	88 438	79 195	49 965	54 249
净利润/万元	79 000	71 950	60 783	40 370	50 634
总利润率/%	15.75	10.48	8.14	5.19	5.13

数据来源：wind 数据库。

表 2-3　D 公司财务数据简况

年份	2010 年	2011 年	2012 年	2013 年	2014 年
营业收入/万元	646 703	846 965	1 119 553	1 144 170	1 138 785
营业成本/万元	536 694	770 174	1 048 435	1 054 537	1 031 105
营业利润/万元	110 009	76 790	71 118	89 633	107 679
销售毛利率/%	17.01	9.07	6.35	7.83	9.46
利润总额/万元	107 133	71 644	49 021	63 470	77 418
净利润/万元	96 605	60 414	42 655	50 613	62 643
总利润率/%	14.94	7.13	3.81	4.42	5.50

数据来源：wind 数据库。

通过以上三个表格数据的对比，可以看出，该行业的总收入利润率在 2010—2014 年基本处于下降的趋势，但是 C 和 D 公司的可获利润空间仍较大，且皆远高于 A 公司。三家企业的营业收入均大致处于增长模式且营业收入水平相当，因此该行业的市场发展空间仍较为可观。在这样的市场环境下，A 公司获利水平较低甚至出现亏损的现象主要是因为其销售成本利润率过低。三家企业 2010 年至 2014 年度的销售成本利润率如

表 2-4 所示。

表 2-4　同期销售成本利润率　　　　　单位:%

年份	2010 年	2011 年	2012 年	2013 年	2014 年
A 公司	8.72	3.28	0.93	(0.01)	(0.19)
C 公司	23.20	14.44	11.70	6.85	5.75
D 公司	19.96	9.30	4.68	6.02	7.51

通过以上数据对比发现，A 公司的销售成本利润率明显过低。这表明 A 企业在生产过程中可能存在通过提高成本费用等方式进行了转移定价的行为，将利润转移到了境外关联企业。

（2）行业技术对比分析。

业内人士指出，对于自主研发与谷氨酸和赖氨酸相关的企业，所形成独立使用的无形资产需要支出的研发成本为 2 000 万元至 3 000 万元。并且由于每一个独立技术在稍作调整后就可以申请成为一项新的专利，所以一个成型的技术可申请的专利数量为 20 至 30 个。在科学技术发展迅速的市场背景下，与生产生物添加剂有关的技术更新换代周期也在逐渐缩短。

数据显示，氨基酸生产技术的淘汰周期约为 5 年，而本案例中 A 公司与其母公司签订的专利合同约定支付费用期限为 20 年。因此，对于该项签订长期且支付固定比例的专利合同，税务机关有权判定其违背了独立交易原则。

根据国际惯例，对于生产氨基酸类的特许权使用费率提取均不超过该产品销售收入的 2%，但是本案例中所涉及的费率为 3% 和 5%，说明 A 公司所涉及的特许权使用费率过高。同时，在前文的案例疑点中已提到，A 公司亏损后可获得来自母公司的专利费用减免，但是 A 公司在亏损发生后从未向母公司提出申请。税务机关在了解该信息后，进一步提供了判定该企业的转移利润行为的有力证据，也为税务机关对其进行纳税调整提供了依据。

经过上述反避税分析可发现，B 公司与境内 A 公司的关联交易存在转移定价行为，并且 B 公司所提供的无形资产价值贡献回报远高于市场同类技术的价格标准，有违公平交易原则。

（3）选择转让定价调整方法。

根据关联企业交易形式的不同，税务机关可供选择的转让定价调整方法有可比非受控法、再销售价格法、成本加成法以及其他可使用的方法。

可比非受控法是指在按照非关联企业之间的业务或类似业务的价格进行定价调整的方法，但是本文案例所牵涉到的交易内容中人为操作的因素较多，因此在相关可比信息的寻找中存在较多的客观限制。A 公司作为境外 B 公司的全资子公司，借助无形资产的独占性和非可比性，以专利费用的形式向 B 公司支付了高额的无形资产对价，加速了境外企业在我国的投资回报并降低了集团企业的整体税负。由于每个企业生产的产品在质量上的差异度很难量化，因此寻找与关联交易可比性高的业务在操作上难度较大。

再销售价格法是指参照此次交易的关联方如果将商品销售给其他无关联关系的企业时所采用的价格，并以此价格为基础减去相同或类似业务的毛利后得出的价格，作为再销售价格法调整后的结果。这种调整方法多适用于对产品直接销售或者是简单加工后销售的业务类型，但是本案例中的关联交易主要为母公司为 A 公司提供的技术服务且为独家授权，故而不存在对该技术使用的再转让情况。

成本加成法是指对关联交易价格的确定应按照其成本加上适当的费用和利润的规则计算，主要适用于从关联方购入的产品为半成品，并且需要详细了解关联交易产品的成本价格和适用的利润水平。但是本案例所涉及的关联交易为无形资产的使用权转让，对于在境外形成的无形资产成本信息获取存在一定的难度，加之无形资产的转让或使用本就不适用于成本加成法来进行调整。

交易净利润法是指关联交易价格的确定可以参照独立企业之间进行的相同或类似交易所形成的利润水平，因为该方法受不同企业会计处理或管理方式影响程度较小，所以在实际操作中该法多用于对有形资产的购销、使用和转让，无形资产的使用和转让以及提供劳务等类型的交易形式。

综合对上述调整方法的分析，本文所涉案例更适合的转让定价方法为交易净利润法。首先，该关联交易的主要形式就是境外公司以无形资产特许的方式授予 A 公司使用，在获利后再向境外公司支付高额的对价，最后导致在我国产生的合理利润转移至境外，让国内企业长期处于低盈利或是亏损的状态，其利润水平远低于行业水平。纳税人将原来合理的利润仅以代扣代缴 10% 的税率后便转移至境外的行为，对我国的合法税基流失海外造成了极其不利的影响。

（四）案例启示

1. 税务机关层面

近年来，随着全球经济和国际税收规则的变化，避税筹划手段越来越隐蔽。该案的成功处置，离不开反避税人员从发现企业避税疑点开始，咬定目标，绝不轻言放弃的信心和决心。在转让定价与反避税管理方面，除却对于《特别纳税调整实施办法》（试行）的修订计划和在多个税种中加入反避税条款外，税务机关当前着重于在以下方面加强反避税管理工作：

第一，分层次普查和深究对境外关联企业的付费情况。在调查分析过程中，要拓宽对企业关联服务费的检查思路。一方面，不应将思维局限在分析企业列支服务费后的整体利润水平是否合理，避免简单地以调整企业利润率的方式来达到调整服务费的目的。另一方面，要详细分析相关服务的实质性内容，逐一分析合同条款，多方取证调查服务费是否存在重复收费等问题，对存在问题的服务费果断做出不予税前列支处理。

第二，加强关联申报和同期资料审核。同期资料是企业关联交易的举证说明材料，《国家税务总局关于完善关联申报和同期资料管理有关事项的公告》的出台，对关联申报数据和同期资料报送内容都有了更国际化、规范化的要求，基层税务部门要提前开展对内对外宣传培训，结合年度所得税汇算清缴做好申报辅导。

第三，注重反避税国际合作。在反避税监控、调查、服务环节发现的问题要及时通过税收情报手段进行佐证，利用缔约国来函信息为处于监控管理的企业提供国际税收风险应对提醒服务，并评估被调查企业确定调整方向的合理性。反避税工作任重道远，需要充分运用 BEPS 行动计划"利润应在经济活动发生地和价值创造地征税"原则，促进市场主体与政府共同参与，发挥反避税对经济增长的导向和融合作用。

第四，反避税要摆脱传统思维，不应局限于低利润企业，对存在大额关联交易的高利润企业也应给予特别关注。

2. 企业层面

第一，实践中，企业若是长期处于亏损或微利状态易引起税务机关的关注。因此，为避免遭致税务机关的特别关注和后续严苛的税务检查，企业应高度关注企业自身的经营状况、盈利水平和税负状况，及时汇总企业的财务数据，如销售收入、利润额及利润率、关联交易额等，并注意财务数据之间的内部关系和变动情况。

第二，高度重视同期资料的准备工作。实践中，某些企业并未真正认识到同期资料的重要性，认为只要能通过税务机关的检查即可。事实上，由于税企之间的信息不对称，税务机关往往需要通过阅读企业提交的同期资料报告，掌握企业的关联交易情况和行业状况，从而判断企业关联交易定价是否符合独立交易原则，然后决定是否对该企业进行反避税调查。因此，如果企业能够提交高质量的同期资料，合理说明企业的状况，并能提供充足的理由说明一些异常波动情况，则会获得税务机关更多的认可和支持，从而降低被税务机关纳税调整的风险。

第三，利用预约定价安排减少转让定价风险。由于无形资产的特殊性，使用传统的转让定价方法很难对其进行准确的定价，因而税务机关和企业在无形资产估值和定价方面很容易产生争议。为控制转让定价的风险、增加企业生产经营的确定性，企业应本着积极、合作的态度，与税务机关充分协商沟通，就双方的分歧尽量达成一致意见，并在合理预测企业未来赢利能力和可比性分析的基础上确定转让定价方法，争取最终达成预约定价安排。此外，企业应与税务机关保持良好的沟通，对于不确定的事项应及时寻求税务机关或专业人士的意见，确保关联交易的合规性，并最大限度地降低企业转让定价的涉税风险。

三、案例使用说明

（一）适用对象与教学目的

1. 适用对象

本案例主要适用于"国际税收""税收筹划"，也可以将本案例作为"中国税制"课程的辅助案例。本案例的教学对象包含财经类的本科生和研究生，特别是会计和税收学专业的本科生和研究生。

2. 教学目的

一是在案例分析过程中，让学生学会理论结合实际，运用所学理论知识和方法以分析判断企业是否存在无形资产转让定价的避税行为；二是在案例讨论过程中，让学生学会运用发散思维，学会思考站在税务机关的角度时应该怎么办，以及站在企业的角度时应该怎么办；三是充分调动学生积极参与讨论，培养学生的自学能力，在讨论中深化记忆，避免学生机械式地学习。

（二）思考题

1. 什么是转让定价？
2. 税务机关选择转让定价调整的方法有哪些？分别适用于哪种情况？
3. 关于无形资产，企业容易引起税务机关的反避税关注的行为有哪些？

（三）分析思路

先根据案例的基本情况，A 公司在 2010 年至 2014 年间一直处于亏损或微利状态，但此期间仍向母公司支付巨额特许权使用费，提出案例的焦点问题：A 公司是否存在无形资产转让定价行为。再分析税务机关对企业销售成本利润率和行业技术进行可比性分析得出企业存在关联企业间的转让定价避税行为。然后，根据企业业务情况采用交易净利润法对 A 公司进行转让定价调整，要求 A 公司进行补税。

（四）理论依据与分析

本案例焦点在于寻找出在 2010 年至 2014 年这段时间内，A 公司一直处于亏损或微利状态的原因是否是其存在利用无形资产转让定价的避税行为。

判断依据主要如下：

第一，通过财务数据对比分析，得出 A 公司的销售利润率明显低于同行业其他企业的销售利润率，说明其存在着生产成本费用过高的问题以及转让定价的行为。

第二，通过行业技术对比分析，得出 B 公司所提供的无形资产价值贡献回报远高于市场同类技术的价格标准，有违公平交易原则，说明其存在着利用无形资产转让定价的行为。

判断出 A 公司存在着无形资产转让定价的避税行为后，税务机关便在可供选择的转让定价调整方法中，根据关联企业交易形式的不同，选择以调整该企业关联交易价格合适的方法是交易利润法。

（五）关键点

本案例的关键要点是让学员能够了解现实生活中的利用无形资产转让定价的企业是怎么操作的，并了解税务机关对存在避税嫌疑的企业是采取何种态度以及何种手段予以证实。

通过对本案例的学习，可让学员掌握如何利用所学知识去找寻案例中存在的疑点以判断企业是否存在无形资产转让定价的避税行为，加强学员对独立交易原则、转让定价的调整方法等有关知识点的理解；让学员能够在案例讨论过程中提高学习的积极性和主动性以及培养其自我表达能力。

（六）建议的课堂计划

本案例的教学计划见表2-5。

表2-5　案例教学计划

案例教学计划	具体内容
教学时长	1个学时
课前计划	发放案例正文和思考题，要求学生在课前完成阅读并对思考题作答
课堂计划	1. 介绍税案始末，让学生了解案例的基本情况和焦点问题。 2. 将学生分成小组进行讨论，讨论税务机关是否判定该企业存在利用无形资产转让定价的行为并说明理由，然后每个小组派一名同学上台发言。 3. 归纳总结每个小组的发言，提出各小组的优缺点，并解答有争议之处。 4. 结合问题，回顾案例
课后计划	整理思考题答案，写在作业本上并提交

（七）案例的建议答案

建议答案：税务机关应判定该企业存在利用无形资产转让定价的行为。

（八）其他教学支持材料

本案例以幻灯片的形式进行辅助说明。

（九）思考题参考答案

（扫一扫）

（十）附件（相关法律法规条款）

1.《特别纳税调整实施办法（试行）》（国税发〔2009〕2号）

《中华人民共和国税收征收管理法》第三十六条规定：企业或者外国企业在中国境内设立的从事生产、经营的机构、场所与其关联企业之间的业务往来，应当按照独立企业之间的业务往来收取或者支付价款、费用；不按照独立企业之间的业务往来收取或者支付价款、费用，而减少其应纳税的收入或者所得额的，税务机关有权进行合理调整。

2.《中华人民共和国税收征收管理法实施细则》

第五十一条规定：税收征管法第三十六条所称关联企业，是指有下列关系之一的公司、企业和其他经济组织：（一）在资金、经营、购销等方面，存在直接或者间接的拥有或者控制关系；（二）直接或者间接地同为第三者所拥有或者控制；（三）在利益上具有相关联的其他关系。纳税人有义务就其与关联企业之间的业务往来，向当地税务机关提供有关的价格、费用标准等资料。具体办法由国家税务总局制定。

第五十二条规定：税收征管法第三十六条所称独立企业之间的业务往来，是指没有关联关系的企业之间按照公平成交价格和营业常规所进行的业务往来。

四、参考文献

［1］俞佳力.跨国企业无形资产转让定价对税收流失影响的研究：以 WD 公司为案例［D］.上海：上海国家会计学院，2018.

［2］杜莉.国际税收［M］.上海：复旦大学出版社，2019.

［3］朱青.国际税收［M］.北京：中国人民大学出版社，2021.

案例 2-2　漳州灿坤与税务当局的双边预约定价安排（APA）

一、基础知识

（一）预约定价安排的概念

预约定价安排，是指企业就其未来年度关联交易的定价原则和计算方法，向税务机关提出申请，与税务机关按照独立交易原则协商、确认后达成的协议。预约定价安排适用于主管税务机关向企业送达接收其谈签意向的《税务事项通知书》之日所属纳税年度起 3~5 个年度的关联交易。

（二）预约定价安排的发展历程

1998 年，预约定价安排作为"转让定价调整方法中的其他合理方法"写入《关联企业间业务往来税务管理规程（试行）》（国税发〔1998〕59 号印发）第二十八条。1998 年税务机关与企业签署首例单边预约定价安排。

2002 年，《中华人民共和国税收征收管理法实施细则》（国务院令第 362 号公布）第五十三条正式列入预约定价制度，预约定价由转让定价的调整方法上升为一种制度。

2004 年，国家税务总局颁布了《关联企业间业务往来预约定价实施规则（试行）》（国税发〔2004〕118 号印发），对预约定价安排谈签步骤、要求及后续监控执行等具体操作程序做出详细规定，从而规范了中国的预约定价安排管理。

1998—2004 年，中国一些地方税务机关尝试与企业达成一些单边预约定价安排。在这一阶段，由于缺乏全国统一的具体操作规范，各地达成的预约定价安排普遍存在条款过于简化、功能风险分析和可比性分析不足等问题。

2005 年，国家税务总局实施了预约定价监控管理制度，即各地税务机关在签署单边预约定价安排前必须逐级层报税务总局审核，同时要求各地税务机关要稳步推进预约定价工作，严格依据有关规定，提高预约定价安排的规范程度。中国的预约定价管理从此步入了规范发展的新阶段。2005年4月19日，中国与日本签署了我国历史上第一例双边预约定价安排。

2009年，为配合新《中华人民共和国企业所得税法》及其实施条例的实施，国家税务总局颁布实施了《特别纳税调整实施办法（试行）》（国税发〔2009〕2号印发），其中第六章进一步明确了中国预约定价安排制度及操作规范，并首次制定了双边预约定价安排的谈签程序及具体规定。

2016年，为落实税基侵蚀和利润转移（BEPS）行动计划成果、完善预约定价安排工作流程，国家税务总局颁布实施了《国家税务总局关于完善预约定价安排管理有关事项的公告》（国家税务总局公告2016第64号）。

2017年，为践行BEPS第14项行动计划争端解决机制最低标准的相关要求，提高相互协商程序结案效率，积极为纳税人消除国际重复征税，国家税务总局颁布实施了《国家税务总局关于发布〈特别纳税调查调整及相互协商程序管理办法〉的公告》（国家税务总局公告2017年第6号）。

（三）预约定价安排的类型

预约定价安排按照参与的国家（地区）税务主管当局的数量，可以分为单边、双边和多边三种类型。

企业与一国税务机关签署的预约定价安排为单边预约定价安排。单边预约定价安排只能为企业提供一国内关联交易定价原则和计算方法的确定性，而不能有效规避企业境外关联方被其所在国家（地区）的税务机关进行转让定价调查调整的风险。因此，单边预约定价安排无法避免或消除国际重复征税。

企业与两个或两个以上国家（地区）税务主管当局签署的预约定价安排为双边或多边预约定价安排，需要税务主管当局之间就企业跨境关联交易的定价原则和计算方法达成一致，这可以有效避免或消除国际重复征税，为企业转让定价问题提供确定性。

截至2024年8月，我国签订了多个双边预约定价安排，其中第一个预约定价安排是于2006年12月22日与美国税务部门就沃尔玛公司达成的；但尚未签订多边预约定价安排。

（四）预约定价安排的优势

预约定价安排是在税企双方自愿、平等、互信的基础上达成的协议，是税务机关为企业提供的服务，为税企双方增进理解、加强合作、减少对抗提供了有效途径。预约定价安排具有如下优势：

第一，为企业未来年度的转让定价问题提供确定性，从而带来企业经营及税收的确定性，也为税务机关带来稳定的收入预期；第二，降低税务机关转让定价管理及调查的成本，有效避免企业被税务机关转让定价调查的风险，降低企业的税收遵从成本；第三，有助于提高税务机关的纳税服务水平，促进税收管理与服务的均衡发展，保障纳税人相关权益的实现。

此外，双边或者多边预约定价安排还特别具备以下优势：

第一，促进各国税务主管当局之间的交流与合作；第二，使企业可以在两个或两个以上国家（地区）避免被转让定价调整的风险，并有效避免或消除国际重复征税。

（五）预约定价安排的优先处理条件

企业有下列情形之一的，税务机关可以优先受理企业提交的申请：

（1）企业关联申报和同期资料完备合理，披露充分；

（2）企业纳税信用级别为 A 级；

（3）税务机关曾经对企业实施特别纳税调查调整，并已经结案；

（4）签署的预约定价安排执行期满，企业申请续签，且预约定价安排所述事实和经营环境没有发生实质性变化；

（5）企业提交的申请材料齐备，对价值链或者供应链的分析完整、清晰，充分考虑成本节约、市场溢价等地域特殊因素，拟采用的定价原则和计算方法合理；

（6）企业积极配合税务机关开展预约定价安排谈签工作；

（7）申请双边或者多边预约定价安排的，所涉及的税收协定缔约对方税务主管当局有较强的谈签意愿，对预约定价安排的重视程度较高；

（8）其他有利于预约定价安排谈签的因素。

二、漳州灿坤与税务当局的双边预约定价安排（APA）案例①

案例概述： 漳州灿坤是设立在福建省漳州台商投资区（以下简称"台商区"）的一家大型小家电生产企业，隶属于台湾跨国公司灿坤集团。2005 年，国家税务总局牵头，上海市国税局、厦门市国税局、漳州市国税局三地税务机关，分别与灿坤集团四家关联企业签订了单边税收预约定价安排，此后延续 12 年，"签约" 5 次。2014 年，漳州灿坤通过香港的关联企业，在印度尼西亚设立全资子公司灿星网通有限公司，2017 年 2 月 27 日，漳州灿坤向台商区国税局提交了双边预约定价安排预备会谈申请，希望通过预约定价安排，规范与印尼灿星关联交易的定价。通过对本案例的分析，帮助学生了解税务机关与企业签订预约定价安排的基本流程，以及签订预约定价安排给税企双方带来的益处，也有助于我们进一步理解关联企业之间的关联交易、转让定价调整方法、特别纳税调整等有关知识点。

（一）案例背景

漳州灿坤实业有限公司（以下简称"漳州灿坤"）是设立在福建省漳州台商投资区的一家大型小家电生产企业，隶属于台湾跨国公司灿坤集团，是灿坤集团主要生产基地，占地 160 多万平方米，有员工约 17 000 人，被誉为"全球最大的小家电生产基

① 1. 本案例由重庆市专业学位研究生教学案例库建设项目——《国际税收案例库》建设小组（重庆工商大学）成员吴中英、汤凤林撰写，作者拥有著作权、修改权、改编权，未经允许，本案例的所有部分不能以任何方式与手段擅自复制或传播。

2. 本案例只供课堂讨论之用，并无暗示某种管理行为是否有效之意。

3. 案例来源：陈文裕. 灿坤：我和预约定价有个"约会"[N]. 中国税务报，2017-06-02（B1）.

地"。2014 年，漳州灿坤通过香港的关联企业，在印度尼西亚设立全资子公司灿星网通有限公司（以下简称"印尼灿星"），投资总额为 2 392 万美元，主要从事小家电制造。漳州灿坤税案交易架构见图 2-1。漳州灿坤为印尼灿星代购部分原材料、提供生产技术并派出技术人员进行生产指导。

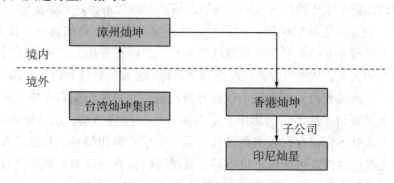

图 2-1　漳州灿坤税案交易架构

　　延续 12 年，5 次"签约"。2005 年 12 月 29 日，国家税务总局牵头，上海市国税局、厦门市国税局、漳州市国税局三地税务机关，分别与灿坤集团四家关联企业签订了预约定价安排。这是我国首例以联合签署形式签订的单边税收预约定价安排，标志着我国税务机关对跨国公司的转让定价税务管理迈上一个新台阶，实现了预约定价安排由原来的一个税务机关与一家企业点对点地签署到多点同时联合签署的转变，大大提高了工作效率。漳州灿坤与漳州国税机关就是在这种联合签署的形势下实现了两者在预约定价安排方面的第一次"牵手"。此后每隔 3 年，税企双方在自愿、平等、守信的原则下准时"赴约"。12 年来，漳州灿坤先后 5 次主动向主管税务机关提出续签协议的申请，并成功续签单边税收预约定价安排，涉及 4 个国家和地区的关联交易；截至 2015 年，涵盖关联交易金额共计 3.37 亿元。其中，第 5 次"签约"在 2016 年 12 月 27 日，是《国家税务总局关于完善预约定价安排管理有关事项的公告》（国家税务总局公告 2016 年第 64 号）生效、单边预约定价权限下放新政落地之后，漳州灿坤与漳州台商区国税局（以下简称"台商区国税局"）经过反复协调、磋商，最终达成共识，如期"签约"，明确了 2017 年至 2019 年漳州灿坤与关联企业之间的货物劳务往来、无形资产等关联交易的转让定价方法、计算依据和关键假设等内容。

　　2017 年 2 月 27 日，漳州灿坤[①]向台商区国税局提交了双边预约定价安排预备会谈申请，希望通过预约定价安排，规范与印尼灿星关联交易的定价，防范税企双方在业务交易真实性和交易价格合理性方面产生不必要的分歧，稳定公司的生产经营业绩预期，并有效避免双重征税问题。

（二）案例焦点问题

　　案例的焦点问题在于漳州灿坤为什么会在 12 年来，先后 5 次主动向税务机关提出

---

　　① 据了解，经国税部门后续跟踪服务及辅导，漳州灿坤认真履行协议规定的条款内容，税收遵从度不断提高，已连续 11 年被评为纳税信用等级 A 级企业。

签订单边预约定价安排，此后又为何向税务机关提出签订双边预约定价安排的谈签意向？

（三）案例分析

随着当前经济全球化的深入发展，各国经济之间的联系也越来越密切。"引进来"和"走出去"企业数量呈极速增长的趋势，从而导致跨国企业的资金、技术、人才、劳务、信息和管理等生产要素在全球范围内流动。各国税务机关都加强了对跨国企业全球利润分配的关注，从而引发各国税务当局对跨国公司的转让定价税务调整。

如果企业遭遇税务机关调查，不仅要补缴税款，而且在长期调查中，不得不向税务机关提供大量资料，这不仅会影响企业的正常生产经营活动，还会损害企业声誉。故如果企业与境外子公司存在较多的关联交易，应学习漳州灿坤的做法，及时、主动地向税务机关提请签订双边预约定价申请，通过两国税务当局的谈判形成双边预约定价安排，从而避免今后被两国税务机关进行转让定价调查的风险。

1. 预约定价安排

在对本案例分析之前，我们有必要了解预约定价安排的含义。预约定价安排是指企业就其未来年度关联交易的定价原则和计算方法，向税务机关提出申请，与税务机关按照独立交易原则协商、确认后达成的协议。其适用于主管税务机关向企业送达接收其谈签意向的《税务事项通知书》之日所属纳税年度起3~5个年度的关联交易。

按照参与的国家（地区）税务主管当局的数量，可以分为单边、双边和多边三种类型。企业与一国税务机关签署的预约定价安排为单边预约定价安排；企业与两个或两个以上国家（地区）税务主管当局签署的预约定价安排为双边或多边预约定价安排。截至目前，我国尚未签订多边预约定价安排。

2. 漳州灿坤的5次单边预约定价安排

本案中，漳州灿坤在12年内，5次成功和税务机关签订单边预约定价安排，就其与国内关联企业之间的货物劳务往来、无形资产等关联交易的转让定价方法、计算依据和关键假设等内容达成共识。这样一方面给企业在适用预约定价年度内进行的关联交易增加税收确定性，保障经营的稳定性，有助于企业对自己生产经营活动进行合理的规划和安排；另一方面，事先确定转让定价的适用方法，有利于消除征纳双方之间的争议，降低了税务机关对转让定价调整的不确定性风险，进而有效打击避税行为，保证国家税款不受侵蚀。

但是，单边预约定价安排只能为企业提供一国内关联交易定价原则和计算方法的确定性，而不能有效规避企业境外关联方被其所在国家（地区）的税务机关进行转让定价调查调整的风险。因此，单边预约定价安排无法避免或消除国际重复征税。这正是漳州灿坤申请签订双边预约定价安排的原因。

3. 漳州灿坤的双边预约定价安排申请

本案漳州灿坤与印尼灿星或其他公司关联交易的转让定价，一般都是灿坤集团全球性的安排，往往受到双边甚至多边税收协定的制约。如果受到某国税务当局的审查，影响的就不仅是处于该国公司的经营。根据税基侵蚀和利润转移（BEPS）项目最低标准的要求，2016年4月1日以后签署的单边预约定价安排，中国承诺将其纳入强制自发情报交换框架，定期与相关国家（地区）进行信息交换。这样一来，如果能够通过签订双边、多边的税收预约定价安排，而且定价适用的期限能达到3至5年，就可以使漳州灿坤的生产经营少了很多不确定性。

预约定价安排是在税企双方自愿、平等、互信的基础上达成的协议，是税务机关为企业提供的服务，为税企双方增进理解、加强合作、减少对抗提供了有效途径。预约定价安排具有如下优势：一是为企业未来年度的转让定价问题提供确定性，从而带来企业经营及税收的确定性，也为税务机关带来稳定的收入预期；二是降低税务机关转让定价管理及调查的成本，有效避免企业被税务机关转让定价调查的风险，降低企业的税收遵从成本；三是有助于提高税务机关的纳税服务水平，促进税收管理与服务的均衡发展，保障纳税人相关权益的实现。此外，双边或者多边预约定价安排还特别具备以下优势：一是促进各国税务主管当局之间的交流与合作；二是使企业可以在两个或两个以上国家（地区）避免被转让定价调整的风险，并有效避免或消除国际重复征税。

4. 漳州灿坤的单边和双边预约定价安排签订流程

预约定价安排的谈签和执行需经过预备会谈、谈签意向、分析评估、正式申请、协商签署和监控执行6个阶段。

（1）预备会谈。

企业有谈签预约定价安排意向的，应当向税务机关书面提出预备会谈申请。税务机关可以与企业开展预备会谈。若漳州灿坤申请单边预约定价安排，应当向主管税务机关台商区国税局提出预备会谈申请，并提交《预约定价安排预备会谈申请书》；若漳州灿坤申请双边预约定价安排，应当同时向国家税务总局和台商区国税局提出预备会谈申请，并提交《预约定价安排预备会谈申请书》。

预备会谈期间，漳州灿坤应当就以下内容做出简要说明：预约定价安排的适用年度、涉及的关联方及关联交易、涉及各关联方功能和风险的说明，包括功能和风险划分所依据的机构、人员、费用、资产等；市场情况的说明，包括行业发展趋势和竞争环境等；企业及其所属企业集团的组织结构和管理架构；企业最近3至5个年度生产经营情况、同期资料等；是否存在成本节约、市场溢价等地域特殊优势；预约定价安排是否追溯适用以前年度；其他需要说明的情况。若漳州灿坤申请双边预约定价安排，其说明内容还应当包括：向印度尼西亚税务主管当局提出预约定价安排申请的情况；预约定价安排涉及的关联方最近3至5个年度生产经营情况及关联交易情况；是否涉及国际重复征税及其说明。

如果税企双方达成一致意见，台商区国税局将向漳州灿坤送达同意其提交谈签意向的《税务事项通知书》。企业收到通知书，标志着预备会谈阶段结束，进入第二个阶段，向税务机关提出谈签意向。

（2）谈签意向。

漳州灿坤应当向台商区国税局提交《预约定价安排谈签意向书》，并附送单边预约定价安排申请草案。若申请双边预约定价安排，则应当同时向国家税务总局和台商区国税局提交上述材料。

单边预约定价安排申请草案应当包括以下内容：预约定价安排的适用年度、涉及的关联方及关联交易、涉及各关联方功能和风险的说明，包括功能和风险划分所依据的机构、人员、费用、资产等；企业及其所属企业集团的组织结构和管理架构；企业最近3~5个年度生产经营情况、财务会计报告、审计报告、同期资料等；预约定价安排使用的定价原则和计算方法，以及支持这一定价原则和计算方法的功能风险分析、可比性分析和假设条件等；价值链或者供应链分析，以及对成本节约、市场溢价等地域特殊优势的考虑；市场情况的说明，包括行业发展趋势和竞争环境等；预约定价安排适用期间的年度经营规模、经营效益预测以及经营规划等；预约定价安排是否追溯适用以前年度；对预约定价安排有影响的境内、外行业相关法律、法规；企业关于不存在税务机关可以拒绝企业提交谈签意向项情形的说明；其他需要说明的情况。双边预约定价安排申请草案还应当包括：向印度尼西亚主管当局提出预约定价安排申请的情况；预约定价安排涉及的关联方最近3~5个年度生产经营情况及关联交易情况；是否涉及国际重复征税及其说明。

（3）分析评估。

漳州灿坤提交谈签意向后，税务机关可以从功能和风险状况、可比交易信息、关联交易数据、定价原则和计算方法、价值链分析和贡献分析、交易价格或者利润水平和假设条件等方面分析预约定价安排申请草案内容，评估其是否符合独立交易原则。税务机关还可以与企业就预约定价安排草案进行讨论，并进行功能和风险实地访谈。

（4）正式申请。

分析评估后，若是单边预约定价安排企业应当与税务机关协商，并进行调整；若是双边预约定价安排，国家税务总局与印度尼西亚税务主管当局开展双边预约定价安排协商。经过若干次磋商，当预约定价安排申请草案符合独立交易原则时，就可以向税务机关提交《预约定价安排正式申请书》，并附送预约定价安排正式申请报告。

（5）协商签署。

税务机关应当在分析评估的基础上形成协商方案，并据此开展协商工作。协商达成一致的，拟定单边或双边预约定价安排文本，双方的法定代表人或者法定代表人授权的代表签署单边预约定价安排。双方或者多方税务主管当局授权的代表签署双边或者多边预约定价安排。国家税务总局应当将预约定价安排转发台商区国税局主管税务机关，并做好后续监控执行工作。

（6）监督执行。

税务机关应当监控预约定价安排的执行情况。预约定价安排执行期间，企业应当完整保存与预约定价安排有关的文件和资料，包括账簿和有关记录等；主管税务机关应当每年监控企业执行预约定价安排的情况。例如，企业是否遵守预约定价安排条款及要求，年度报告是否反映企业的实际经营情况，预约定价安排所描述的假设条件是否仍然有效等；若企业发生影响预约定价安排的实质性变化，应当在发生变化之日起30日内书面报告主管税务机关，详细说明该变化对执行预约定价安排的影响，并附送相关资料。税务机关应当在收到企业书面报告后，分析企业实质性变化情况，根据实质性变化对预约定价安排的影响程度，修订或者终止预约定价安排。签署的预约定价安排终止执行的，税务机关可以和企业按照 64 号公告规定的程序和要求，重新谈签预约定价安排。

（四）案例启示

本案详细介绍了漳州灿坤和税务机关签订的单边预约定价安排的具体内容，分析了漳州灿坤为何在 12 年内，5 次成功和税务机关谈签预约定价安排，以及出于对跨国经营业务的考虑，向税务机关提出签订双边预约定价安排谈签意向的原因所在。

对企业来说，签订预约定价安排给企业的生产经营活动带来了一定的税收确定性，在一定程度上还可以降低由于特别纳税调整带来的涉税风险；对税务机关而言，签订预约定价安排有利于提高税务机关征管效率，原因在于税企双方从一开始便明确了关联交易的税收问题，因此可以有方向性地进行企业的涉税事项跟踪，一旦发现问题，比较容易确认和解决，从而避免了盲目的、繁多的税务审计工作。

预约定价安排是一项极为复杂、难度系数较高的系统性工作，是对企业未来年度关联交易的相关内容加以明确。首先，预约定价安排的谈签和执行要经过预备会谈、谈签意向、分析评估、正式申请、协商签署和监控执行 6 个阶段，在这个过程当中会耗费企业大量的人力、物力和财力。其次，企业需要向税务机关提交相关资料信息，企业一方面会担心资料的泄露，另一方面担心税务机关就相关信息对本企业进行税务调查。最后，企业对预约定价安排所能带来的效率，持以观望的态度。故企业申请的积极性不高。

因此，税务机关应加快培养这方面的税务人才，降低谈签所耗费的时间和资金，提高谈签效率。同时，企业应准备高质量的申请资料以及税务机关要求提供的其他相关资料，并及时完整地提交给税务机关，以更好地配合税务人员的审核工作，共同促进谈签成功率。

三、案例使用说明

（一）适用对象与教学目的

1. 适用对象

本案例主要适用于"国际税收""税收筹划"，也可以将本案例作为"中国税制"课程的辅助案例。本案例的教学对象包含财经类的本科生和研究生，特别是会计和税收学专业的本科生和研究生。

2. 教学目的

一是加深学生对转让定价、关联交易、独立交易原则和预约定价安排等知识点的理解，使其了解税务机关在处理相关事件时的基本准则和流程；二是以案例的形式进行讲解，深入剖析预约定价安排方面的知识点，不仅能提高学生的学习兴趣，而且能培养学生的自学能力、运用理论分析解决实际问题的能力，从而避免机械地学习和记忆；三是使学生对跨国公司税务处理方面产生新的认识，即跨国企业的税务合规不仅需要考虑本国税务当局的要求，还需要考虑所在国税务当局和有关国际组织的相关规则的要求。

（二）启发思考题

1. 什么是转让定价？
2. 我国如何认定关联关系？
3. 怎样理解独立交易原则？
4. 转让定价的调整方法有哪几种？

（三）分析思路

先根据案例基本情况，归纳出案例的焦点问题，即漳州灿坤为什么会在 12 年内先后 5 次主动向税务机关提出续签单边预约定价安排，此后却向税务机关提出签订双边预约定价安排的申请。再分析漳州灿坤前期为增强税收确定性，就其与国内关联企业的转让定价相关事宜与税务当局达成预约定价协议；然后分析单边预约定价协定无法解决其境外关联企业（印尼灿坤）被印尼税务当局重复征税的问题，从而向中国和印尼税务当局提出双边预约定价申请。

（四）理论依据与分析

对本案例的分析一直围绕着预约定价安排这一核心主题，分析了为何漳州灿坤会五次和税务机关签订单边预约定价安排，并在 2017 年度向税务机关申请双边预约定价安排的原因。故相关理论依据大多与预约定价安排有关，如《中华人民共和国企业所得税法》第四十二条、《中华人民共和国企业所得税法实施条例》第一百一十三条、《中华人民共和国税收征收管理法实施细则》第五十三条；《国家税务总局关于完善预约定价安排管理有关事项的公告》（国家税务总局公告 2016 年第 64 号）、《国家税务总局关于发布〈特别纳税调查调整及相互协商程序管理办法〉的公告》（国家税务总局公告 2017 年第 6 号）等。如果企业申请签订的双边预约定价安排的话，还应关注两国签订的双边税收协定。

（五）关键点

第一，本案梳理了漳州灿坤与税务机关签订预约定价安排的基本情况，分析了其为何积极、主动的和税务机关签订预约定价安排的原因，加强了学员对独立交易原则、单边预约定价安排、双边或多边预约定价安排、关联关系的认定、转让定价的调整方法等有关知识点的理解。

第二，通过对本案例的学习，使学员掌握预约定价安排的类型及其特征，理解了不同类型的预约定价安排对企业产生的影响，并对漳州灿坤由原来签订单边预约定价安排转变为双边预约定价安排的原因进行了分析和评价。

第三，通过分组讨论的学习方式，增强学生的团队合作能力和自我表达能力，以及培养学员对案例进行系统分析、逻辑推理并合理决策的能力。

（六）建议课堂计划

本案例教学计划见表2-6。

表2-6　案例教学计划

案例教学计划	具体内容
教学时长	1个学时
课前计划	发放案例正文和思考题，要求学生在课前完成阅读并对思考题作答
课堂计划	1. 介绍税案始末，让学生了解案例的基本情况和焦点问题。 2. 将学生分成小组进行讨论，讨论本案中漳州灿坤和税务机关签订单边和双边预约定价安排会给企业带来什么影响？然后每个小组派一名同学上台发言。 3. 归纳总结每个小组的发言，提出各小组的优缺点，并解答有争议之处。 4. 结合问题，回顾案例
课后计划	通过对本案例的学习，请同学们谈谈自己的收获和感悟（500字左右），并以word的形式上交

（七）案例的建议答案

漳州灿坤会五次和税务机关签订单边预约定价安排，并在2017年度向税务机关申请双边预约定价安排的原因简单总结如下：

一方面，通过签订预约定价安排能给企业带来税收上的确定性，有助于企业对其关联交易的调整和安排；另一方面，其能有效地规避双重征税，既可以规避"走出去"企业自身的税收风险，又能维护本国国家的税收利益。

（八）其他教学支持材料

本案例以幻灯片的形式进行辅助说明。

（九）思考题参考答案

（扫一扫）

（十）附件（相关法律法规条款）

1.《中华人民共和国企业所得税法》第四十一条

该条款规定，企业与其关联方之间的业务往来，不符合独立交易原则而减少企业或者其关联方应纳税收入或者所得额的，税务机关有权按照合理方法调整。企业与其关联方共同开发、受让无形资产，或者共同提供、接受劳务发生的成本，在计算应纳税所得额时应当按照独立交易原则进行分摊。

2.《中华人民共和国企业所得税法》第四十二条

该条款规定，企业可以向税务机关提出与其关联方之间业务往来的定价原则和计算方法，税务机关与企业协商、确认后，达成预约定价安排。

3.《中华人民共和国企业所得税法实施条例》第一百一十三条

该条款规定，企业所得税法第四十二条所称预约定价安排，是指企业就其未来年度关联交易的定价原则和计算方法，向税务机关提出申请，与税务机关按照独立交易原则协商、确认后达成的协议。

4.《中华人民共和国税收征收管理法实施细则》第五十三条

该条款规定，纳税人可以向主管税务机关提出与其关联企业之间业务往来的定价原则和计算方法，主管税务机关审核、批准后，与纳税人预先约定有关定价事项，监督纳税人执行。

5.《国家税务总局关于完善预约定价安排管理有关事项的公告》（国家税务总局公告2016年第64号）

6.《国家税务总局关于发布〈特别纳税调查调整及相互协商程序管理办法〉的公告》（国家税务总局公告2017年第6号）

四、参考文献

[1] 陈文裕. 灿坤：我和预约定价有个"约会"[N]. 中国税务报，2017-06-02（05）.

[2] 杜莉. 国际税收 [M]. 上海：复旦大学出版社，2019.

[3] 朱青. 国际税收 [M]. 北京：中国人民大学出版社，2021.

[4] 杨志清. 国际税收 [M]. 2版. 北京：北京大学出版社，2018.

案例 2-3　YH 公司赴美上市的 VIE 架构设计

一、基础知识

（一）VIE 概述

可变利益实体（Variable Interest Entities，VIEs），即"VIE 结构"，也称为"协议控制"，其本质是境内主体为实现在境外上市采取的一种方式，是指境外上市实体与境内运营实体相分离，境外上市实体在境内设立全资子公司（Wholly Foreign Owned Enterprise，WFOE），该全资子公司并不实际开展主营业务，而是通过协议的方式控制境内运营实体的业务和财务，使该运营实体成为上市实体的可变利益实体。

VIE 一词最早起源于美国，它是安然事件爆发后美国财务会计准则委员会为了规范企业合并而细化的一个名词，其定义源于美国财务会计准则委员会（Financial Accounting Standards Board，FASB）确定的第 46 号解释函（FIN46）中。由于可变利益实体的控制权由外部的投资者通过一系列协议享有，因此 VIE 架构也被称为"协议控制"。协议控制与传统众筹模式的架构十分相似，二者最大的区别在于：前者是协议控制关系，后者是股权控制关系。形象来说，在境外主体与境内实体之间，红筹模式以股权打了死结，而协议控制则是以协议作活扣。基于此，我们可以比照红筹模式，对 VIE 架构进行一个简单的界定，即它是指国内企业控制人在境外投资设立特殊目的公司，再在境外上市，并通过与境内经营实体签订一系列的协议进行协议控制，最终实现国内公司于境外间接上市的目的。

我国目前尚无法律文件对 VIE 架构进行明确定义。但 2020 年 12 月 22 日市场监管总局发布的《对协议控制（VIE）下互联网平台企业未经申报违法实施集中处罚的案例分析》中指出，"协议控制是指拟上市公司通过在境外设立上市壳公司，并设置一系列其与境内实体间的合同、协议框架实现对境内实体的控制，从而间接达成境内实体在境外上市目的的法律模式"。

综合上述概念，协议控制是指这样一种架构，即境内互联网企业为实现境外上市目的，先于境外设立特殊目的公司 SPV（Special Purpose Vehicle）并上市，后与该上市公司签订一系列协议，通过多层次协议的复杂架构实现境外主体对境内实体的控制，从而以间接方式于境外上市。在协议控制下，境外资本以贷款形式流入境内企业，而不是股权资本形式，因此通过 VIE 架构可以有效规避外资准入股权限制的规定。

（二）搭建 VIE 架构进行海外上市的具体操作步骤

第一，创始人在英属维尔京群岛（BVI）或者开曼群岛设立一家离岸公司，创始股东成为持股主体。

第二，该离岸公司与投资者及其他的股东，再共同设立另一家离岸公司（通常开设在开曼群岛）作为上市的主体，在此过程中引入大量的财务投资者。

第三，上市主体再在香港设立一家壳公司。

第四，由香港的壳公司在境内设立外商独资企业（WFOE）。

第五，由该 WFOE 与境内实体企业及其股东签订一系列协议来实现对境内企业决策、管理以及利润等各方面的控制。VIE 协议通常包括《股权质押协议》《委托投票协议》《独家技术咨询和服务协议》《独家代理协议》等，通过这一系列协议，WFOE 实现了对境内实体业务的控制。

通过以上步骤，境内经营实体作为可变利益实体，具体架构见图 2-2。

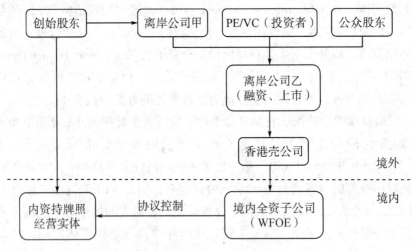

图 2-2　典型的 VIE 架构

（三）VIE 架构的协议内容

通过前述内容可以得知，境外上市主体之所以能获得境内实体的控制权并最终取得其营业收入和利润，依赖的是一系列商业协议，具体包括以下四种。

（1）资产运营控制协议。

这种协议包括外商独资企业与境内实体签订的独家管理咨询合同、技术服务合同等，通过签订前述合同，外资企业可以间接控制境内经营实体几乎所有的经营活动，并通过报酬等方式获得境内企业的主要收入和利润。

（2）借款合同。

外商独资企业与境内运营实体签订无息贷款协议，约定前者向后者提供无息贷款，合同成立后，外商独资企业作为债权人向债务人履行交付义务，向境内经营实体账户汇入资金。需要清楚的是，外商独资企业的资金来源于境外特殊目的公司的投资，而国外投资者又是境外公司的股东，所以抛开独立法人资格这一点来讲，本质上这些资金来源于外国投资者。

（3）股权质押协议。

签订借款合同之后，为了确保借款人按照约定履行还款义务，外商独资企业会与境内经营实体签署股权质押合同，要求境内实体股东将其股权质押作为借款担保。该协议一般会约定，当债务人到期无法偿还借款本金时，债务人的股东自愿放弃股票优先购买权。

（4）认股选择权协议。

通过该协议，外商独资企业享有境内经营实体股权的优先购买权，可以选择是否将债权转换为股权，当然，在外资限制政策下，外资企业无法立即获得境内实体的股权控制权，但是当法律法规允许外资进入境内实体所在的行业领域时，外资企业即可提出购买股权，并成为境内实体合法控股股东。

二、HY 公司赴美上市的 VIE 架构设计案例[①]

案例概述：HY 公司是隶属于 YY 旗下的直播平台，由欢聚时代投入技术与资源，为使用者提供互动式视频服务的平台。本案例主要分析了 HY 公司上市搭建的 VIE 架构所产生的税收收益和带来的税务风险，并且站在企业的角度为降低 VIE 架构的税务风险提出了建议。通过对本案例的分析，能够帮助学生了解我国建立 VIE 架构的目的以及其标准模式，理解 VIE 架构设计的产生会给企业带去的税收收益及 VIE 架构所面临的税务风险。

（一）案例背景

HY 公司是隶属于 YY 旗下的直播平台，由欢聚时代（NASDAQ：YY）投入技术与资源，为使用者提供互动式视频服务的平台。2015 年 5 月 28 日，欢聚时代宣布成立欢聚时代互动娱乐事业部，HY 公司与 YY 游戏、多玩游戏网共同组成"欢聚互娱"品牌，以游戏运营、游戏咨询、游戏直播三位一体的运营架构，形成一套可循环的闭环经营模式。HY 公司产品覆盖 PC、Web、移动三端，拥有包括网游竞技、单机热游、手

---

① 1. 本案例由重庆市专业学位研究生教学案例库建设项目——《国际税收案例库》建设小组（重庆工商大学）成员刘玲林、汤凤林撰写，作者拥有著作权、修改权、改编权，未经允许、本案例的所有部分不能以任何方式与手段擅自复制或传播。

2. 由于企业保密的要求，在本案例中对有关名称、数据等做了必要的掩饰性处理。

3. 本案例只供课堂讨论之用，并无暗示某种管理行为是否有效之意。

游休闲、娱乐综艺在内的四大品类，内容涵盖电子竞技、音乐、体育等领域。

2016 年 8 月，HY 公司的可变利益实体（Variable Interest Entities，VIEs）——广州 HY 成立。截至 2016 年 12 月 31 日，YY 完成了从 YY 到广州 HY 公司的所有资产（商标、功能变数名称、业务合同和有形资产）的转让，即 HY 公司从 YY 剥离。2018 年 5 月 HY 公司在美国纽约证券交易所上市，上市首日收盘报价为 15.50 美元，较发行价上涨了 29.2%，成为中国第一家上市的游戏直播平台。至此，HY 公司上市当年搭建的组织架构如图 2-3 所示。

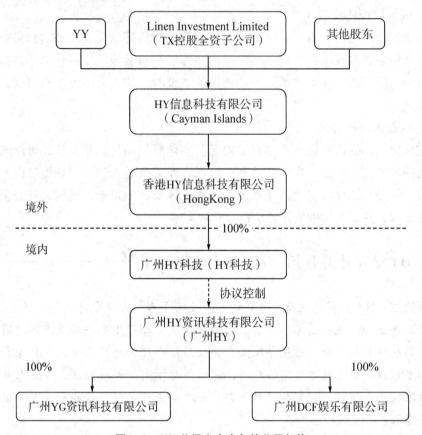

图 2-3　HY 公司上市当年的公司架构

（二）案例焦点问题

VIE 架构是中国企业海外上市应用较为普遍的一种新型企业组织形式，本案例的核心问题是该架构设计的背景是什么，有哪些关键环节，有何主要的税收利益及税务风险。

（三）案例分析

1. VIE 架构概述

VIE 模式起源于美国，美国企业对于 VIE 模式的运用主要集中在设立公司即主要受益人借助于 VIE 为自身提供一种低成本的融资。但这一模式被我国一批企业灵活地用作海外上市的手段。自新浪互联网公司成功借助 VIE 架构在美国纳斯达克上市以后，这种协议控制架构成为我国某些禁止或限制外资进入的行业的企业赴海外上市进行融资的主要途径。

2. 采用的 VIE 架构

HY 公司采用的是"开曼—香港"的多层结构。YY 于 2017 年 1 月于中国香港注册成立香港 HY 信息科技有限公司,于 2017 年 3 月在开曼群岛注册成立 HY 信息科技有限公司。2017 年 4 月,香港 HY 信息科技有限公司成为 HY 信息科技有限公司的全资子公司。2017 年 6 月,香港 HY 信息科技有限公司成立了在中国内地的全资子公司广州 HY 科技。2017 年 5 月和 7 月,广州 HY 分别成立了广州 YG 资讯科技有限公司和广州 DCF 娱乐有限公司。2017 年 7 月,HY 公司通过 HY 科技、广州 HY 及广州 HY 股东之间的一系列控制协议获得控制权。综上,HY 公司目前通过 HY 科技和可变利益实体——广州 HY 及其子公司在中国内地开展业务,广州 HY 持有经营在中国内地业务所必需的中华人民共和国电信与信息服务业务经营许可证(ICP 许可证)及其他许可证。为实现对广州 HY 的控制,HY 公司通过 HY 科技(WFOE)与广州 HY(VIE)达成如下协议(见表 2-7)。

表 2-7　HY 公司的 VIE 架构中的控制协议

协议名称	内容
股东表决权代理协议	根据投票权代理协议,广州 HY 的每名股东不可撤销地签署了一份授权书,并委托 HY 科技作为其代理人在广州 HY 行使该等股东的权利,包括但不限于投票权、根据中国法律及法规以及广州 HY 公司章程及广州 HY 所有业务方面的信息权利,代表广州 HY 所有事宜均需要股东批准。协议的期限自签订之日起十年,并将无限期自动延长一年。HY 科技有权随时提前 30 天向广州 HY 提供书面通知,自行决定终止协议
股权质押协议	广州 HY 股东已将其于广州 HY 的全部股权质押于 HY 科技,以保证广州 HY 及其股东履行其独家业务合作协议项下各自责任下的独家期权协议和投票权代理协议。如果广州 HY 或其股东违反了他们在这些协议下的合同义务,作为质权人的 HY 科技将有权享有某些权利,包括出售质押权益的权利
独家商业合作协议	根据独家业务合作协议,HY 科技拥有独家权利向广州 HY 提供与广州 HY 业务相关的技术支持、业务支持和咨询服务。服务费支付的时间和金额由 HY 科技自行决定。协议的期限为签署日起十年,除非 HY 科技和广州 HY 另有约定,否则该协议将自动延期十年
独家选择权协议	根据独家选择权协议,广州 HY 的股东不可撤销地授予 HY 科技或其指定代表独家选择权,以在中国法律许可的范围内购买其在广州 HY 的全部或部分股权。HY 科技或其指定代表可自行决定何时部分或全部行使此类选择权。未经 HY 科技事先书面同意,广州 HY 股东不得在广州 HY 出售,转让,抵押或以其他方式处置其股权。协议的期限为十年,并可由 HY 科技自行决定延长

3. VIE 架构的税收收益

(1)境外上市主体和公司创始投资者的税收收益。

上市主体 HY 信息科技有限公司选择设立在开曼群岛的原因之一是其中立、稳定的政治制度和严密的法律制度对公众股东的保护,以及信息披露能符合上市所在地监管机构的要求;原因之二是开曼群岛不征收所得税,有利于企业避税。

（2）香港公司的税收收益。

VIE 架构的搭建中，香港是最热门的境外股东设立地，原因是根据《内地和香港税收安排》第十条第二款规定："如果受益所有人是直接拥有支付股息公司至少25%资本的公司，预提税为股息总额的5%；在其他情况下，为股息总额10%。"与直接将股息支付给开曼上市主体须支付10%的预提税相比，通过向香港子公司支付股息可享受5%的协定限制税率的优惠。同时，鉴于香港地区实行单一的地域管辖权，只对源自香港的收入才须在特定情况下在香港纳税，对由香港子公司再将上述股息支付给开曼公司的环节也不征税。因此，HY 公司法的 VIE 架构中设立香港子公司这一环节，会极大地降低其预提所得税税负。

（3）境内运营实体的税收收益。

实体经营企业可通过支付特许权使用费、管理费、技术转让费等方式将利润转移至 WFOE 公司，进而可以在 WFOE 公司享受相应的所得税优惠，降低集团的所得税负担。

4. VIE 架构的税务风险

（1）境外上市主体的税务风险。

HY 信息科技有限公司（开曼）存在被认定为中国居民企业的风险。

如果境外公司并无实际经营业务，且相应管理活动也基本在中国的境内实施，则根据《关于境外注册中资控股企业依据实际管理机构标准认定为居民企业有关问题的通知》（国税发〔2009〕82 号），HY 信息科技有限公司可能会被认定为中国居民企业，则整体税负可能会受到以下影响：

第一，上市主体合并报表的全部利润，不管是来源于中国境内还是境外，均需要按照25%缴纳中国企业所得税；第二，HY 信息科技有限公司支付给外国投资者的股息成为来源于中国境内的所得，该部分股息需要缴纳预提所得税；第三，非居民企业股东和外国投资者在境外证券市场出售 HY 信息科技有限公司的股票时，其收益属于来源于中国境内的所得，须在中国缴纳所得税。

香港 HY 信息科技有限公司（香港）可能有无法享受税收协定优惠待遇的风险。

若要适用税收协定优惠待遇，香港 HY 信息科技有限公司至少要解决两个问题：一是能够顺利向香港税务局申请取得香港居民身份证明；二是能够满足中国税法及税收协定下的"受益所有人"的条件，国税函〔2009〕601 号第一条指出，"受益所有人"是指对所得或所得据以产生的权利或财产具有所有权和支配权的人。"受益所有人"一般从事实质性的经营活动，可以是个人、公司或其他任何团体。代理人、导管公司等不属于"受益所有人"。但香港 HY 信息科技有限公司若不满足"受益所有人"的认定，那么它也将无法享受协议限制的优惠税率。

（2）境内运营实体的税务风险。

在 HY 公司的 VIE 架构中，HY 科技（WFOE）通过一系列协议将广州 HY 及其子公司（VIE）的利益予以集中，最终并入境外上市主体的合并报表中，这一过程可能会涉及多种关联交易以避税。对于这类避税行为，中国税务机关已逐步建立起一套严密的监控体系，能够实现对关联交易中常见避税手段的有效稽查。

而且，现行企业的关联交易被税务机关实施特别纳税调查调整后还将衍生出其他风险。首先，税务机关在对纳税人发起特别纳税调查、立案时，企业可能因缺乏应对调查机制和能力，往往需要花费较大成本聘请专业中介机构帮助应对。其次，若企业不善于运用法律救济机制，便可能无法解决转让定价调整中的双重征税问题。另外，税务机关还将对以前年度特别纳税调整事项进行追溯调整并对企业往后的交易加大监督力度。也就是说，对于被实施转让定价调查调整的企业，税务机关依然会实施特别纳税调整监控管理，而且监控管理期不限于 5 年。最后，转让定价被税务机关调整，境内运营实体将无法依据协议规定向 WFOE 转移利润，协议无法履行将会影响到境内外企业报表合并。

（四）案例启示

虽然 VIE 架构被我国不少赴海外上市的企业广泛采用，但近年来一些企业运用 VIE 架构过程中也暴露了不少风险。为了降低 VIE 模式存在的税务风险，HY 公司可以采取以下措施：

1. 增加关联交易和组织架构的商业实质

VIE 架构中特殊目的公司的设置、可变利益实体的利用以及签订的各种控制协议等多种设计，多是出于法律层面的考虑，但往往忽略了会计制度以及税务监管执行中最重要的观点——实质重于形式，这样会导致税务机关可能认为该 VIE 架构滥用法律形式，判定企业仍需承担常规处理所需承担的税负。因此，HY 公司在设计、执行商业安排时，应在考虑法律因素的基础上，通过增强关联交易和组织架构的商业实质应对税务机关的监管。例如，为避免香港 HY 信息科技有限公司受益所有人的身份受到质疑，香港 HY 信息科技有限公司应考虑配备相应的人员和资产并开展实质性的经营活动；尽可能减少高级管理人员境内境外双重任职的情况，若确实需要保留少量双重任职的高级管理人员，应确保其在境外仅履行其作为境外公司的高管职责，在境内仅履行其作为境内公司的高管职责；适当增加在中国境内以外的地区、国家的投资和经营活动，使整个集团架构的收入来源地多元化，以降低中国境内企业投资收益在整体收入中的比重。另外，各种商业安排还需要进行全程记录，并主动与税务机关就商业实质问题进行沟通和处理，以期获得税务机关的理解，并使税务机关接受。

2. 合理安排关联交易

首先，确保境内外利润分配是否与其经济活动相匹配。在《特别纳税调查调整及相互协商程序管理办法》（国家税务总局公告 2017 年第 6 号）背景下，中国税务机关依据《关于完善关联申报和同期资料管理有关事项的公告》（国家税务总局公告 2016 年第 42 号）的指引，可以从跨国企业集团的组织结构、业务范围、业务模式入手，利用数据模型进行企业价值链分析。据此，HY 公司应持续关注集团的境内境外企业的利润分配是否与其经济活动相匹配，依据高风险高收益、低风险低收益、不承担风险只能取得正常资金回报的逻辑使各方取得的利润与其经济活动的开展和所执行的功能承受的风险相匹配。

其次，无形资产费用收付应符合独立交易原则。依据 BEPS 行动计划《无形资产转让定价报告》，创造无形资产价值分为开发、提升、维护、保护和利用五大环节，获取无形资产超额利润的依据是对无形资产的价值创造有多大贡献，仅拥有无形资产的法律所有权或仅提供资金而未承担相关风险、执行相应功能的企业，只能按独立交易原则获取与之相应的补偿，不能享有无形资产的超额回报。据此，HY 公司可以加大 VIE 架构下的香港中间控股公司的研发功能比重，使其成为名副其实的无形资产创造者。同时，制定集团内成员之间符合独立交易原则的无形资产费用收付规则，防止人为地将无形资产的法律所有权授予未对无形资产价值做出任何贡献的避税地企业，再由高税负的其他集团成员向其支付特许权使用费。

3. 加强与税务机关的沟通

在对 VIE 架构进行税收筹划时，企业相关人员往往游走在法律的边缘，很难把控违法的风险，再加上我国税法上某些规定概念的模糊性，税务机关主要依据主观判断对企业筹划行为定性，在这方面，税务机关具有较大的自由裁量权。因此，在税务实践中，HY 公司应主动与税务机关沟通，并及时关注税务机关对具体税务问题的处理情况，才能使企业在 VIE 架构设计中税收筹划和税务处理符合税务机关的要求；应主动向税务机关就某项具体的商业安排的经济实质进行合理解释，谈一谈对相关税法规定的理解，降低征纳双方因理解不同而产生的认定差异风险，与税务机关在税务处理、商业安排上达成共识。而且，主动沟通的良好态度会给主管税务机关留下好印象，在处理税收争议时，增加认同的可能性。

4. 关注税收政策的变化

我国税收法律政策不断地在更新完善，近些年来变化巨大，HY 公司在进行税收筹划的过程中，不仅要考虑 VIE 内部架构因素，还需着重注意外部环境的变化。因为，VIE 架构是一种稳固的组织架构，搭建好后，在一段时间内一般不会轻易发生变动，而我国税收政策更新快，并且外部税收法律政策的变动，税率和征收范围的改变，将会直接影响企业实际税负。因此 HY 公司在搭建结束后，也需要实时关注外部政策的变动，及时更新改变交易安排，降低因税收政策的变化而产生的企业税务风险。

三、案例使用说明

（一）适用对象与教学目的

1. 适用对象

案例主要适用于"国际税收""税收筹划"，也可以将本案例作为"中国税制"课程的辅助案例。本案例的教学对象包含财经类的本科生和研究生，特别是会计和税收学专业的本科生和研究生。

2. 教学目的

一是让学生对我国企业赴美上市 VIE 架构知识点有基本的了解，让学生知道我国企业构建 VIE 结构的基本准则和流程；二是以案例的形式进行讲解，让学生加深对 VIE 结构所会涉及的税收收益以及税收风险的理解，为学生以后可能构建 VIE 结构的工作打下基础，以便能够让企业尽可能地享受到税收收益。

（二）思考题

1. 什么是 VIE 架构？
2. VIE 架构的标准模式是什么？

（三）分析思路

先根据案例背景资料，总结出本案例的焦点问题，即 HY 直播为什么要采用 VIE 架构去海外上市。再通过剖析 HY 直播依次在海外设立系列公司并签订相应的控制协议，最终形成"开曼—香港"的多层 VIE 结构。然后分析 HY 直播可能获得的税收利益及面临的税务风险。最终得出 HY 直播采用 VIE 架构境外上市的原因。

（四）理论依据与分析

本案例的焦点在于分析企业赴美上市的 VIE 架构涉及的税收收益以及税务风险。HY 公司赴美上市的 VIE 架构各环节的税收收益体现在：在开曼设立公司能够成为上市公司以及可享受不征收所得税的税收优惠；在香港设立公司则是因为香港税率相对较低，对内地企业有税收优惠政策，境内运营实体可以运用相应的手段以降低集团的所得税负担。当然 HY 公司的 VIE 架构也存在一定的税务风险，如《关于境外注册中资控股企业依据实际管理机构标准认定为居民企业有关问题的通知》（国税发〔2009〕82 号）可能会使 HY 公司在开曼搭建的上市公司（HY 信息科技有限公司）有被认定为中国居民企业的税务风险，一旦被认定为中国居民企业，那么上市公司就需要就其全球收益所得在中国纳税，并且中国税务机关还会对股东间接转让其股权的所得进行征税。又如《关于如何理解和认定税收协定中"受益所有人"的通知》（国税函〔2009〕601 号）可能让香港 HY 信息科技有限公司面临无法满足"受益所有人"的相关认定条件，导致其无法享受税收协定优惠待遇的税务风险。

（五）关键点

本案例的关键要点是让学生对企业赴美上市的 VIE 架构有基本的了解，在此基础上，分析 VIE 架构存在的税收收益以及其可能产生的税务风险。

通过对本案例的学习，能够让学员了解到现实生活中真实存在的 VIE 架构，让学员不再停留在理论知识学习层面，加深他们对 VIE 架构相关知识点的理解与运用；在对本案例焦点问题的分析过程中，能够让学员对 VIE 架构产生的税收收益有初步的了解，以及认识到现存的 VIE 架构面临着怎样的税务风险，让学员主动思考企业应该采取哪些措施应对该税务风险，提升学员面对不同税务风险的解决能力。

（六）建议的课堂计划

本案例的教学计划见表 2-8。

表 2-8　案例教学计划

案例教学计划	具体内容
教学时长	1 个学时
课前计划	发放案例正文和思考题，要求学生在课前完成阅读并对思考题作答
课堂计划	1. 介绍税案始末，让学生了解案例的基本情况和焦点问题。 2. 将学生分成小组进行讨论，讨论 HY 公司赴美上市的 VIE 架构存在哪些税收收益以及税务风险，然后每个小组派一名同学上台发言。 3. 归纳总结每个小组的发言，提出各小组的优缺点，并解答有争议之处。 4. 结合问题，回顾案例
课后计划	整理思考题答案，写在作业本上并提交

（七）案例的建议答案

建议答案：在美国，VIE 模式主要被主要受益人用于为自身提供一种低成本的融资，在我国则成为某些禁止或限制外资进入的行业的企业赴海外上市进行融资的主要途径。具体做法如下：境内互联网企业为实现境外上市目的，先于境外设立特殊目的公司 SPV 并上市，后与该上市公司签订一系列协议，通过多层次协议的复杂架构实现境外主体对境内实体的控制，从而以间接方式于境外上市。HY 直播赴美上市过程中，在开曼设立公司能够成为上市公司以及可享受不征收所得税的税收优惠；在香港设立公司则是为了享受香港与内地的税收优惠政策，境内运营实体可以运用相应的手段以降低集团的所得税负担。但是 HY 直播的 VIE 架构可能会面临一定的税务风险，如根据《国税发〔2009〕82 号》在开曼搭建的上市公司（HY 信息科技有限公司）有被认定为中国居民企业的税务风险；根据《国税函〔2009〕601 号》香港 HY 信息科技有限公司可能面临无法满足"受益所有人"的相关认定条件，从而无法享受税收协定优惠待遇的税务风险。

（八）其他教学支持材料

本案例以幻灯片的形式进行辅助说明。

（九）思考题参考答案

（扫一扫）

（十）附件（相关法律法规条款）

1.《关于如何理解和认定税收协定中"受益所有人"的通知》（国税函〔2009〕601 号）第二条

该条规定：境外中资企业同时符合以下条件的，根据企业所得税法第二条第二款和实施条例第四条的规定，应判定其为实际管理机构在中国境内的居民企业（以下称"非境内注册居民企业"），并实施相应的税收管理，就其来源于中国境内、境外的所得征收企业所得税。

（1）企业负责实施日常生产经营管理运作的高层管理人员及其高层管理部门履行职责的场所主要位于中国境内；

（2）企业的财务决策（借款、放款、融资、财务风险管理等）和人事决策（任命、解聘和薪酬等）由位于中国境内的机构或人员决定，或需要得到位于中国境内的机构或人员批准；

（3）企业的主要财产、会计账簿、公司印章、董事会和股东会议纪要档案等位于或存放于中国境内；

（4）企业1/2（含1/2）以上有投票权的董事或高层管理人员经常居住于中国境内。

2.《关于境外注册中资控股企业依据实际管理机构标准认定为居民企业有关问题的通知》（国税发〔2009〕82号）第一条

该条规定："受益所有人"是指对所得或所得据以产生的权利或财产具有所有权和支配权的人。"受益所有人"一般从事实质性的经营活动，可以是个人、公司或其他任何团体。代理人、导管公司等不属于"受益所有人"。

四、参考文献

［1］宋洋. VIE架构的企业税务风险［D］. 成都：西南财经大学，2019.

［2］王素荣，孙英. VIE架构下的税务风险面面观［J］. 中国外汇，2019，367（1）：64-66.

［3］worldfh. 部分中国企业在美国上市月报和案例分析［EB/OL］.（2018-07-09）［2023-11-12］. http://www.worldfh.com/infoshow.html? article_id=2220.

［4］程雨佳. VIE架构的企业税务风险［D］. 成都：西南财经大学，2022.

［5］杜莉. 国际税收［M］. 上海：复旦大学出版社，2019.

案例 2-4　B 公司关联融资的税收

一、基础知识

（一）关联融资中的转让定价问题

关联融资的转让定价是指关联企业之间进行的贷款、债务融资、股权转让等交易所确定的价格。这种转让定价通常与市场价格不同，因为关联企业间的融资交易往往受到特定利益关系和税务规定的影响。

跨国公司集团通过关联融资的转让定价来实现税务优化和利润转移。它们可以利用关联融资的方式，在高税率国家借款，然后将借款转移至低税率国家或无税地区，以减少整体税负。同时，它们也可以通过以较高利率向关联企业借款，将利润转移至低税国家，以降低在高税率国家的企业所得税。关联融资的转让定价也常见于家族企业间的资金往来。家族企业可能通过设立关联公司、发行债券或股权转让等方式实现内部资金调动。在这种情况下，关联融资的转让定价通常由家族企业内部决策来确定，根据公司资金需求、家族成员之间的关系等因素进行定价。

然而，关联融资的转让定价也受到国际税务法规的监管。国际上主要有转让定价准则（Transfer Pricing Guidelines）和国际税收协定（Double Taxation Agreements）等法规来规范关联融资的定价。这些法规要求企业在进行关联融资时，必须遵循"按市场原则"，确保交易价格与独立企业之间的交易价格相当，以避免滥用转让定价规则来逃避税务义务。

（二）关联融资调整的独立交易原则

独立交易是跨国企业关联融资最基本的原则，原理是利润分配要符合正常市场竞争下独立无关企业间的标准，核心是在可比情境下找到可比交易或可比利润。它的优点是采用市场经济基础上公平竞争的价格，客观地反映了企业的能力和交易的情况，所以被各国普遍采用。它的缺点是由于交易更复杂、信息公开程度的问题，交易、利润的可比性较差，实务中存在诸多困难。采用这个原则的初衷是，独立企业彼此进行交易时，它们的商业和财务关系的条件通常由市场力量决定，例如转让的货物或提供的服务的价格。但关联企业相互进行交易时，它们的商业和财务关系可能不会以同样的方式直接受到外部市场力量的影响。当内部定价不能反映市场力量和独立交易原则时，关联企业的税收义务和东道国的税收收入可能会被扭曲。因此各国协商同意，在税收方面，关联企业的利润可以在损害相关国家利益时进行调整，以纠正这种扭曲，从而确保独立交易原则得到满足。

在《OECD 税收示范公约》第九条第一款对公平原则进行了指导性的说明，一个已承诺的企业在其商业或金融关系中遵从或实行与独立企业之间不同的条件，由于这些条件不符合独立交易原则未按规定计提的，可以计入本企业的利润，应该按规定征税。该公约构成了越来越多的非成员国的双边税收条约的基础。

在独立交易原则的指导方针下，对实际融资交易的准确描述应从彻底确定交易的经济相关特征开始，包括双方之间的商业或金融关系，以及这些关系所附带的条件和经济相关情况，包括审查交易的合同条款、履行的职能、使用的资产和承担的风险、金融工具的特点、各方和市场的经济状况以及各方所采取的商业战略。准确描述实际交易的过程还需要了解特定跨国公司集团如何应对这些确定的因素，需要考虑跨国公司集团的政策。例如，集团如何优先考虑不同项目之间的融资需求；集团内特定跨国公司的战略意义；集团是否针对特定的信用评级，来准确描述实际交易或债务权益比率；集团是否采用与其行业不同的融资策略。

（三）关联融资调整的可比性分析因素

考虑复杂多样的可比性因素，判断可比的程度非常重要，直接影响企业的转让定价政策，后续会影响税务机关做出认可还是调整的决定，以及影响下一步的调整方法的选择。BEPS 行动计划成果中列举了可比性分析需要关注的因素，包括合同条款、经营策略、经济环境、功能资产风险等方面。

独立企业之间金融交易的条款和条件通常在书面协议中明确规定，但是关联企业之间的合同安排可能并不总是提供足够详细的信息，可能与当事人的实际行为或其他事实和情况不一致，因此有必要制定其他能反映双方实际行为的文件。同时，还需要比较金融工具特征，如做贷款的可比性分析时，贷款的数额、到期日、还款时间表、贷款的性质或目的（贸易信贷、兼并收购、抵押等）、资历和从属地位、借款人的地理位置、抵押品和任何担保的存在都可用来比较。此外，还要关注宏观经济趋势，如央行贷款利率或银行间参考利率，以及信贷危机等金融市场事件，这些都会影响资金的价格。做贷款的可比性分析时，确定在一级市场发行金融工具或在二级市场选择可比数据的确切时间也非常重要。基本经济情况对融资价格也有重大影响，如不同货币、地理位置、当地法规、借款人的业务部门和交易时间。另外，商业策略也是贷款可比分析时需要考虑的因素，不同的商业策略可能对独立公司之间的贷款合同具有显著的影响，跨国公司关联企业贷款的可比性分析还需要考虑集团的全球融资政策、关联企业之间的关系，如预先存在的贷款和股东权益等。

（四）BEPS 项目对金融活动中的国际税收筹划的影响

1. BEPS 第 2 项行动计划的影响

BEPS 第 2 项行动计划针对的一个重点内容是利用混合金融工具的避税安排，因此涉及混合金融工具的原有税收筹划方案需要重新考量。与混合实体的情况类似，由于第 2 项行动计划属于"最佳实践"，实施难度较大，很难在所有国家得到迅速推广。但是在欧盟的反避税指令中已经包含了应对混合金融工具的内容，因此，对于在欧盟国家开展经营活动的跨国企业来说，利用混合金融工具的税收筹划将比以往面临更大的风险。本企业需要详细了解所在国家对不同金融工具和资产交易的最新认定规则，以免本企业的交易被认定为混合错配安排，导致无法获得预期的扣除或被多计收入而增加税收负担。

2. BEPS 第 4 项行动计划的影响

BEPS 第 4 项行动计划为限制利用利息扣除和其他金融支付侵蚀税基。金融活动中的税收筹划的一个重点内容就是尽可能利用利息扣除降低税负，因此以债权方式为海外子公司注资及利用集团内金融公司进行借贷活动等筹划安排直接受到此项行动计划的影响，此项行动计划同样列入了 BEPS 的"最佳实践"。究其原因，BEPS 行动计划提出的这种新的按净利息费用占 EBITDA（税息折旧及摊销前利润）的比例限制利息扣除的规则与各国原有的主要以负债股权比例限制利息扣除的资本弱化规则差异较大，因此难以迅速被所有国家采用。

但是，值得注意的是，欧盟发布的反避税指令中已经包含了可扣除净利息不能超过 EBITDA 的 30%的规则，一些国家在国内税法中积极采取其他措施限制利息扣除，另一些国家则加大了针对利息扣除的反避税力度（如本章案例中介绍的澳大利亚雪佛龙公司关联融资税案）。因此，跨国企业在金融活动中开展税收筹划需要密切关注这些新的规则，尽量避免过多利息支出不能税前扣除的风险。

3. BEPS 第 9~10 项行动计划的影响

BEPS 第 9~10 项行动计划重点关注风险与资本的转让定价及其他高风险交易的转让定价问题，强调根据企业实际承担的风险进行关联企业间利润的分配。对于金融交易而言，企业集团中资本富余的成员企业如果仅提供资金但几乎不开展经营活动，且不控制与所提供资金相关的财务风险的，仅应获得无风险收益。因此，对于跨国企业的集团内借贷等金融活动而言，需要重新评估相关的风险分配和转让定价安排，并对转让定价政策或业务模式进行必要的调整。

二、B 公司关联融资的税收案例[①]

案例概述： 总部位于美国的 A 公司于 2002 年开始对其在澳大利亚的控股公司 B 的资本结构进行调整，提高其债务融资比例，经过安排后使其利润在美国和澳大利亚均无需纳税。澳大利亚税务局认为 B 公司的此行为不合理，并对 B 公司 2004—2008 年的应纳税额进行修正评估。澳大利亚 B 公司拒绝执行澳大利亚税务局的修正评估，向初审法院提起诉讼。双方围绕澳大利亚的国内税法、美国的国内税法以及澳大利亚与美国之间的双边税收协定等一系列文件进行辩驳，2015 年初审法院做出有利于澳大利亚税务局的判决。2017 年 B 公司不服判决向联邦法院提起上诉，联邦法院判决结果为维持初审法院的判决。B 公司欲继续上诉至高等法院。然而，在 2017 年 8 月，B 公司与澳大利亚税务局达成和解，同时撤回向高等法院的上诉申请。至此，澳大利亚税务局胜诉，成功对 B 公司与其全资子公司 D 融资公司间的跨国关联融资交易进行调整。此案对我们利用独立交易原则分析和调整跨国关联融资有重要现实意义。

（一）案例背景

总部在美国的 A 公司是全球十大的石油公司之一，于 2001 年以 390 亿美元兼并了其主要竞争对手之一的澳大利亚 B 公司，成为美国第二大石油公司。其业务遍及全球 180 个国家和地区，在近 90 个国家地域、海域进行作业，广泛涉足石油和化学工业的各个领域。

据了解，B 公司在美国特拉华州设立了一家全资子公司 D 公司，D 公司不从事任何实质性的经营活动，单纯作为集团内的中介金融公司。2002 年，B 公司开始对资本结构进行调整以提高债务融资的比例。为了实现调整目的，B 公司位于美国的子公司 D 融资公司签订了信贷融通协议，经由 D 融资公司在美国外部市场中以 1.2% 的利率筹措资金后，通过关联贷款的方式以约 9% 的利率向 B 公司提供无担保贷款。在这个过程中，D 公司从 B 公司赚取高额利润，D 公司的利润在 2004—2008 年增长了 11 亿美元。而这些利润在美国和澳大利亚均无须纳税。对 B 公司而言，支出的巨额利息在企业所得税税前扣除，而从 D 公司分回的股息红利则属于不征税收入，从而大幅减少了其应纳税款。

但是，澳大利亚税务局拒绝了 B 公司申请的巨额贷款利息税前扣除，并签发了针对 B 公司 2004—2008 年应缴税款的修正评估，将其应纳税额提高了 3.4 亿澳元。这一决定引发了一系列的法院判决。

① 1. 本案例由重庆市专业学位研究生教学案例库建设项目——《国际税收案例库》建设小组（重庆工商大学）成员彭宇琦、汤凤林撰写，作者拥有著作权、修改权、改编权，未经允许、本案例的所有部分不能以任何方式与手段擅自复制或传播

2. 由于企业保密的要求，在本案例中对有关名称、数据等做了必要的掩饰性处理。

3. 本案例只供课堂讨论之用，并无暗示某种管理行为是否有效之意。

4. 本案例资料来源：舒伟，余华颖，孙一顺. 后 BEPS 时代关联融资面对的税务新挑战：澳大利亚雪佛龙案引发的思考 [J]. 国际税收，2016（6）：45-49.

B 公司具体筹划过程如下：

① B 公司在美国设立的全资子公司 D 融资公司，作为公司内部的中介金融公司，在最终控股母公司 A 公司的担保下从外部商业票据市场筹集以美元计价的资金，利率水平维持在 1%~2%。

② B 公司与 D 融资公司签订信贷融通协议，D 公司将在市场上筹集的资金以澳元计价贷给 B 公司，利率为 LIBOR+4.14%。D 融资公司与 B 公司之间的关联借贷交易没有任何形式担保、财务和运营保障性条款或其他资产保全条款。

③ 根据澳大利亚国内税法、澳大利亚与美国签订的双边税收协定，B 公司可在澳大利亚提出申请，B 公司在向 D 融资公司支付上述关联贷款利息时不用在澳大利亚缴纳任何预提所得税，并且 B 公司支付的利息可在澳大利亚税前扣除。

④ 根据美国国内税法，并经过税收筹划后使得 D 融资公司收到的利息避免成为美国的应纳税所得。[①]

⑤ D 融资公司作为 B 公司的全资子公司，可把关联融资中获得的净利润以股息的方式分派给 B 公司。根据澳大利亚的参股免税条款，这笔股息可不在澳大利亚纳税。

B 公司的融资过程见图 2-4。

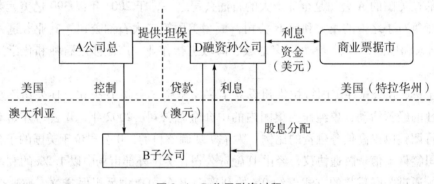

图 2-4　B 公司融资过程

（二）案例焦点问题

本案例的焦点问题为 B 公司与 D 融资公司之间的贷款条款是否符合转让定价中的独立交易原则。

（三）案例分析

在案件的判决过程中，澳大利亚税务局与澳大利亚 B 公司围绕澳大利亚国内的转让定价法规、所得税法规、澳大利亚与美国之间的双边税收协定等文件引经据典，单引用的判例便多达 40 余例。最终，澳大利亚法院基于一系列文件证据和考量，基本否决了 B 公司引用的判例在本案中的适用性，并认为其提供的分析不足以证明案例中的关联交易充分遵循了独立交易原则，因此判决澳大利亚税务机关胜诉。

---

① 根据美国特拉华州州法，在该州注册的公司不必对在本州以外获得的收入缴纳税金。

关于案件中的关联融资是否符合独立交易原则，各方围绕以下几个关键方面进行了交涉：

1. 可比交易和可比因素

澳大利亚税务局认为，B公司与D融资公司之间的关联贷款交易中B公司所要支付的利率过高且没有合理的商业目的，不符合独立交易原则。

B公司采用可比交易法，引用之前澳大利亚税务局的一则败诉判例①来佐证其交易的合理性。B公司对假设B公司与第三方商业银行发生了可比贷款交易进行了详细的说明，并在外部投资银行专家的协助下试图对B公司与D融资公司之间无担保无抵押的"虚拟贷款"进行量化分析，以此来证明B公司与D融资公司之间的贷款利率符合独立交易原则。

然而，法院认为B公司引用判例并基于虚拟交易进行分析时，没有考虑交易主体的关键特征和可比因素，比如B公司作为跨国公司企业的一部分和贷款方D融资公司的特征（公司母公司提供担保），以及其所在的行业的特征（在本案中的油气能源行业）。从而B公司的假设情形不够接近真实交易，其分析逻辑不符合独立交易原则，B公司采用与第三方商业银行之间的虚拟交易难以从转让定价角度证明该行业内实际交易的定价和安排情况。因此，初审法院法官驳回了B公司提出的分析方法。

2. 集团隐性支持和信用评级

B公司提供了评级机构对于借款人B公司的主体信用评价分析，该分析将B公司当作没有关联的单个企业来考虑其信用评级状况以及利率水平。即B公司脱离了集团隐性支持，把关联融资交易定义为独立交易。在关联融资交易中，集团隐性支持主要是指单个企业因其作为集团的一部分而可能被外界认同的偿债能力和信用状况的提升。

主审法官认为，独立企业和单个企业的概念是不同的，B公司之所以能对融资交易进行这样的安排，与其作为跨国A公司成员身份及其与资金提供者D融资企业的控制关系是密切相关的。不能够完全抛弃这些交易主体的特征，将B公司当作毫无瓜葛的单个企业考虑其信用状况和市场利率。因此，在没有明确的理由和法律依据用以完全忽略集团隐性支持这一因素时，集团隐性支持因素是可能存在的。法院还从集团定价政策和融资策略上论证B公司在外部市场上会因集团信用支持而获得更低的借款利率。在庭审过程中，法院还引用了2009年加拿大通用电气税务案件（GE判件）② 作为支撑材料支持这一因素的存在。

法院在信用评级分析上的庭审结果却与GE判例不同。GE判例中法院认可了单体信用评级进行分析的基础，但在本案中，法院没有采用评级机构对B公司进行的信用评级。因为以评级机构进行信用评级为基础的分析方法在独立金融机构的贷款业务中比较常见，但不适用于本案关联公司之间的关联贷款，所以基于信用评级进行调整的分析也不适用于本案。

---

① 该案例是澳洲税局在颁布适用交易重定性的转让定价法规后的一则败诉案例，该案中纳税人取得了不适用该规定的判决。

② 在GE判例中法院认可了集团隐性支持这一因素的存在，还认可了基于单个企业信用评级进行适当上调的分析方法。

3. 资产保全条款存在性

首先，本案中，B 公司与 D 融资公司之间的关联贷款交易不存在任何形式的担保、财务和运营保障性条款或其他资产保全条款，因此 B 公司在分析本案独立交易条件时，提供的是一系列基于无资产保全条款情形下的转让定价分析或调整的证据。但是在独立交易情况下，借款人通常都会向贷款人提供运营或财务方面的保障，以此获得独立交易条件下的合理利率水平作为融资交易对价。显然，B 公司提供的基于无资产保全条款情形的证据不符合独立交易原则。

其次，在澳大利亚修订后的转让定价法规中，税务机关正式被赋予在满足特定条件后对交易进行重新定性的权利，并且税务机关无需对重新定性的行为主动举证其正当性，而是需要由 B 公司举证税务机关的重新定性行为是不正确的。澳大利亚税务局根据独立交易应当基于含有保障条款的可比交易进行定价，对 B 公司与 D 融资公司的关联融资交易进行重新定性，认为该交易不满足独立交易应有的条件，不属于独立交易。初审法院对澳大利亚税务局重新定性交易条件的行为给与了支持。

4. BEPS 行动计划的应对指南

为应对跨国金融交易对各国税收主权带来的挑战，2020 年 2 月 11 日，OECD 发布了《金融交易转让定价指南：BEPS 包容性框架：第 4、8-10 项行动计划》（以下简称《指南》），其中的一些概念性和示例性的内容可以为关联借贷交易提供部分指引。

《指南》首先阐述了准确界定分析如何适用于判定跨国企业集团内成员企业的融资交易定性。在进行全面定性分析时，需要考虑相关行业以及相关跨国企业集团的特定因素，还可结合各国国内立法中现有的多因素分析方法来解决资本结构和利息扣除的相关问题。

对贷款交易的定性还应结合商业合理性考量，有时可能需要对合同条款中约定的贷款安排予以不同的安排和定价政策，这为关联融资交易的重新定性提供了可能。其中，关联交易合同安排将是理解和界定关联交易的切入点，而不再是完全依赖的基础。因此，单凭交易双方的书面合同是远远不够的，如果合同信息不完整或与双方实际行为不符，则可根据关联企业的实际行为提供补充性证明，从而在转让定价分析和调查中"取代"相应的合同安排，并基于准确界定后的交易确定独立交易定价。同样地，在对风险承担的界定上，决定和实施风险控制活动、拥有承担风险的财务能力在《指南》中成为重要考量因素。

《指南》明确提出了对集团协同效应的规划，即将集团协同效应按照其实质区分为隐性支持产生的附带性收益和特意采取的协同行动。其中，对于企业仅因其作为集团成员而非集团成员协同行动产生的收益，例如在关联融资交易下的资信水平提升，企业和税务机关无需就该隐性支持产生的附带性收益进行定价调整；然而，如果该收益来自集团成员采取的一致协同行动，则应当就产生的收益对该协同行动进行补偿。上述指南对关联融资交易，尤其是借贷交易和担保交易将形成深远影响。目前，在实务中模糊不清的集团信用评级与个体信用评级的关系、担保费的定价问题等，都有望在这一《指南》的影响下逐步形成有章可循的实践指引。

《指南》还补充完善了确定符合独立交易原则下合理利率的转让定价方法，包括可比非受控价格法（CUP）、资金成本法、信用违约掉期、经济模型和依赖于银行意见的估价等。但是，《指南》指出，只有在缺乏可比非受控交易相关资料的情况下，才能使用信用违约掉期和经济模型来为集团内贷款定价，并且依赖于银行意见的估价通常不会被视为提供了合理定价的证据。

（四）案例启示

本案例陈述了 B 公司与 D 融资公司进行关联融资的详细筹划过程，分析了案件审判过程中澳大利亚税务局与 B 公司双方当事人各自的几项重要观点证据及法院的判断依据，还分析了 OECD 提出的 BEPS 行动计划应对关联融资交易定性及定价的指南。对各国税务当局的监管和跨国集团 B 公司的跨国关联融资交易都有借鉴意义。

金融交易在国际转让定价领域由于自身的高度灵活性及复杂性，使各国税务机关难以真正触碰其价值链，再加上关联方之间的金融交易从安排到执行都很便捷，能有效通过关联融资交易安排节约税务成本。因此，关联融资交易逐渐成为跨国企业进行税务筹划以达到税基侵蚀和利润转移目的的重要领域。

虽然目前有的国家和地区具备转让定价法规，但面对金融交易的转让定价时仍然难以解决。此案件判决结果的背后，是澳大利亚税务局努力打击通过一系列复杂的离岸贷款安排转移利润行为的成果，将会对澳大利亚境内的相似案件产生影响，有效地为澳大利亚修改完善国内相关税法继续打击税基侵蚀行为提供借鉴意义。对于其他国家和地区而言，可借着澳大利亚税务局的此次胜诉以及 BEPS 行动计划的完善，对自己国内的相关法律法规进行修订和完善。并且在审理跨国关联融资交易的案件时要从关联交易的定性和定量入手，要从交易双方的合理商业目的、关联关系认定、交易过程等多个方面全面判断其交易的独立性和定价的合规性，充分考虑企业的各方面情况来判断其可比交易的适用性。

随着国际合作的日益加强，国际上对于金融交易的转让定价越来越关注，跨国企业的关联融资交易也将面临越来越多的挑战。本案件对于 B 公司的借鉴意义在于，在进行税收安排过程中不仅要注意税收安排的成效，还要关注安排的税务风险。为防止税务风险，B 公司在对关联融资交易进行安排时要注意相关国家税收法律法规的变动情况，确保交易过程的合规合理。

三、案例使用说明

（一）适用对象与教学目的

1. 适用对象

案例主要适用于"国际税收"，也可以将本案例作为"税收筹划"课程的辅助案例。本案例的教学对象为税收学专业各个方向的本科生和研究生。

2. 教学目的

本案例是跨国公司通过关联融资交易进行利润转移的典型案例，通过对本案例的学习和思考，学生可以深入理解跨国公司是如何运用关联身份和各国的税收漏洞进行税收安排的。而澳大利亚税务局的胜诉，能够帮助学生从税务局的角度理解怎样去分析案件以维护国家税收主权。对 BEPS 行动计划的相关最新行动指南进行分析，能使学生掌握国际最新动向。总之，学生通过对案例的解读和分析，以及对知识点进行归纳总结后与案例相结合进行思考，能加深记忆点，从而避免机械地学习、记忆。

（二）思考题

1. A 公司在 B 公司关联融资架构的税收筹划中运用了哪些方法？
2. 在运用可比分析进行关联融资交易定价时应注意哪些因素？
3. 怎样界定真实交易和风险承担？

（三）分析思路

先了解相关企业的经营状况，厘清关联融资的具体交易内容以及关联企业的融资架构；再通过分析 B 公司和澳大利亚税务机关对关联融资交易认定的不同意见，找出案例的焦点问题；然后结合国家和国际上的相关法律法规规定，对案件交易的经济活动进行具体分析；最后把分析结果进行讨论，得出相应的结论，并进行后续思考。

（四）理论依据与分析

本跨国税收案件的焦点在于 A 公司对于澳大利亚控股公司 B 公司与其全资子公司 D 融资公司间的关联融资利率水平是否符合独立交易原则。

本案例主要从 B 公司引用判例进行可比交易分析时没有考虑交易主体的关键特征和可比因素、B 公司以单个企业信用评级为基础的分析方法不适用于本案母子公司间的关联融资以及 B 公司基于无资产保全条款的可比交易定价不符合独立交易的条件三个方面进行分析后，认为 B 公司与 D 融资公司间的关联融资利率水平不符合独立交易原则。

（五）关键点

本案例需要学员识别的主要知识点包括：独立交易原则、关联融资交易分析、关联融资交易定价方法等。

通过对税收真实案件进行全面分析，将理论教学和实践教学紧密联系起来。可以培养学生获取信息并运用理论知识点对案例进行系统分析的能力，还可以在分析过程中帮助学生加深对理论知识的理解。

（六）建议的课堂计划

本案例的教学计划见表 2-9。

表 2-9　案例教学计划

案例教学计划	具体内容
教学时长	1 个学时
课前计划	发放案例正文和思考题，要求学生在课前熟悉案例并对思考题作答

表2-9(续)

案例教学计划	具体内容
课堂计划	1. 介绍案件始末，让学生了解案例的基本情况和焦点问题。 2. 将学生分成小组讨论本案例中 B 公司与 D 融资公司关联融资筹划过程是否符合独立交易原则，并每个小组派一名同学上台发表意见。 3. 归纳总结每个小组的发言，提出各小组的优缺点，并解答有争议之处。 4. 结合问题，回顾案例
课后计划	整理思考题答案，写在作业本上并提交

（七）案例的建议答案以及相关法规依据

B 公司与 D 融资公司之间过高的利率水平不符合独立交易原则，存在通过离岸贷款安排转移利润的行为。

本案例运用因素分析法，从不符合独立交易原则的利率水平以及融资交易过程中多项关联交易关系论证 B 公司与 D 融资公司之间的融资交易不符合独立交易原则，关联融资交易的定价也不恰当。

（八）其他教学支持材料

本案例以幻灯片的形式进行辅助说明。

（九）思考题参考答案

（扫一扫）

（十）附件（相关法律法规条款）

1. 美国打勾规则

勾选框规定，所有拥有两名或两名以上成员的国内合格实体均被视为合伙企业，无需选举或采取其他行动，除非该实体肯定选择被视为公司。单一成员的国内合格组织将是"无形的"（被视为独立于其所有者的实体）。承担有限责任的外国组织将被视为公司，而由其成员承担责任的外国组织将被视为合伙企业。除公司本身（包括本条例所载的大量外国公司名单）外，任何合资格的实体均可选择以其他方式对待。该处一直慷慨地宣布延长选举期限。

2. 澳大利亚的转让定价法规

澳大利亚的转让定价法规见于 1936 年所得税法的第 13 部分（Div 13 of ITAA 1936)，主要是 136AD（3）和（4），内容如下：

（3）当：

（a）纳税人依据国际协议获取财产；

（b）税务局局长，考虑到协议双方或者多方之间的联系或者其他环境因素，确认协议双方或者多方没有按照独立交易原则进行以上交易；

（c）纳税人支付的或者同意支付对价且该对价超出了独立交易原则下的对价水平；

（d）税务局局长确认本法规适用于纳税人以上该获取资产的行为；

（4）针对本节而言，如果出于某种原因（包括税务局局长不能获得充分信息），税务局局长不能或者现实允许其确定针对本项获取资产交易的独立交易对价，则税务局局长确定的数额应视为独立交易对价。

3. OECD《转让定价指南》

OECD《转让定价指南》第1.38节指出，"独立企业在评估潜在交易条款时，会将该交易与其他现实可行的选择进行比较。独立企业只会在未发现对其实现商业目标明显更有吸引力的选择时，才会进行该笔交易。"第1.40节指出，"所有应用独立交易原则的方法都与以下概念相联系：独立企业考虑各种现实可行的选择"。因此，一种在现实中不可能被独立企业选择的交易，在可比性分析中没有价值。

四、参考文献

［1］舒伟，余华颖，孙一顺. 后 BEPS 时代关联融资面对的税务新挑战：澳大利亚雪佛龙案引发的思考［J］. 国际税收，2016（6）：45-49.

［2］杜莉. 国际税收［M］. 上海：复旦大学出版社，2019.

［3］刘英. 转让定价案诉讼 澳税务局赢得重大胜利［N］. 中国税务报，2017-07-12（06）.

［4］赵明哲. 跨国企业关联融资转让定价税务风险问题研究［D］. 北京：中央财经大学，2022.

案例 2-5　非居民企业间接转让境内公司股权案

一、基础知识

（一）非居民企业股权转让所得征收企业所得税处理

非居民企业取得来源于中国境内的股权转让所得，应按照相关规定缴纳企业所得税。股权转让所得，是指非居民企业转让中国居民企业的股权（不包括在公开的证券市场上买入并卖出中国居民企业的股票）所取得的所得。其中，在公开的证券市场上买入并卖出中国居民企业的股票，是指股票买入和卖出的对象、数量和价格不是由买卖双方事先约定而是按照公开证券市场通常交易规则确定的行为。

股权转让所得按照以下公式计算：

$$股权转让所得 = 股权转让价 - 股权成本价$$

其中，股权转让价是指股权转让人就转让的股权所收取的包括现金、非货币资产或者权益等形式的金额。如被持股企业有未分配利润或税后提存的各项基金等，股权转让人随股权一并转让该股东留存收益权的金额，不得从股权转让价中扣除。

股权成本价是指股权转让人投资入股时向中国居民企业实际交付的出资金额，或购买该项股权时向该股权的原转让人实际支付的股权转让金额。

在计算股权转让所得时，以非居民企业向被转让股权的中国居民企业投资时或向原投资方购买该股权时的币种计算股权转让价和股权成本价。如果同一非居民企业存在多次投资的，以首次投入资本时的币种计算股权转让价和股权成本价，以加权平均法计算股权成本价；多次投资时币种不一致的，则应按照每次投入资本当日的汇率换算成首次投资时的币种。

扣缴义务人未依法扣缴或者无法履行扣缴义务的，非居民企业应自合同、协议约定的股权转让之日（如果转让方提前取得股权转让收入的，应自实际取得股权转让收入之日）起 7 日内，到被转让股权的中国居民企业所在地主管税务机关（负责该居民企业所得税征管的税务机关）申报缴纳企业所得税。非居民企业未按期如实申报的，依照《中华人民共和国税收征收管理法》（简称《税收征管法》）有关规定处理。

非居民企业直接转让中国境内居民企业股权，如果股权转让合同或协议约定采取分期付款方式的，应于合同或协议生效且完成股权变更手续时，确认收入实现。

（二）中国对非居民企业间接股权转让的税务管理

如上所述，非居民企业直接转让中国境内居民企业的股权，毫无疑问需要在中国缴税；如果非居民企业间接转让了中国境内居民企业的股权，其转让所得是否应该在中国缴税，还需要区别对待。如果该行为出于实际经营管理的需要，则不需要；如果是为了避税，则需要在中国缴税。在确定企业股权转让的真实目的时，各国主要遵循"实质重于形式"以及"一步到位"的原则，在间接转让股权问题上"去伪存真"，对利用间接持股结构规避股权转让所得税的行为不予认可。《国家税务总局关于非居民企业间接转让财产企业所得税若干问题的公告》（国家税务总局公告 2015 年第 7 号）明确指出："非居民企业通过实施不具有合理商业目的的安排，间接转让中国居民企业股权等财产，规避企业所得税纳税义务的，应按照企业所得税法第四十七条的规定，重新定性该间接转让交易，确认为直接转让中国居民企业股权等财产。"这里的间接转让中国居民企业股权，是指非居民企业通过转让直接或间接持有中国企业股权的境外企业（不含境外注册的中国居民企业）股权，产生了与直接转让中国企业股权相同或相近实质结果的交易，包括非居民企业重组引起境外企业股东发生变化的情形。

1. 判定间接转让股权转让是否具有合理的商业目的需要考虑的因素

《国家税务总局关于非居民企业间接转让财产企业所得税若干问题的公告》要求应整体考虑与间接转让中国居民企业股权交易相关的所有安排，并结合实际情况综合分析以下相关因素：

①境外企业股权的主要价值是否直接或间接来自中国应税财产；②境外企业的资产是否主要由直接或间接在中国境内的投资构成，或其取得的主要收入是否直接或间接来源于中国境内；③境外企业及直接或间接持有中国应税财产的下属企业实际履行的功能和承担的风险是否能够证实企业架构具有经济实质；④境外企业股东、业务模式及相关组织架构的存续时间；⑤间接转让中国应税财产交易在境外应缴纳所得税的情况；⑥股权转让方间接投资、间接转让中国应税财产交易与直接投资、直接转让中国应税财产交易的可替代性；⑦间接转让中国应税财产所得在中国可适用的税收协定或安排情况；⑧其他相关因素。

2. 直接认定为"不具有合理商业目的"的情形

如果与间接转让中国居民企业股权相关的整体安排同时符合以下情形，则无须按照以上因素进行分析和判断，可直接认定为不具有合理商业目的：

①境外企业股权 75% 以上的价值直接或间接来自中国应税财产。②间接转让中国居民企业股权交易发生前一年内任一时点，境外企业资产总额（不含现金）的 90% 以

上直接或间接由在中国境内的投资构成；或间接转让中国居民企业股权交易发生前一年内，境外企业取得收入的90%以上直接或间接来源于中国境内。③境外企业及直接或间接持有中国居民企业股权的下属企业虽在所在国家（地区）登记注册，以满足法律所要求的组织形式，但实际履行的功能及承担的风险有限，不足以证实其具有经济实质。④间接转让中国居民企业股权交易在境外应缴所得税税负低于直接转让中国居民企业股权应在中国缴纳的所得税税负。

3. 具有合理商业目的情形（集团内部重组适用的安全港规则）

（1）交易双方的股权关系具有下列情形之一：

①股权转让方直接或间接拥有股权受让方80%以上的股权；②股权受让方直接或间接拥有股权转让方80%以上的股权；③股权转让方和股权受让方被同一方直接或间接拥有80%以上的股权。

境外企业股权50%以上（不含50%）的价值直接或间接来自中国境内不动产的，上述持股比例应为100%。上述间接拥有的股权按照持股链中各企业的持股比例乘积计算。

（2）如果将本次间接转让交易与可能再次发生的间接转让交易相比，在未发生本次间接转让交易的情况下，相同或类似间接转让交易中的中国所得税负担不会减轻。

（3）股权受让方全部以本企业或与其具有控股关系的企业的股权（不含上市企业股权）支付股权交易对价。

非居民企业间接转让中国居民企业的股权一旦被认定为不具有合理的商业目的，就要按照我国《企业所得税法》第三条的规定纳税，即非居民企业（股权转让方）取得的间接转让股权所得，应作为来源于中国境内的权益性投资资产转让所得，缴纳10%（或协定税率）的预提所得税。

在对上述税款的征缴方面，《国家税务总局关于非居民企业间接转让财产企业所得税若干问题的公告》规定：间接转让股权所得应缴纳企业所得税的，依照有关法律规定或者合同约定对股权转让方直接负有支付相关款项义务的单位或者个人为扣缴义务人。扣缴义务人未扣缴或未足额扣缴应纳税款的，股权转让方应自纳税义务发生之日起7日内向主管税务机关申报缴纳税款，并提供与计算股权转让收益和税款相关的资料。主管税务机关应在税款入库后30日内层报国家税务总局备案。扣缴义务人未扣缴，且股权转让方未缴纳应纳税款的，主管税务机关可以按照《税收征管法》及其实施细则的相关规定追究扣缴义务人的责任；但是，扣缴义务人已在签订股权转让合同或协议之日起30日内按相关规定提交资料的，可以减轻或免除责任。

二、非居民企业间接转让境内公司股权案例①

案例概述： 中国台湾 A 公司及其全资子公司英属维尔京 B 公司为了集团自身的发展需求，于 2018 年与中国境内合肥 Y 公司签订股权转让合同，直接将其持有的中国香港 C 公司 49% 的股权转让给合肥 Y 公司，从而间接转让了由中国香港 C 公司持有的中国境内合肥 Z 公司 100% 的股权。转让方企业在备案过程中向主管税务机关提出，股权转让的标的为中国香港 C 公司，此交易没有来源于中国境内的所得，不用在中国缴纳企业所得税。税务机关按照《国家税务总局关于非居民企业间接转让财产企业所得税若干问题的公告》（国家税务总局公告 2015 年第 7 号，以下简称"7 号公告"）中的相关条款进行分析后，认为此项交易不具有合理的商业目的。依据《企业所得税法》第四十七条规定把交易重新定性为直接转让中国境内股权，英属维尔京 B 公司需要以 10% 的税率就来源于中国境内的所得缴纳企业所得税。通过学习本案例，能够使学生掌握非居民企业间接转让国内公司股权的避税和反避税原理。

（一）案例背景

在中国台湾地区上市的公司 A 公司，是一家笔记本电脑代工企业，主要经营笔记本电脑、液晶电视、手机及各种电子零件的制造及销售业务。中国台湾 A 公司的全资子公司 B 公司，是根据英属维尔京群岛法律设立并存续的公司，无实际经营活动。2018 年 8 月，中国台湾 A 公司及其全资子公司英属维尔京群岛（BVI）B 公司因集团整体发展战略需要，与中国境内合肥 Y 公司签订股权转让合同，将其持有的中国香港地区 C 公司 49% 的股权转让给合肥 Y 公司。根据合同显示中国香港 C 公司全部股份最终对价为 25 736.8 万美元，经分析后发现中国香港 C 公司的财产归属于中国台湾 D 公司的部分为 5 490.14 万美元。

受让方合肥 Y 公司是中国境内居民企业，成立于 2018 年，注册资本 14.43 亿元，由北京 E 公司和合肥 F 公司共同投资设立，从事股权投资、管理及信息咨询业务，其实际控制人为合肥 F 公司，合肥市国资委 100% 控股合肥 F 公司。合肥 Y 公司相关股权结构如图 2-5 所示。

---

① 1. 本案例由重庆市专业学位研究生教学案例库建设项目——《国际税收案例库》建设小组（重庆工商大学）成员彭宇琦、汤凤林撰写，作者拥有著作权、修改权、改编权，未经允许，本案例的所有部分不能以任何方式与手段擅自复制或传播。

2. 由于企业保密的要求，在本案例中对有关名称、数据等做了必要的掩饰性处理。

3. 本案例只供课堂讨论之用，并无暗示某种管理行为是否有效之意。

4. 本案例资料来源：潘虹，沈武，斯丹丹，王瑜. 境外公司间接转让境内公司股权案例分析 [J]. 国际税收，2019（7）：65-68.

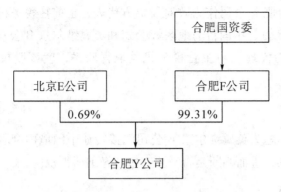

图 2-5　受让方合肥 Y 公司相关股权结构

据了解，英属维尔京 B 公司与合肥 Y 公司进行股权转让的最终目的是转让中国境内合肥 Z 公司 100%的股权。合肥 Z 公司是中国境内居民企业，成立于 2011 年，是中国香港 C 公司在中国境内投资设立的企业，注册资本 2.65 亿美元，主要从事计算机硬件、软件系统及配套零部件、办公自动化设备的研发和生产。而中国香港 C 公司是根据中国香港地区法律设立并存续的有限责任公司，由中国香港 X 公司和英属维尔京 B 公司共同投资设立，成立于 2011 年，注册资本 3 亿美元，主要从事投资控股及贸易相关业务，且员工较少，不能够提供足够的证据证明其具有经济实质。其下属中国台湾地区 D 公司（分支机构，非独立法人）主要为集团提供技术支援服务，不对外经营。其中，中国香港地区 X 公司为中国香港地区上市公司。B 公司与合肥 Y 公司股权转让示意图如图 2-6 所示。

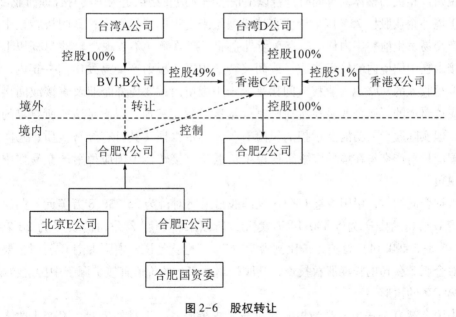

图 2-6　股权转让

在股权转让期间，转让方企业代表前往主管税务机关咨询相关涉税事宜，认为转让的标的为中国香港地区 C 公司股权，可不在中国缴纳所得税。主管税务机关经过对照相关法律法规后进行判定，将上述情况纳入跟踪管理，并及时向上级税务机关汇报相关情况。受让方合肥 Y 公司作为政府投资方代表，也前往税务机关进行情况说明和政策咨询。2018 年 8 月，中国台湾地区 A 公司和英属维尔京 B 公司委托中国台湾地区某会计师事务所作为代理人与主管税务机关取得联系，就该股权转让事宜进行再次沟通。

（二）案例焦点

本案例的焦点问题为英属维尔京 B 公司间接转让中国境内合肥 Z 公司的股权是否具有合理的商业目的，进而判断是否需要在中国缴纳所得税。

（三）案例分析

合理商业目的被广泛用于各个国家一般反避税立法和相关税收实践，股权交易是否具有合理商业目的，能够有效判断非居民企业的间接转让股权交易是否需要在中国境内缴税。我国《企业所得税法》第四十七条规定：企业实施其他不具有合理商业目的的安排而减少其应纳税收入或者所得额的，税务机关有权按照合理方法调整。本条规定的不具有合理商业目的是指以减少、免除或推迟缴纳税款为主要目的，该定义没有统一的辨别标准，是比较抽象的描述。但我国出台的 7 号公告对合理商业目的的判断做了详细的规定，主管税务机关以此为标准对英属维尔京 B 公司间接转让中国境内合肥 Z 公司的交易进行分析。

1. 基于 7 号公告第四条的合理商业目的分析

根据 7 号公告第四条规定，除本公告第五条和第六条规定情形外，与间接转让中国应税财产相关的整体安排同时符合以下情形的，应直接认定为不具有合理商业目的：

①境外企业股权 75% 以上价值直接或间接来自中国应税财产；②间接转让中国应税财产交易发生前一年内任一时点，境外企业资产总额（不含现金）的 90% 以上直接或间接由在中国境内的投资构成，或间接转让中国应税财产交易发生前一年内，境外企业取得收入的 90% 以上直接或间接来源于中国境内；③境外企业及直接或间接持有中国应税财产的下属企业虽在所在国家（地区）登记注册，以满足法律所要求的组织形式，但实际履行的功能及承担的风险有限，不足以证实其具有经济实质；④间接转让中国应税财产交易在境外应缴所得税税负低于直接转让中国应税财产交易在中国的可能税负。

根据合同约定，中国香港 C 公司全部股份最终对价为 25 736. 8 万美元，归属于中国台湾 D 公司的资产为 5 490. 14 万美元，所以来自合肥 Z 公司的资产为 20 246. 66（25 736. 8-5 490. 14）万美元，比例为 78. 67%。也就是说，中国香港 C 公司主要的资产是对合肥 Z 公司的长期股权投资，其股权超过 75% 的价值直接来源于中国应税财产，满足第①条的情形。

中国台湾 D 公司主要是为集团提供技术支援服务，不对外经营，不产生收入。因此在间接转让中国应税财产交易发生前一年内，中国香港 C 公司取得收入的 90% 以上直接或间接来源于中国境内合肥 Z 公司，符合第②条的规定。

中国香港 C 公司员工较少，并且不能提供足够的经营、财产等证据证明其履行的功能及其承担的风险，不足以证实其具有经营的经济实质。本质上来说，中国香港 C 公司只是一家用以控股的中间空壳公司。这一事实符合第③条规定。

根据中国香港地区相关规定，中国香港 C 公司的长期股权投资属于资本性所得而非经营业务，因此此项交易不属于香港利得税征收范围。而根据我国《企业所得税法实施条例》第九十一条规定，非居民企业取得企业所得税法第二十七条第（五）项规定的所得，按 10% 的税率征收企业所得税。也就是说，如果直接转让合肥 Z 公司，需要就归属于转让合肥 Z 公司的应纳税所得额 6.89 亿元按 10% 的税率征收 6 890 万元的税。由此可见，间接转让合肥 Z 公司在境外应缴纳所得税税负低于直接转让合肥 Z 公司在中国的税负，符合第④条规定。

综上，本案英属维尔京 B 公司间接转让中国境内合肥 Z 公司的交易同时满足了 7 号公告第四条的 4 项规定，可见该交易不具有合理商业目的，应视同为直接转让中国境内应税财产，按照中国税法在中国就股权转让所得缴纳 10% 的企业所得税。

2. 基于 7 号公告第五条和第六条的分析

在运用 7 号公告第四条规定进行分析时，是排除了第五条和第六条的情形的，因此交易过程中若满足了第五条和第六条的规定，间接转让股权行为也可以避免被重新定性为直接股权转让或被认定为不具有合理商业目的。

根据 7 号公告第五条规定，与间接转让中国应税财产相关的整体安排符合以下情形之一的，不应被重新定性认定为直接转让中国居民企业的股权：

①非居民企业在公开市场买入并卖出同一上市境外企业股权取得间接转让中国应税财产所得；②在非居民企业直接持有并转让中国应税财产的情况下，按照可适用的税收协定或安排的规定，该项财产转让所得在中国可以免予缴纳企业所得税。

就本案例交易而言，英属维尔京 B 公司转让股权不是在公开市场进行的交易；并且如果 B 公司直接持有并转让中国境内合肥 Z 公司的股权，按规定，B 公司需要就该项财产转让所得在中国缴纳企业所得税。因此，本案例的间接股权转让交易不适用于 7 号公告第五条的豁免条款。

根据 7 号文第六条规定，间接转让中国应税财产时，如果同时满足以下条件，应认定为具有合理商业目的：

①股权转让交易双方直接或间接相互持股或被同一方间接或直接持股达 80%；②本次间接转让交易后可能再次发生的间接转让交易相比在未发生本次间接转让交易情况下的相同或类似间接转让交易，其中国所得税负担不会减少；③股权受让方全部以本企业或与其具有控股关系的企业的股权（不含上市企业股权）支付股权交易对价。

从转让方英属维尔京 B 公司与受让方合肥 Y 公司的相关股权结构可以看出，交易双方不具有相互持股的关联关系，股权受让方并未以该企业或与其具有控股关系的企业的股权（不含上市企业股权）支付股权交易对价。本案例股权转让交易不能同时满足 7 号文第六条的条件，不能直接认定为具有合理商业目的。

3. 处理方案

经过分析后，主管税务机关认为该股权转让行为存在通过实施不具有合理商业目的的安排，间接转让了中国居民企业股权，应按照《企业所得税法》第四十七条的规定，税务机关有权进行调整，将该间接转让交易按直接转让合肥 Z 公司股权的交易，对转让所得征收非居民企业所得税。具体处理方法如下：

（1）纳税人、扣缴义务人的确定。

英属维尔京 B 公司有来自中国境内的股权转让所得，是本次股权转让的纳税义务人。根据 7 号公告第八条的规定，合肥 Y 公司作为依照有关法律规定或者合同约定对股权转让方直接负有支付相关款项义务的单位，应作为该间接股权转让的扣缴义务人。

（2）纳税义务发生时间。

根据 7 号公告第十五条的规定，纳税义务发生时间为股权转让合同或协议生效，且境外企业完成股权变更之日，根据纳税人提交的相关资料，此次股权变更之日为 2018 年 8 月 31 日，因此纳税义务发生时间为 2018 年 8 月 31 日。

（3）税款计算。

主管税务机关要求企业补充提供初始投资签署的协议，包括中国香港 C 公司、英属维尔京 B 公司、中国台湾 A 公司 2017 年度财务报表等资料。按规定，股权转让收入减除股权净值后的余额为股权转让所得应纳税所得额。

①股权转让收入。这部分收入包括转让对价和调减项目两个方面。

转让对价：合同约定英属维尔京 B 公司向合肥 Y 公司转让中国香港 C 公司全部股份最终对价为 25 736.8 万美元，按 2018 年 8 月 31 日汇率折合人民币为 17.56 亿元。

调减项目：对中国香港 C 公司资产进行分析后，发现应归属于中国台湾 D 公司的部分为 5 490.14 万美元（非来源于合肥 Z 公司的资产）。按英属维尔京 B 公司对中国香港 C 公司 49% 的持股比例计算，应调减收入 2 690.17 万美元（5 490.14 万美元×49%），折合人民币 1.84 亿元。据此，确认转让收入为 15.72（17.56−1.84）亿元。

②股权转让成本。设立合肥 Z 公司时，中国香港 C 公司共投入资本 26 500 万美元，其中 49% 来源于英属维尔京 B 公司，因此 B 公司股权转让成本为 12 985 万美元（26 500×49%），折合人民币为 8.83 亿元。

③股权转让应纳税所得额和应纳税额。英属维尔京 B 公司股权转让应纳税所得额为 6.89 亿元（15.72−8.83），依据我国相关税收法律规定按 10% 的税率计算扣缴非居民企业所得税为 6 890 万元（68 900×10%）。

（四）案例启示

非居民企业间接转让股权是跨国企业常用的避税方法之一，而合理商业目的的反避税规则被各国税务部门广泛运用以避免税基侵蚀。但是对于何为合理商业目的，国际上并没有统一的判断标准，有的国家通过相似性质的判例来明确一项经济活动是否具有合理商业目的；有的国家在实质课税的原则基础上，由税务部门进行判断，赋予税务部门高度自由裁量权。

我国处理非居民企业转让国内股权问题的办法，最早是根据《国家税务总局关于加强非居民企业股权转让所得企业所得税管理的通知》（国税函〔2009〕698 号，以下简称"698 号文"）来处理。698 号文第六条规定，若股权转让不具有合理商业目的，税务机关可按照经济实质对该交易重新定性，否定被用作税收安排的境外控股公司的存在。此规定虽没有对合理商业目的做出具体规定，但是为税务机关征收非居民企业间接转让境内股权所得税提供了明确的依据。直到国家税务总局 2015 年发布 7 号公告，如上文分析所述，对合理商业目的正反两方面的判断做出了详细的规定，指出对合理商业目的审查不仅应包括对中间控股公司主要目的的判断，还应包括商业实质存在、关联度的核实。

本案例英属维尔京 B 公司间接转让合肥 Z 公司的避税框架只有中国香港 C 公司这一个主要中间公司，股权的受让方也是中国境内的企业，税务机关就可行使对境内公司的管辖权获取与之交易的非居民企业信息，并且在利用 7 号公告进行分析时会比较简单，后续处理也会更容易。但是在很多非居民企业间接转让境内股权时，可能会出现有多个中间控股公司、股权转让方和受让方均在境外等情况。这些情况会增加税务机关获取企业信息以及分析处理交易的难度。比如说，如果在股权转让过程中涉及多个中间层或间接转让多个中国境内企业时，公司股权结构分析会变得更加复杂，在计算标的物公允价值时也会存在价值分割等问题；如果转让方和受让方企业都是非居民企业，那么信息的获取就要依靠税务机关自己收集或要求非居民企业提供，再则在我国采用源泉扣缴纳税申报制度下，扣缴义务人的认定及作用的发挥都会变得更加困难。为了解决这些问题，我国应该进一步完善非居民税收法律体系，规范具体操作，对非居民企业的监管也要加强。

三、案例使用说明

（一）适用对象与教学目的

1. 适用对象

案例主要适用于"国际税收"，也可以将本案例作为"税收筹划"课程的辅助案例。本案例的教学对象为税收学专业各个方向的本科生和研究生。

2. 教学目的

跨国企业间接转让境内公司股权，目的在于避免有来源于东道国的所得，避免成为东道国的纳税人。而各国为防止税基侵蚀，通常会使用合理商业目的来对此类交易进行分析，对于合理商业目的的判定，国际上并没有统一的标准。在我国，对于合理商业目的的分析，目前主要是依据 7 号公告及所得税法相关规定进行判断的。本案例就是非居民企业通过直接转让境外公司股权进而间接转让我国境内公司股权后，主管税务机关利用 7 号公告对交易进行分析，认定该交易不具有合理商业目的，应该就其转让股权所得在我国按规定缴纳企业所得税。通过对本案例的分析学习，能够使学生掌握非居民企业间接转让国内公司股权的避税和反避税原理，同时思考我国税法的不完善之处并提出意见。

（二）思考题

1. 合理商业目的在我国个人所得税范畴内的运用状况如何？
2. 我国仅凭"合理商业目的"能否完成反避税规则中的界定功能？

（三）分析思路

先了解案件交易的详细情况，明确交易双方和被转让企业的股权结构，厘清股权转让交易的股权架构变动实质；再通过分析英属维尔京 B 公司和主管税务机关对股权转让交易的不同意见，找出案件的焦点问题；然后结合国家和国际上的相关法律法规规定，对案件交易的经济活动进行具体分析；最后把分析结果进行讨论，得出相应的结论，并进行后续思考。

（四）理论依据与分析

本案件的焦点在于英属维尔京 B 公司间接转让中国境内合肥 Z 公司股权是否具有合理商业目的，我国税务机关是否有权对交易进行纳税调整，将其视同为直接转让国内公司股权，要求 B 公司缴纳非居民企业所得税。B 公司认为交易的转让标的为中国香港 C 公司，因此没有来源于中国境内的所得，不用在中国境内缴税。主管税务机关按照 7 号公告进行分析后，认为该交易符合第四条不具有合理商业目的的规定，也不属于第五条和第六条豁免的情形，最终判定该交易不具有合理商业目的，最后再根据我国所得税相关法律和条例规定，B 公司须按规定缴纳税金。

（五）关键点

本案例需要识别的知识点主要包括间接转让股权模式以及合理商业目的分析等。

通过对此非居民间接转让国内公司股权案例进行全面分析，将国际避税、反避税理论教学和实践教学紧密联系起来，可以培养学生获取信息并运用理论知识点和国家法律条款对案例进行系统分析的能力，还可以在分析过程中加深理论知识的理解。

（六）建议的课堂计划

本案例的教学计划见表 2-10。

表 2-10　案例教学计划

案例教学计划	具体内容
教学时长	1 个学时
课前计划	分发案例正文，并让同学们收集相关国家政策规定
课堂计划	1. 介绍案件始末，让学生了解案例的基本情况和焦点问题。 2. 将学生分成小组讨论本案例中英属维尔京 B 公司间接转让中国境内合肥 Z 公司给境内合肥 Y 公司是否具有合理商业目的，并每个小组派一名同学上台发表意见。 3. 归纳总结每个小组的发言，提出各小组的优缺点，并解答有争议之处。 4. 结合问题，回顾案例
课后计划	整理思考题答案，按时提交

（七）案例的建议答案以及相关法规依据

本案例中英属维尔京 B 公司间接转让中国境内合肥 Z 公司股权的交易是不具有合

理商业目的的，税务机关有权对交易进行纳税调整，将交易视同直接转让合肥 Z 公司股权，即 B 公司应就其来源于中国境内的所得按非居民企业缴纳企业所得税。

本案例主要根据 7 号公告进行分析，分析后发现此交易符合第四条的全部规定，并且不符合第五条和第六条规定，因此交易不具有合理商业目的。

（八）其他教学支持材料

本案例以幻灯片的形式进行辅助说明。

（九）思考题参考答案

（扫一扫）

（十）附件（相关法律法规条款）

1.《中华人民共和国企业所得税法》

第三条　居民企业应当就其来源于中国境内、境外的所得缴纳企业所得税。

非居民企业在中国境内设立机构、场所的，应当就其所设机构、场所取得的来源于中国境内的所得，以及发生在中国境外但与其所设机构、场所有实际联系的所得，缴纳企业所得税。

非居民企业在中国境内未设立机构、场所的，或者虽设立机构、场所但取得的所得与其所设机构、场所没有实际联系的，应当就其来源于中国境内的所得缴纳企业所得税。

第二十七条　企业的下列所得，可以免征、减征企业所得税：

（一）从事农、林、牧、渔业项目的所得；

（二）从事国家重点扶持的公共基础设施项目投资经营的所得；

（三）从事符合条件的环境保护、节能节水项目的所得；

（四）符合条件的技术转让所得；

（五）本法第三条第三款规定的所得。（第三款即非居民企业在中国境内未设立机构、场所的，或者虽设立机构、场所但取得的所得与其所设机构、场所没有实际联系的，应当就其来源于中国境内的所得缴纳企业所得税。）

第四十七条　企业实施其他不具有合理商业目的的安排而减少其应纳税收入或者所得额的，税务机关有权按照合理方法调整。

2.《企业所得税法实施条例》

第九十一条　非居民企业取得企业所得税法第二十七条第（五）项规定的所得，减按 10% 的税率征收企业所得税。

下列所得可以免征企业所得税：

（一）外国政府向中国政府提供贷款取得的利息所得；

（二）国际金融组织向中国政府和居民企业提供优惠贷款取得的利息所得；

（三）经国务院批准的其他所得。

第一百二十条　企业所得税法第四十七条所称不具有合理商业目的，是指以减少、免除或者推迟缴纳税款为主要目的。

3.《国家税务总局关于加强非居民企业股权转让所得企业所得税管理的通知》（国税函〔2009〕698号）

第六条　境外投资方（实际控制方）通过滥用组织形式等安排间接转让中国居民企业股权。且不具有合理的商业目的，规避企业所得税纳税义务的，主管税务机关层报税务总局审核后可以按照经济实质对该股权转让交易重新定性，否定被用作税收安排的境外控股公司的存在。

4.《国家税务总局关于非居民企业间接转让财产企业所得税若干问题的公告》（国家税务总局公告2015年第7号）

第一条　非居民企业通过实施不具有合理商业目的的安排，间接转让中国居民企业股权等财产，规避企业所得税纳税义务的，应按照企业所得税法第四十七条的规定，重新定性该间接转让交易，确认为直接转让中国居民企业股权等财产。

本公告所称中国居民企业股权等财产，是指非居民企业直接持有，且转让取得的所得按照中国税法规定，应在中国缴纳企业所得税的中国境内机构、场所财产，中国境内不动产，在中国居民企业的权益性投资资产等（以下称中国应税财产）。

间接转让中国应税财产，是指非居民企业通过转让直接或间接持有中国应税财产的境外企业（不含境外注册中国居民企业，以下称境外企业）股权及其他类似权益（以下称股权），产生与直接转让中国应税财产相同或相近实质结果的交易，包括非居民企业重组引起境外企业股东发生变化的情形。间接转让中国应税财产的非居民企业称股权转让方。

第四条　除本公告第五条和第六条规定情形外，与间接转让中国应税财产相关的整体安排同时符合以下情形的，无需按本公告第三条进行分析和判断，应直接认定为不具有合理商业目的：

（一）境外企业股权75%以上价值直接或间接来自于中国应税财产；

（二）间接转让中国应税财产交易发生前一年内任一时点，境外企业资产总额（不含现金）的90%以上直接或间接由在中国境内的投资构成，或间接转让中国应税财产交易发生前一年内，境外企业取得收入的90%以上直接或间接来源于中国境内；

（三）境外企业及直接或间接持有中国应税财产的下属企业虽在所在国家（地区）登记注册，以满足法律所要求的组织形式，但实际履行的功能及承担的风险有限，不足以证实其具有经济实质；

（四）间接转让中国应税财产交易在境外应缴所得税税负低于直接转让中国应税财产交易在中国的可能税负。

第五条　与间接转让中国应税财产相关的整体安排符合以下情形之一的，不适用本公告第一条的规定：

（一）非居民企业在公开市场买入并卖出同一上市境外企业股权取得间接转让中国

应税财产所得；

（二）在非居民企业直接持有并转让中国应税财产的情况下，按照可适用的税收协定或安排的规定，该项财产转让所得在中国可以免予缴纳企业所得税。

第六条　间接转让中国应税财产同时符合以下条件的，应认定为具有合理商业目的：

（一）交易双方的股权关系具有下列情形之一：

1. 股权转让方直接或间接拥有股权受让方80%以上的股权；

2. 股权受让方直接或间接拥有股权转让方80%以上的股权；

3. 股权转让方和股权受让方被同一方直接或间接拥有80%以上的股权。

境外企业股权50%以上（不含50%）价值直接或间接来自于中国境内不动产的，本条第（一）项第1、2、3目的持股比例应为100%。

上述间接拥有的股权按照持股链中各企业的持股比例乘积计算。

（二）本次间接转让交易后可能再次发生的间接转让交易相比在未发生本次间接转让交易情况下的相同或类似间接转让交易，其中国所得税负担不会减少。

（三）股权受让方全部以本企业或与其具有控股关系的企业的股权（不含上市企业股权）支付股权交易对价。

第八条　间接转让不动产所得或间接转让股权所得按照本公告规定应缴纳企业所得税的，依照有关法律规定或者合同约定对股权转让方直接负有支付相关款项义务的单位或者个人为扣缴义务人。

扣缴义务人未扣缴或未足额扣缴应纳税款的，股权转让方应自纳税义务发生之日起7日内向主管税务机关申报缴纳税款，并提供与计算股权转让收益和税款相关的资料。主管税务机关应在税款入库后30日内层报税务总局备案。

扣缴义务人未扣缴，且股权转让方未缴纳应纳税款的，主管税务机关可以按照税收征管法及其实施细则相关规定追究扣缴义务人责任；但扣缴义务人已在签订股权转让合同或协议之日起30日内按本公告第九条规定提交资料的，可以减轻或免除责任。

第十五条　本公告所称纳税义务发生之日是指股权转让合同或协议生效，且境外企业完成股权变更之日。

四、参考文献

［1］郑佰强，郑丹阳. 非居民间接股权转让若干税务问题探讨［J］. 中国市场，2019（26）：139-140.

［2］贺燕. 我国"合理商业目的"反避税进路的反思［J］. 税收经济研究，2019，24（5）：72-79.

［3］朱青. 国际税收［M］. 北京：中国人民大学出版社，2021.

［4］杨志清. 国际税收［M］. 2版. 北京：北京大学出版社，2018.

［5］杜莉. 国际税收［M］. 上海：复旦大学出版社，2019.

案例 2-6 谷歌"三明治"税收筹划架构

一、基础知识

(一)受控外国公司与 CFC 规则

为了防范本国居民公司(对于有的国家来说,该立法还适用于合伙企业、自然人等)利用设在避税地的基地公司保留利润以进行避税的行为,各国首先要明确哪类基地公司属于管理的对象。在实践中,各国受控外国公司法规均瞄准了受控外国公司,也就是说,只有本国居民从受控外国公司取得的应分未分配利润才需要在本国申报纳税。至于哪些外国公司属于受控外国公司,各国的规定不尽相同,但多数国家都规定,受控外国公司一定要设在无税(公司所得税)或者低税的国家或地区(避税地)。出于管理上的便利,一些国家还规定了"白名单"或"黑名单",凡是外国公司建在"白名单"上的国家或地区,就不可能成为受控外国公司;而如果建在"黑名单"上的国家或地区,该公司就属于避税地的公司,因而也就有可能成为受控外国公司。但美国、加拿大、英国、俄罗斯、南非、阿根廷、印度尼西亚等少数国家并不要求受控外国公司一定要建在避税地,换句话说,低税负并不是被列为受控外国公司的必要条件。

除了设在无税或低税的国家(地区)外,受控外国公司的另一个重要条件是要受本国居民的控制。至于外国公司在什么情况下才是"受控"的,各国的规定不尽相同。有的国家要求本国居民在该外国公司中持有(包括直接持有和间接持有)的股份(有的国家还要求是有表决权的股份)加在一起要达到或超过 50%。但也有一些国家在判定受控外国公司时并不采用这种联合所有权测试标准,而只看单一居民股东在外国公司中拥有的股权或利益是否达到规定的比例。如果达到了规定的比例,对于该居民股东来说,这家外国公司就属于受控外国公司,而受控外国公司法规就可能适用于该居民股东。

需要注意的是，许多国家的受控外国公司法规还适用于本国公司设在境外的分公司（常设机构），这些分公司不是独立的法人，不属于外国公司。但一些国家（丹麦、法国和瑞士等）的免税法也适用于本国企业设在境外的分公司（常设机构），或者规定分公司的利润不汇回也不对其征税。这样一来，为了防止本国企业利用在境外设立分公司并向其转移利润而避税，就有必要将境外分公司也纳入受控外国公司法规的管理范围。

（二）美国的打勾规则与混合实体避税

1. 美国打勾规则

美国国内收入法典中的打勾规则是 1997 年 1 月开始实施的一项纳税实体性质的确认规则。无论是美国还是外国的经营实体，都需要根据这一规则确认在美国应按公司、合伙企业还是非独立实体身份缴纳联邦所得税。其中公司应在公司和所有者层面分别缴纳所得税；合伙企业仅在所有者层面缴纳所得税，所有的收入、利得、损失、扣除和抵免都将归属于其合伙人或所有者；非独立实体在税收上则不作为一个独立的实体，其收入和损失视同由其所有者直接实现。

打勾规则首先给出了应被视为公司的美国和外国经营实体清单，随后规定凡不在这一清单上的合格经营实体，都可自愿选择为公司、合伙企业或非独立实体。对于未做选择的经营实体，则将根据情况被确定不同的默认纳税人身份。纳税人通过填报 8832 税表，并在表格中相应的地方打勾就可以完成对目标实体类型的选择。同时，打勾选择的生效日也由纳税人在表格中填写，但不可在申报日的 75 天之前或 12 个月之后，如纳税人未填写生效日，则生效日为申报该税表的当天。

根据打勾规则，应视为公司的经营实体包括以下类型：①依美国联邦或州法律成立且该相关法律将这一实体称为公司的；②该实体在打勾规则下自愿选择为协会或社团的；③依美国州法律成立且该相关法律将这一实体称为股份公司的；④保险公司；⑤从事银行业务的州特许经营实体且其存款基于联邦存款保险法或类似法令获得保险的；⑥该实体由某个美国的州或其分支机构全资拥有的；⑦根据国内收入法典的其他条款被作为公司征税的，如上市合伙企业；⑧在清单中列明的外国实体，但在 1996 年 5 月 8 日以前已经设立且当时在税收上视为合伙企业的外国实体可仍被视为合伙企业。

可进行打勾选择的合格经营实体主要是合伙企业、美国的有限责任公司（LLC）、商业信托以及清单以外的外国公司（主要是小型公司或未上市公司）。其中，商业信托指从事积极的贸易或经营活动的信托，区别于仅托管资产并将收益分配给受益人的普通信托。对于普通信托，美国规定其未分配的净收益在信托层面缴纳所得税，而分配给受益人的净收益则由受益人缴纳所得税，如果该普通信托被认定为委托人信托，则全部净收益均由委托人缴纳个人所得税。

如果一个合格经营实体有两个或两个以上的所有人，则它可选择按合伙企业或公司缴纳联邦所得税；如果一个合格经营实体只有一个所有人，则它可选择按公司纳税或被视为非独立实体。

对于未进行打勾选择的合格经营实体，其纳税人身份将按以下默认规则确定：

若该实体为美国实体，则当它有两个或两个以上的所有人时，默认按合伙企业纳税；当它只有一个所有人时，默认为非独立实体。

若该实体为外国实体，则当它有两个或两个以上的所有人且至少一个所有人承担无限责任时，默认为合伙企业；当它有两个或两个以上的所有人且所有人都只承担有限责任时，默认为公司；当它只有一个所有人且该所有人承担无限责任时，默认为非独立实体。

当美国公司在海外设立的子公司被视为非独立实体时，其在缴纳美国联邦所得税时将被视同美国公司的一个分支机构，将与美国母公司汇总缴纳所得税。

根据打勾规则确认的纳税人身份可能与根据企业所在的外国法律确认的纳税人身份不一致。这就给跨国企业提供了利用混合实体进行税收筹划的机会。

2. 混合实体避税的原理

混合实体（hybrid entity），是指一个经营实体在某个国家被视为一个税收透明体，而在另一个国家被视为一个非透明体。从税收的角度看，一个实体是否透明，主要体现在该实体是否被视为一个与其他关联方相独立的个体。比如，税收透明体（如合伙企业）的利润或亏损会被归集给它的投资方或所有人来征税或抵扣应纳税所得，而税收非透明体或税收实体（如一般的公司）则本身就是所得税的纳税人。混合实体产生的原因：不同国家对同一个实体的性质认定冲突。混合实体的分类：典型混合实体（classic hybrid）是指在自身所在国被视为非透明体，而在投资者所在国被视为透明体来进行税务处理的实体；反向混合实体（reverse hybrid）与典型混合实体相反，是指在自身所在国被视为透明体，而在投资者所在国被视为非透明体来进行税务处理的实体。利用混合实体进行国际税收筹划的三种基本模式：一方扣除、另一方不计收入；双重扣除；间接一方扣除、另一方不计收入。

（三）税收协定与税收协定的滥用

1. 国际税收协定及其分类

国际税收协定是指两个或两个以上的主权国家为了协调相互间在处理跨国纳税人征税事务和其他有关方面的税收关系，本着对等原则，经由政府谈判所签订的一种书面协议或条约，亦称"国际税收条约"。税收协定既是国际税收理论的全面概括与最终应用，也是国际税收实践的最高成果。

早在19世纪初，欧洲就出现了一种以关税为主要内容的国际税务协调，20世纪以来，出现了以所得税和一般财产税为中心的全面性国际税收协定。

按照参加缔约国家数量的多少，国际税收协定可划分为由两个国家参加缔结的双边税收协定和由两个以上国家参加缔结的多边税收协定。国际税收协定的主要形式是双边税收协定，其缔约的国家从发达国家之间发展到发达国家与发展中国家之间以及发展中国家之间；多边税收协定是在双边税收协定的基础上发展起来的，也是国际经济高度发展的结果。但由于涉及的国家较多、范围较广，协调起来较为困难。国际税收协定亦可按其涉及范围的大小分为：缔约各方所签订的处理相互间某一特定税收关系或问题的特定税收协定、缔约各方所签订的广泛涉及处理相互间各种税收关系的一般税收协定。特定税收协定亦称"单项税收协定"，如缔约国之间关于税收关系原则的协定、关于避免海运和空运双重征税的协定、关于避免遗产税双重征税的协定、关于社会保险税双重征税的协定、关于国家间领地税收仲裁的协定等。一般税收协定也称"综合税收协定"或"全面税收协定"，它是在单项税收协定的基础上逐步发展起来的。早在20世纪初期，综合税收协定主要用于协调缔约国之间边界地区居民的税收制度，如法国与卢森堡1906年签订的税收协定。后来，随着国际经济交往的迅速发展和直接税的增加，综合税收协定发展到包括缔约国之间所有有关各种所得税和一般财产税的国际税收问题在内的国际税收协定。

截至2022年年底，我国已对外签订109份双边税收协定，另外，内地和香港、澳门两个特别行政区签署的两个避免双重征税安排也已生效；大陆与台湾地区也签署了避免双重征税协议，但尚未生效。其中，我国与法国、英国、俄罗斯、意大利与新西兰等15个国家重新修订了税收协定。我国对外签订的双边税收协定大多由29条条例组成，主要包括四部分：对名词的定义或解释、对各收入来源类型的协商、协定内容的补充完善和协议的生效及终止。其中，与企业对外直接投资关系较为紧密，且差异较大的条例主要有企业税收居民身份的认定（第四条）、常设机构的认定（第五条）、三类消极投资所得预提税最高限定税率的约定（第十条、第十一条和第十二条）和消除双重征税的条款（第二十二条）。因此，我们主要选择此六条进行讲解分析我国签订的双边税收协定。

2. 滥用税收协定避税

在OECD和联合国的两个国际税收协定范本产生以后，世界各国签订的数量庞大的税收协定形成了巨大的税收协定网络。由于税收协定的双边特性，签署不同税收协定的缔约国之间，以及缔约国与非缔约国之间都存在着明显的税制差异。在税制差异的前提下，跨国投资者可以预先设计投资的税务安排，他们通常并不直接从自己的居住国向所得来源国进行投资，而是通过在一个与所得来源国签订有税收协定，或者与居住国和所得来源国都签订有税收协定的第三方国家或地区设立分支机构，即所谓的"导管公司"，并利用导管公司进行实际利益归属于自己的经济活动，从而享受税收协定优惠。导管公司又可分为直接导管公司和"踏石过河"型导管公司。

（1）直接导管公司。

甲国的A公司欲投资于丙国的C公司以获取股息收入，但甲、丙两国未签有税收协定，丙国对A公司来源于本国的股息、利息、资本利润、特许权使用费等收入将按较高的税率（30%）征收预提所得税。为了避税，A公司在与丙国签有税收协定的乙国设立一家子公司B公司，由B公司向C公司投资并收取股息。丙国对支付给B公司的股息等所得按较低的税率（5%）课征预提所得税如图2-7所示。这样，A公司有效地规避了丙国的高额预提所得税。B公司称为直接导管公司，而且甲、乙、丙国要满足：乙国对B取得的股息免税或低税。甲国高税时，B公司不能以股息汇回A公司；甲国低税时，股息汇回A，乙对B汇出的股息不征高预提税。

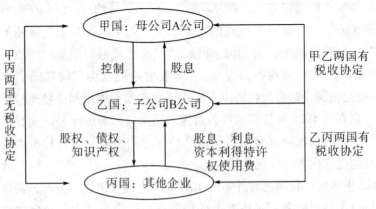

图 2-7　直接导管公司的避税模式

（2）"踏石过河"型导管公司。

甲国和丙国之间没有税收协定，但甲国和丁国以及丙国和乙国之间分别签有税收协定。这时甲国的 A 公司可在丁国和乙国分别设立 D 公司和 B 公司，由 B 公司直接投资于 C 公司收取股息，并根据乙国和丙国之间签订的税收协定享受较低的股息预提税，之后 B 公司以向 D 公司支付服务费的方式将款项转移到丁国，再由 D 公司将款项以股息的形式转移给 A 公司如图 2-8 所示。由于 B 公司向国外支付的款项可以作为费用扣除，该公司可避免在乙国缴纳较高的所得税。在丁国的国内所得税率较低时，D 公司不需要向丁国缴纳较高的所得税，同时由于有丁国和甲国之间的税收协定，A 公司收到 D 公司股息时也不需要缴纳较高的预提所得税。

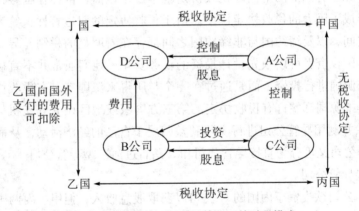

图 2-8　"踏石过河"型导管公司的避税模式

（四）避税地避税与国际应对

1. 国际避税地概念与类型

国际避税地又被称为避税天堂、避税港、离岸中心等，一般是指那些税负非常低甚至不征收所得税的国家或地区，由于其极低的税收待遇，它们往往是跨国公司进行避税活动的主要避税地。

国际避税地主要有以下几种类型：①不征收任何所得税的国家或地区；②虽然征收所得税但税率极低的国家或地区，其税率一般不超过 10%；③对特殊的境外控股公司设置非常低的税率的国家或地区；④与大部分国家签订具有特殊优惠条款的税收协定的国家或地区。

2. 利用避税地避税的实施步骤与具体形式

利用国际避税地进行避税，可分两步来操作：第一步为跨国公司选择在某个国际避税地建立子公司；第二步为通过转让定价等各种形式，将位于其他国家（特别是高税率国家）的子公司的利润转移到在避税地新设立的子公司。

具体的避税地避税形式有两种：一种是通过在避税地设立控股公司，降低预提税税率；另一种是在母公司所在国采取"分国抵免限额"税收抵免政策的情况下，通过在避税地设立控股公司，混合海外各子公司的利润，减轻整体税负。

3. 国际避税地的危害

虽然避税地不仅对跨国公司的发展有一定的帮助，而且其存在还带动了自身经济的发展，既增加了就业机会，又增加了外汇收入，促使避税地日益繁荣。但是，在更多经济学家的眼中，国际避税地的这些避税行为带来了更多的不利影响。

（1）巨额税款的流失。

跨国公司的避税行为将直接导致国家税收收入的减少，不利于国家财政在国家发展需要领域发挥作用。美国100强企业中就有80%以上在各个避税地设立了控股公司、基地公司等类型的避税公司或办事机构，每年造成的美国政府税款亏损高达一千亿美元以上，约占美国年均军费的四分之一。

（2）诱发国际洗钱犯罪。

避税地通常有着完备的商业银行保密体系，同时制定了相对应的法律法规予以保障，这就为其他国家人员到此为犯罪所得赃款进行"洗钱"活动提供了条件，也为他国税务机关对此进行调查造成了重重阻碍，不利于国际经济秩序的稳定。

（3）导致资金的不合理流动。

避税地往往具有面积狭小、资源匮乏、产业结构单一等特点，虽然大量的外资流入能带动部分行业（如服务业）在避税地的发展，但是以大多数避税地的经济状况并不能使这些资金发挥更大的作用，于是在此形成了资金沉淀，不利于世界经济的发展。

4. 避税天堂的国际应对

（1）国际合作与信息交流。

国际社会加强合作，共享有关避税天堂的税务信息。许多国家已经签署了全球共享金融账户信息标准（CRS），以确保银行和金融机构自动共享客户的账户信息，以遏制逃税和洗钱。

（2）税收协定与条约。

国际社会通过签署和执行双边和多边税收协议与条约，减少跨国企业和个人在避税天堂转移资金和逃税的机会。这些协定和条约规定了信息交换、资本流动限制、税务合作等方面的规则。

（3）国际税收规则和标准。

国际组织如联合国和经济合作与发展组织（OECD）制定并推动全球统一的税收规则和标准，以减少避税天堂的存在。例如，OECD开展了"基地侵蚀和盈利转移

（BEPS）"项目，以打击跨国企业通过在避税天堂进行价值转移来减少纳税的行为；之后推出的支柱二要求跨国企业全球最低有效税率至少不低于 15%，是应对数字经济背景下跨国企业避税的新举措。

（4）制裁和名单。

一些国家和国际组织通过制裁和公布不合作的避税天堂名单来施加压力，以促使这些地区采取更加透明和合规的税收措施。

（5）国内改革。

国际社会鼓励各国进行国内税制改革，以减少对避税天堂的依赖。这包括提高税收透明度、加强税务执法、简化税收制度等举措。

二、谷歌"三明治"税收筹划架构案例[①]

案例概述： 谷歌公司作为全球最大的搜索引擎公司，于 2004 年在纳斯达克上市，上市以来所承担的税负与其实际营业收益严重不符。尽管谷歌声明，"我们支付所有应缴税款，并遵守我们在世界各地运营的每个国家的税法"，但上市后的十多年中，谷歌的母公司 Alphabet 在美国以外的地区享受个位数的实际税率。谷歌运用"双层爱尔兰—荷兰三明治"架构，利用其横跨英美、爱尔兰、荷兰和百慕大的公司网络，通过转让定价的方式，将盈利层层转移至避税天堂百慕大，从而达到避税的目的。本文通过对谷歌公司采用的"双层爱尔兰—荷兰三明治"避税架构进行剖析，试图揭示这一避税架构成功实施背后的税制机理，并为我国加强"走出去"企业税收风险管理、反避税制度完善等提供一定的参考和借鉴。

（一）案例背景

谷歌公司（Google Inc.）是美国一家高科技公司，总部位于加利福尼亚州的圣克拉拉县山景市。1998 年 8 月 7 日，谷歌公司在美国加利福尼亚州山景城以私有股份公司的形式创立；2004 年 8 月 19 日，谷歌公司在纳斯达克上市，成为公有股份公司。谷歌公司业务板块包括互联网搜索、云计算、广告技术，开发并提供大量基于互联网的产品与服务，开发线上软件、应用软件，还涉及移动设备的 Android 操作系统以及谷歌 Chrome 的 OS 操作系统开发。在"2017 年 BrandZ 最具价值全球品牌 100 强"名单中，谷歌公司名列第一位。

然而，谷歌公司承担的税负与其品牌价值并不相称。如图 2-9 所示，谷歌公司自 2004 年上市以来的 12 年间，所得税负呈现明显的下降趋势，并且远低于美国（接近 40%）和大部分欧洲国家（26%~34%）的法定所得税负。

① 1. 本案例由重庆市重庆工商大学财政学专业蹇代娇、汤凤林撰写，作者拥有著作权、修改权、改编权，未经允许、本案例的所有部分不能以任何方式与手段擅自复制或传播。

2. 本案例只供课堂讨论之用，并无暗示某种管理行为是否有效之意。

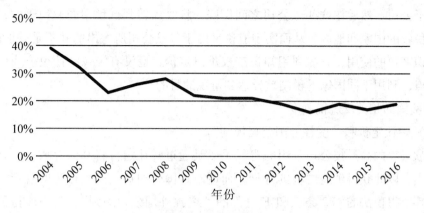

图 2-9　谷歌公司历年税负（2004—2016 年）

谷歌将美国以外的总部设在了爱尔兰首都都柏林，通过在欧洲、中东和非洲市场（简称"EMEA市场"）广泛开展业务，获取巨额的广告收入和特许权使用费收入，却通过精心设计公司的组织架构及业务模式将大部分收入转移到避税地，从而避免承担欧洲国家较重的税收负担。有资料显示，从2006年到2011年，谷歌在英国获得了180亿美元的广告收入，但是纳税总额仅为160万美元；2012年，谷歌将120亿美元的网络广告收入转往百慕大子公司，全球节税高达20亿美元。针对这些情况，2014年7月，意大利开始实施打击避税行为的"谷歌税"，要求本国公司从本地注册的企业购买网络广告，不能从在爱尔兰、卢森堡、百慕大等"避税天堂"注册的企业购买。2015年4月1日，美国面向跨国企业征收"转移利润税"，俗称"谷歌税"，税率为25%。谷歌税并非仅针对谷歌公司或网络公司征收的税种，所有通过人为交易将利润转移出英国的跨国企业都可能被征收谷歌税。2017年，互联网公司谷歌与英国税务机关就补交税款达成一致，所补税款总计1.3亿英镑（折合约1.72亿欧元）。英国财政部发言人表示：这是政府领导在确保公司按利润支付税款的行动中取得的第一次重大胜利，也是我们新税法的一次成功。

（二）案例焦点问题

谷歌公司是如何在美国、爱尔兰、荷兰和百慕大实现超低税负的？

（三）案例分析

几十年来，列支敦士登、百慕大、卢森堡、英属维尔京群岛（BVI）、开曼群岛、根西岛等四十几个国家和地区，由于其具有实行低税率或零税率、不设置外汇管制等特点，成为国际公认的"避税天堂（Tax heaven）"。很多跨国公司都通过在"避税天堂"设立空壳公司和中间持股公司进行整体业务安排的方式来达到免缴或少缴税款的目的。

谷歌公司不仅是科技方面的大企业，也是国际避税问题研究的典型，其避税数额巨大并且手段多样，一度引发全世界的关注。谷歌的公司网络横跨包括爱尔兰、荷兰、百慕大在内的至少5个法律管辖区。谷歌通过转让定价的形式，即注册不同的离岸公司作为子公司，然后在这些子公司之间倒账，将收入转到低税率的避税天堂，将支出转到高税收的国家和地区，从而实现避税。由于谷歌公司所售出的并不是一般的商品，而是知识产权的使用，谷歌利用知识产权难以定价、也没有统一的计税公式可以套用这一特点，利用不同国家的税制差异达到避税的目的。

1. 美国的相关反避税制度

(1) 转让定价和"受控外国公司规则"。

谷歌等美国高科技公司采用的避税手段是通过转让定价将利润存放在海外、延迟汇回美国，以此获得延迟纳税的好处。而应对跨国公司这一避税行为的规定，主要是美国联邦所得税法的 482 条款和 F 分部的"受控外国公司规则"；其中所得税税法的 482 条是关于转让定价的税务管理规定；F 分部则赋予美国对受控外国公司 CFC 未分配利润征税的权力。根据美国的转让定价规则，美国国内收入局有权对关联企业间不符合独立交易原则的有形或无形资产转让收益进行调整。根据美国的税法，在任何一个纳税年度中，如果一家外国公司全部股权价值的 50% 或其有表决权股份的 50% 以上的部分被美国股东持有，则这家公司将会被美国税法认定为"受控外国公司（CFC）"，从而适用 F 分部的"受控外国公司规则"。也就是说，对归属于美国股东的利润，即使当年不进行分配，也不汇回美国，也要与该股东国内其他所得一并在当年缴纳所得税。

(2) "打勾规则"与"非独立实体"。

自 1997 年以后，美国公司在海外设立的从事软件销售的子公司需要受到美国税法中关于纳税人身份确认规则的管辖。根据美国税法，这些海外子公司可以向美国税务机关申请究竟是按公司身份、合伙人身份还是按非独立实体身份纳税，这些海外子公司可以通过"打勾"选择在美国的纳税人身份。如果海外子公司申请作为非独立实体，则其在缴纳美国联邦所得税时的纳税身份上将被视同于美国公司的一个分支机构，它将与美国母公司汇总缴纳所得税。但是，美国联邦所得税法中的这一"打勾规则"并不适用于这些海外公司在当地税收和法律身份的判定上。在其他国家，这个公司在很多情况下都被视为一个独立的公司所得税纳税人。这一混合的纳税人身份为跨国公司进行税收筹划提供了有利的空间。

2. 爱尔兰相关税收制度介绍

受到来自欧盟关于消除税收优惠带来的税收歧视的压力，爱尔兰在 1999 年出台了统一公司所得税法。根据该法，爱尔兰公司的收入分为营业收入和非营业收入。营业收入是指来自积极商业经营的收入，其适用的所得税税率为 12.5%；非营业收入主要指消极收入，适用的所得税税率为 25%。除了所得税税率低以外，爱尔兰对高科技公司有吸引力的地方还在于其税制中没有类似于美国的反避税条款。例如，爱尔兰的税收制度中没有针对跨国公司转让定价行为的反避税规定，这为跨国公司的跨国避税行为提供了一定的便利。

3. 谷歌公司"双层爱尔兰—荷兰三明治"架构分析

利用前述美国和爱尔兰在税收制度上的差异，谷歌公司和其税收咨询顾问策划出如图 2-10 所示的混合架构进行避税。这一架构是 20 世纪 80 年代苹果公司在全球初露头角时开发推出的一种财务战略，之后包括谷歌在内的美国著名跨国公司（微软、通用电气、甲骨文等），通过改头换面方式或直接沿袭的方式套用了这一模式。该架构包含了两家爱尔兰子公司和一家荷兰子公司，就像两片面包夹着一片奶酪的三明治，所以被形象地称为"双层爱尔兰—荷兰三明治"。

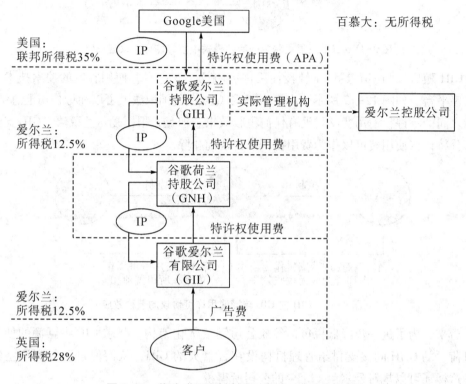

图 2-10　谷歌"双层爱尔兰—荷兰三明治"架构

所谓的"双层爱尔兰—荷兰三明治"架构，其基本结构就是上图内的设立在爱尔兰、荷兰三家海外公司，这三家海外公司的基本概况如表 2-11 所示。

表 2-11　谷歌设立的三家海外公司

项目	具体描述
谷歌爱尔兰控股公司 GIH	一家在爱尔兰成立但管理机构在百慕大群岛的公司
谷歌荷兰壳公司 GNH	在荷兰注册成立、没有员工的"壳公司"
谷歌爱尔兰营运公司 GIL	一家注册地和管理机构所在地都在爱尔兰的公司

（1）利用转让定价。

如图 2-11 左侧部分所示，谷歌公司与 GIH 签订了许可协议，允许 GIH 使用谷歌的知识产权，并要求 GIH 每年向谷歌公司支付一定的使用费。在这份许可协议中，谷歌公司要求得到的特许权使用费很低。

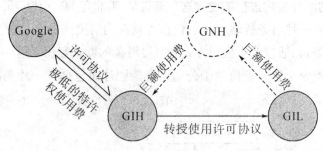

图 2-11　谷歌双层爱尔兰—荷兰模式中签订许可协议避税原理

GIH 随后又与 GIL 签订了转授使用许可协议，允许 GIL 使用谷歌的搜索技术和广告销售平台。如图 12-12 所示，由于 GIH 和 GIL 在美国税法上可以和母公司汇总纳税，他们之间的特许权使用费支付没有任何税收效果。但是，根据爱尔兰税法，GIL 支付的这部分特许权使用费可以作为费用在所得税税前扣除。

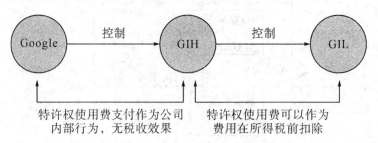

图 2-12　GIH 向 GIL 转授使用许可协议的节税效应

后来，为了进一步降低税负，谷歌公司继续优化架构，要求 GIL 将巨额的使用费通过荷兰的 GNH 间接支付给管理机构设在百慕大的 GIH，从而使自己的利润空间很小，这样还可以规避爱尔兰 12.5% 的公司所得税。

（2）使用国际税收协定。

① 爱尔兰与美国的税收协定。在这一架构中有个非常有意思的身份问题。按美国的相关规定，由于 GIH 是根据爱尔兰法律注册的，美国将其视为爱尔兰的税收居民，即对于美国来说，GIH 是一家非居民企业。但是爱尔兰对纳税人身份的确定，采用的是单一的实际管理机构标准，即只有实际管理机构在爱尔兰的企业才是爱尔兰企业所得税的纳税人，这意味着，实际管理机构在百慕大的 GIH，对爱尔兰来说，也是一家非居民企业。

当 GIH 和美国母公司发生交易时，GIH 可以享受爱尔兰和美国签订的双边税收协定待遇。同时，GIH 控制了在爱尔兰从事积极经营业务的 GIL，且 GIH 是被美国母公司控制的，因此，根据爱尔兰的税法规定，GIH 和 GIL 在爱尔兰发生交易时，爱尔兰又将允许 GIH 享受美国和爱尔兰签订的双边税收协定待遇。

② 爱尔兰与荷兰的税收协定。为了在荷兰少缴公司所得税，GNH 将使用费收入的绝大部分支付给了管理地设在百慕大的 GIH（见图 2-13）。而根据荷兰的税法，荷兰对本国居民公司向非居民公司支付特许权使用费免征预提所得税，爱尔兰与荷兰也有税收协定，荷兰居民公司从爱尔兰居民公司取得的使用费可以免除爱尔兰 20% 的预提所

得税。由此，大笔的特许权使用费最终支付给了 GIH。

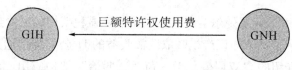

<dl>
<dt>根据荷兰税法</dt><dd>对GNH向GIH支付特许权使用费免征预提所得税</dd>
<dt>根据爱尔兰税法</dt><dd>不对GIH从GNH取得的特许权使用费课征所得税</dd>
<dt>根据百慕大税法</dt><dd>没有公司所得税，因此不对GIH的收入课征所得税</dd>
</dl>

图 2-13　GNH 向 GIH 支付巨额特许权使用费的节税效应

根据爱尔兰的税法，爱尔兰视 GIH 为非居民公司，不对 GIH 从荷兰取得的使用费课征 12.5% 的所得税。而作为 GIH 管理机构所在地的百慕大，由于没有公司所得税，所以也不对 GIH 的使用费收入课征所得税。

（3）利用打勾规则与美国受控外国公司规则的规避。

虽然利用与美国国内收入局达成的预约定价安排，谷歌公司将特许权使用费收入从美国转移到了爱尔兰，但根据美国的受控外国公司规则，由于两家爱尔兰公司和一家荷兰公司都是谷歌总公司的海外子公司，其所得有可能被认定为 F 分部（Subpart F）所得，于是即使不汇回美国也需要在美国纳税。

为防止这种情况的发生，谷歌利用了美国税法中的打勾规则。美国法律允许美国的母公司自由选择其符合条件的受控外国子公司的实体的类型，可以选择作为独立实体或者穿透实体，这就是打勾规则。根据打勾规则，谷歌总公司将荷兰公司和爱尔兰运营公司都选择认定为一个穿透实体，而在美国看来，这两家公司都相当于爱尔兰控股公司的一个分支机构，与爱尔兰控股公司构成是一个整体。于是爱尔兰运营公司向上支付的特许权使用费和荷兰公司向上支付的特许权使用费将被视为同一个公司的内部资金划拨，不会产生应纳税所得额。

（4）延迟课税。

根据美国联邦税法的 367 条款，一家美国公司将无形资产转让给外国公司，如果价款的收取方式不确定，要根据该无形资产的生产、使用或处置情况来决定，只要外国公司使用这项无形资产产生了符合条件的收入，美国公司在这些收入实际在外国公司产生的当年就应将其并入自己的收入总额在美国纳税。这里的"符合条件"即指 367 条款适用的前提条件，是指海外公司在取得美国公司授权的无形资产后，不进行任何开发就直接对外销售。而软件产品作为无形资产存在一定的特殊性，可以较轻松地进行进一步开发，故 367 条款对高科技公司软件产品销售的管制很难有效。由此，便导致在以上架构中，如果谷歌海外子公司不将利润汇回美国母公司，美国将不对其子公司的利润征税，这相当于得到延迟纳税的好处。

通过上述这种所谓的双层爱尔兰公司（Double Irish）和荷兰夹层公司（Dutch Sandwich）的结构，以及利用谷歌公司与 GIH 签订的使用费转让定价协议的形式，谷歌公司成功地将自己的税负降到了很低的程度。

（四）案例启示

1. 科技企业利用"双层爱尔兰—荷兰三明治"避税架构的风险越来越大

本案例主要展示了基于知识产权赚取巨额收益的 IT 公司如何通过复杂的组织架构规避税负。案例中介绍的"双层爱尔兰—荷兰三明治"架构应用广泛，谷歌公司借助该模式实现的税收利益远超其他 IT 公司。2009 年起至今，Google 通过"美国—双层爱尔兰—荷兰—百慕大"离岸避税架构，最终将离岸利润留存在避税天堂百慕大，从而将其总体税负由 28% 降至 16.1% 以下。截至 2018 年 6 月底，Google 截留在离岸的利润已高达 1 023 亿美元，离岸利润在美国以外的综合税负被控制在 0~3%，而其他普通欧洲公司平均税负成本高达 25%，其他普通美国公司的综合税负高达 35%~40%。这也是美国跨国科技公司的低税负之谜。"三明治"架构为全球科技企业节约了巨额税负，但迫于国际压力，爱尔兰决定自 2015 年起关闭"双层爱尔兰"税务漏洞，已搭好架构的，延长过渡期到 2020 年；早在 2017 年，受 G20 委托，OECD 通过近 140 个国家和地区参与的多边合作平台，推进制定应对数字化税收挑战的多边方案。2021 年 10 月初 OECD 宣布，136 个国家和地区就国际税收制度重大改革达成共识，并发布了《关于应对经济数字化税收挑战双支柱方案的声明》的全球税改方案，也被称为"双支柱"方案①。随着全球经济形势愈发严峻，各国将对谷歌、苹果等避税大公司采取更加严厉的追缴欠税措施。因此，未来使用"三明治"架构避税的风险会越来越大。

2. 各国税局要完善税法加强国际税收征管与协作

（1）严密的税收法是最有效的避税工具。

要避免逃税、避税，就要加强反避税立法，弥补税收漏洞与不足，尽量不给跨国纳税企业可乘之机，使税法真正做到平等、公正，避免重复征税以及税负失衡。一般来说，可以从这几方面进行努力：一是加强对关联企业的税务监管，明确关联企业之间的法律关系；二是对转让定价制定明确的、限制甚至制止的法律措施；三是明确税务机关对外资企业税收的审查范围和处罚措施。

（2）保证税收监管的有效实施。

加强监管是对避税采取的非常必要的一项管理措施。一是要提高涉外税务人员的素质，涉外税务人员应掌握审计、国际贸易、国际金融、国际税法等多种相关业务知识；二是要加强税务调查，除了要求跨国企业提交税务报告，还应通过税务顾问、审计部门，提高跨国企业的纳税透明度；三是要对跨国企业的纳税报告义务予以明确告知，使之系统化和规范化。

（3）加强国际的税收协作。

国际避税涉及不同国家的税收政策，仅靠一个国家的相关立法和税务监管是远远不够的。要防止国际的避税，必须采取双边或多边的措施，比如，签订反避税的国际

---

① 支柱一的核心内容，是突破现行国际税收规则中关于物理存在的限制条件，向市场国重新分配大型跨国企业的利润和征税权，以确保相关跨国企业在数字经济背景下更加公平地承担全球纳税义务。支柱二的核心内容，是通过建立全球最低税制度，打击跨国企业逃避税，并为企业所得税税率竞争划定 15% 底线。据 OECD 测算，全球最低税率为 15%，预计每年在全球范围内增加 1 500 亿美元的企业所得税收入。

税收协定，两国税务部门之间进行税务情报交换，对两国间国际避税行为开展双方协商，将各国国内相关税法的变动情况及时告知合作方税务部门等。

三、案例使用说明

（一）适用对象与教学目的

1. 适用对象

本案例主要适用于"国际税收""税收筹划"，也可以将本案例作为"中国税制"课程的辅助案例。本案例的教学对象包含财经类的本科生和研究生，特别是会计和税收学专业的本科生和研究生。

2. 教学目的

一是加深学生对转让定价、关联交易、独立交易原则和预约定价安排等知识点的理解，使其了解税务机关在处理相关事件时的基本准则和流程；二是以案例的形式进行讲解，去剖析避税地、税收管辖权、转让定价和受控外国公司等方面的知识点，不仅能提高学生的学习兴趣，而且能培养学生的自学能力、运用理论分析问题和解决实际问题的能力，从而避免机械地学习和记忆；三是使学生对跨国公司税务处理方面产生新的认识，即跨国企业的税务合规不仅需要考虑本国税务当局的要求，还需要考虑所在国税务当局和有关国际组织的相关规则的要求。

（二）启发思考题

1. 请阐述利用国际税收协定的筹划原理。

2. BEPS 项目对与知识产权相关的国际税收筹划有哪些影响？

3. 除了利用转让定价和国际避税地进行税收筹划外，跨国企业还会利用哪些手段进行税收筹划？

4. 知识产权有哪几种转让模式？

（三）分析思路

先对案例的基本情况进行介绍；再提出案例的焦点问题，即谷歌公司是如何在美国、爱尔兰、荷兰和百慕大之间实现超低税负的？然后分析谷歌公司的"双层爱尔兰—荷兰三明治"模式的避税机理，最后得出我国加强"走出去"企业税收风险管理、完善反避税制度等的政策建议与启示。

（四）理论依据与分析

Google "双层爱尔兰—荷兰三明治"架构做法：

1. 将 Google 爱尔兰 1 实际管理机构转移至百慕大

爱尔兰法律允许注册在爱尔兰的公司不是本国的税务居民，只要该公司的实际管理机构不在爱尔兰。Google 爱尔兰 1 注册在爱尔兰，实际管理机构在避税天堂百慕大，因而被爱尔兰认定为百慕大纳税居民，且对美国来说只有注册地在美国的公司才是居民纳税人，所以 Google 爱尔兰 1 仍被美国认为是爱尔兰居民公司。由于百慕大企业所得税率为 0，因此百慕大也不对 Google 爱尔兰 1 的使用费收入课征所得税。

2. 将特许权转至 Google 爱尔兰 2

Google 爱尔兰 1 再设立 Google 荷兰子公司（以下简称"荷兰 BV"），荷兰 BV 下再设立另一家爱尔兰公司 Google Ireland Ltd.（以下简称"Google 爱尔兰 2"）。

Google 爱尔兰 1 将无形资产许可给荷兰 BV。荷兰 BV 再将无形资产许可给 Google 爱尔兰 2，Google 爱尔兰 2 支付特许权使用费给荷兰 BV，支付免荷兰预提税，荷兰 BV 仅就收付特许权使用费差额仅在荷兰纳少许所得税负。

3. 将境外收入汇集到 Google 爱尔兰 2

Google 爱尔兰 2 是经营实体，实际管理机构在爱尔兰，是爱尔兰税务居民。Google 爱尔兰 2 就特许权向欧洲等客户收取广告费等营业收入，扣除支付的大额特许权使用费，差额仅在爱尔兰纳少许所得税负。

4. 海外盈利流入避税天堂百慕大

荷兰 BV 支付大量的特许权使用费给百慕大税务居民爱尔兰 1，支付额符合荷兰转让定价要求。而爱尔兰 1 收到的大量特许权使用费实现 0 税负。

至此，所有海外盈利流入百慕大，成功实现避税。

（五）关键点

第一，本案梳理了谷歌公司的国际避税结构，分析了其避税做法，从而加深了学生对税收管辖权、避税地、转让定价、受控外国公司等有关知识点的认识。

第二，通过对本案例的学习，学生掌握税收管辖权的类型及其特征，理解了转让定价对企业税收产生的影响，并对谷歌公司的国际避税结构进行了分析和评价。

第三，通过分组讨论的学习方式，不仅可增强学生的团队合作能力和自我表达能力，而且能培养学生对案例进行系统分析、逻辑推理并合理决策的能力。

（六）建议课堂计划

本案例的具体教学计划见表 2-12。

表 2-12　案例教学计划

案例教学计划	具体内容
教学时长	1 个学时
课前计划	发放案例正文和思考题，要求学生在课前完成阅读并对思考题作答
课堂计划	1. 介绍税案始末，让学生了解案例的基本情况和焦点问题。 2. 将学生分成小组进行讨论，讨论谷歌利用不同国家间的税法差异和转让定价手段，成功实现避税。各国现在有哪些应对措施？然后每个小组派一名同学上台发言。 3. 归纳总结每个小组的发言，提出各小组的优缺点，并解答有争议之处。 4. 结合问题，回顾案例
课后计划	通过对本案例的学习，请同学们谈谈自己的收获和感悟（500 字左右），并以 word 的形式上交

（七）案例的建议答案

谷歌公司利用"双层爱尔兰—荷兰三明治"模式成功实现避税的原理如下：

谷歌公司所售出的并非一般的商品，而是知识产权的使用；尽管根据美国税法，子公司必须为知识产权支付公平价格，但对于高科技公司新产品定价并没有合适的标准，对于科技公司来说，母公司为了少缴税，把价格压得越低越好。正是利用了知识产权难以定价，也没有统一的计税公式可以套用，谷歌才得以利用转移价格进行避税。谷歌注册不同的离岸公司作为子公司，然后在这些不同的子公司之间进行倒账，将收入转到低税率的避税天堂，将支出转到高税收的国家和地区。具体做法是：首先，谷歌公司以转让定价方式把不容易算出价格的无形资产授予了 GIH，而 GIH 每年只要向谷歌总部缴纳很少一部分的特许权使用费；其次，GIH 和 GIL 的注册地都在爱尔兰，而爱尔兰按照实际控制所在地标准判定居民纳税人身份，GIH 的实际控制地在百慕大，因此 GIH 不属于爱尔兰的居民企业，所得利润避免了在爱尔兰缴纳税金，同时由于百慕大没有企业所得税，两边都没有企业所得税。GIL 的注册地和实际管理机构所在地都在爱尔兰，是爱尔兰的居民企业，需要缴纳 12.5% 的企业所得税，但这一税率对于美国 35% 的企业所得税税率仍然较低。再次，谷歌在荷兰注册成立了一家导管公司 GNH。GIL 向 GIH 支付的特许权使用费是经由 GNH 支付的，由于荷兰和爱尔兰有税收协定，两个国家的居民企业支付特许权使用费，可以免收预提所得税，所以 GIL 支付给 GNH 的特许权使用费不纳税；并且，根据荷兰税法，本国居民公司向非居民公司支付费用也不缴纳预提所得税。因此，当 GNH 向总部位于百慕大的 GIH 支付费用时，也不缴纳预提所得税。

（八）其他教学支持材料

本案例以幻灯片的形式进行辅助说明。

（九）思考题参考答案

（扫一扫）

（十）附件（相关法律法规条款）

1. 美国打勾规则

勾选框规定，所有拥有两名或两名以上成员的国内合格实体均被视为合伙企业，无需选举或采取其他行动，除非该实体肯定选择被视为公司。单一成员的国内合格组织将是"无形的"（被视为独立于其所有者的实体）。承担有限责任的外国组织将被视为公司，而由其成员承担责任的外国组织将被视为合伙企业。除公司本身（包括本条例所载的大量外国公司名单）外，任何符合资格的实体均可选择以其他方式对待。

2. 美国联邦所得税法的 482 条款

该条款规定："在分析或核实任何控股公司、连锁公司或其他关联公司的收入、净收入或纳税义务时，如果为纠正或调整价格、租金或其他诸如收入和费用的分配，以准确反映所涉及公司的真实利益，为避免或反对任何重复征税，这些公司之间的收入、净收入或纳税义务可能经过调整，就可能获得合理的结果，就是所涉及公司的交易应按照合理事实进行调整。"

3. 美国联邦所得税法的 F 分部

F 分部有关受控外国公司的规则主要涉及外国子公司的所得税处理。这些规则旨在防止美国企业通过其受控的外国公司转移利润，从而减少或避免在美国缴纳税款。具体的规定涉及外国子公司的定义、所得的分类和计算、被动所得的处理、子公司间转让定价的公平原则等内容。

4. 美国联邦税法的 367 条款

对于外国人的财产，本章的规定不应适用外国公司转让其资产给美国人或者在美国背景下负有税收义务的外国公司的情况，如果这一转让是通过自然人的间接或直接拥有、控制或者通过国内机构对外国公司拥有、控制实施的，美国公司或者美国公民的份额将按照现行法律按市场价格计价，要求对外国公司的纳税义务给予认可，这种认可将对那些不按照本章规定的义务来计价和征税的外国公司的行为进行限制。如果外国公司按照第 95 章某一部分的规定控制所有权的情况下转让其全部或者部分资产，并且将收到的收入转移到某一与该公司战略相关或者优先受益公司的国家，那么对这些资产在进行控制权的转让前显现出的依然存在转让前应纳税的义务。

四、参考文献

［1］JOSEPH B, KELSEY L. Double Irish More than Doubles the Tax Savings ［J］. Practical US/International Tax Strategies，2007：11-16.

［2］WIEDERHOLD G. Follow the Intellectual Property：How Companies Pay Programmers When They Move the Related IP Rights to Offshore Tax Havens ［J］. Communications of the ACM，2011：66-74.

［3］吴德豐. 通晓智慧财产权：全球税务观点 ［M］. 台湾：台湾三民书局股份有限公司，2010.

［4］赵国庆. 审视跨国高科技公司避税行为 完善我国反避税制度：兼评"双爱尔兰（荷兰三明治）"避税安排 ［J］. 国际税收，2013（8）：44-49.

［5］张悦. 浅析国际避税地问题 ［J］. 法制博览，2016（16）：296.

［6］杜莉. 国际税收 ［M］. 上海：复旦大学出版，2019.

案例 2-7　供应链筹划——戴尔公司税案

一、基础知识

（一）常设机构

1. 常设机构概念

OECD 范本第 7 条（营业利润）第（1）款规定，缔约国一方企业的营业利润应在该国征税，除非该企业通过设立在缔约国另一方的常设机构在缔约国另一方境内从事营业活动。传统观点认为，常设机构可以分为物理型或场所型常设机构和代理型常设机构两种形式。但是随着互联网经济和跨国电子商务活动的发展，有学者提出虚拟型常设机构的概念。

2. 常设机构特征

在双边国际税收协定中，常设机构是一个非常重要的概念。OECD 于 1963 年拟定《关于对所得和财产避免双重征税协定范本（草案）》正式使用了"常设机构"的概念，用以作为确定营业利润来源地的依据。常设机构具有三个特征：①有一个营业场所；②这一场所必须是固定的；③通过这一机构进行的活动必须是以营利为目的的。

在税收协定中，是否在本国境内设有"常设机构"是判定非居民企业是否有来源于本国境内的营业利润的标准。如果一个非居民企业在一国境内设有从事经营活动的常设机构，那么该国就可以认定该企业有来源于本国的营业利润，从而可以对其行使地域管辖权

3. 常设机构类型

在给出常设机构的定义之后，两个税收协定范本随后列举了"常设机构"一语包括和不包括的各种情形，相应地，可概括出常设机构的四种类型：场所型常设机构、工程型常设机构、代理型常设机构和劳务型常设机构。

（1）场所型常设机构。

由于"企业进行其全部或部分经营活动的固定场所"是常设机构的基本定义，因此常设机构首先应包括各种类型的固定营业场所。根据两个协定范本，这些固定营业场所具体包括管理场所、分支机构、办事处、工厂、车间（作业场所）以及矿场、油井、气井、采石场或任何其他开采自然资源的场所。

（2）工程型常设机构。

根据 OECD 范本，这类常设机构主要指延续 12 个月以上的建筑工地、建筑或安装工程。但 UN 范本将其范围进行了扩展，一方面是将时间期限缩短为 6 个月，另一方面是将工程的类型扩展为建筑工地、建筑、装配或安装工程或者与其有关的监督管理活动。

（3）代理型常设机构。

一个缔约国的企业授权非独立代理人（包括自然人和企业），在另一个缔约国经常代表该企业进行"活动"的，也可视为设有常设机构。OECD 范本列举的构成常设机构的非独立代理人的"活动"主要是有权并经常行使这种权力以该企业的名义签订合同，UN 范本在此基础上做了扩展，一是增加了经常在另一个缔约国保存货物或商品的库存，并代表该企业经常从该库存中交付货物或商品的情况；二是增加了一个缔约国的保险企业在另一个缔约国境内收取保险费或接受保险业务（涉及再保险的除外）的情况。

（4）劳务型常设机构。

劳务型常设机构是 UN 范本特有的规定。缔约国一方企业通过雇员或雇佣的其他人员在缔约国另一方国家提供包括咨询在内的劳务，也将构成在缔约国另一方国家设有常设机构，其前提是这些劳务是为同一项目或两个以上相关联的项目提供的，且在开始或结束于相关财政年度的任意 12 个月内累计持续时间超过 183 天。

（二）数字经济对常设机构带来的挑战

1. 数字经济对营业场所的挑战

数字经济下，企业的资源配置和业务开展更加灵活，互联网技术的发展使得企业的业务活动可以轻易地跨越地理障碍实现全球的运营和管理，减弱了对机构场所的依赖，而不必通过设立实体机构销售货物、提供服务。企业完全可以通过虚拟的网络平台完成交易，甚至可将开发、设计、生产等核心经营业务全部剥离至境外，只通过虚拟的网络平台完成交易。以地理联系和物理存在为主要特征的常设机构规则已经无法反映具有数字经济特征的经济连接度，企业不设立营业场所也可以参与到一国的经济活动当中去。

以苹果的应用商店 App store 为例，遍布全球的应用程序开发商都可将开发完成的程序上传到应用商店，供各国的手机用户自由选择下载并付费。应用商店类似于商场，用户是消费者。和商场不同的是，应用商店并不是实际存在的营业场所，只是一段数据所构成的一个虚拟交易平台，因此，无法将其认定为常设机构。

2. 数字经济对固定性的挑战

数字经济的本质是以数据为交易对象或者以数据为交易手段，而数据本身是虚拟的，借助服务器而存在，服务器是否能够构成常设机构呢？《OECD 税收协定范本》（以下简称《范本》）指出，服务器构成常设机构需要满足的条件之一是：服务器必须是固定的。如何判定处于某个特定地点的服务器是否固定，《范本》提出了以下两个标准：

第一，存在该服务器被移动的事实，而服务器是否具有移动的可能性并不重要。那么，在实践中，服务器是否被移动过由谁来举证呢？如果由税务部门举证着实困难。首先现实中服务器大多是租用的，其次企业也完全可以将网址在不同的服务器上进行迁移来避免服务器构成常设机构。

第二，服务器如果在某一确定地点存在足够长的一段时间，就可以被认为是"固定"的。那么"足够长的一段时间"究竟是多长？《范本》没有给出明确的标准，各国可根据自己的法制背景来明确，这就造成不同国家的差异，给国际税收征管带来了困难。

3. 数字经济对营业活动的挑战

信息交换技术被越来越多地运用到企业中，企业得以将很多核心营业活动剥离到境外或者线上，但是这并不意味着企业无需在收入来源国设立任何实体场所，因为诸如商品存储和物流配送等准备性、辅助性环节还是需要在收入来源国进行管控和调配，才最有利于经营活动的开展。但是，根据《范本》和各国在税收征管实践中达成的共识，专门从事辅助性或准备性活动的机构或者场所却被排除在常设机构的范围之外，基于税收公平原则，因其在整个价值形成和利润产生的过程中的贡献有限而豁免纳税。

数字经济也使得原来被视为准备性或辅助性服务的活动具有为企业带来主要收入的巨大潜能，成为企业价值创造过程中的不可或缺的主要部分。例如，数字经济下的重要业务活动的代表：客户信息数据的收集。一些即时通信软件（如 Facebook 等），通过为客户提供免费的信息交流平台，吸引大量的用户注册并使用。企业通过向这些客户投放广告、推送产品和提供服务来获取收入。然而，在现有常设机构规则下，这些活动被认定为准备性或辅助性的活动，不属于常设机构征税范畴，这显然与其实际创造的价值不相符。

同样，基于数字经济模式的企业可以将一项实质性的营业活动人为地拆分成若干个非营业性的辅助性活动在多地完成，从而承担各个分解活动的实体机构在各个国家都会被认定为从事准备性或辅助性活动，而都不会构成常设机构，从而逃避了收入来源地的税收征管。

（三）国际税收情报交换

税收情报交换是我国作为税收协定缔约国承担的一项国际义务，也是我国与其他国家（地区）税务主管当局之间进行国际税收征管合作以及保护我国合法税收权益的重要方式。为了加强国际税务合作，规范国际税收情报交换（以下简称"情报交换"）工作，根据我国政府与外国政府签订的关于对所得（或财产）避免双重征税和防止偷漏税的协定（以下简称"税收协定"）、《中华人民共和国税收征收管理法》及其实施细则（以下简称"《税收征管法》及细则"）以及其他相关法律法规规定，国家税务总局制定《国际税收情报交换工作规程》（以下简称《规程》）。

1. 情报交换概述

《规程》所称情报交换，是指我国与相关税收协定缔约国家（以下简称"缔约国"）的主管当局为了正确执行税收协定及其所涉及税种的国内法而相互交换所需信息的行为。

情报交换应在税收协定生效并执行以后进行，税收情报涉及的事项可以溯及税收协定生效并执行之前。

情报交换在税收协定规定的权利和义务范围内进行。我国享有从缔约国取得税收情报的权利，也负有向缔约国提供税收情报的义务。

情报交换通过税收协定确定的主管当局或其授权代表进行。我国主管当局为国家税务总局（以下简称"总局"）。省以下税务机关（含省）协助总局负责管理本辖区内的情报交换工作，具体工作由国际税务管理部门或其他相关管理部门承办。我国税务机关收集、调查或核查处理税收情报，适用《税收征管法》及细则的有关规定。

2. 情报交换的种类

情报交换的类型包括专项情报交换、自动情报交换、自发情报交换、同期税务检查、授权代表访问和行业范围情报交换等。

（1）专项情报交换。

专项情报交换是指缔约国一方主管当局就国内某一税务案件提出具体问题，并依据税收协定请求缔约国另一方主管当局提供相关情报，协助查证的行为。专项情报交换包括获取、查证或核实公司或个人居民身份，收取或支付价款、费用，转让财产或提供财产的使用等与纳税有关的情况、资料、凭证等。

（2）自动情报交换。

自动情报交换是指缔约国双方主管当局之间根据约定，以批量形式自动提供有关纳税人取得专项收入的税收情报的行为。专项收入主要包括利息、股息、特许权使用费收入；工资薪金，各类津贴、奖金，退休金收入；佣金、劳务报酬收入；财产收益和经营收入等。

（3）自发情报交换。

自发情报交换是指缔约国一方主管当局将在税收执法过程中获取的其认为有助于缔约国另一方主管当局执行税收协定及其所涉及税种的国内法的信息，主动提供给缔约国另一方主管当局的行为。自发情报交换包括公司或个人收取或支付价款、费用，转让财产或提供财产使用等与纳税有关的情况、资料等。

（4）同期税务检查。

同期税务检查是指缔约国主管当局之间根据同期检查协议，独立地在各自有效行使税收管辖权的区域内，对有共同或相关利益的纳税人的涉税事项同时进行检查，并互相交流或交换检查中获取的税收情报的行为。

（5）授权代表访问。

授权代表访问是指缔约国双方主管当局根据授权代表的访问协议，经双方主管当局同意，相互间到对方有效行使税收管辖权的区域进行实地访问，以获取、查证税收情报的行为。

（6）行业范围情报交换。

行业范围情报交换是指缔约国双方主管当局共同对某一行业的运营方式、资金运作模式、价格决定方式及偷税方法等进行调查、研究和分析，并相互交换有关税收情报的行为。

3. 情报交换的范围

除缔约国双方另有规定外，情报交换的范围一般为：

①国家范围应仅限于与我国正式签订含有情报交换条款的税收协定并生效执行的国家；②税种范围应仅限于税收协定规定的税种，主要为具有所得（和财产）性质的种；③人的范围应仅限于税收协定缔约国一方或双方的居民；④地域范围应仅限于缔约国双方有效行使税收管辖权的区域。

4. 金融账户涉税信息交换（CRS）

为了推动国与国之间税务信息自动交换，加强全球税收合作，提高税收透明度，打击利用跨境金融账户逃避税行为，OECD 提出可以对非居民金融账户涉税信息进行交换（CRS）。2014 年 10 月 29 日，51 个辖区派代表在柏林首次现场签署了《多边主管当局协议》。根据 2022 年同行评审报告披露的信息，已有超过 110 个国家和地区参与实施 CRS 并进行了信息交换，包括百慕大、英属维尔京群岛、开曼群岛在内的许多著名避税地也做出了加入 CRS 的承诺（我国于 2015 年加入 CRS）。

CRS 从三个维度规定了尽职调查与报告义务，即调查者、被调查者和调查内容。调查者是应履行尽职调查与报告义务的金融机构，包括托管机构、储蓄机构、投资实体以及特定保险公司。但是一般政府机构、国际组织、中央银行、公益性养老基金、特定范围的集合投资工具、依国内法免除报告义务的金融机构等免除调查与报告义务；被调查者即账户持有人，一般指具有参与执行 CRS 的税收辖区居民身份的自然人（包括留有遗产的死者）和实体；实际管理机构位于该税收辖区内的合伙、有限合伙或其他没有纳税居民身份的类似实体。CRS 还规定了"透视原则"，即要求 RP（Reportable Person）透过中间公司（导管公司或空壳公司）找到实际控制人；调查内容通常包括账户持有人的相关信息（姓名/名称、地址、纳税人识别号、出生地、出生日期等），金融账户的相关信息（账号、金融机构的名称和识别号等），金融账户的余额及相关收入（利息收入、股息收入、金融资产处置收入等）。在 CRS 允许的范围内，各辖区可对个别需报送信息的范围进行调整。

二、供应链筹划：戴尔公司税案 ①

案例概述： 一国税务机关有权依照本国税法，对外国公司在本国设立的常设机构征税。跨国公司则通过人为设定避免国外子公司成为常设机构，从而避免高额的地方税负。1995 年，戴尔集团开展业务重组，戴尔西班牙公司作为代理商提供商品的销售和营销服务，但统一的会计核算由戴尔爱尔兰公司进行，由此避免了相关所得在西班牙的高额税负，而西班牙税务机关认定戴尔爱尔兰公司在西班牙设有常设机构，由此引发巨大争议。2016 年 6 月 20 日，西班牙最高法院判决，戴尔爱尔兰公司在西班牙设有经营活动的固定场所，且通过西班牙的非独立代理人进行经营活动。通过对本案例的分析，有助于学生理解两个范本中关于常设机构的认定标准，以及避免成为某国的常设机构给企业带来的益处，也有助于进一步了解网站是否能被认定为虚拟型常设机构等问题。

（一）案例背景

1. 戴尔公司销售模式

戴尔公司总部位于其集团发源地——美国得克萨斯州奥斯汀。戴尔集团以生产、设计、销售家用及办公电脑而闻名，同时涉足高端电脑市场，生产与销售服务器、数据存储设备、网络设备等。戴尔公司是全球领先的计算机系统直销商，同时也是主要的计算机制造商，其个人计算机销售业务在全球市场名列前茅。

戴尔公司自 1984 年成立后，仅用短短十几年时间，就发展成世界顶级计算机公司，这主要得益于其独特的经营理念和销售模式，即戴尔公司的三条黄金定律：直销模式、摒弃库存和与用户结盟。

（1）直销模式。

戴尔公司的特色销售模式为直销，即在公司与客户之间建立直接沟通的桥梁。客户可向戴尔公司直接发出需求订单，并在订单中列明自己对于商品的详细要求，由戴尔公司"按单生产"，并最终销售给客户（见图 2-14）。戴尔公司通过直销模式，"消灭"中间商环节，简化销售步骤。对戴尔公司来说，直销模式不仅可以降低商品销售费用，形成产品价格优势；而且可以减少流转环节，从而降低企业的税负，尤其在跨国经营活动中，便于公司规避常设机构构成。对消费者来说，直销模式可以直接与生产商取得联系，按需生产，满足个性化需求。戴尔公司直销主要有电话直销、网络直销和人员直销三种。随着互联网技术的发展，网络直销逐渐成为戴尔公司最主要也是最成功的直销方法，但也带来国际税收中常设机构的认定问题。

---

① 1. 本案例由重庆市专业学位研究生教学案例库建设项目——《国际税收案例库》建设小组（重庆工商大学）成员唐玥、汤凤林撰写，作者拥有著作权、修改权、改编权，未经允许，本案例的所有部分不能以任何方式与手段擅自复制或传播。

2. 本案例只供课堂讨论之用，并无暗示某种管理行为是否有效之意。

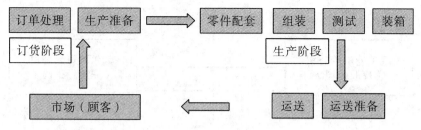

图 2-14 戴尔公司生产模式

（2）摒弃库存。

传统分销模式需要大量库存作为销售支持，而戴尔公司的直销模式则提出"零库存"的目标，这是戴尔销售模式的核心，能够体现直销的优势。计算机市场产品更新速度快，库存商品容易面临跌价风险，跌价风险是计算机行业的主要风险之一，而减少库存能够降低商品库存风险，提高销售利润。戴尔公司所谓的"摒弃库存"或"零库存"并非完全放弃库存，而是以信息代替传统的存货。戴尔公司致力于提高库存管理的能力，改善与供应商的协作关系，加快供应链的流通速度。通过与客户直接联系，实时掌握客户的需求和公司实际销售量，有效提高存货周转速度。

（3）与用户结盟。

戴尔集团认为，不应太在意市场上竞争对手的行为，而更应该关注顾客的体验，即避免过度竞争，通过顾客反馈努力优化自身产品和服务。这是戴尔集团直销模式的优势集中点。戴尔公司十分注重客户的售后体验。通过在客户与公司之间架起直销的桥梁，戴尔公司能够关注客户的需求与期望，并基于客户体验优化公司产品，致力于传递最优客户体验。一方面，戴尔公司"与客户结盟"，提高直销的服务质量，改善客户关系；另一方面，戴尔公司"与供应商结盟"，通过共享信息，缩短原材料供应时间，提高存货周转速度，提高公司效率。

2. 戴尔公司案经过

爱尔兰所得税税率仅为 12.5%，是欧盟著名的避税天堂。戴尔集团在爱尔兰设立戴尔爱尔兰公司，生产计算机系统，并对戴尔集团在欧洲的商业活动负责。由于戴尔爱尔兰公司在国外既没有代理人也没有经营机构，所以它通过位于其他欧洲国家的地方子公司进行销售。戴尔西班牙公司就是其中一个地方子公司，作为戴尔的产品经销商，负责西班牙市场的销售活动。当然，戴尔西班牙公司也涉及销售活动的其他补充职能（技术支持、物流、仓储、营销、售后服务以及西班牙在线商店的管理等）。最初，戴尔西班牙公司作为戴尔爱尔兰公司的完全经销商，代表戴尔爱尔兰公司向西班牙境内客户提供销售服务。如图 2-15 所示，戴尔爱尔兰公司向戴尔西班牙公司支付一定的报酬。戴尔西班牙公司就取得的报酬和销售商品、提供服务的所得向西班牙税务机关申报纳税。

图 2-15　戴尔集团最初组织结构

1995 年，戴尔集团的销售活动发生业务重组，戴尔西班牙公司由完全经销商转换为低风险分销商，客户组合转移到爱尔兰公司，库存、保修和客户等风险也相应转移。如图 2-16 所示，在新的销售结构下，戴尔西班牙公司仅仅作为代理商存在，而戴尔爱尔兰公司作为中心公司。戴尔西班牙公司以自己的名义在西班牙市场提供电脑的销售和营销服务，但是在戴尔爱尔兰公司进行会计核算。所以，销售的商品和服务不再属于戴尔西班牙公司，故其不必对商品销售所得承担纳税义务，只需就戴尔爱尔兰公司对其支付的代理费用承担对西班牙的纳税义务。由于业务重组后，戴尔西班牙公司只提供销售服务，不再履行完全经销商的职能和风险，因此戴尔爱尔兰公司支付给代理人（戴尔西班牙公司）的费用明显低于西班牙税务机关计算的分销公司所赚的利润数。

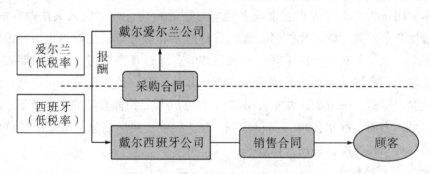

图 2-16　戴尔集团重组后组织结构

戴尔业务重组引发的西班牙常设机构之争。戴尔的这一做法严重地影响了戴尔西班牙公司在西班牙的税额缴纳数，西班牙税务机关根据戴尔爱尔兰公司在西班牙发生销售业务的组织形式，认为可以认定戴尔爱尔兰公司在西班牙设有常设机构。既然戴尔西班牙公司拥有固定的经营场所，而戴尔爱尔兰公司通过戴尔西班牙公司的固定经营场所，在西班牙境内从事经营活动；并且戴尔西班牙公司扮演的是戴尔爱尔兰公司非独立代理的角色，因此，应该将西班牙公司认定为戴尔爱尔兰公司在西班牙设有常设机构。税务机关还表示，面向西班牙市场的在线商店也应当被认定为戴尔爱尔兰公司的虚拟型常设机构，因为虽然戴尔爱尔兰公司在西班牙境内没有设立服务器，但是其网站由西班牙居民运营，且戴尔西班牙公司通过在线商店提供销售服务。

戴尔方面不能接受税务机关的这一判定。他们认为，戴尔爱尔兰公司在西班牙境内并不能构成常设机构。原因有二：一是戴尔西班牙公司的固定经营场所并不是由戴尔爱尔兰公司控制的；二是戴尔西班牙公司虽然代表戴尔爱尔兰公司从事经营活动，但是并非以戴尔爱尔兰公司的名义进行经营活动，因此不能被认定为非独立代理人。

(二) 案例焦点问题

本案例的焦点问题在于戴尔西班牙公司是否真的构成戴尔爱尔兰公司在西班牙的常设机构？

(三) 案例分析

根据戴尔爱尔兰公司在西班牙发生销售业务的组织形式，应该认定戴尔爱尔兰公司在西班牙设有常设机构 [根据西班牙—爱尔兰所得税协定的第 5 条第 (1) 款和第 (5) 款相关规定①]。原因有两点：①戴尔西班牙公司拥有固定的经营场所，而戴尔爱尔兰公司通过戴尔西班牙公司的固定经营场所，在西班牙境内从事经营活动；②戴尔西班牙公司扮演的是戴尔爱尔兰公司非独立代理的角色。

1. 中央行政经济法院 (TEAC) 的判决

2012 年 5 月 15 日，TEAC 判定税务机关胜诉。根据西班牙—爱尔兰所得税协定 (1994) 第 5 条第 (1) 款和第 (5) 款，法院认为，戴尔爱尔兰公司通过戴尔西班牙公司在西班牙开展经营活动，应该认定戴尔在西班牙设有常设机构。

认定机构场所是否构成某国常设机构应注重经营"实质"。TEAC 指出，根据税收协定第 5 条第 (8) 款，如果外国公司通过本国子公司进行经营活动，那么不排除本国子公司构成外国公司常设机构的可能性。TEAC 同时指出，"控制"的标准是事实概念，而不需要法定权力形式。这里应当适用"实质重于形式"的原则。这与 OECD 范本的精神保持一致，OECD 范本 (2010) 第 5 条的注释中的第 4 段认为，纳税人是否拥有场所机构的所有权、租用权或处置权都不重要。戴尔西班牙公司的固定经营场所使得戴尔爱尔兰公司能够在西班牙境内进行经营活动，因此，戴尔西班牙公司能够由戴尔爱尔兰公司控制。因为戴尔西班牙公司的经营活动是戴尔爱尔兰公司经营活动的重要组成部分，戴尔西班牙公司不能被认定为戴尔爱尔兰公司的辅助型机构或准备型机构。因此，不能适用税收协定第 5 条第 (4) 款的免税规定。

TEAC 判定，戴尔爱尔兰公司在西班牙设有代理型常设机构 (Agency PE)。西班牙—爱尔兰所得税协定 (1994) 第 5 条第 (5) 款并不仅仅适用于以公司名义签订契约合同的代理人。法院采取实质重于形式的判定方法，认为能够签订与公司有实际联系的合同的代理人，也应当适用第 5 条第 (5) 款的规定。从这方面来考虑，法院注意到戴尔西班牙公司的活动都处于戴尔爱尔兰公司的综合性监管控制下（戴尔爱尔兰公司能决定定价、自主知识产权及授权采购等），且戴尔西班牙公司的经营活动并不局限于辅助性质的角色。TEAC 引用 OECD 范本 (2010) 关于第 5 条的注释中的第 387 段来支持其

---

① 西班牙—爱尔兰所得税协定第 5 条相关条款：(1) 基于协定目的，"常设机构"指企业进行全部或部分经营活动的固定营业场所。(5) 虽然本条第 (1) 款和第 (2) 款有所规定，当一个人 [本条第 (7) 款适用的独立代理人外] 在缔约代表缔约国另一方的企业进行活动，有权以该企业的名义签订合同并经常性行使这种权利，则该人为该企业进行的任何活动，应认为该企业在该缔约一方设有常设机构；除非该人通过固定营业场所进行的活动仅仅限于第 (4) 款的规定，则不应视该固定营业场所是常设机构。(7) 如果缔约国一方企业仅仅通过按常规经营本身业务的经纪人、一般佣金代理人或任何其他独立地位代理人在缔约国另一方进行营业，不应认为在该缔约国另一方设有常设机构。

判决："如果某人从事的经营活动从经济意义上是属于委托方企业的范围，而不是其自身经营活动，那么不能认为其在从事自身业务的日常活动。"

TEAC 同时处理了网站是否能被认定为虚拟型常设机构的问题。法院认为，这与戴尔西班牙公司的员工是否参与在线商店的运营维护相关。OECD 范本对第 5 条注释中第 42.1 至 42.10 段的解释强调，除非网站的服务器位于某国境内，否则网站不构成该国的常设机构，但是法院认为本案不能遵循这一解释，而是引用了注释中的第 45.6 段，表示在 OECD 得出关于电子商务税收的最终结论前，不必一定遵循 42.1 段至 42.10 段。然而，法院引用的第 45.6 段在 OECD 的 2010 年版本的注释中已被废除。

2. 国家法院（AN）判决

国家法院（Audiencia Nacional，AN）重审了 TEAC 的判决并予以支持，判决税务机关胜诉。

税务机关认为戴尔西班牙公司的经营场所是由戴尔爱尔兰公司控制，AN 支持这一观点。戴尔爱尔兰公司核心经营活动对西班牙子公司经营场所的实际使用，已经属于"控制"概念的范围。由于戴尔爱尔兰公司在西班牙从事的经营活动的重要性，西班牙—爱尔兰所得税协定的第 5 条第（4）款不能适用于本案情况。

根据 AN 的判决，戴尔爱尔兰公司对戴尔西班牙公司的综合性监管控制表明，戴尔西班牙公司是戴尔爱尔兰公司的非独立代理人。戴尔爱尔兰公司授权采购、自主知识产权、定价能力及检查订单和戴尔西班牙公司经营场所的权力，已经足够证明，本案不适用于西班牙—爱尔兰所得税协定的第 5 条第（7）款。

但是，关于虚拟型常设机构的构成与否，AN 的意见与 TEAC 不同。AN 指出，该网站不能构成常设机构，因为该网站不以实体形态存在，且并不固定于特定地理位置。

3. 最高法院判决

2016 年 6 月 20 日，最高法院审理戴尔公司的上诉。最高法院支持 AN 的判决，认定戴尔爱尔兰公司在西班牙设有经营活动的固定场所，且通过西班牙的非独立代理人进行经营活动。最高法院发现，自从戴尔爱尔兰公司通过戴尔西班牙公司从事经营活动，戴尔西班牙公司的固定经营场所可由戴尔爱尔兰公司控制。由于戴尔爱尔兰公司在西班牙设有常设机构〔根据西班牙—爱尔兰所得税协定（1994）〕，最高法院认为，没有必要探究是否构成的是代理型常设机构的问题。在附带意见中，最高法院认为，本案不能仅仅依从第 5 条第（5）款的形式或字面的解释；如果代理机构和中心公司不存在正式法律关系，那么也可能存在代理型常设机构的情况。

4. 小结

在戴尔案件中，西班牙法院依据的是较为广义的常设机构要求的解释。这对纳税人和税务机关都有重要的实践意义，可能会影响外国公司在西班牙进行的重组计划、委托交易及远程业务。戴尔案的法院判决表明，西班牙税务机关在判定外国公司是否在西班牙境内设有常设机构时采用积极的判定方法，而西班牙的司法机关支持税务机关的积极方法。预计西班牙税务机关可能会继续调查和戴尔集团类似结构的其他外国公司，以控制外国公司对西班牙的应纳税款。

值得关注的是，挪威最高法院也审理过戴尔案，但判决结果截然不同。在 2011 年戴尔集团和挪威税务机关的案件中，最高法院根据 OECD 范本（2010）第 5 条第（5）款的字面解释，认为代理机构必须以中心公司的名义签署具有法律约束力的合同，才能将其认定为中心公司的非独立代理人。挪威税务机关认为，应该根据个案的具体情况进行实际职能评估，以判定代理人是否与中心公司存在实际联系。但是挪威最高法院并不认同税务机关的做法，认为这种方法在实践中难以适用 OECD 范本的第 5 条第（5）款。挪威最高法院同时参考法国最高行政法院对 Zimmer（2010）案的判定，该案的公司结构与戴尔集团类似，但法国最高行政法院否认存在常设机构。

（四）案例启示及建议

1. 完善常设机构制度

（1）明确国内税法中常设机构的定义。

目前，我国国内税法和税收协定中关于"常设机构"的定义混乱。我国与多数国家和地区签订避免双重征税协定或安排。这些税收条约的第 5 条均对常设机构做出规定，并基本上采用 OECD 范本对常设机构的规定原则，只是具体条款的细节有所差异。但是税收协定中的"常设机构"均承认 OECD 范本的豁免条款，如仅仅作为辅助性质或准备性质的机构不被认定为构成常设机构，独立代理人不被认定为构成常设机构等。但是，我国《企业所得税法》中的"常设机构"定义与税收协定并不相同。我国《企业所得税法》没有明确的"常设机构"字眼，但第 2 条规定，"非居民企业在中国境内设立机构、场所的，应当就其所设机构、场所取得的来源于中国境内的所得，以及发生在中国境外但与其所设机构、场所有实际联系的所得，缴纳企业所得税"。通过对比常设机构的国际认识，显然我国税法中的"机构、场所"就是税收协定中的"常设机构"。然而，根据《企业所得税法实施条例》第 5 条①的解释，两者的定义口径又有所不同。由于国内税法没有关于辅助性质或准备性质机构的豁免条款，也没有独立代理人与非独立代理人的明确规定，所以国内税法的"机构、场所"范围大于税收协定中的常设机构。国内税法定义与税收协定的定义范围不同，认定常设机构的要素也有所区别，容易发生定义混乱的情况，符合国内税法的"机构、场所"未必构成税收协定中的"常设机构"。因此，我国应当修订《企业所得税法》，明确"常设机构"的定义和范围，填补税法漏洞，借鉴 OECD 范本，引入常设机构的豁免规定。

---

① 《企业所得税法实施条例》第五条：企业所得税法第二条第三款所称机构、场所，是指在中国境内从事生产经营活动的机构、场所，包括：

（一）管理机构、营业机构、办事机构；

（二）工厂、农场、开采自然资源的场所；

（三）提供劳务的场所；

（四）从事建筑、安装、装配、修理、勘探等工程作业的场所；

（五）其他从事生产经营活动的机构、场所。非居民企业委托营业代理人在中国境内从事生产经营活动的，包括委托单位或者个人经常代其签订合同，或者储存、交付货物等，该营业代理人视为非居民企业在中国境内设立的机构、场所。

（2）完善代理型常设机构制度。

OECD 范本以"代理人是否具有独立性"判定是否构成代理型常设机构，关注代理人是否能够"以企业名义"签订合同。目前，为了防止跨国企业通过代理人刻意安排不订立合同或者以自身名义订立合同来规避"以企业名义签订合同"的形式要件，从而达到避税目的，BEPS 计划提出扩大代理型常设机构的范围，不仅包括以企业名义签订合同的情形，也包括代理人以自己名义签订合同，但合同对企业有法律约束力的情形。对于"以企业名义签订合同"应认作广义解释，只要合同对企业具有约束力即可。从这一方面来看，我国税务机关的解释具有前瞻性和先进性。另外，与其他国家根据代理人的独立性来判定是否属于常设机构的做法不同，我国更关注代理人是否"经常"为委托人签订合同或者储存、交付货物来判定其是否构成常设机构。

2. 积极跟进 BEPS 计划，加强国际合作

（1）从价值贡献角度考虑跨国公司利润分配理念及方法。

目前，我国处于经济转型时期，经济发展具有发达国家和发展中国家的双重特征。一方面，我国拥有广阔的消费市场，吸引跨国企业"走进来"投资，从这方面来看，我国是发达国家的投资对象国，处于跨国企业所得来源国的位置，BEPS 行动计划中代理型常设机构的扩展定义有利于强化我国作为来源国的税收征管权；另一方面，随着"一带一路"倡议的不断推进，越来越多的企业"走出去"从事海外经营业务，在越来越多的经济活动中我国属于投资方，在跨国所得中处在居民国的位置，所以在跟进 BEPS 计划时也要考虑我国居民企业跨国经营的税收利益。

针对这一现状，在以后签订或修改双边或多边税收协定时，可以参照此次 BEPS 计划提出的从经济行为发生地以及价值贡献角度对跨国公司利润进行分配的理念及方法，争取维护我国的税收权益，同时也有利于跨国企业所得居民国和来源国的公平征税权划分。

（2）要求跨国企业分国别报告纳税。

BEPS 计划中的分国别报告制度，要求跨国企业向税务机关披露相关涉税事项信息，包括在开展经营活动的各个国家中的会计利润、应税利润和缴纳税款的数额等。这一报告制度为我国开展反避税行为提供良好思路。一方面，我国国家税务总局要求跨国企业分国别报告纳税，可以在一定程度上保障我国作为来源国的税收利益。跨国企业通常非常在意声誉问题，如果其在所得来源国税负过低，很容易引起公众的关注及谴责。例如，星巴克为了平息公众对其避税行为的强烈抗议，故意放弃申报扣除费用，于 2013 年和 2014 年向英国税务机关自愿缴纳税款总额 2 000 万英镑。分国别报告制度能够有效震慑跨国企业，跨国企业很可能因为声誉问题放弃避税行动，从而有利于保障我国税收利益。另一方面，分国别报告制度有利于保障我国作为居民国的税收利益，因为该制度能够避免跨国企业和某些税务机关达成某种隐秘交易而损害居民国税收收入的情况。因此，分国别报告制度可有效应对跨国企业的 BEPS 行为。

（3）强化税企合作与国际合作，积极开展情报交换。

OECD 指出，跨国企业与税务机关的关系已非纯粹敌对关系，正在逐渐向协作关系转化，这主要体现在双方都在寻求税收制度的透明度和确定性。另外，由于跨国企业

经营活动跨越两个或多个税收管辖权，税务机关和跨国企业对于经营所得及应纳税额处于信息不对称的地位，这种不对称的信息关系在某种程度上鼓励了跨国企业的避税行为。在跨国企业利用常设机构避税的情况中通常还涉及转让定价和成本分摊协议等避税方法，这就要求我国税务机关加强和跨国企业所得的另一方税务机关进行情报交换，掌控跨国企业涉税信息，避免跨国企业利用各种手段避税。积极推进 CRS 涉税信息交换，以更好地维护我国的国际税收利益。但是，在开展情报交换的过程中，税务机关应当注意情报交换的"度"，即仅就涉税信息开展情报交换和国际合作，避免企业商业秘密及国家财政机密的泄露。

3. 创新大数据时代的税收征管理念和方法

（1）进一步明确虚拟型常设机构判定方法。

跨国电子商务活动的繁荣大大促进经济的全球流动，传统的常设机构判定方法已不能满足来源国对新兴经济形式的税收要求。依照传统常设机构判定方法，除非跨国企业在来源国设有固定的常设机构，否则来源国难以对跨国企业通过互联网贸易从本国取得的所得征税，跨国企业从而仅需承担居民国的纳税义务。但是，这违背了常设机构原则本质上的"经济忠诚"理念。因此，学界提出虚拟型常设机构的概念，提倡打破常设机构"固定性"的要求，实现电子商务输出国和输入国之间的利益妥协，但是尚未有明确统一的实际操作方法。

我国拥有世界最大的消费者市场，是跨国企业经济所得重要的来源国。虚拟型常设机构方法无疑能够维护我国作为来源国的税收利益。因此，相对于经济发达国家，我国更应该积极探索虚拟型常设机构的可行方法。目前，各国对于是否判定以及如何判定虚拟型常设机构持不同态度，目前的主流观点是，以电子商务的服务器是否固定定位于本国来判定是否在本国设有常设机构。当然，也有观点认为以是否有本国居民参与维护运营网站，来判定是否在本国设有常设机构（如西班牙中央行政经济法院所持观点）。且随着大数据时代的发展，虚拟型常设机构将会越来越多地取代传统型常设机构，应用虚拟型常设机构方法在居民国和来源国之间分享税收利益将成为国际贸易的大趋势。同时，目前根据网站服务器的物理所在地判定是否存在常设机构的做法有待考究，因为其所得的实质联系已经脱离了物理性固定场所的限制。因此，在探讨虚拟型常设机构判定标准时，不应拘泥于物理场所限制，而应当根据实质重于形式的原则，探究所得的实质来源地。

（2）建立常设机构信息共享平台。

大数据时代跨国企业的经营活动呈现多元化和信息化趋势，税收征管工作也应当符合时代要求。我国的企业所得税属于中央和地方共享税种，企业涉及的多元化业务需要各地税务部门的配合和信息交流。跨国企业在我国开展经营活动的情况尤其复杂，跨境业务大多涉及海关，所以税务部门也应当和出入境等第三方部门建立信息共享机制。因此，为了应对大数据时代跨国企业可能采取的多元化 BEPS 行动，税务机关应当创新征管程序，将在线数据与税收征管相结合，在全国范围内建立信息共享机制。将各地税务部门、出入境海关等纳入常设机构信息共享平台，以确保相关信息实时化共享。

通过对西班牙戴尔公司常设机构的认定一案，我们可以看出跨国企业的避税模式和方法更加多元化。同时，各国正在积极开展 BEPS 行动计划，通过协调各国税制，修订税收协定，提高税收的透明性和确定性，以有效打击跨国企业的避税行为。我国正处于经济转型时期，国际影响力逐步增强，在国际贸易中扮演越来越重要的角色，应当积极参与 BEPS 行动计划，主动提出我国观点，在国际税收新规则的制定中争取更大的话语权，力争在 BEPS 行动计划中处于主动地位，兼顾我国自身利益与国际税制改革目标，促进新国际税制的发展。

三、案例使用说明

（一）适用对象与教学目的

1. 适用对象

本案例主要适用于"国际税收""税收筹划"，也可以将本案例作为"中国税制"课程的辅助案例。本案例的教学对象包含财经类的本科生和研究生，特别是会计和税收学专业的本科生和研究生。

2. 教学目的

一是加深学生对常设机构、利润分配、国际避免双重征税办法协调等知识点的理解，并通过对法院判决的分析了解税务机关在处理相关事件时的基本准则和流程；二是以案例讲解的形式，深层剖析国际常设机构认定方面的知识点，这不仅能提高学生的学习兴趣，而且能培养学生的自学能力、运用理论分析解决实际问题的能力，从而避免机械地学习和记忆；三是使学生对跨国公司税务处理方面产生新的认识，即跨国企业的税务合规不仅需要考虑本国税务当局的要求，还需要考虑所在国税务当局和有关国际组织的相关规则的要求。

（二）启发思考题

1. 什么是常设机构？
2. 常设机构的特征是什么？
3. 常设机构的主要类型有哪些？

（三）分析思路

先介绍案例基本情况，再提出案例的焦点问题，即能否将戴尔西班牙公司认定为戴尔爱尔兰公司的常设机构？然后分析中央行政经济法院、国家法院和最高法院依据经济实质重于形式的原则判定戴尔西班牙公司是戴尔爱尔兰公司在西班牙的非独立代理人，构成其在西班牙的常设机构，最后得出戴尔爱尔兰在西班牙的所得在西班牙交税的结论。

（四）理论依据与分析

对本案例的分析一直围绕着常设机构认定这一主题。分析了戴尔爱尔兰公司认定戴尔西班牙公司不是其常设机构，并在 2012 年度被西班牙税务机关告上法庭的原因所在。故相关理论依据大多与常设机构认定标准有关：

第一，西班牙税务机关认为戴尔爱尔兰公司通过戴尔西班牙公司的固定经营场所，在西班牙境内从事经营活动。依据西班牙—爱尔兰所得税协定第 5 条第（1）款即基于协定目的，"常设机构"指企业通其进行全部或部分经营活动的固定营业场所。

第二，西班牙税务机关认为戴尔西班牙公司扮演的是戴尔爱尔兰公司非独立代理的角色。依据协定第 5 条第（5）款：虽然本条第 1 款和第 2 款有所规定，当一个人 [本条第（7）款适用的独立代理人外] 在缔约国代表缔约国另一方的企业进行活动，有权以该企业的名义签订合同并经常性行使这种权利，则该人为该企业进行的任何活动，应认为该企业在该缔约一方设有常设机构：除非该人通过固定营业场所进行的活动仅仅限于第（4）款的规定，则不应视该固定营业场所是常设机构。同时，第（7）款还规定：如果缔约国一方企业仅仅通过按常规经营本身业务的经纪人、一般佣金代理人或任何其他独立地位代理人在缔约国另一方进行营业，不应认为在该缔约国另一方设有常设机构。

第三，中央行政经济法院采取"实质重于形式"的判定方法认为能够签订与公司有实际联系的合同的代理人，也应当适用第 5 条第（5）款关于非独立代理人的规定。

第四，国家法院认为戴尔西班牙公司是戴尔爱尔兰公司的非独立代理人。戴尔爱尔兰公司授权采购、自主知识产权、定价能力及检查订单和戴尔西班牙公司经营场所的权力，已经足够证明，本案不适用于西班牙—爱尔兰所得税协定的第 5 条第（7）款的规定，即如果缔约国一方企业仅仅通过按常规经营本身业务的经纪人、一般佣金代理人或任何其他独立地位代理人在缔约国另一方进行营业，不应认为在该缔约国另一方设有常设机构。

（五）关键点

第一，本案梳理了戴尔爱尔兰公司与税务机关就戴尔西班牙公司是否构成常设机构产生分歧的基本情况，分析了双方对相关规定产生异议的原因，加强了学生对常设机构认定规则、各条款对于常设机构认定范围、利润分配规则、常设机构的类型等有关知识点的理解。

第二，通过对本案例的学习，使学生掌握常设机构的类型及其特征，理解不同类型的常设机构以及是否构成常设机构对企业产生的影响，并对戴尔西班牙公司由原来不构成常设机构转变为西班牙常设机构的原因进行了分析和评价。

第三，通过分组讨论的学习方式，不仅增强了学生的团队合作能力和自我表达能力，而且培养了学生对案例进行系统分析、逻辑推理并合理决策的能力。

（六）建议课堂计划

本案例的具体教学计划见表 2-13。

表 2-13　案例教学计划

案例教学计划	具体内容
教学时长	1 个学时
课前计划	发放案例正文和思考题，要求学生在课前完成阅读并对思考题作答
课堂计划	1. 介绍税案始末，让学生了解案例的基本情况和焦点问题。 2. 将学生分成小组进行讨论，讨论本案中戴尔西班牙被认定为戴尔爱尔兰公司的常设机构会给企业带来什么影响？然后每个小组派组员代表戴尔公司、西班牙税务局、中央行政经济法院、国家法院和最高法院上台发言。 3. 归纳总结每个小组的发言，提出各小组的优缺点，并解答有争议之处。 4. 结合问题，回顾案例
课后计划	通过对本案例的学习，请同学们谈谈自己的收获和感悟（500 字左右），并以 word 的形式上交

（七）案例的建议答案

戴尔爱尔兰公司与西班牙税务局就戴尔西班牙公司是否构成其在西班牙的常设机构产生分歧，并在 2012 年度被税务机关告上法庭的原因简单总结如下：戴尔西班牙公司的固定经营场所并不是由戴尔爱尔兰公司控制；戴尔西班牙公司虽然代表戴尔爱尔兰公司从事经营活动，但是并不是以戴尔爱尔兰公司的名义进行经营活动，因此不能被认定为非独立代理人。但是西班牙的行政司法等部门均认为：戴尔西班牙公司的活动都处于戴尔爱尔兰公司的综合性监管控制下，且戴尔西班牙公司的经营活动并不局限于辅助性质的角色。因此认定戴尔爱尔兰公司在西班牙设有常设机构［根据西班牙—爱尔兰所得税协定（1994）］。

（八）其他教学支持材料

本案例以幻灯片的形式进行辅助说明。

（九）思考题参考答案

（扫一扫）

（十）附件（相关法律法规条款）

1.《中华人民共和国企业所得税法》第三条

第三条规定：非居民企业在中国境内设立机构、场所的，应当就其所设机构、场所取得的来源于中国境内的所得，以及发生在中国境外但与其所设机构、场所有实际联系的所得，缴纳企业所得税。非居民企业在中国境内未设立机构、场所的，或者虽设立机构、场所但取得的所得与其所设机构、场所没有实际联系的，应当就其来源于中国境内的所得缴纳企业所得税。

2.《国家税务总局国际税务司——税收协定条款解读之三》

该解读说明了代理型常设机构，即如果代理人具有以被代理人名义与第三人签订合同的权力，并经常行使这种权力，则代理人应构成被代理人在来源国的常设机构。

3. 西班牙—爱尔兰所得税协定第5条相关条款

相关条款如下：第（1）款，基于协定目的，"常设机构"指企业通其进行全部或部分经营活动的固定营业场所。第（5）款，虽然本条第1款和第2款有所规定，当一个人（本条第（7）款适用的独立代理人外）在缔约国代表缔约国另一方的企业进行活动，有权以该企业的名义签订合同并经常性行使这种权利，则该人为该企业进行的任何活动，应认为该企业在该缔约一方设有常设机构：除非该人通过固定营业场所进行的活动仅仅限于第（4）款的规定，则不应视该固定营业场所是常设机构。第（7）款，如果缔约国一方企业仅仅通过按常规经营本身业务的经纪人、一般佣金代理人或任何其他独立地位代理人在缔约国另一方进行营业，不应认为在该缔约国另一方设有常设机构。第（8）款，缔约国一方居民公司，控制或被控制于缔约国另一方居民公司或者在缔约国另一方进行营业的公司（无论是否通过常设机构），此项事实不能据以使任何一公司成为另一公司的常设机构。

四、参考文献

［1］ALEKSANDRA BAL. The Spanish Dell Case – Do We Need Anti –BEPS Measures If the Existing Rules Are Broad Enough? ［J］. European Taxation，2016（56）：12.

［2］ADOLFO J. MARTIN JIMÉNEZ. The Spanish Position on the Concept of a Permanent Establishment：Anticipating BEPS, beyond BEPS or Simply a Wrong Interpretation of Article 5 of the OECD Model? ［J］. Bulletin for International Taxation，2016（8）：458-473.

［3］胡春苗. 戴尔公司网上直销模式分析［J］. 新经济，2014（2）：24-25.

［4］李腾飞. 戴尔模式的研究［D］北京：对外经济贸易大学，2001.

［5］廖体忠. BEPS 行动计划的影响及我国的应对［J］. 国际税收，2014（7）：13-15.

［6］熊艳，王立利. BEPS 行动计划7、第二阶段成果3：防止人为规避常设机构构成［J］. 国际税收，2015（10）：18-22.

［7］朱青，王小荣，孙茂竹. 企业所得税反避税：意义、措施与任务［J］. 涉外税务，2008（9）：14-18.

［8］朱青. 国际税收［M］. 北京：中国人民大学出版社，2021.

［9］杨志清. 国际税收［M］. 2版. 北京：北京大学出版社，2018.

［10］杜莉. 国际税收［M］. 上海：复旦大学出版社，2019.

案例 2-8　M 集团混合错配避税案

一、基础知识

（一）混合错配安排的避税与反避税应对

1. 利用混合错配安排避税的方法

混合错配安排，是指跨国纳税人为了降低集团整体税负，利用国与国之间所得性质认定、纳税主体性质认定、税前扣除制度等方面税制差异导致的对同一实体或金融工具的税务处理差异，进而引起一笔款项双重扣除或一方扣除而另一方不计收入错配结果的筹划行为。其中"混合"性是指两个或两个以上税收管辖区法律下对同一"实体"或"工具"性质认定的非单一，比如混合实体，混合金融工具。"错配"是指结合相关涉事国家法律下给出的税务处理结果来看，存在双重不征税，违背了经济活动实质。比如双重扣除的错配，一方扣除而另一方不计收入的错配。"安排"是指为了达到某个目的，事先人为设计好的筹划行为，不包括纳税人没有意识到错配，也未从中获利的情况。

混合错配安排的方法主要包括混合实体和混合金融工具。

（1）混合实体。

如果某一实体根据两个或两个以上税收管辖区法律规定享有不同的税收地位，那么该实体就被称为混合实体。混合实体通常在设立地税收管辖区根据成立地或住所标准被认定为居民即应税实体，而往往在母公司或投资者所在地税收管辖区，因作为输送利益的导管公司，比如合伙企业或境外分支机构，被视为排除在征税范围以外或者是可以享受免税待遇的透明实体。以上两个税收管辖区对该实体的纳税身份认定也可能出现相反的情况，此时该实体就被称为反向混合实体。特殊的情形是，如果某实体同时满足两个及以上税收管辖区对其税收居民的构成要件,那么该实体即被称为双重税收居民实体。

从结果看,利用混合实体进行国际税收筹划有三种基本模式:

一是一方扣除、另一方不计收入,这是指同一款项在支付方所在国获得税前扣除,而按照收款方所在国的规则又不会被确认为应税收入,因此支付方和收款方都避免了被征收所得税。

图2-17 显示了利用混合实体的一种模式。其中甲国的母公司从银行借入款项,并通过债权方式将资金注入乙国的混合实体,混合实体进一步持股乙国的子公司,根据乙国法律,混合实体和子公司可以合并纳税。这里的混合实体为典型混合实体,即在甲国,该混合实体被视为一个合伙企业,税收上作为透明体处理,而在乙国该实体又被视为公司,在税收上被视为非透明体处理。

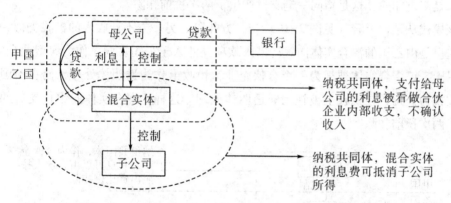

图2-17 一方扣除、另一方不计收入的混合实体基本模式

由此产生的影响是,在甲国,母公司从银行贷款的利息支出可以税前扣除,由于混合实体被视为合伙企业,母公司被视为合伙企业的合伙人,其向混合实体收取的贷款利息费用被视为企业内部的收支而不确认为应税收入;而在乙国,混合实体被视为公司,其向母公司支付的利息费用可以在税前扣除。从而混合实体向母公司支付的利息实现了一方扣除、另一方不计收入。

图2-18 所示的模式利用债务利息可以税前扣除的特点,成功降低了混合实体和子公司在乙国的总体税负,但如果母公司所在的甲国是高税国,且采用抵免法消除重复课税,则当子公司向混合实体分配股息时将被甲国补征税款,从而这样的安排仅能产生递延纳税的效果。

图2-18 所示的模式则有助于克服上个模式的局限,其中在混合实体与子公司之间设有一个财务公司,公司集团向子公司的出资将经由这家财务公司以贷款的形式进行。因此,子公司的利润可先以支付利息的方式转移到财务公司,只要财务公司不再把利润分配出去,就不会被甲国补征税款。

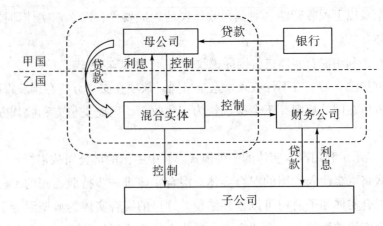

图 2-18　一方扣除、另一方不计收入的混合实体改进模式

二是双重扣除，这是指同一笔支付产生了两次税前扣除。

该模式从结构上看（见图 2-19）与一方扣除、另一方不计收入的模式类似，区别在于这里是由乙国的混合实体向银行借入款项并注入子公司。同样作为典型混合实体，即在甲国，该混合实体被视为一个合伙企业，税收上作为透明体处理，而在乙国该实体又被视为公司，在税收上被视为非透明体处理。这样，混合实体向银行支付的利息实现了两次税前扣除。

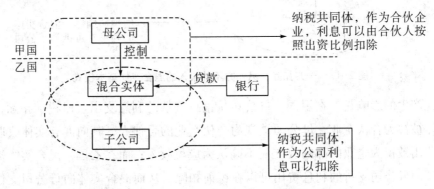

图 2-19　双重扣除的混合实体模式

三是间接一方扣除、另一方不计收入，这是指在两个国家无法直接达成一方扣除、另一方不计收入效果的情况下，借助第三方国家来实现一方扣除另一方不计收入，即一笔款项在支付方国家获得税前扣除，而收款方借助设在第三方国家的中间公司来避免这笔款项被计入应税收入。

如图 2-20 所示，在甲国，母公司支付的银行贷款利息可以获得税前扣除；在乙国，混合实体向中间控股公司支付的贷款利息也可以获得税前扣除。在丙国，中间控股公司与混合实体被视为一个纳税共同体，从而中间控股公司从混合实体贷款获得的利息不计收入，但中间控股公司是由母公司控制的。

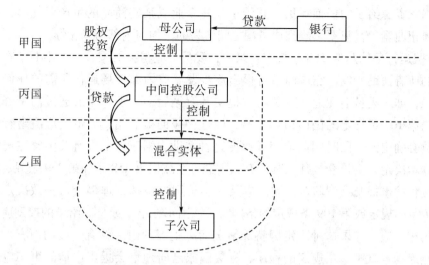

图 2-20　间接实现一方扣除、另一方不计收入的混合实体模式

（2）混合金融工具。

混合金融工具一般是指同时兼具负债和权益工具特征的金融工具。当股价朝同一个方向变动，产生类似债务性质的回报；而股价朝反方向变动，则产生类似权益性质的回报。目前市面上的可转换债券、优先股、各种远期合同等都属于混合金融工具。不同税收管辖区之间的税收法规与法律制度之间的差异，使得不同机构对混合金融工具性质认定标准不一致，这可能导致不同国家对混合金融工具的股债性质界定或所有者身份认定产生差异，进而导致差异性的税务处理结果。

2. 混合错配安排的反避税应对

BEPS 第 2 项行动计划为消除混合错配安排的影响，该计划力图通过对国内法和税收协定规则的调整来促进不同国家间的操作趋于一致，限制跨国企业使用混合错配安排作为税基侵蚀和利润转移的工具。

欧盟已于 2016 年 7 月 19 日发布了《反避税指令》，其中第 9 条为消除混合错配措施，要求：对于导致双重扣除的混合错配安排，由支付的来源国给予扣除；对于导致一方扣除、另一方不计收入的混合错配安排，支付方所在的成员国应拒绝给予扣除。

2017 年 6 月 7 日，欧盟委员会对《反避税指令》进行修订，其中就涉及第三国的混合错配问题。新指令将适用的纳税人从欧盟成员国公司扩展到包括居民国在第三国的经营实体在欧盟设立的常设机构，还将适用的混合错配安排的类型扩展到与常设机构有关的错配安排、输入型错配、双重税收居民错配等。

（二）非法国家援助及欧盟的限制

"国家援助"的实质就是各国的竞争政策，欧盟国家援助控制的作用是确保成员国不通过税收裁决或其他方式给予某些公司更优的税收待遇。如果避税使得某公司获得了"选择性竞争优势"，扭曲了欧盟单一共同市场的公平竞争，避税收益源自成员国政府的国家资源，从而就构成"非法国家援助"。

根据《欧盟运行条约》第一百零七条规定：由某一成员国提供的或通过无论何种

形式的国家资源给予的任何援助，凡给予某些企业或某些商品的生产以优惠，从而扭曲或威胁扭曲竞争，只要影响到成员国之间贸易的，均与内部市场相悖。

《欧盟运行条约》第108条规定：第一，委员会应与会员国合作，不断审查这些国家现有的所有援助制度。它应向后者提出逐步发展或内部市场运作所需的任何适当措施。第二，如果委员会在通知有关各方提交其意见后，发现一国或通过国家资源提供的援助与第107条规定的国内市场不符，或这种援助被滥用，委员会应决定有关国家应在委员会确定的一段时间内取消或改变这种援助。第三，如果有关国家在规定时间内不遵守本决定，委员会或任何其他有关国家可在减损第258条和第259条规定的情况下，直接将此事提交欧洲联盟法院。应某一会员国的申请，理事会可一致决定，在减损第107条的规定或第109条规定的条例时，该国正在给予或打算给予的援助应视为与国内市场相适应，如果这种决定因特殊情况而有正当理由。就有关援助而言，如果委员会已经启动本款第一项规定的程序，有关国家已向理事会提出申请的事实应具有中止该程序的效力，直至理事会表明其态度为止。

（三）常设机构

所谓常设机构，即固定场所或固定基地，是指一个企业进行全部或部分经营活动的固定营业场所，其范围很广，包括管理机构、分支机构、办事处、工厂、车间、矿场、油井、气井、采石场、建筑工地等。

1. 常设机构的构成条件

一般来说，常设机构必须具备以下三个基本条件：第一，能够构成常设机构的必须是一个营业场所，而这种场所并没有任何规模上的范围限制，通常是指用于从事营业活动的所有房屋、场地、设备或设施，如机器设备、仓库、摊位等，并且不论是其自有的还是租用的。第二，能够构成常设机构的营业场所必须是固定的。也就是说，要有确定的地理位置，并且有一定的永久性，不包括没有确定地点所进行的营业活动。但在确定地点进行的营业活动有暂时的间断或停顿，不影响其常设机构的存在。因此，这一基本条件是该营业场所具有相对的固定性或永久性，而非临时性，即要足以表明它是常设的。第三，能够构成常设机构的营业场所必须是企业用于进行全部或部分营业活动的场所，而不是为本企业从事非营业性质的准备活动或辅助性活动的场所。

对常设机构具体形式的理解，还应注意以下三点：①上述对常设机构具体形式的列举不是限定。"列举"只是从几个重点方面列出属于常设机构的场所，并不影响对其他机构场所按照常设机构的定义判断为常设机构。如种植园、养殖场等，虽未做列举，但属于进行营业的固定场所，仍然可以被理解为常设机构。②构成常设机构的管理场所不包括总机构。"管理机构"是指代表企业负有部分管理职责的事务所或办事处等一类管理场所，它不同于总机构，也不同于企业的实际管理控制中心。③常设机构不包括承包勘探开发工程的作业场所。"矿场、油井或气井、采石场"是对于经过投资、拥有开采经营权、从事生产经营而言，不包括为上述矿藏资源的勘探开发承包工程作业。对承包工程作业，一般是以其持续日期的长短来判断其是否构成常设机构的。

2. 不得视为常设机构的情形

（1）准备性或辅助性活动。

OECD 范本和 UN 范本都规定准备性或辅助性活动不包括在常设机构范围内，其中 OECD 范本列举的此项活动包括：①专门为储存、陈列或交付本企业的货物或商品的目的而使用的场所；②专门为储存、陈列或交付的目的而保存本企业货物或商品库存；③专门为通过另一企业加工的目的而保存本企业货物或商品库存；④专门为本企业采购货物或商品，或者为本企业收集情报而设立的固定营业场所；⑤专门为本企业进行其他准备性或辅助性活动而设立的固定营业场所；⑥专为上述①~⑤项活动的结合而设立的固定营业场所，前提是源于这种结合的固定营业场所的全部活动属于准备性或辅助性质。

（2）子公司。

一般情况下，子公司是一个独立的法人实体，不是母公司的常设机构。但是，如果一个子公司不仅被它的母公司领导和控制，而且有权经常代表母公司签订合同，这时的子公司就成为它的母公司的一个非独立地位代理人，因而将构成常设机构。

（3）独立地位代理人。

缔约国一方的企业通过缔约国另一方的经纪人、一般佣金代理人或其他独立地位代理人在对方国家营业，这些独立地位代理人又按常规进行本身业务的，则不能认为该企业在该对方国家设有常设机构。

二、M 集团混合错配避税案例[①]

案例概述： 2018 年 9 月 19 日，欧盟委员会发布对 M 集团"非法国家援助"调查的最终结论，裁定因卢森堡与美国存在税法规则错配，M 集团在卢美两国间双重不纳税的避税实践不构成"非法国家援助"。M 集团的避税架构，使得其成功规避 2009—2013 年高达 10 亿欧元的企业所得税。此案涉及利用混合错配规则进行筹划避税的内容，以及不同国家的税收规则和欧盟法律援助规则，有利于我们进一步学习跨国集团税收筹划模式，并对于我们了解欧盟委员会对"非法国家援助"调查态度的变化提供了一定的依据。

（一）案例背景

M 集团是美国上市的跨国餐饮企业，其营业收入来自经营品牌快餐厅和授权无形资产，M 集团的业务网络遍及全球一百余个国家，在其运营的近四万家餐厅中，有

---

① 1. 本案例由重庆市专业学位研究生教学案例库建设项目——《国际税收案例库》建设小组（重庆工商大学）成员张怡、汤凤林撰写，作者拥有著作权、修改权、改编权，未经允许、本案例的所有部分不能以任何方式与手段擅自复制或传播。

2. 本案例只供课堂讨论之用，并无暗示某种管理行为是否有效之意。

3. 本案例资料来源于欧洲委员会新闻稿《国家援助：委员会调查没有发现卢森堡对麦当劳集团有选择性的税收待遇》。

80%是由特许运营商经营管理的；在其全球的营业收入中，有三分之一的收入来自其在全球的特许经营授权业务。

　　M 集团的核心资产主要是由设在美国的母公司 A 研发而获得的无形资产。如图 2-21 所示，母公司 A 在美国设有关联子公司 B，负责 M 集团开展在全球的无形资产授权管理事务。母公司 A 在卢森堡设立关联公司 C，负责执行 M 集团在欧洲特许授权业务。卢森堡公司 C 与美国总部公司 A 和子公司 B 签订了成本分摊协议，以享有 M 集团无形资产在欧洲应用、特许授权获益等权利。C 公司有两家分支机构，即美国分公司 D 与瑞士分公司 E。其中美国分公司 D 负责持有欧洲特许经营权并承担相关损益，同时分担 C 公司的成本和风险；另一家瑞士分公司 E 负责向欧洲各国授予无形资产的特许权以及特许权后期的管理，同时按期收取欧洲各国被授权方支付的特许权使用费，再集中支付给 B 公司。

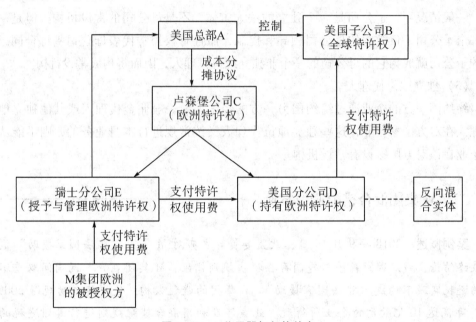

图 2-21　A 公司股权架构信息

（二）案例焦点问题

　　案件的焦点问题在于，M 集团卢森堡 C 公司的美国分公司 D 在美国是否构成常设机构，以及 M 集团是否获得了"非法国家援助"。

（三）案例分析

1. 从美国和卢森堡两国税法来看美国分公司 D 是否构成美国常设机构

　　卢美协定的第 5 条第 1 款规定了常设机构的定义："常设机构指企业进行全部或部分营业的固定营业场所"，对于定义中的关键判定要素"营业"，协定文本没有给出进一步的详细规范，只能依据该协定第 3 条第 2 款规定，如协定文本中的关键术语没有明确定义应依据协定签署国的国内法各自判定。据此，应从美国税法角度和卢森堡税法角度分别判断美国分公司 D 在美国的活动是否构成"营业"，进而判断是否构成美国常设机构，这种依据各自国家税法规则的判断，客观上就形成了卢美两国税法规则的错配。

美国分公司 D 在美国设有固定场所，但执行的仅限于无形资产的特许授权业务，没有涉及 M 集团的主营业务——餐厅的运营与管理，因此依据美国税法规则并不构成美国的常设机构，也就无需向卢森堡政府提供美国分公司 D 在美国纳税的凭证。依据卢美协定美国政府对美国分公司就没有优先征税权，不应对美国分公司征税。

依据卢森堡税法规则（如卢森堡 Tax Adaptation Law 的第 16 条卢森堡税收法中的"常设机构"的概念，指的是服务于已成立的"企业"或"企业"的每个固定设备或场所），美国分公司 D 执行的特许授权业务构成"营业"，因此构成美国的常设机构。卢森堡政府应依据卢美协定第 25 条第 2 款第 a 项的规定，在美国可能会对常设机构（美国分公司 D）征税的情况下，卢森堡即应给予卢森堡分公司 C 免税；卢森堡给予卢森堡分公司 C 免税待遇的前提条件是，如果从卢森堡税法规则角度判定美国分公司构成美国常设机构，则可以认为美国政府会对美国分公司 D 征税，那么卢森堡政府就应依据卢美协定对分公司 C 从美国分公司 D 处产生的收入免税。卢美协定第 25 条第 2 款 a 项没有硬性规定在美国政府实际对美国分公 D 司征税的情况下方可给予免税待遇，因此，M 集团请求卢森堡政府免予其每年提供美国分公司 D 向美国政府的纳税记录。

综上所述，从美国税法角度出发，认定美国分公司 D 不构成美国常设机构；而从卢森堡税法角度出发，则认定美国分公司 D 构成美国常设机构，在卢森堡政府授予的第一项和第二项税收裁定确认了 M 集团的主张和请求的情况下，M 集团在卢森堡和美国之间实现了双重不纳税。

2. M 集团是否获得了"非法国家援助"

欧盟委员会的初步调查结论判定卢森堡公司 C 获得了"非法国家援助"。原因是卢森堡向 M 集团授予的第一项税收裁决和第二项税收裁决使得设立在卢森堡的公司 C 就归集在其名下的巨额利润，既没有向美国纳税，又免予向卢森堡政府纳税，从而达到双重不纳税的状态，M 集团因此获得在欧洲市场的"选择性竞争优势"，这是其他企业无法比照获得的，因而欧盟委员会在 2015 年 9 月的公告中主张卢森堡政府应取消对卢森堡公司 C 的免税待遇，追缴税款。

欧盟委员会初次调查的结论是以卢森堡的判决结果是否使公司 C 达成双重不征税的事实作为判断是否构成"非法国家援助"的标准。之后，又经过 3 年多的深入调查后，与初次结论不同的是欧盟在最终结论中重申了 M 集团在卢森堡确实存在双重不纳税的事实。对此，M 集团、卢森堡甚至美国均不否认，但是在欧盟委员会看来造成双重不纳税的原因是卢森堡和美国税法规则存在错配产生的漏洞，而 M 集团巧妙利用了该漏洞导致双重不纳税，并不是卢森堡政府授予 M 集团以特殊的税收待遇。因此，欧盟委员会认定 M 集团和卢森堡政府没有违反欧盟国家援助制度。欧盟最终结论仅从是否遵从国际税收规则（包括卢森堡、美国税法）的角度来判定，卢森堡税法与美国税法的确存在错配之处，即从美国税法角度出发，美国分公司 D 不构成美国常设机构，而从卢森堡税法角度出发，认定美国分公司 D 构成美国常设机构，同一件事实依据各自国家税法规则，得到不同的判断结果，这一结果既是卢美两国税法规则存在错配导致形成的，也是 M 集团在卢森堡进行双重不纳税筹划的规则基础。

（四）案例启示

1. 注意避税安排的工具类型的多样性

一般而言，反向混合实体错配安排的实现大多是通过股息、利息等混合金融工具作为载体，再利用国家之间税收制度的差异，以此来使支付方所在的税收管辖区对该支付予以扣除，而投资方所在税收管辖区则根据国内法律对该支付给予免税待遇。本案中，不仅使用了混合金融工具，还利用反向混合实体实施了错配，并且结合了特许权使用费作为展开混合错配的载体，使避税的过程更加隐蔽，不易发现。

2. 反向混合实体的错配安排可采用排除法识别

反向混合实体的错配安排不仅需要制定相关的反错配规则，其避税形式的识别也应得到重视。由本案的避税过程可以看出，对于美国分公司 D 作为反向混合实体进行避税的架构，反避税的重点首先是识别出该实体再进行纳税调整工作，即可以根据 OECD 的建议，需要支付方税收管辖区（本案中为瑞士）根据国内法相关规定不允许扣除该支付。而对于该反向混合实体的识别，需要投资者所在国（卢森堡）的国内法律对于反向混合实体的支付特点、金额以及具体税务处理等内容进行确定。同时采用排除法的方式判断该付款直接支付给投资者时是否会被视为普通收入。如果直接向投资者支付该费用收入不会引发错配（本案中为 E 分公司直接向卢森堡 C 公司支付特许权使用费），而只有在反向混合实体（本案中的 D 公司）的介入下导致了错配，则该错配是反向混合实体介入导致的，对反向混合实体的支付应使用反向混合实体规则。因此该种测试方式的逻辑在于采用排除的方法，即如果直接向投资者支付不引发错配，则必然是反向混合实体的介入导致了错配；反之，如果直接向投资者支付引发错配，则必然不是反向混合实体介入导致了错配。

以该案例为例，笔者对国内法修订的建议是，如果根据成立地的税收管辖区（该案例中为美国，下同）的法律，某实体不属于征税范围，同时根据投资者所在税收管辖权法律（案例中为卢森堡）该实体应为成立地税收管辖区的纳税人，则成立地税收管辖区应将此实体重新认定为居民纳税人。

3. 重视国际的税收协调

不同国家之间应从个案中看到税收协定及国内法律之间的错配漏洞，并通过国际税收协调及时补正和修订。除了通过国内法律的修订来解决普遍性的错配问题，作为受到避税安排影响的美国与卢森堡，也应该注意到两个国家之间存在基于国内税以及税收协定上的漏洞。由案例可以看出目前卢森堡造成的双重不征税问题，其一是其与美国签订的税收协议导致的双重不征税，其二是两国各自对常设机构的认定不一致导致的双重不征税。两个国家的税务部门已注意到了此种情况，毕竟该问题不是个例，亚马逊运用"美国—卢森堡经营主体—卢森堡壳公司"架构规避欧洲境外税，使公司在将近两年的时间内呈现负税率状态，其避税安排的原理也与此相类似。对此，卢森堡与美国应积极进行协调与磋商，出台了相关法规以避免双重不征税情况的发生。如卢森堡可规定，当本国的纳税人有源自美国的收入时，被视为来源于其他国家常设机构的收入，将不再享受诸如预提所得税优惠税率或免税等税收协定待遇，以此来规避两国之间法律错配导致的避税安排。消除混合错配的影响单纯靠一个国家不能够实现，需要国家间的共同努力，加强国际交流合作，通过国际税收协调以及税收征管互助、国际税收情报交换等方式获取更多信息，以更有效地应对混合错配安排。

三、案例使用说明

（一）适用对象与教学目的

1. 适用对象

案例主要适用于"国际税收"，也可以将本案例作为"税收筹划"课程的辅助案例。本案例的教学对象包含财政学类和会计财管类本科生和专业硕士。

2. 教学目的

一是帮助学生熟悉税收筹划的概念，了解跨国企业通过混合错配避税的主要税收筹划策略，建立分析思路；二是便于培养学生从多个税法主体角度考虑问题的辩证思维，使学生学会独立思考，能够联系实际地理解国际形势的变化并对当前形势做出判断。

（二）思考题

1. 什么是混合错配安排？它主要包括哪几种方法？

2. 如何判断一个企业是否构成某个国家的常设机构？

3. 欧盟国家援助规则是什么？

4. 查阅相关资料，结合目前我国的反避税规则，思考对于利用混合错配规则进行避税，我国的应对方案存在哪些不足，应该如何改进？

（三）分析思路

先根据案例背景提出案例的焦点问题，即 M 集团卢森堡 C 公司的美国分公司 D 在美国是否构成常设机构，以及 M 集团是否获得了"非法国家援助"。再依据卢森堡税法分析美国分公司 D 是否构成美国常设机构，依据美国税法分析美国分公司 D 是否构成美国常设机构，然后得出由于卢美两国税法存在错配，D 公司的避税模式并不构成非法国家援助。

（四）理论依据与分析

由于本案例焦点在于 M 集团美国分公司 D 在美国是否构成常设机构，以及 M 集团是否获得了"非法国家援助"。故相关的理论依据大多与美国、卢森堡的国内税法以及美国与卢森堡签订的避免双重征税的协定有关，如根据卢森堡所得税法第 159 条第 1 款，规定下列集体组织，只要其法定总部或中央行政机构位于大公国领土内，即视为应征社区所得税的居民纳税人：①资本公司。应将上市有限公司、简化股份公司、股份有限公司、有限责任公司、简化有限责任公司和欧洲公司视为此类公司；②合作社和农业协会。合作社包括以有限公司形式组织的合作社和欧洲合作社；③国家承认和不承认的宗教团体和协会，不论其法律形式如何；④1991 年 12 月 6 日修订的《保险法》所涵盖的相互保险协会、储蓄养恤金协会和养恤基金；⑤公益机构和其他基金会；⑥非牟利团体；⑦（a）根据私法设立的其他具有集体性质的机构，其收入不应直接向另一机构征税纳税人；（b）特别用途资产和空置资产。据此，认定 M 集团卢森堡公司 C 依据卢森堡税法规则构成卢森堡居民纳税人，可以适用并享受卢森堡与美国签订的避免双重征税协定规定的优惠待遇。

卢森堡与美国签订的避免双重征税协定的第 5 条第 1 款规定了常设机构的定义："常设机构指企业进行全部或部分营业的固定营业场所"，对于定义中的关键判定要素"营业"，协定文本没有给出进一步的详细规范，依据该协定第 3 条第 2 款规定，如协定文本中的关键术语没有明确定义，应依据协定签署国的国内法各自判定。

根据美国《国内税收法典》规定，在美国进行贸易或经营活动的纳税人应就来源于美国的收入在美国纳税。"在美国进行贸易或经营活动"应解释为在美国从事以营利为目的的贸易或经营活动，只要这些活动是正常的、真实的并持续的，无论是纳税人自行经营，还是通过非独立代理人代其经营，都属于"在美国进行贸易或经营活动"的范畴，应在美国缴纳所得税。M 集团依据该法认为，M 集团的"营业"是其对 M 集团品牌餐厅的运营和管理，美国分公司 D 执行的特许授权业务不是 M 集团的常规营业，因此美国分公司不构成常设机构。

卢森堡税收适应法第 16 条定义了卢森堡税收法中的"常设机构"的概念，指的是服务于已成立的"企业"或"企业"的每个固定设备或场所。因此其在美国分公司 D 的特许授权业务构成营业，即构成美国的常设机构。

（五）关键点

本案例需要学生识别的主要知识点包括：混合错配进行国际税收筹划的主要种类和方法、税收协定的适用规则以及常设机构的一般判定方法和标准。

通过对该真实案例的全面分析，学生需学会灵活运用所学的专业知识。一方面可以让学生进一步学习跨国集团税收筹划模式，了解国际形势现状；另一方面可以培养学生将课堂知识灵活运用于真实案例中的能力，从案例的处理过程中启发学生对我国国际税收相关政策的思考，更好地培养发散思维。

（六）建议的课堂计划

本案例的教学计划见表 2-14。

表 2-14　案例教学计划

案例教学计划	具体内容
教学时长	1 个学时
课前计划	发放案例正文和思考题，要求学生在课前完成阅读并对思考题作答

表2-14(续)

案例教学计划	具体内容
课堂计划	1. 介绍税案始末，让学生了解案例的基本情况和焦点问题。 2. 将学生分成小组进行讨论，M集团卢森堡C公司的美国分公司D在美国是否构成常设机构，以及M集团是否获得了"非法国家援助"，并说明理由，然后每个小组派一名同学上台发言。 3. 归纳总结每个小组的发言，提出各小组的优缺点，并解答有争议之处。 4. 结合问题，回顾案例
课后计划	整理思考题答案，写在作业本上并提交

（七）案例的建议答案以及相关法规依据

从美国税法角度出发，认定美国分公司D不构成美国常设机构，而从卢森堡税法角度出发，认定美国分公司D构成美国常设机构。根据卢美协定第25条第2款a项，"如果卢森堡居民获得收入或拥有根据公约规定可在美国征税的资本，则卢森堡应按照（b）和（c）项的规定，免除该收入或资本税，但为了计算居民剩余收入或资本的税额，可采用与未免除收入或资本相同的税率"。因此在美国可能会对常设机构（美国分公司D）征税的情况下，卢森堡即应给予卢森堡分公司C免税。又因该项法律没有硬性规定在美国政府实际对美国分公司征税的情况下方可给予免税待遇，因此，M集团请求卢森堡政府免予其每年提供美国分公司向美国政府的纳税记录。

欧盟对"非法国家援助"调查的出发点是防止扭曲或威胁扭曲欧盟单一共同市场的公平竞争，影响成员国间的正常贸易，其法律依据主要是《欧盟运行条约》的第107—109条。根据《欧盟运行条约》107条，由某一成员国提供的或通过无论何种形式的国家资源给予的任何援助，凡给予某些企业或某些商品的生产以优惠，从而扭曲或威胁扭曲竞争，只要影响到成员国之间贸易的，均与内部市场相悖。如果成员国政府实施的税收措施，扭曲或威胁扭曲欧盟单一共同市场的公平竞争，影响到成员国之间的正常贸易条件，并且不符合《欧盟运行条约》规定的例外或豁免判定规则，就构成"非法国家援助"。M集团以双重不征税的状态获得在欧洲市场的"选择性竞争优势"，这是其他企业无法比照获得的，因而欧盟初步判定卢森堡C公司获得了"非法国家援助"。

而在最终结论中，欧盟则认为造成双重不纳税的原因是卢森堡和美国税法规则存在错配产生的漏洞，并不是卢森堡政府授予M集团特殊的税收待遇，因此未违反欧盟国家援助制度。

（八）其他教学支持材料

本案例以幻灯片的形式进行辅助说明。

（九）思考题参考答案

（扫一扫）

（十）附件（相关法律法规条款）

1.《卢森堡—美国避免双重税收协议》

第5条：一、在本协定中，"常设机构"一语是指企业进行全部或部分营业的固定营业场所。二、"常设机构"一语特别包括：管理场所；分支机构；办事处；工厂；作业场所；矿场、油井或气井、采石场或者其他开采自然资源的场所。三、建筑工地，建筑、装配或安装工程，或者对自然资源的勘探活动，以该工地、工程或活动连续十二个月以上的为限；

第25条2款（a）：如果卢森堡居民获得收入或拥有根据公约规定可在美国征税的资本，则在不违反（b）和（c）规定的前提下，卢森堡应免除以下收入或资本利得税，但为了计算居民剩余收入或资本的税额，可以采用与未获豁免的收入或资本相同的税率。

第3条第2款：关于缔约国对公约的适用，除非文意另有所指或主管当局根据第二十七条（共同协定程序）的规定达成共同的含义，否则未在其中定义的任何术语的含义应为：根据该州有关该公约适用税种的法律。

2.《欧盟运行条约》

第107条规定：由某一成员国提供的或通过无论何种形式的国家资源给予的任何援助，凡给予某些企业或某些商品的生产以优惠，从而扭曲或威胁扭曲竞争，只要影响到成员国之间贸易的，均与内部市场相悖。

第108条规定：（1）委员会应与会员国合作，不断审查这些国家现有的所有援助制度。它应向后者提出逐步发展或内部市场运作所需的任何适当措施。（2）如果委员会在通知有关各方提交其意见后，发现一国或通过国家资源提供的援助与第107条规定的国内市场不符，或这种援助被滥用，委员会应决定有关国家应在委员会确定的一段时间内取消或改变这种援助。（3）如果有关国家在规定时间内不遵守本决定，委员会或任何其他有关国家可在免除第258条和第259条规定的情况下，直接将此事提交欧洲联盟法院。应某一会员国的申请，理事会可一致决定，在免除第107条的规定或第109条规定的条例时，该国正在给予或打算给予的援助应视为与国内市场相适应，如果这种决定因特殊情况而有正当理由。就有关援助而言，如果委员会已经启动本款第一项规定的程序，有关国家已向理事会提出申请的事实应具有中止该程序的效力，直至理事会表明其态度为止。感觉减损这个词在这里有点拗口和难以理解，你核实一下是不是这个词，或者有没有更准确、通顺的表达词语。

四、参考文献

［1］European Commission. State aid：Commission investigation did not find that Luxembourg gave selective tax treatment to McDonald's ［R/OL］. (2018-09-30) ［2024-02-23］. http://europa.eu/rapid/press-release_IP-185831_en. htm.

［2］姚丽，励贺林. 利用税法规则错配避税不构成"非法国家援助"？评欧盟对麦当劳国家援助调查的裁定 ［J］. 国际税收，2018 (10)：44-49.

［3］何春彦. 混合错配安排对我国税基的侵蚀及治理研究 ［D］. 武汉：中南财经政法大学，2018.

［4］朱青. 国际税收 ［M］. 北京：中国人民大学出版社，2021.

［5］杨志清. 国际税收 ［M］. 2 版. 北京：北京大学出版社，2018.

［6］杜莉. 国际税收 ［M］. 上海：复旦大学出版社，2019.

案例 2-9　高净值人士移居避税

一、基础知识

（一）避税性移居

由于大多数国家规定对在本国拥有住所和居住达一定天数的人的一切收入拥有征税权，所以跨国纳税人可以采取将其居住地由高税国向低税国流动的方式来躲避高税国政府对其行使居民管辖权。其具体方法是：将个人住所或公司的管理机构真正迁出高税国；利用有关国家国内法关于个人或公司的居民身份界限的不同规定或模糊之处，实现虚假迁出，即仅仅在法律上不再成为高税国的居民；通过短暂迁出和成为别国临时居民的办法，以求得对方国家的特殊税收优惠。

1. 个人住所的转移

许多国家（日本、德国等）把在本国拥有永久性住所或习惯性住所的人确定为本国居民，对其国内外的全部所得行使征税权。因此，纳税人可以通过迁移住所的方法避免成为某一国居民，从而可以躲避或减轻纳税义务。例如，居住在高税国家或高税区的人可以设法移居到低税国（区）或无税国（区），使其在住所的判定上，成为事实上的低税或无税国（区）居民，从而仅就其世界范围所得承担低税或无税国家的纳税义务，可以减轻所得税、遗产税和财产税的负担。

在国际上，出于避税目的的移居往往被视为"纯粹"的移民，躲避重税负也是各国所允许的。通常，采用住所迁移的人多是已离退休的纳税人和在一国居住而在另一国工作的纳税人。前者从原高税国（区）居住地搬迁到低税国（区）居住地，以便在支付退休金税收和财产、遗产税收方面获得好处，如将住所迁移到避税港或自由贸易区、经济开发区等；后者则以躲避高税负的压迫为目的。这种以迁移居住地的方式躲避税收的行为，一般不会涉及过多的法律问题，只需具有一定的准约迁移手续即可。

可见，以住所转移或移民方式实现避税的纳税人必须使自己成为（至少在形式上成为）"真正"的移民，避免给政府留下一个虚假移民或部分迁移的印象。这种虚假迁移或部分迁移在现实生活中也是客观存在的。所谓虚假迁移，是指纳税人为获得某些收入和某些税收好处而进行的短期迁移，如迁移时间仅有半年、1年或2年。对这种旨在回避纳税义务的短期迁移，许多国家都有相应的限制措施。如荷兰政府明确规定：凡个人放弃荷兰居住而移居国外，并在一年内未在国外设置住所而回荷兰的居民应属荷兰居民，在此期间发生的收入一律按荷兰税法纳税。所谓部分迁移是指纳税人并未实现完全迁移，而仍与原居住国保留某种社会和经济联系。如在原居住国仍留有住所、银行账户，并参与某些社会经济活动等。这些不彻底的迁移往往会为政府留下课税的依据，使跨国避税流产，甚至有双重课税的风险。因此，跨国避税必须防止短期迁居或部分迁移。

2. 公司居所的转移

与个人避免成为税收居民避税类似，公司也可以通过避免成为税收居民来进行避税。如前所述，在实行居民管辖权的国家里，判定公司企业居民身份的居所标准主要有注册登记所在地、总机构所在地、实际管理机构所在地等标准。这些不同的标准，以及这些标准的具体规定，为公司企业进行国际避税提供了前提条件。如在采用总机构或实际管理机构所在地标准国家的公司，可以将其董事会的开会地点移至低税或无税国，使之合法的不成为该国的居民公司，从而无须承担该国的无限纳税责任。又如，在采用登记注册所在地标准的国家，只需改变公司登记注册地点，即可不成为该国居民公司，而不必承担其无限纳税义务。如在美国，凡在该国登记注册的公司企业，均是该国居民公司企业，要就其世界范围所得向美国纳税。假定某企业在美国登记注册，每年从国外子公司处取得一笔股息，因而按规定要就这笔股息向美国纳税。为回避纳税，该企业可以变更登记注册地点，而不成为美国企业。这样，对该企业从国外子公司处取得的股息，美国税务当局就无法凭借居民管辖权或公民管辖权对之征税了。可见，公司企业利用居所转移躲避纳税义务的一个重要核心就是消除使其母国或行为发生国成为控制和管理地点的所有实际特征，实现公司居所"虚无化"。

（二）避税性移居的限制

跨国纳税人进行国际避税的手段之一，是从高税国移居到低税国或避税地，以摆脱高税国的居民身份，免除向高税国政府负有的无限纳税义务。另外，纳税人移居到低税国或避税地，还可以规避过去居住在高税国时取得的资本利得应缴纳的税收。为了防范本国居民出于避税目的而向国外移居，一些国家（主要是发达国家）采取了一些立法措施，对自然人或法人居民向国外移居加以限制。

1. 限制自然人移居的措施

在许多国家，公民移居国外与出国旅游一样，是个人的自由，政府一般不加干预。所以，即使发现公民有移居避税的企图，政府往往也不能限制其离境，只能从经济上对其采取一些限制措施，使移居给政府造成的税收利益损失降到最低程度。一些发达国家（过去这些国家的个人所得税税率往往很高）在立法上采取了有条件地延续本国向外移居者无限纳税义务的做法。

高税国居民为了逃避无限纳税义务，有的彻底切断了与原居住国的联系，真正移居到他国，但也有的只是采取虚假移居的手段。对于这种行为，一些国家也采取了严厉的限制。

此外，为了防止人们用临时移居、压缩居留时间的办法躲避本国的居民身份，许多国家都规定对纳税人中途临时离境不扣减其在本国的居住天数，即纳税人临时离境的天数仍要计入其居留天数。例如，我国税法曾规定，纳税人在一个纳税年度中在我国境内居住满 365 日的，要就从我国境内和境外取得的所得中缴纳个人所得税；临时离境一次不超过 30 日，或多次累计不超过 90 日的，不扣减在我国居住的日数。

2. 限制法人移居的措施

各国判定法人居民身份的标准不同，限制法人移居的措施也就不同。一般来说，在那些同时以注册地标准和管理机构所在地标准判定法人居民身份的国家，法人居民移居他国相对来说困难较大，因为此时无论公司法人的注册地在该国，还是管理机构在该国，该国都可以认定其为本国的法人居民。所以，目前大多数发达国家都同时采用这两个标准判定法人的居民身份。如果单独采用管理机构所在地标准，那么公司法人只要把股东大会地点或董事会开会地点等迁移到低税国，就可以达到规避高税国居民身份的目的。

如果一国采用注册地标准判定法人居民身份，则该国的居民公司若要移居他国，只能在本国注销而改在他国重新注册。为了防止本国的居民公司迁移到低税国，许多国家（美国、英国、爱尔兰、加拿大等）规定，如果本国居民公司改在他国注册或总机构、有效管理机构移到国外从而不再属于本国居民公司时，该公司必须视同进行清算，其资产视同销售后取得的资本利得，要在本国缴纳所得税。

二、高净值人士移居避税案例[①]

案例概述： 中国籍个人 X 先生、L 女士于 2006 年移民加拿大，通过人为设置中间环节，利用亲属持有的海外账户转移来源于中国境内的所得，2009—2011 年共计转移资产约 1.09 亿元人民币，从而达到避税的目的。这是一起典型的高净值个人移民避税案例，此案涉及纳税人的认定、所得性质的认定以及《税收征管法》相关的内容，有利于我们总结高净值人士避税的常用筹划模式，并为进一步完善我国个人所得税税收征管制度，加大对高净值个人的反避税力度提供新思路。

（一）案例背景

X 先生和 L 女士原籍广东中山，于 2006 年 12 月移民加拿大，申报携带 60 万加元

---

① 1. 本案例由重庆市专业学位研究生教学案例库建设项目——《国际税收案例库》建设小组（重庆工商大学）成员张怡、汤凤林撰写，作者拥有著作权、修改权、改编权，未经允许、本案例的所有部分不能以任何方式与手段擅自复制或传播。

2. 本案例只供课堂讨论之用，并无暗示某种管理行为是否有效之意。

3. 本案例资料来源于《中国税务报》的文章《跨国情报交换引发高收入移民调查，追缴 3 474 万元税款》。

（约 380 万元人民币）入境，X 先生移民前曾是我国 13 家企业的主要股东，并拥有多处房产，移民时将这些企业平价转让给亲戚，并将银行账户委托给家人代管。加拿大税务局掌握的资料显示，X 先生和 L 女士两人在加拿大期间共购置了 5 处豪华房产、6 辆名贵汽车，X 先生银行账户同期有大量来自中国亲属的资金汇入记录，且汇入频率高、金额巨大。加拿大税务局怀疑两人没有如实申报在华财产和收入，存在避税嫌疑，因此于 2012 年 12 月通过国际联合反避税信息中心向我国发出税收专项情报，请求协助核查该夫妇在华收入和纳税情况。

根据加拿大的情报线索，本次调查涉及当事人曾直接或间接持股的 13 家企业。中山地税局税务人员通过征管信息系统掌握情报所涉企业的税务登记信息、生产经营状况及当事人申报纳税情况等基础数据，向本市公安、国土、工商、银行等相关单位发出协查文书，全面了解 X 先生和 L 女士夫妇两人的出入境情况、资产购置存量、股权拥有情况和资金流水信息等。前后翻阅核查了上万条银行账户交易记录、2 300 多条出入境记录、10 家企业横跨 9 年的工商登记及变更资料、9 宗不动产的产权登记材料。主管税务机关发现，X 先生移民前所拥有的部分企业每月定期、频繁地向 X 先生母亲的账户进行大额转账，名义为"借款"，但并无借款协议，也未约定借款利息及还款期限。作为资金往来的中转站，X 先生的母亲收到款项后，安排 X 先生的兄弟姐妹通过设立在中国香港的账户频繁向 X 先生汇款，2009—2011 年总计汇款约 1.09 亿元人民币。

历时两年半的调查，经过对借款资金链条的梳理和分析，税务机关最终认定 X 先生的母亲为借款企业的实际股东（见图 2-22），对其从上述企业取得的未归还借款，视同企业的股息、红利分配，按照"利息、股息、红利所得"项目征收个人所得税共计 3 474.37 万元。

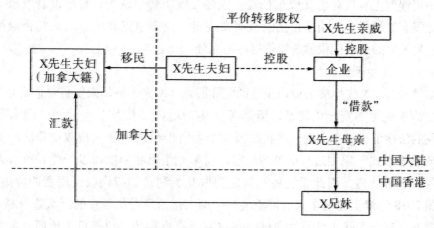

图 2-22 X 先生移民避税架构

（二）案例焦点问题

案件的焦点问题在于，对于 X 先生的母亲收到并转移境外的巨额财产其纳税人和所得性质如何确定，以及 X 先生移民前的平价转让股权应如何处理。

（三）案例分析

1. 纳税人的认定

（1）对企业的名义股东——X 先生的亲戚征税。

从核查证据上分析得出 X 先生实际控制着向其母亲汇款的企业的运营，但这些企业的名义股东——X 先生的亲戚属于企业法律上的投资者，企业转账给 X 先生母亲作为借款的资金应视为企业分配给名义股东的股息，股东再借给 X 先生母亲钱款则属于个人行为。因此可以对企业的名义股东——X 先生的亲戚按照股息利息所得征收个人所得税。但是，对企业名义股东征税并未完全达到反避税的效果，因真正的避税受益人为公司的实际股东 X 先生，并且税法对于代持股的税收问题目前尚无系统规定。

实践中，对于代持股的税收征管，尤其是代持股转让所得的纳税义务主体的确定问题存在较多争议。目前税法只对"因股权分置改革造成原由个人出资而由企业代持有的限售股"有明确规定（国家税务总局公告 2011 年第 39 号），但对代持股权没有明确规定。

在实际股东、名义股东与第三人之间的法律关系中，应按照形式主义规则，确认名义股东具有股东身份，承担股东责任，认定名义股东对公司以外第三人享有权利、履行义务。实际股东与名义股东签订的协议只对协议双方有效，不能对抗第三方。《最高人民法院关于适用〈中华人民共和国公司法〉若干问题的规定（三）》（法释〔2011〕3 号）第二十七条规定："公司债权人以登记于公司登记机关的股东未履行出资义务为由，请求其对公司债务不能清偿的部分在未出资本息范围内承担补充赔偿责任，股东以其仅为名义股东而非实际出资人为由进行抗辩的，人民法院不予支持。名义股东根据前款规定承担赔偿责任后，向实际出资人追偿的，人民法院应予支持。"因此，税务机关在一定程度上有权对名义股东征税。但名义股东普遍认为，自己没有股权的所有权，因此没有纳税义务。由于税法没有明文规定，税企争议较大。因此对企业的名义股东——X 先生的亲戚征税的法律依据尚不充分。

（2）对 X 先生征税。

就案情分析，X 先生应为境内企业的实际股东，X 先生的母亲仅是将企业分红以借款名义汇给 X 先生的资金中转站，但是 X 先生为境内"借款"企业的"隐名股东"，对其征税的法律证据尚不明确，并且我国《个人所得税法》和《税收征管法》并无根据"实质重于形式"原则进行征税的规定，且 X 先生也并未申请以"受益所有人"身份享受税收协定待遇，因此无法将其认定为股息、利息、特许权使用费的应纳税人。尽管我国 2018 年修正的《个人所得税法》中加入作为反避税条款的第八条内容"个人实施其他不具有合理商业目的的安排而获取不当税收利益。税务机关依照前款规定作出纳税调整，需要补征税款的，应当补征税款，并依法加收利息"。但 X 先生所收到的汇款是由香港账户汇入，并未直接从境内获得税收利益，因此直接认定 X 先生为纳税人并据以征税或依据反避税条款要求其作出纳税调整也存在一定的困难。

（3）对 X 先生的母亲征税。

向 X 先生的母亲转账的企业均称是接到 X 先生母亲的电话即直接汇款至其个人账

户，并都承认 X 先生的母亲为企业的实际投资人，X 先生母亲从企业取得的借款无借款协议，也未约定借款利息及还款期限，应被认定为取得股息红利性质的收入，并据此确定其为纳税人。

综上，将 X 先生的母亲认定为纳税人，是相对较合法且合理的判定。

2. 关于所得性质认定

从案情看，X 先生移民前所拥有的部分企业每月定期、频繁地向 X 先生母亲的账户进行大额转账，名义为"借款"，但并无借款协议，也未约定借款利息及还款期限。根据《财政部国家税务总局关于规范个人投资者个人所得税征收管理的通知》（财税〔2003〕158 号），纳税年度内个人投资者从其投资的企业借款，在该纳税年度终了后既不归还，又未用于企业生产经营的，其未归还的借款可视为企业对个人投资者的红利分配，依照"利息、股息、红利所得"项目计征个人所得税。因此，企业"借"给 X 先生母亲的资金应视为红利分配，应征收个人所得税。

3. 关于平价转让股权的处理

X 先生在 2006 年移民加拿大前将名下企业平价转让给了亲戚。2012 年，为核查加拿大税务局情报交换案件，中国税务机关开始启动对此案的调查。案件发生与启动调查的时间相隔 6 年，已超过《税收征管法》第五十二条关于"因税务机关的责任，致使纳税人、扣缴义务人未缴或者少缴税款的，税务机关在三年内可以要求纳税人、扣缴义务人补缴税款，但是不得加收滞纳金。因纳税人、扣缴义务人计算错误等失误，未缴或者少缴税款的，税务机关在三年内可以追征税款、滞纳金；有特殊情况的，追征期可以延长到五年"的规定时限。虽然《税收征管法》同时也规定"对偷税、抗税、骗税的，税务机关追征其未缴或者少缴的税款、滞纳金或者所骗取的税款，不受前款规定期限的限制"，但税务机关并未找到 X 先生偷税的直接证据。因此，对 X 先生平价转让股权的所得，以不作追溯处理为宜。

（四）案例启示

本案例一方面展示了 X 先生通过移民并人为设置中间环节转移来源于中国境内的所得避税的主要方式，另一方面展示了我国借助加拿大的跨国情报交换对其避税事实实施行反避税调查的主要过程和结果。

对于高净值人士来说，随着我国加入国际联合反避税信息中心（JITSIC），以及包括 CRS 协议在内的情报交换等各项反避税手段在全球范围内的推行和完善，各个参与国家（地区）的非居民企业和个人的海外机构账户类型、资产信息类型和账户内容等信息将被及时报送至本国税务主管部门，在此基础上，各国税务主管部门也将定期进行涉税信息交换。由于互换的信息中包含账户开立人的境外投资及储蓄等主要财产信息，这意味着本国居民纳税人的财富状况接近于完全透明，信息换入方税务主管部门能够较为容易地掌握该纳税人的近期财产状况和历史纳税情况。也就是说，高净值人群以往通过利用境内、境外信息不对称的特点隐匿财产和隐瞒申报进而逃避税款征收的做法，将变得不再现实。因此高净值人士需要基于新的国际形势对于避税手段和避税风险进行重新考量。

从税务机关的角度来讲，以 X 先生为典型代表的中国高净值人群所采用的移民避税方式，手法虽然简单但不易识别，给双方国家均造成不同程度的税收流失，更暴露出我国在防范高净值个人跨境避税方面仍有较大的提升空间。比如，明确代持股协议纳税人的认定标准；可以修订和完善《个人所得税法》中的反避税条款；《税收征管法》中对未缴税款的追征期可以适当延长；参考美国、加拿大、澳大利亚等国的经验研究，适时开征退籍税；短期内可以在《个人所得税法》中增加有关退籍的特别规定，以进一步打击高净值人士通过移民设置避税安排的行为，以营造更加公平的税收环境，保护我国的税基安全，加强对高净值个人的跨境税收管理。

三、案例使用说明

（一）适用对象与教学目的

1. 适用对象

案例主要适用于"国际税收"，也可以将本案例作为"税收筹划"课程的辅助案例。本案例的教学对象包含财政学和税收学专业的本科生和专业型硕士。

2. 教学目的

一是旨在帮助学生熟悉税收筹划的概念，了解高净值个人通过移民避税的主要税收筹划过程，建立起分析思路；二是便于让学生从多个税法主体角度考虑问题，培养学生从长远的眼光看问题的能力，同时能够让学生联系实际地了解国际形势的变化，并基于新的国际形势思考新的应对方式和完善建议。

（二）思考题

1. 哪些人属于高净值人士？目前我国的高净值人群规模如何？

2. X 先生平价转让的股权本应如何纳税？

3. 了解国际税收情报交换制度，并简述其发展过程。

4. 查阅相关资料，思考建议采取哪些具体措施来加强高净值个人的跨境税收管理？

（三）分析思路

先根据案例背景材料，提出案例的焦点问题，即 X 先生的母亲收到并转移至境外的巨额财产其纳税人和所得性质应如何确定，以及 X 先生移民前的平价转让股权应如何处理。再依据我国个人所得税对纳税人的认定标准，分析企业的名义股东和 X 先生本人无法被判定为纳税人，依据所得性质的认定标准判断 X 先生母亲尚未归还的借款为股息红利所得。然后得出"X 先生的母亲为所得的实际纳税人，要对其所得按照'利息、股息、红利所得'项目征收个人所得税"的结论。

（四）理论依据与分析

由于本案例的焦点在于如何确定 X 先生的母亲收到并转移至境外的巨额财产其纳税人和所得性质，以及如何处理 X 先生移民前的平价转让股权。故相关的理论依据与我国《个人所得税法》以及《税收征管法》有关，我国个人所得税的纳税人不仅涉及中国公民，也涉及在中国境内取得所得的外籍人员（包括无国籍人员）和港澳台同胞，还涉及个体户、个人独资企业和合伙企业的个人投资者。据此，X先生和X先生的母亲都可能被认定为个人所得税的纳税人。根据《中华人民共和国个人所得税法》第二条，规定下列各项个人所得，应当缴纳个人所得税：（一）工资、薪金所得；（二）劳务报酬所得；（三）稿酬所得；（四）特许权使用费所得；（五）经营所得；（六）利息、股息、红利所得；（七）财产租赁所得；（八）财产转让所得；（九）偶然所得。同时根据《中华人民共和国个人所得税法实施条例》第六条第六款规定："利息、股息、红利所得，是指个人拥有债权、股权等而取得的利息、股息、红利所得。"案例中X先生事实上是企业的隐名股东，是指依据书面或口头协议委托他人代其持有股权者。隐名投资过程中投资人实际认购了出资，但是公司的章程、股东名册、股票（仅指记名股票）、出资证明书和工商登记等却显示他人为股东，由于隐名股东和显名股东之间并未构成股权投资关系，隐名股东从显名股东处取得的收入不符合股息、红利所得的定义，显名股东将取得的税后股息红利所得、股权转让所得，转付给隐名股东，不属于法律规定应当缴纳个人所得税的所得。据此，无法认定X先生为所得的纳税人。

根据《财政部国家税务总局关于规范个人投资者个人所得税征收管理的通知》（财税〔2003〕158号），规定纳税年度内个人投资者从其投资的企业借款，在该纳税年度终了后既不归还，又未用于企业生产经营的，其未归还的借款可视为企业对个人投资者的红利分配，依照"利息、股息、红利所得"项目计征个人所得税。案例中向X先生的母亲转账的企业均是即直接汇款至其个人账户，并无借款协议，也未约定借款利息及还款期限，并都承认X先生的母亲为企业的实际投资人。因此，案例中所得的纳税人应当被认定为X先生的母亲，其所得按照"利息、股息、红利所得"缴纳个人所得税。

（五）关键点

本案例需要学生识别的主要知识点包括：个人所得税避税安排过程中纳税人的确定、所得性质的认定以及对于新修订的个人所得税法内容的了解。

通过对该真实案例的全面分析，灵活运用所学的专业知识。一方面可以让学生了解当前高净值个人税收筹划的主要模式；另一方面可以培养学生从多个角度思考问题的辩证思维，更好地使学生将理论知识灵活运用于真实案例中，同时从案例的学习过程中启发学生对我国反避税政策的思考，为之后的学习和工作提供更多的思路。

（六）建议的课堂计划

本案例的教学计划见表2-15。

表2-15 案例教学计划

案例教学计划	具体内容
教学时长	1个学时

表2-15（续）

案例教学计划	具体内容
课前计划	发放案例正文和思考题，要求学生在课前完成阅读并对思考题作答
课堂计划	1. 介绍税案始末，让学生了解案例的基本情况和焦点问题。 2. 将学生分成小组，讨论应该认定谁为纳税人以及平价转让的股权应该如何处理，并说明理由，然后每个小组派一名同学上台发言。 3. 归纳总结每个小组的发言，提出各小组的优缺点，并解答有争议之处。 4. 结合问题，回顾案例
课后计划	整理思考题答案，写在作业本上并提交

（七）案例的建议答案以及相关法规依据

案例中所得的纳税人应当被认定为 X 先生的母亲，并应按照"利息、股息、红利所得"缴纳个人所得税。根据《中华人民共和国个人所得税法》第二条，规定下列各项个人所得，应当缴纳个人所得税：（一）工资、薪金所得；（二）劳务报酬所得；（三）稿酬所得；（四）特许权使用费所得；（五）经营所得；（六）利息、股息、红利所得；（七）财产租赁所得；（八）财产转让所得；（九）偶然所得。同时根据《财政部国家税务总局关于规范个人投资者个人所得税征收管理的通知》（财税〔2003〕158号），规定纳税年度内个人投资者从其投资的企业借款，在该纳税年度终了后既不归还，又未用于企业生产经营的，其未归还的借款可视为企业对个人投资者的红利分配，依照"利息、股息、红利所得"项目计征个人所得税。

对 X 先生平价转让股权的所得，以不作追溯处理为宜。《税收征管法》第五十二条关于"因税务机关的责任，致使纳税人、扣缴义务人未缴或者少缴税款的，税务机关在三年内可以要求纳税人、扣缴义务人补缴税款，但是不得加收滞纳金。因纳税人、扣缴义务人计算错误等失误，未缴或者少缴税款的，税务机关在三年内可以追征税款、滞纳金；有特殊情况的，追征期可以延长到五年"《税收征管法实施细则》中第八十条规定"税收征管法第五十二条所称税务机关的责任，是指税务机关适用税收法律、行政法规不当或者执法行为违法。" X 先生在 2006 年将企业平价转让给了亲戚，当时税务机关并未利用税收法律要求对该转让行为补缴税收，而与 2012 年税务机关启动调查之时期间相隔六年，不宜对该行为作追溯处理。虽《税收征管法》中存在"对偷税、抗税、骗税的，税务机关追征其未缴或者少缴的税款、滞纳金或者所骗取的税款，不受前款规定期限的限制"的规定，但 X 先生该避税行为不属于偷税、抗税、骗税的范畴。

（八）其他教学支持材料

本案例以幻灯片的形式进行辅助说明。

（九）思考题参考答案

（扫一扫）

（十）附件（相关法律法规条款）

1.《国家税务总局关于企业转让上市公司限售股有关所得税问题的公告》（国家税务总局公告 2011 年第 39 号）

第二条：企业转让代个人持有的限售股征税问题，因股权分置改革造成原由个人出资而由企业代持的限售股，企业在转让时按以下规定处理：（1）企业转让上述限售股取得的收入，应作为企业应税收入计算纳税。上述限售股转让收入扣除限售股原值和合理税费后的余额为该限售股转让所得。企业未能提供完整、真实的限售股原值凭证，不能准确计算该限售股原值的，主管税务机关一律按该限售股转让收入的 15%，核定为该限售股原值和合理税费。依照本条规定完成纳税义务后的限售股转让收入余额转付给实际所有人时不再纳税。（2）依法院判决、裁定等原因，通过证券登记结算公司，企业将其代持的个人限售股直接变更到实际所有人名下的，不视同转让限售股。

2.《最高人民法院关于适用〈中华人民共和国公司法〉若干题的规定（三）》（最高人民法院审判委员会 2020 年第 1 823 次会议）

第二十七条：公司债权人以登记于公司登记机关的股东未履行出资义务为由，请求其对公司债务不能清偿的部分在未出资本息范围内承担补充赔偿责任，股东以其仅为名义股东而非实际出资人为由进行抗辩的，人民法院不予支持。名义股东根据前款规定承担赔偿责任后，向实际出资人追偿的，人民法院应予支持。

3.《个人所得税法》

第八条：个人实施其他不具有合理商业目的的安排而获取不当税收利益。税务机关依照前款规定作出纳税调整，需要补征税款的，应当补征税款，并依法加收利息。

4.《财政部国家税务总局关于规范个人投资者个人所得税征收管理的通知》（财税〔2003〕158 号）

第二条：纳税年度内个人投资者从其投资的企业借款，在该纳税年度终了后既不归还，又未用于企业生产经营的，其未归还的借款可视为企业对个人投资者的红利分配，依照利息、股息、红利所得。

5.《税收征管法》

第五十二条：关于因税务机关的责任，致使纳税人、扣缴义务人未缴或者少缴税款的，税务机关在三年内可以要求纳税人、扣缴义务人补缴税款，但是不得加收滞纳金。因纳税人、扣缴义务人计算错误等失误，未缴或者少缴税款的，税务机关在三年内可以追征税款、滞纳金；有特殊情况的，追征期可以延长到五年。

四、参考文献

[1] 吴敏哲，况淑敏. 跨国情报交换引发高收入移民调查 追缴税款 3 474 万元 [N]. 中国税务报，2015-10-27（05）.

[2] 梁若莲. 对一起高净值个人移民避税案例的思考与建议［J］. 税务研究，2016（9）：104-107.

[3] 方佳雄. 高收入高净值自然人税收征管：现状、问题与对策［J］. 税务研究，2019（2）：105-108.

[4] 朱青. 国际税收［M］. 北京：中国人民大学出版社，2021.

[5] 杨志清. 国际税收［M］. 2 版. 北京：北京大学出版社，2018.

[6] 杜莉. 国际税收［M］. 上海：复旦大学出版社，2019.

案例 2-10　A 企业转让定价和离岸信托税收筹划案

（一）无形资产研发、持有与使用过程中的税收筹划

1. 知识产权开发面临的主要税收问题

（1）实现研究开发费用减税效应的最大化。

在知识产权研究开发的阶段会产生大量的费用支出，因此，企业此时就面临如何实现研究开发费用减税效应最大化的问题。

许多国家对研究开发中发生的费用支出给予税收优惠，但给予优惠的方式不同，对研发企业的影响也不同。一些国家（如中国、马来西亚、新加坡等）对于研发费用给予加计扣除，即对企业在研发过程中发生的支出可以在据实从应纳税所得额中扣除的基础上，再加计扣除一定的比例。比如，我国目前规定加计扣除的比例为75%，意味着企业发生的研发支出可以按照175%扣除（研发费用形成无形资产时则按175%的比例进行摊销）。另一些国家（如美国、加拿大、法国、日本、韩国、澳大利亚、爱尔兰等）对于研发费用给予税收抵免，即规定企业可以从应纳税额中抵免所发生的研发支出的一定比例。在研发费用加计扣除制度下，研发支出的减税效应取决于企业的税前应纳税所得额和所得税率水平，税前应纳税所得额和所得税率水平越高，则减税效应越大；在研发费用税收抵免制度下，研究开发费用的减税效应不受企业所得税率水平的影响，而是取决于研发支出水平、抵免率和税前应纳税额。但如果这些国家对于应纳税额小于研发支出税收抵免的企业给予退税，则企业税前没有盈利时，也能获得全额的税收优惠。例如，自2011年7月1日起，澳大利亚对年营业额在2 000万澳元以下的公司符合规定的研发经费给予43.5%的可退税抵免，对其他公司符合规定的公司经费给予38.5%的可退税抵免。

英国对中小企业和大企业实行不同的研发费用优惠政策：小企业可享受最高达230%的加计扣除，当加计扣除导致亏损时，可以获得一定比例的现金返还；对大企业则实行税收抵免。

在自主开发模式下，在高税辖区研发知识产权，意味着可以实现研发费用支出扣除减税效应的最大化，但是以后获得的利润也需要承担较高的税负，因此有可能将来需要把知识产权的所有权从高税地区转移到低税地区，转移过程中的税收问题可能比较复杂。在低税辖区研发知识产权，则意味着以后获得的利润的税负会较轻，但是研发支出带来的减税效应也不高。

在委托开发模式下，若研发公司设在高税辖区，而 IP 公司设在低税辖区，研发公司仅获得相对较低的稳定的利润，大部分利润将归集到 IP 公司。公司集团一方面可以充分利用加计扣除和抵免等研发费用的税收优惠，另一方面可以避免就知识产权产生的较高的利润承担过重的税收负担。

（2）委托开发模式中研发公司是否被认定为常设机构。

在委托研发公司进行开发时，需要避免研发公司被认定为 IP 公司设在研发公司所在国的常设机构，导致 IP 公司获得的部分利润在研发公司所在国被征税。如果研发公司有自己的实验室，有自己的员工来独立从事研发活动，则不会被认定为常设机构；但是如果研发公司与 IP 公司签订的合同显示，研发公司没有独自承担研发的风险，研发主要是在 IP 公司的指导和协助下进行的，则 IP 公司可能会被认定为在研发公司所在国设有常设机构，这时，研发公司所在国有权对 IP 公司征税。

（3）风险与收益的匹配。

企业在运营过程中，为发展业务而采取的每一项措施、每一笔开支或每一项收益都存在一定的不确定性并为此承担风险。根据独立交易原则，集团成员企业为无形资产的开发、价值提升、维护、保护和利用所执行的所有功能，使用的所有资产以及承担的所有风险都应得到合理的补偿。因此，研究开发知识产权时应注意不仅在合同中保证风险与收益的匹配，也要确保最终取得知识产权的 IP 公司实际上能够控制和承担风险。

（4）应用成本分摊协议进行税收筹划。

采用成本分摊协议仍应符合独立交易原则以及成本收益配比原则。配比原则，是指成本分摊协议的参与方对开发、受让的知识产权享有受益权，并承担相应的活动成本，关联方承担的成本应与非关联方在可比条件下为获得上述受益权而支付的成本相一致。

但是，考虑到商业交易条件的差异，要判断关联方之间的成本分摊协议是否符合公平交易原则和成本收益配比原则并非易事，这就使关联方成本分摊协议的安排仍有一定的操作空间。

2. 知识产权持有和使用面临的主要税收问题

根据各自的法律，各国对无形资产保护的范围和性质有所不同；同样，对无形资产提供的保护条件也各有不同。某些无形资产需要满足一些条件才能获得法律保护，如必须能够在商业中持续使用或定期持续。很多因素都影响着持有知识产权的公司所在地以及知识产权的使用模式的选择，以下主要介绍相关的税收因素。

（1）特许权持有和使用中的费用扣除。

基于成本收益配比的原则，持有知识产权的公司往往需要持续对知识产权进行维护和再开发，持权公司还可以基于无形资产价值进行摊销，企业所得税税率越高，无形资产持续开发费用和无形资产摊销发挥的减税作用越大。

（2）特许权持有和使用产生收入的课税。

①特许权使用费是否属于应税所得。如果特许权使用费不被认定为本国或地区的应税所得，则不会被征税。例如，我国香港地区属于行使来源地管辖权的税收辖区，只对来源于境内的所得征税，所以如果持权公司建立在香港地区，则该公司从他国获得的特许权使用费收入不会被征税。

②对知识产权收入的税收优惠。许多国家借助专利盒制度对符合条件的专利以及其他知识产权的收益提供税收减免，一方面可以激励研究开发活动，另一方面也促使跨国企业将 IP 所有权留在本国的税收管辖权范围之内。已经实施专利盒制度的国家有英国、荷兰、比利时、法国、爱尔兰、卢森堡、西班牙等。

③特许权使用费的预提所得税。对于本国企业对外支付的特许权使用费，主要有两种征税方法，一种是按单独的税率全额征收预提所得税，另一种是如果该项特许权使用费来源于设在本国的常设机构，则该常设机构的经营所得应按本国的普通企业所得税率征收。但也有的税收辖区对于对外的特许权使用费免税，如中国香港、荷兰等。

④税收协定。一个持权公司设立的理想地点，应该拥有良好的税收协定体系，与多国签订税收协定。一般来说，IP 公司获得的特许权使用费收入会被来源国征收预提所得税，若 IP 公司有母公司，则 IP 公司将利润以股息的形式汇回给母公司时，会被课征预提税。若 IP 公司所在国和来源国、母公司所在国都签有税收协定，则特许权使用费的预提所得税可能会免征或降低，股息的预提所得税也会降低。

（二）离岸信托的避税原理

1. 离岸信托的税法定义

离岸信托，是相对于国内信托而言的一种信托种类，它主要是指委托人位于境内，而受托人（即管理方）不在本国或该地区居住的信托。为了实现避税的目的，许多离岸信托都被设立在诸如开曼群岛、百慕大群岛之类的避税天堂。其主要运用的避税手段包括但不限于：其一，利用避税地的税收协定网络实现双重不征税；其二，利用避税地对信托主体的高度保密性隐藏信托的实际受益关系等。因此，离岸信托在相当程度上可以说是特意设立在避税地、避税天堂的信托。

为了提高反避税措施对离岸信托的针对性，必须对上述离岸信托的定义进行税法意义上的解释。一方面，根据《海牙信托公约》，可将境外国家的法律制度作为离岸信托的准据法，信托的设立、变更、终止都不再受国内信托的管辖。另一方面，税收居民这个概念对厘清离岸信托纳税主体的纳税义务具有重要意义。一般而言，离岸信托中，委托人属于本国税收居民，但位于境外的受托人是本国的非居民。来源于本国税收居民（委托人）的财产实质上被本国税收非居民（受托人）控制、管理、处分，这影响了本国税收管辖权的落实。从离岸信托的税法定义角度来看，制定离岸信托反避税规制具有深远的影响。

2. 离岸信托避税的主要路径

（1）延期纳税。

利用离岸信托延期纳税是委托人设立离岸信托的最基础的目的之一。在当居民国的所得税率相比于避税地所得税税率较高的情况下，委托人往往将信托收益累积在避税地，以逃避或者推迟受益人在居民国的所得税纳税义务。同时，受益人也可以获得资金的时间价值。不仅如此，许多避税地的信托法律缺少必须对信托收益进行分配的规定，甚至从理论上来讲，在信托存续时间内可以一直积累信托收益。针对这一现象，居民国一般以反避税措施对离岸信托收益可累积时长进行限制，若超过规定的时长，则视同于收益分配，因而居民国对受益人征收所得税。然而，该反避税规制受制于离岸信托的高隐蔽性、信托登记信息的不完整性，在实践中往往会遇到困难。

（2）隐匿真实受益关系。

之所以能利用离岸信托隐匿真实的受益关系，原因在于离岸信托具有隐蔽性的特点。而离岸信托的隐蔽性源于受托人基于信赖原则所肩负的保密义务。所谓保密义务，主要是指受托人不得将委托人或受益人的商业秘密、个人隐私泄露给第三方。在被视为避税地的国家信托法律中，对从事信托管理服务的受托人赋予了高度保密的权利，除非信托委托人的居民国和离岸信托所在国都将委托人或受益人的行为判定为刑事犯罪，否则受托人不具有披露信托当事人信息的义务。换言之，离岸信托的隐蔽性对避税者来说具有强烈的吸引力，许多委托人在避税路径设计中都搭建了离岸信托框架。例如，信托委托人将受益人设置为自己，从而隐匿真实的受益关系。再如，信托委托人出于自身管理信托财产的需要在英属维尔京群岛设立 VISTA 信托，名义上不参与信托财产的管理、处分，实际上却掌握了控制权。

（3）改变税收居民身份。

筹划改变信托或当事人的税收居民身份往往跟滥用税收协定有关。税收协定是划分国与国之间税收管辖权的一种协定，如果根据税收协定，离岸信托通过将税收居民身份设置在离岸管辖区，而离岸管辖区又不对信托所得征税，那么离岸信托达成了双重不征税的目的。例如，在英国 Haworth 诉英国海关税收总署的案例中，信托当事人便是利用英国信托税制的疏漏之处特意制定了避税的"环球计划"，其重点就在于筹谋躲避税收居民这个身份。2000 年，Haworth 为自己及家人在泽西岛建立了一个离岸信托，其中装有拟上市公司股份，为了躲避公司上市后出售股份被英国征收资本利得税，Haworth 听从税务顾问的建议将信托的受托人地点从泽西岛转移至毛里求斯，后又迁移至英国。他这样做的原因如下：首先，为了应付英国的资本利得税法，Haworth 试图利用国际税收协定逃避英国的税收管辖权。根据英国和毛里求斯之间的税收协定，股权转让所得应该在转让方的居住国纳税，因此毛里求斯对此笔所得享有管辖权。同时由于毛里求斯实际上不对资本利得征税，Haworth 达成了双重不征税的目的。其次，英国资本利得税法也规定，如果受托人在一个财政税收年度内保持税收非居民的身份，则其股权转让收入会穿透为委托人的所得，并对委托人征税。为了避免这一局面，Haworth 在同一年度内，将信托的受托人换成了英国的税收居民。就这样，Haworth 完成了一个被称为"全球避税"的离岸信托避税计划。但根据英国最高法院对本案的判决，法院认定因为 Haworth 是在英国做出离岸信托安排，所以根据《1992 年应课税收益征税法》（TCGA）的规定，他并不能免除 TCGA 的责任，仍需要就该笔所得在英国征税。

综上所述，离岸信托避税路径的生效除了依靠离岸信托本身的灵活性、隐蔽性等特点与功能外，还受益于避税地信托法律的配合。涉税信息交换困难，居民国征税机关难以掌握充足的涉税信息，也助长了避税者利用离岸信托避税的动机。未来有必要在分析离岸信托避税的路径与相关影响因素的基础上，找出我国信托所得税税制的不足，以便建立和完善离岸信托反避税规制。

二、A 企业转让定价和离岸信托税收筹划案[①]

案例概述： 境内 A 企业通过在内地设立研发、生产和销售公司，在香港设立运营公司和研发公司，并搭建有离岸信托架构，对外支付较高的特许权使用费和外销商品转让定价将利润转移至香港以降低企业所得税税负，通过向境外提供研发服务享受增值税免抵退优惠，通过设计股东个人离岸信托架构实现税负的豁免与递延，获得避税好处。税务机关对其向境外支付技术使用费和品牌使用费的合理性，以及外销产品的转让定价的合理性提出了质疑。企业对现行特许权使用费率的选择以及企业收入稳步上升但长期微亏微利的原因进行了解释，承诺未来会根据海外业务地域的拓展调整可比公司选择范围，调整管理和营销策略以促进公司毛利率与收入同步上升，适时调整公司架构确保税务规划的合规和税务风险的降低。通过本案例的学习，学生能了解无形资产研发、持有与使用过程中的税收筹划、产品外销的转让定价以及离岸信托的避税和反避税原理。

（一）案例背景

某民营大型能源行业设备零配件集团 A，其集团贸易主体成立于 2010 年，集团企业发展迅速，已成长为销售额过十亿元的大型企业集团，形成了从研发、制造、内销、外销到服务等较为完整的产业链。

随着 CRS 和 BEPS 行动计划的实施，反避税浪潮席卷全球，我国相继发布了非居民金融账户涉税信息尽职调查管理办法、特别纳税调整及协商程序等方面的法规，国税总局和地方各级税务部门重点选择了非贸易项下付汇、跨境交易的转让定价和高净

---

① 1. 本案例由汤凤林和许肖瑜合作撰写，作者拥有著作权、修改权、改编权，未经允许，本案例的所有部分不能以任何方式与手段擅自复制或传播。

2. 本案例原始资料来源于作者所在事务所业务中的真实情况，由于企业保密要求，本案例中企业名称、数据等做了必要的处理。

3. 本案例只供课堂讨论之用，并无暗示某种管理行为是否有效之意。

值人士个人所得税等领域进行税务稽查和反避税调查。A 集团近年来规模不断扩大，收入稳步增长，但重点成员企业长期处于盈利微薄甚至亏损状态，这引起了税务部门的关注，并于 2017 年开始陆续对 A 集团旗下企业开展税务调查。

1. 企业的主要组织结构

股东个人 F 先生的境外信托于 2014 年设立，持有香港两家公司，一家从事研发，另一家从事境外运营；境内公司由股东个人及其独资企业和天使投资方共同持有，个人实质性持股 90% 以上。公司背景情况如图 2-23 和图 2-24 所示。

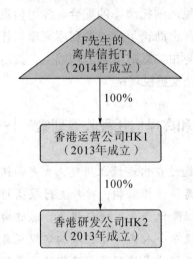

图 2-23　境外股权架构

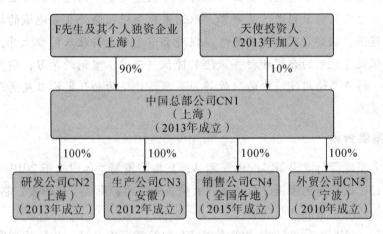

图 2-24　境内股权架构

2. 业务流程

（1）研发环节。

在集团制定的转让定价政策下，CN2 和 HK2 共同承担研发职能，HK2 负责技术方面的架构设计，并向 CN2 和其他外部研发团队分包研发任务，同时向 CN2 支付研发费用；研发形成的专利权归属于 HK2 公司，CN2 每年按照年收入的 8% 给 HK2 支付特许权使用费。

（2）采购环节。

采购涉及的选择新供应商、评估新供应商、评估已有供应商、审核新供应商和已有供应商资质由总部公司 CN1 执行，其余境内公司各自执行具体采购涉及的与供应商谈判采购条款和实施采购等事宜。

（3）生产环节。

生产公司 CN3 主要负责购买生产设备，制订生产计划，使用生产技术，制定生产流程，生产、组装、设备维护和质量控制，以及产品的库存管理和物流。由于公司的生产技术大多数来源于 HK2 的研发成果，CN3 每年按销售收入的 6% 支付特许权使用费给 HK2。此外，公司生产流程中的技术指导由 CN2 提供，CN3 向 CN2 支付一定的技术服务费。

（4）销售环节。

销售公司 CN4 负责国内各地的销售，简称"内销"，CN4 在总部指导范围内有20% 浮动的定价权。由于 HK1 公司持有集团品牌，CN4 每年向 HK1 支付境内销售收入5% 的品牌使用费。外贸公司 CN5 利用宁波港口优势建立外销渠道，主营集团产品对国外客户的销售；销售模式在成立初期为直接销售给境外客户，在 HK1 成立之后则是先销售给 HK1 再销售给最终境外客户。

（5）售后环节。

销售公司与生产公司共同负责售后事宜，销售公司作为前端了解客户需求，生产公司负责解决问题以及退换货的货源。

3. 大股东个人情况

股东 F 先生持有中国护照，因为要负责香港公司的运营，他同时申请了香港的工作签证，但是尚未取得永久居留权，常年往返于内地和香港两地。根据中国个人所得税法，个人税收居民身份的认定标准为：在中国境内有住所，或者无住所而一个纳税年度内在中国境内居住累计满一百八十三天的个人[①]。一般来说，F 先生在内地的时间居多，家人也在内地；在内地和香港地区都有其经济利益来源。股东 F 先生持有的离岸信托采用香港作为司法管辖地和管理地，在香港公司 HK1 成立不久后即成立，受益人为自己、配偶以及持有美国绿卡的女儿（已成年）。

（二）案例焦点问题

本案例的焦点问题是该集团企业如何在无形资产的共同研发、持有和使用，以及产品的生产与销售过程中实现税负降低的，企业具体采用了哪些避税手段。

（三）案例分析

1. 企业筹划的主要途径

A 集团主要是通过关联交易来实现避税的。目前可以用来避税的关联交易主要分为五类：无形资产交易、有形资产交易、劳务交易、金融资产交易和资金融通类交

---

① 《中华人民共和国个人所得税法》（2018 年修正）第一条。

易①。在税收征管实践中，税务机关一般是根据上述各类关联交易的具体金额，来决定是否要求相关企业提交同期资料文档。由于跨境关联交易更容易导致中国税源的流失，并且流失的税源追征难度大，税务机关一般会对跨境关联交易予以更多的关注。本案例除了金融类关联交易，其他类别的关联交易都用到了，而且还是跨境的关联交易，下面逐个对企业利用无形资产（技术和品牌）、商品和研发服务的关联交易所做的筹划进行介绍。

（1）通过无形资产和商品的转让定价将利润转移至香港，从而降低集团的企业所得税整体税负

①境内企业向香港公司支付较高的技术使用费和品牌使用费。

集团整体业务流程中涉及无形资产的部分如图 2-25 所示。

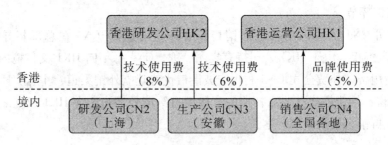

图 2-25　特许权使用费支付

如图 2-25 所示，境内企业与香港公司在无形资产方面的关联交易简况如下：香港公司 HK2 在集团中被定位为承担集团的架构性研发功能（在软件开发中确定开发结构和蓝图等），承担研发成本，持有研发成果的专利权，并以此收取特许权使用费。HK1公司持有集团品牌，CN2 和 CN4 每年分别向 HK2、HK1 公司支付特许权使用费和品牌使用费，费率分别为其年收入的 8% 和 5%，费率是依据可比性分析报告（Bench Marking）的数据来确定的。生产企业 CN3 承担集团产品的"量产"职能，在可比性分析报告的基础上，CN3 向 HK2 支付年收入 6% 的特许权使用费。

研发公司 CN2 通过向 HK2 支付特许权使用费节约企业所得税。由于集团研发形成的专利权归属于 HK2 公司，CN2 公司每年根据自身年收入的 8% 向 HK2 支付技术使用费性质的特许权使用费。以 2016 年公司为例，当年收入约 1 亿元人民币，向 HK2 公司支付了约 800 万元人民币的技术使用费。由于 CN2 公司每年的利润率约 10%，特许权使用费率 8%，该项支付为 CN2 公司每年约节省 44% 的中国内地企业所得税。具体测算过程如下：公司年收入 1 亿元，特许权使用费 800 万元，支付特许权使用费的情况下利润约 1 000 万元（1 亿元×10%）；如果不支付特许权使用费，则利润为 1 800 万元（1 000+800），计税基础的差异为 44.44%（800/1 800）。

生产企业 CN3 通过向 HK2 支付特许权使用费得以节约企业所得税。它承担集团产品的"量产"职能，在生产过程中对集团研发的技术成果具有依赖性，但是与专门承担研发职能的 CN2 相比依赖性略低；基于在同类行业、相似地区的集团中承担生产制

———————————
①　国家税务总局公告 2016 年第 42 号《关于完善关联申报和同期资料管理有关事项的公告》第四条。

造职能的企业之可比性分析，独立交易区间列示的特许权使用费占净销售额比例的四分位数区间为4.25%至7%，中位值为5.5%。企业以略高于中位值的比例支付，CN3向HK2支付年净销售收入6%的特许权使用费。

HK2通过收取特许权使用费归集集团利润享受香港低所得税率。香港公司HK2为集团研发中心和无形资产管理中心，向境内企业收取特许权使用费，现阶段适用香港的最高利得税率16.5%。由于香港的利得税实行累进征收，利润200万港币以内适用税率8.25%，当企业处于利润水平不高的阶段时，两岸的税率差比较大，节税的效果更明显；但随着利润增加，HK2适用的企业所得税率上升到16.5%。此税率比国内生产企业CN3适用的税率25%要低，可以实现8.5%的税率差节税；此税率比国内高新技术企业CN2适用的税率15%要稍高，企业仍选择向HK2支付技术使用费的原因是：境内高新技术企业等的审批和复查日趋严格，CN2享受的15%优惠税率并非"一劳永逸"，而且合规成本很高。集团将HK2作为公司利润的初步归集中心，再通过向HK1进行利润分配以及设计离岸信托架构，实现集团整体税负减轻的目标。

CN4通过向HK1支付品牌使用费节约企业所得税。运营公司HK1在香港，集团的核心自主品牌注册和维护在香港地区。销售公司CN4按照年收入的5%向香港运营公司HK1支付品牌使用费，由于中国内地的企业所得税率25%，香港公司利得税率16.5%，CN4向HK1支付品牌使用费，可以实现品牌使用费乘以8.5%税率差的节税。品牌使用费率5%的确定依据如下：基于在同类行业、相似地区的集团中对商标使用费相关的协议之可比性分析，独立交易区间列示的特许权使用费占净销售额比例的四分位数区间为3.5%至6%，中位值为4.75%，企业以略高于中位值的比例支付，CN4向HK1支付年净销售收入5%的品牌使用费。

由于此类支付是非贸易项下的付汇，对外支付特许权使用费通常还会面临6%的增值税以及7%的预提所得税[1]。其中，6%的增值税可以被境内的代扣代缴人作为进项税抵扣，不产生实际税负成本，只影响现金流；7%的预提所得税则是实实在在构成境内企业的税负成本，但对集团来说并不会增加税负，因为预提税在香港可以得到抵免。在税收实践中，境内外双方对于非贸易项下付汇的增值税、预提税、附加税等由哪一方承担，往往是商务谈判中涉税条款谈判的焦点，由谈判结果决定。

②通过境内外关联企业间商品交易的转让定价实现集团企业低所得税负。

集团还通过境内外购销交易的转让定价来降低企业所得税负。集团通过制定外销企业的商品转让定价将大部分利润转移到低税区的香港HK1；在境内集团已基本形成研发、生产、销售和服务的闭环，充分利用境内的各类优惠政策，实现税负的减轻，整体筹划思路见图2-26。

---

[1] 根据《内地和香港特别行政区关于对所得避免双重征税和防止偷漏税的安排》第十二条，特许权使用费支付征收预提税7%，但需要明确的是适用7%的预提税率需要满足"特许权使用费受益所有人是另一方居民"这个条件；在征管实践中，如果企业要享受协定待遇要向税务机关递交一系列申请表，可能存在税务机关不同意的风险。如果因某种原因无法适用7%的预提税率，则适用一般情形下的10%。

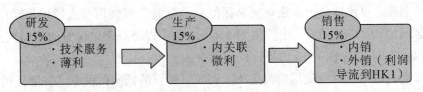

图 2-26 产业链各环节企业所得税税负率

外销企业通过转让定价将利润转移到低税地公司。外贸公司 CN5 从生产企业 CN3 购货之后，销售给香港运营公司 HK1，再销往全球各地。此筹划的关键点在于确定保留在 CN5 的合适利润率。在确定利润率的可比分析中，交易净利润法下可选择的常用利润率指标有资产收益率、销售利润率、完全成本加成率和贝里比率，鉴于 CN5 公司承担的是分销职能，可比性分析中采用了销售利润率（营业利润/营业收入）作为净利润指标。又由于受外部环境和不确定性因素（如贸易战等）的影响，企业的销售利润率每年均有较大浮动，最终 CN5 选择保留 5%～10% 的利润率，集团据此制定转让定价政策和出口给 HK1 的商品销售价格，从而把更多的利润转移到低税负区的 HK1。

研发实体 CN2 公司：收入、成本都比较稳定，且有典型的技术背景和高新技术企业资质，适用 15% 所得税率。向 HK2 支付特许权使用费后 CN2 的应税所得比较稳定，节税方式主要是确保享受 15% 的优惠税率。但向 HK2 支付特许权使用费，可能会构成申请高新技术企业资质的不利因素；未来 CN2 公司可以考虑海南、西部大开发等地域特征明显的"税收洼地"来实现 15% 企业所得税税率，预防高新技术企业被"摘牌"的风险。

生产公司 CN3：因为是国内生产企业，适用 25% 的企业所得税率；CN3 节税方式主要是降低应税所得。具体方法是：销量方面，受外部市场环境影响（如疫情），订单急剧减少，企业产量不太稳定；价格方面，由集团总公司控制 CN1 采购成本，销售价格采用内部定价方式，使 CN3 仅保持 5% 左右的微利，将利润移至后置销售环节。应税所得少，缴纳的企业所得税就少。

内销公司 CN4：CN4 负责国内各地的销售，可以通过调节应税所得额或者创造条件享受较低的所得税率的方式节税。集团通过赋予 CN4 总部指导下 20% 的浮动定价权的方式调节其销售利润水平。税率方面，集团通过规划境内各地销售公司的人数、净资产量、利润水平等，使其满足小微企业的要求，从而享受最高 10% 的实际税负率的政策；与内销公司一般情况下需要适用 25% 的税率相比，此举可获得 15% 的税率差收益。

（2）向境外关联企业提供研发服务享受增值税免抵退优惠节税。

境内研发单位 CN2，利用上海的人才优势组建研发团队，在 HK2 公司制定研发目标的基础上，承担部分具体的研发工作。HK2 公司将整体研发目标分解，根据 CN2 公司及其他研发服务供应商的研发实力进行分配，除分配至 CN2 公司之外，还会委托一部分研发项目给境外其他研究机构或公司。CN2 公司在承接研发项目时，按照成本加成的方法收取技术服务费，成本加成率为 15%～20%[①]。

---

① 15%～20% 的成本加成率是企业进行了可比性分析之后得到的结果，计算成本加成率的可比性分析的方法与之前特许权使用费率部分类似。

CN2 来自 HK2 的研发服务收入适用增值税免抵退政策。根据我国财税〔2016〕36 号文，CN2 向 HK2 提供的技术服务属于"向境外单位提供的研发服务"，该项服务收入适用增值税零税率的优惠政策，可按月向主管税务机关申报办理增值税免抵退税。CN2 公司每年有约 60% 的收入来自合约研发，40% 的收入来自对境内其他关联公司的技术指导服务。因此，CN2 公司 60% 的收入对应增值税为零。以 2016 年公司年收入约 1 亿元为例，其中 6 000 万元的收入属于增值税零税率的收入；若不做此规划，研发服务面向境内企业提供，则需要按普通服务收入缴纳 6% 的增值税，此安排可为公司节税 360 万元。考虑到增值税是城建税、教育费附加等的计税基础，节税的好处会更大。

CN2 来自境内技术服务提供的收入未采取筹划措施。根据我国现行税收政策，从理论上看，CN2 公司也可以就这部分收入申请增值税免税政策，但考虑到与免税收入对应进项税要转出，而企业精确抓取免税收入对应的进项税金有一定难度，从而给企业带来一定税务风险，企业最终放弃了对这 40% 的收入申请增值税免税待遇。

（3）设计股东个人离岸信托架构实现个人所得税税负的豁免与递延。

资本投资所得税负主要涉及企业所得税和个人所得税，针对税后利润分配的个人所得税筹划是企业所得税筹划的进一步延伸，企业的综合税收筹划方案还包括了利用离岸信托递延企业老板 F 先生个人所得税税负的设计（见图 2-27）。

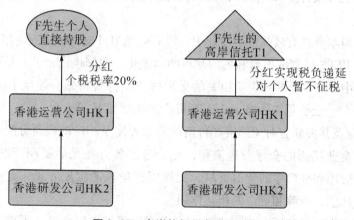

图 2-27　离岸信托税负递延效果

由于企业 90% 的股份都是由 F 先生所有，F 先生是企业的大股东，持有中国护照，且习惯性居住地为内地，是中国的居民纳税人。按我国现行税法，F 先生获得的公司税后利润分配需要按"利息、股息、红利"收入缴纳 20% 的个人所得税率。在企业业务走上正轨之后（2014 年）F 先生在香港设立了离岸信托，以获得个人所得的节税好处。

首先，信托架构下公司分红不用缴纳个人所得税。2019 年 1 月 1 日生效的新个人所得税法暂未对中国税务居民设立的海外信托设置具体的纳税规定，也没有针对海外信托的反避税条款，因此 F 先生作为委托人设立离岸信托架构持有境外资产时，信托资产的增值部分是可以获得 20% 的个人所得税的豁免或递延的（若以后国内出台对海外信托进行纳税调整的条款）。具体避税原理是：香港 HK1 公司股权是信托资产的主要组成部分，HK1 公司增值的来源主要是 HK1 公司持续经营产生的分红。信托架构下，F 先生作为信托的委托人不再持有 HK1 公司股权，HK1 的分红由其法律形式上的股东（信托）来获取，因此信托架构下 HK1 的分红将不直接和立即产生 20% 的内地个人所得税的纳税义务。

其次，信托受益人从信托中获取的收益暂时不用缴纳个人所得税。企业认为，F 先生作为信托的受益人，从信托中获取收益是不用缴纳个人所得税的，因为现行税法暂时没有此类规定。尽管部分业界人士认为，离岸信托中的中国税务居民受益人获得的信托资产收益分配，应被认定为境外偶然所得缴纳 20% 的个人所得税；我国个人所得税法《征求意见稿》形成过程中也曾出现过类似条款，但此类条款并未出现在最终公布的法规中。"法无明文规定不征税"，现行个人所得税的九大类收入没有直接明确对信托收益征税；税总 2020 年 6 月出台的关于"偶然所得"外延的相关规定，只将诸如网红的直播奖励收入等纳入了"偶然所得"范畴，并没有提及离岸信托架构中受益人的收益部分。许多企业主等高净值人士利用这点构建离岸信托架构持有资产（包括公司股权、大额人寿保单、金融资产、境外房产等）来避税。可见，至少在税总明确对信托收益所得征税以前的"真空期"，F 先生的香港离岸信托收益暂时是无需缴纳个人所得税的[①]。

2. 税务机关的质询与企业的解释

（1）境内研发实体 CN2 合约研发下收取技术服务费收入与同时支付特许权使用费存在"矛盾"。

① CN2 公司本身具有较强的研发能力，没有立场对外支付特许权使用费。

随着全球 BEPS 计划的出台和各国政策的本地化，我国也出台了一系列转让定价政策的新规，其中 BEPS 第 8～10 项相关的无形资产反避税措施，催生了国家税务总局 2017 年 6 号公告。公告第三十条关于无形资产的条款如下：

"判定企业及其关联方对无形资产价值的贡献程度及相应的收益分配时，应当全面分析企业所属企业集团的全球营运流程，充分考虑各方在无形资产开发、价值提升、维护、保护、应用和推广中的价值贡献，无形资产价值的实现方式，无形资产与集团内其他业务的功能、风险和资产的相互作用。

企业仅拥有无形资产所有权而未对无形资产价值做出贡献的，不应当参与无形资产收益分配。无形资产形成和使用过程中，仅提供资金而未实际执行相关功能和承担相应风险的，应当仅获得合理的资金成本回报。"[②]

在此背景下，无形资产的"开发、价值提升、维护、保护、应用和推广"（DEMP-EP）成为税务机关反避税的焦点。CN2 公司的做法属于典型的基于无形资产交易安排（见图 2-28），因而也受到了税务机关的质询。

---

① 信托收益筹划的收益还需要考虑 F 先生家庭成员的相关利益得失问题。由于信托受益人还包括其持有美国绿卡的女儿，此筹划方案还需要考虑女儿作为美国税收居民个人在获取信托时的美国个人所得税负，以及如果其女儿已经婚嫁，是否要提前制定该信托收益的分配与女婿之间的法律权属问题。另外，离岸信托的成功筹划还涉及许多专业知识，如信托类型设置、信托契约准备、信托投资权利设定、信托意愿书安排、信托委托人受益人的安排、信托公司的选择、信托司法辖区和管理地的确定等非常复杂的法律及税收专业知识，以及可装入信托的资产类型的界定，信托资金的注入、汇出、分配，信托资产的管理等金融领域知识。

② 国家税务总局 2017 年第 6 号《特别纳税调查调整及相互协商程序管理办法》，第三十条。

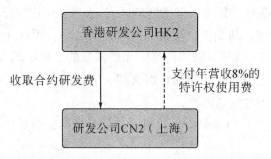

图 2-28　CN2 公司与 HK2 公司的关联交易

2017 年 12 月，主管税务机关对 CN2 公司进行纳税风险评估，认为 CN2 公司同时收取合约研发费用与支付特许权使用费的情况缺乏合理性。税务机关认为，图 2-28 所示业务模式存在"自相矛盾"。CN2 公司能够胜任来自境外关联公司的研发任务，同时对境内公司进行技术指导，有一定数量的知识产权权属，这说明 CN2 公司本身具有较强的研发能力，没有必要再对外支付特许权使用费；CN2 公司向香港 HK2 公司支付的特许权使用费有利润转移的嫌疑。税务机关要求 CN2 公司证明香港关联方 HK2 公司对技术专利形成中 DEMPEP 的贡献程度，否则特许权使用费相应的金额不做税前列支，并对以往年度的进行纳税调整，同时追加滞纳金。

②企业的情况说明与策略调整承诺。

一是技术角度的情况说明和现场访谈。针对税局认为 CN2 支付特许权使用费和收取合约研发费存在"矛盾"的观点，CN2 邀请税务局到公司走访，技术总监客观、全面地介绍了 CN2 与 HK2 研发团队之间的关系，侧重介绍了 HK2 公司在研发策略、研发方向和战略性研发成果方面的角色，CN2 公司在研发支持、团队构成和"接单"模块化任务的角色，以及 HK2 公司在 DEMPEP 方面的贡献。CN2 的技术团队与税务团队配合，向税务人员展示了 HK2 研发成果在境内业务的开发和生产中的必要性，同时整理了一份情况说明，对税前列支的特许权使用费为何是必要的开发成本进行了解释。税务机关在进行研究后认同该特许权使用费支付具有一定的合理商业目的和经济实质，但认为 8% 的特许权使用费费率高于同行业平均水平。

二是未来可比性分析的策略调整。CN2 公司基于同期资料和专项可比性分析报告，介绍了集团制定特许权使用费转让定价策略的方法：在进行特许权使用费的可比性分析时，公司所选择的可比公司，基本上都是香港及内地的公司，而将亚太区其他国家的公司排除在外，原因主要是集团公司不涉及香港地区以外的境外关联方。香港地区作为亚太区典型的低税地，跨境的企业集团，尤其是同时持有香港公司实体的集团公司，都倾向于以特许权使用费的形式将利润导流至香港，且采取相对激进的税务规划，如较高的特许权使用费率[①]。因此，CN2 只选择香港及内地的公司进行可比性分析，会导致样本涉及的特许权使用费率偏高。在税务局提出的质疑后，CN2 表示随着公司海

① 实践中最激进的筹划会叠加高费率和高基数的双重效应，也就是说除了采用本身就是高费率的可比公司进行分析外，还采用销售而不是利润额为计算特许权使用费率的基数，这样就可以掩盖可比公司费率虚高的部分。

外市场的扩大和海外实体的扩张（非香港地区），未来在可比性分析时会加入亚太地区其他国家或地区（日本、新加坡、澳大利亚等）的公司，预计此举会导致特许权使用费率在目前8%的基础上明显下降，使基于无形资产的支付更趋合理。税务机关认可，表示将根据以后年度公司提交的同期资料文档、审计报告和更新后的转让定价政策予以进一步评估，目前不做纳税调整。

（2）境内生产企业CN3的转让定价是否是导致境内公司长期微亏微利的"罪魁祸首"？

2018年8月，年度汇算清缴和同期资料刚提交后不久，由于CN3 2013—2017年的收入稳步上升、利润率水平却逐年下降，被所在地主管税务机关稽查局某分局列为反避税风险评估的对象。税务机关对CN3这五年经营情况进行了风险评估，针对企业这五年提交的审计报告、同期资料文档中的数据提出了以下两个疑点：

①收入稳步上升，利润率水平却逐年下降。

虽然能源行业大环境不稳定，CN3公司的收入仍然连年稳步上升；但企业的净利润并没有增加，一直在盈亏平衡点附近"徘徊"，利润率水平逐年下降；鉴于CN3是集团在境内数家公司中企业所得税税率最高的实体，税务机关认为其存在利用集团内部关联交易转移利润的嫌疑。

②对技术依赖不足，但仍然每年对外支付高额特许权使用费。

在CN3公司的利润率水平一直偏低的情况下，每年要支付6%的特许权使用费给香港研发公司HK2；并且，CN3公司的生产过程中对该技术的依赖程度不足，如生产过程中遇到的技术问题，是由CN2公司解决，而不是向HK2公司求助（见图2-29）。据此税务机关认为，CN3每年支付的特许权使用费不得在企业所得税作税前扣除。

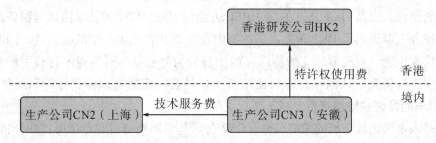

图2-29　CN3公司的境内外非购销类关联交易

针对税务机关的质疑，企业从以下两个方面向主管税务机关进行了解释，最终得到了税务机关的认可。

①关于特殊因素的分析。

得益于集团长年来积累的稳定客户群，营业收入持续上升；然而，受经济周期的影响，近五年来能源行业的宏观环境不佳，价格下滑，在一定程度上影响了营业收入和利润。为了维持稳定的客户源，境内总公司CN1直接决定战略性客户的订单价格，CN3公司承担生产任务。虽然这些战略性客户的大项目利润水平不高，无法扭转毛利率下滑的趋势，但是仍在一定程度上缓解了固定成本带来的巨大压力。此外，经济不景气环境下公司的阶段性裁员也导致了短期内成本的上升。具体分析如下：

首先，经济寒冬企业产品售价下降导致毛利率下降。

全球冶金、大宗商品交易等行业从 2013 年开始遭遇寒冬，令 A 集团的下游企业面临困境，这直接导致订单量下降；优质境外客户数量呈现下降趋势，规模较大的客户为了保住市场份额不得不降价，导致 A 集团作为零部件供应商被压价；而规模较小的客户面临"关、停、转、并"及生产停滞，需求量骤减，A 集团为保订单数量也不得不降低售价，从而使得单位产品毛利率水平下降，从 2013 年的约 11% 下降至 2016 年的约 1%。

其次，固定成本较高但固定资产利用率不高。

CN3 作为生产型企业，前期固定投入较大，在经济大环境不景气的背景下，生产不饱和导致前期投资的固定资产存在一定程度的闲置，而公司运转还需要一定费用投入。因此，高额的固定成本、运转费用和低固定资产利用率影响了企业的生产经营表现，导致企业利润水平不高。以 2017 年为例，企业的产能利用情况见表 2-16。

表 2-16 2017 年 CN3 的产能利用情况

月份	实际工时	计划工时	利用率/%
1	40 511	43 141	93.90
2	24 287	43 141	56.30
3	32 959	43 141	76.40
4	34 180	43 141	79.20
5	33 801	43 141	78.40
6	35 600	43 141	82.50
7	42 381	43 141	98.20
8	37 333	43 141	86.50
9	33 388	43 141	77.40
10	21 629	39 650	54.50
11	29 379	39 650	74.10
12	26 659	39 650	67.20
合计	392 106	507 220	均值：77.3

CN3 企业 2017 年的固定成本及费用总计约 5 亿元，其中未被充分利用的是 22.7%（即 1-77.3%），约 1.14 亿元。这一情况影响到了公司的财务表现和利润水平。

最后，裁员支付的赔偿金导致暂时性成本上升。

在市场和固定成本双重压力下，集团考虑引进新的投资方，实行人员精简与扁平化管理。在人员精简方面，公司裁员的对象主要是资历较长但跟不上技术更新节奏的工程师，以及部门的中层管理者，这带来了较高额的离职赔偿金。以 2015 年为例，CN3 因企业重组并引发的人事变动带来赔偿金就达 1 000 万元。高离职赔偿金降低了公司的利润水平。

②关于利润率趋势的分析。

如前所述，公司近五年毛利率总体呈下降趋势。但是，在宏观经济环境和能源行业整体回暖的背景下，得益于公司精简人员的长期效应，以及坚持技术领先和价低质优以稳住现有客户等正确战略决定，在管理层的努力下公司毛利润率终于出现了"触底反弹"（见图2-30）。因此，预计A集团未来的利润率预期将缓慢上升，与收入的变化趋于一致。

图 2-30　CN3 公司近五年毛利率

CN3 公司请税务机关工作人员到生产一线进行参观，向税务机关展示 HK2 所提供技术在生产中的重要性，以证明其特许权使用费支付的必要性。企业生产的零配件需要根据行业的最新标准进行尺寸、材料、设计等的升级，而这种升级有赖于集团 HK2 公司根据国际领先水平和产品趋势研发新的模具。模具研发本身有失败的风险，需要大量投入人力、物力；而 CN3 公司可以在 HK2 成熟的研发成果基础上直接实现量产。因此，CN3 企业生产对 HK2 研发模具和其他技术的依赖是其合理对外支付特许权使用费的根本原因。

（3）F 先生 2019 年的离岸信托收益是否需要申报纳税？

①税务机关没有提出对 F 先生境外信托收益征收个人所得税的要求。

由于 F 先生在境内基于工资薪金和分红所得正常缴纳了个人所得税，尽管分红部分的金额并不高，税务机关目前并没有直接对 F 先生的个税缴纳情况提出异议，也未对股东 F 先生在境外通过信托归集分红收益提出个税征缴要求，原因可能是：一方面，如前所述我国现行税法并没有明文规定信托收益分配需要缴纳个人所得税；另一方面，离岸信托的征管难度相较于境内要高出很多。

②境外信托收益筹划未来要考虑的事项。

尽管现行税法没有对信托收益的纳税义务进行明文规定，但随着 2017 年年底 CRS 信息交换的正式落地，境外资产的税务风险与日俱增，结合 2020 年 6 月 30 日结束的年度个人所得税申报工作来看，如果境外有收入但没有对境外收入进行申报的，有可能在 2020 年 7 月 1 日开始的后续管理中，成为税务机关关注的重点。这意味着在税法还没明确信托收益是否应该缴纳个人所得税的情况下，F 先生境外信托收益信息若被交换回来，未来他还是存在一定的税务风险。由于香港地区并未对股东获取公司分红类的资本利得征收个人层面的税收，未来计划对 F 先生个人的香港税收居民身份进行规划，因为 F 先生在香港有公司开展业务，也经常往来于内地与香港地区，如果他是香港税收居民，其 CRS "母国" 就是香港地区而非内地，以后即使 CRS 交换机制被触发，信息也是交换到香港地区的税务机关。如果 F 先生持有了香港税收居民身份，根据香港对资本利得不征税的做法，在信托收益方面他就没有什么税务风险。

（四）总结与评论

1. 企业税收筹划的注意事项。

（1）税收筹划要与时俱进。

本案例中，随着企业海外业务的拓展，集团转让定价政策中特许权使用费率需要适时更新。金税三期和大数据的应用对企业国内布局的规划，CRS 在中国 "落地" 对 "壳公司" 的实质性经营，以及企业主搭建离岸信托架构等都提出了新要求。如前所述，现行特许权使用费率的确定是根据公司业务主要地域选择香港和内地地区可比公司的，未来需要根据公司业务向海外拓展将其他亚太国家的公司加入。公司将研发、生产、内销、外贸分布在不同地域，这在一定程度上加大了税收征管成本，在合理范围内降低了公司成为税务稽查目标企业的概率。然而，随着金税三期工程和大数据在税务征管当中的作用日益凸显，布局上的规划也要合规得当、适时调整。

CRS 正式实施后，企业需要根据两家香港公司的收入规模、人员构成等情况，逐步开展实质性经营，因为，在 CRS 框架下，大量运营的 "壳公司" 已被归入消极非金融机构的范畴，而消极非金融机构的实际控制人之账户信息将会被交换。在本案例中，HK1 公司常年因持有商标而收取品牌使用费，HK2 公司常年因持有专利而收取技术使用费，如果特许权使用费收入占公司总收入超过 50%，就有可能被认定为 "消极非金融机构" 而被穿透，这会导致 F 先生的海外金融资产信息被交换回中国内地税务机关。CRS 实施以前，由于监管手段的限制和海外信息的不透明，国内税务机关对以企业主为代表的高净值人士在境外资产无从知晓，除非启动相对 "高阶" 的国与国之间税收情报交换，因此，过去绝大多数的海外资产并没有很高的税务风险。时至今日，随着 CRS 的实施和全球反避税浪潮的进一步推进，以及从 2019 年开始中国明确税收居民全球收入每年要主动申报纳税，海外资产的资金来源、完税情况等面临新的挑战，信托筹划需要从金融、法律、税务等领域进行综合规划。由此可见，新的税收政策、国际国内的反避税新趋势、企业本身业务形态的变化以及税收征管力度的加强，都需要税收筹划与时俱进。

（2）适度筹划，合规先行。

本案例所涉及的研发活动和技术服务的增值税优惠政策的筹划，CN2 公司在 60% 研发服务收入已经适用增值税零税率的情况下，并未再对另外 40% 的技术服务费筹划以适用免税政策，这体现了 "中性" 筹划的原则。另外，本案例涉及集团利润在境内外公司之间的分配，该集团在适用 25% 所得税税率的 CN3、CN5 公司依然保有合理利润、保障税收贡献，没有把税筹方案做到 "极致"，这为在主管税务机关提出质疑时进行合理解释留出了空间。目前被稽查或被国际反避税调查的案例，大多采用了比较激进的税收筹划，使整体税负率在 5% 以内甚至更低，如 "苹果" "星巴克" "微软" 等。

虽然从技术层面来看这些案例处理方法值得其他企业学习，但从纳税遵从的角度来说极易引起税务机关的排斥，可见，跨国企业要在纳税遵从和节税安排之间做好平衡，进行有理、有据、有限的税收规划。

2. 税务机关的征管启示

（1）根据经济新业态适时调整征管方式。

随着新经济形态的出现和传统行业的更新迭代，企业的业务模式也日新月异，对业务流程的刻板理解可能导致征管模式的僵化和税收思维的局限。因此，税务机关应紧跟企业和行业业务发展的步伐，对于诸如数字经济、互联网+、线上新零售等模式需采用与时俱进的征管方式。如本案关于无形资产的特许权使用费和研发服务费在境内外关联方互相支付的模式中，如果不深入了解研发活动的流程与核心，便有可能得出"特许权使用费不可以在企业所得税前扣除"这一相对武断的结论。因此，税务机关有必要适时调整征管方式，深入企业调研，结合企业日常税务申报数据进行税务审查，加强税企沟通等，从而对企业的纳税调查做出正确判断。

（2）"长期引导"比"短期有效"更重要。

对许多纳税人来说，一旦遇到税务机关来企业开展税收稽查或者风险评估，认为那必然会带来立竿见影的效果；然而，这种认识会无形中将税务机关和纳税人摆到对立的立场，不利于实现长期的税企合作。本案中，CN2表示未来在可比公司选择时会加入亚太地区其他国家的公司，预计此举会带来特许权使用费率在目前8%的基础上明显下降，使基于无形资产的支付更趋合理。税务机关亦表示将根据以后年度公司提交的同期资料文档等对企业予以进一步评估，暂时不做纳税调整。这一结果实现了双赢，一方面企业在当下不会因为税务机关主动核查、进行补税等而"被动纳税"，从而避免可能对企业纳税信用等带来直接或潜在的影响；另一方面未来税务机关在企业下调了特许权使用费率之后依然可以收获利润上浮带来的企业所得税税源。此举将税务机关与企业纳税人放在了统一阵线，税企互相配合有利于实现双方的长期共赢。可见，要实现税收稽查、风险评估的目标，"长期引导"比"短期有效"更重要。

三、案例使用说明

（一）适用对象与教学目的

1. 适用对象

本案例主要适用于"国际税收""税收筹划"，也可以将本案例作为"税务管理"课程的辅助案例。本案例的教学对象包含财经类的本科生和研究生，特别是税收和会计专业的本科生和研究生。

2. 教学目的

一是加深学生对不同功能企业的合理布局与离岸信托进行所得税筹划等知识点的理解，使其了解企业搭建组织架构的整体筹划思路，以及具体的实现方法和操作流程；二是以案例的形式进行讲解，剖析无形资产开发、持有和使用过程中的税收筹划和转让定价、对外提供研发服务的增值税免抵退等知识点，不仅能提高学生的学习兴趣，而且能培养学生的自学能力、运用理论分析解决实际问题的能力，从而避免机械地学习和记忆；三是使学生对跨国企业税收筹划方案的适时调整和筹划的合理性等方面有一定的了解，随着经济、政策环境的变化，企业的税收筹划方案要与时俱进，筹划适度、合规先行是降低税收筹划风险的前提。

（二）启发思考题

1. 无形资产研发、持有有哪些典型的方式，需要注意哪些税收问题？

2. 关于无形资产企业，易引起税务机关反避税关注的行为有哪些？

3. 什么是离岸信托？简述离岸信托的避税原理。

（三）分析思路

先简要描述案例背景，在此基础上提出案例的焦点问题，即该民营企业如何在无形资产的共同研发、持有和使用以及产品的生产与销售过程中实现税负降低的。企业具体采用了哪些避税手段？再分析企业利用转让定价实现利润转移，在利润分配环节设计利离岸信托架构，在外销研发服务中享受更多的增值税免税政策等方式进行避税的过程。然后分析税务机关的质询与企业的解释，最后结合经济、政策环境的变化提出企业税收筹划注意事项和税务机关征管启示。

（四）理论依据与分析

1. 本案例所用到的具体法规依据

（1）关于税收居民身份判断的依据：《中华人民共和国个人所得税法》（2018 年修正）第一条。

（2）税务机关重点审查的五项跨境关联交易：国家税务总局公告 2016 年第 42 号《关于完善关联申报和同期资料管理有关事项的公告》第四条。

（3）关于对外提供研发服务享受增值税免抵退政策：财税〔2016〕36 号《财政部、国家税务总局关于全面推开营业税改征增值税试点的通知》附件四，《跨境应税行为适用增值税零税率和免税政策的规定》。

（4）关于关联方对无形资产价值的贡献程度及相应的收益分配：国家税务总局 2017 年第 60 号《特别纳税调查调整及相互协商程序管理办法》，第三十条。

（5）关于 2018 年 4 月 1 日以后香港公司所适用的利得税率：《香港 2018 年税务（修订）（第 3 号）条例（修订条例）》附表 8B ［第 14、14AAC、63H 及 63HA 条及附表 42］两级制利得税率——法团。

（6）关于境内向香港公司支付特许权使用费适用的预提税率：《内地和香港特别行政区关于对所得避免双重征税和防止偷漏税的安排》第十二条。

2. 税务分析的计算过程与结果

（1）境内企业向香港公司较高支付技术使用费和品牌使用费节税。

①CN2 通过向 HK2 支付 8% 的特许权使用费节约企业所得税。

以 2016 年公司为例，CN2 当年收入约 1 亿元人民币，向 HK2 公司支付了约 800 万元人民币的技术使用费。由于 CN2 公司每年的利润率约 10%，以 8%的特许权使用费率计算，该项支付为 CN2 公司每年约节省超过 44%的中国内地企业所得税，具体测算过程如下：以公司年收入 1 亿元为例、特许权使用费为 800 万元，支付特许权使用费的情况下有约 10%的利润即 1 000 万元；如果不支付特许权使用费、则利润为 1 800 万元（1 000+800），因此计税基础的差异为 44.44%（800/1 800）。

②CN3 通过向 HK2 支付 6%的特许权使用费节约企业所得税。

CN3 作为国内生产企业，如果不支付特许权使用费（假设金额为 X 万元），这笔资金适用的税率是 25%；如果支付特许权使用费 X 万元，CN3 少交企业所得税 $X \times 25\%$，但 X 支付出去时征收 7%的预提税，到香港后适用 16.5%的公司利得税，不过 7%的预提税可以获得抵免，这笔资金在香港承担的税负是 9.5%；从集团来看，此举共节税 $X \times 8.5\% = X \times (25\% - 16.5\%)$，特许权使用费率越高，X 越大，节税越多。

③CN4 通过 HK1 支付 5%的品牌使用费节约企业所得税。

CN4 作为国内销售企业，如果不支付特许权使用费（假设金额为 Y 万元），这笔资金适用的税率是 25%；如果支付特许权使用费 Y 万元，CN4 少交企业所得税 $Y \times 25\%$，但 Y 支付出去时要征收 7%的预提税，到香港后适用 16.5%的公司利得税，不过 7%的预提税可以获得抵免，这笔资金在香港承担的税负是 9.5%；从集团来看，此举共节税 $Y \times 8.5\% = Y \times (25\% - 16.5\%)$，特许权使用费率越高，Y 越大，节税越多。

（2）通过境内、外关联企业间商品交易的转让定价实现集团企业低所得税负。

外贸公司 CN5：从生产企业 CN3 购货之后，销售给香港运营公司 HK1，再销往全球各地。外贸公司在国内适用 25%的所得税率，节税可以主要从应税所得（利润率水平）上考虑。公司是通过在购进外销过程中实行转让定价来调控公司的利润率水平（5%~10%）的，使较大利润空间留在低税区的 HK1。

内销公司 CN4：境内销售公司 CN4 负责国内各地的销售，节税的途径可以是调节应税所得额，也可以创造条件享受较低的所得税率。应税所得额的调节主要通过产品销售价格的方式实现，具体来说是在总部指导下实行 20%的浮动定价策略调节利润水平；税率方面，因为内销公司一般情况下在国内适用 25%的税率，集团还可以规划境内销售公司的人数、净资产量、利润水平等，使其满足小微企业的要求，享受最高 10%的实际税负率。

生产公司 CN3：因为是国内生产企业，适用 25%的企业所得税率；CN3 节税方式主要是降低应税所得。具体方法是：由集团总公司控制 CN3 采购成本，销售价格采用内部定价方式，仅保持公司 CN3 微利（5%左右），将利润移至后置销售环节。应税所得少，缴纳的企业所得税就少。

研发实体 CN2 公司：收入、成本都比较稳定，且有典型的技术背景和高新技术企业资质，适用 15%所得税率。向 HK2 支付特许权使用费后，CN2 的应税所得比较稳定。其节税方式主要是确保享受 15%的优惠税率。但向 HK2 支付特许权使用费，可能会构成申请高新技术企业资质的不利因素。未来 CN2 公司可以考虑海南、西部大开发等地域特征明显的"税收洼地"来实现 15%企业所得税税率，预防高新技术企业被"摘牌"的风险。

（3）向境外关联企业提供研发服务享受增值税免抵退优惠节税。

研发公司 CN2 承接 HK2 的研发任务，在承接研发项目时，按照成本加成的方法收取技术服务费，成本加成率 15% 至 20% 不等；公司每年约有 60% 的收入来自合约研发，另外 40% 的收入来自对境内其他关联公司的技术指导服务。由于在中国"向境外单位提供的研发服务"，适用该项服务收入增值税零税率的优惠政策，可按月向主管税务机关申报办理增值税免抵退税。CN2 公司 60% 的收入对应增值税为零。以 2016 年公司年收入约 1 亿元为例，其中 6 000 万元的收入属于增值税零税率的收入；若不做此规划，研发服务面向境内企业，则此收入需要缴纳普通服务收入 6% 的税率，可见，此举能为公司节税 360 万元。增值税是城建税、教育费附加等的计税基础，如果考虑到这一点，节税的好处将更为显著。

（4）在香港设立 F 先生的离岸信托架构实现个人所得税税负豁免与递延。

从集团的全球架构来看，利润最后被归集到了香港公司 HK1，但按现行税法要求和 F 先生的税收居民身份，利润在 HK1 进行分配时需要缴纳个人所得税。在香港离岸信托架构的设立可以避免在利润分配时缴纳个人所得税，同时信托受益人从信托中获取的收益暂时也不用缴纳个人所得税，从而能较好地实现个人所得税税负的豁免与递延。具体原理如下：香港 HK1 公司股权是信托资产的主要组成部分，HK1 公司持续经营产生的分红构成信托资产增值的主要来源；F 先生作为信托的委托人现在不再持有 HK1 公司股权，HK1 的分红由信托来获取，此时的分红不直接和立即产生 20% 的内地个人所得税的纳税义务。同时，由于我国暂时未出台相关的法律规定信托收益属于个人所得税的应纳税所得，因此，包括 F 先生及其家人作为信托受益人，从信托中获取的收益暂时不用缴纳中国的个人所得税。

4. 可能涉及的会计科目变更

本案的规划主要涉及税额的变化，相应的会计科目没有发生变化。

（五）关键点

第一，本案梳理了企业基于无形资产和离岸信托的综合税收筹划方案，分析了其在无形资产开发持有和使用、产品外销和对外提供研发服务过程中通过特许权使用费支付、转让定价和增值税免抵退实现节税的方法，分析了税务机关提出的疑点、企业的依据，以及筹划应注意的事项，加强了学生对无形资产转让定价、离岸信托和增值税免抵退等有关知识点的理解。

第二，通过案例分析与讨论方法，剖析无形资产转让定价、离岸信托和增值税免抵退等知识点，不仅能提高学生的学习兴趣，而且能培养学生的自学能力、运用理论分析解决实际问题的能力，从而避免机械地学习和记忆。

第三，通过分组讨论的学习方式，增强学生的团队合作能力和自我表达能力，以及培养学员对案例进行系统分析、逻辑推理并合理决策的能力。

（六）建议课堂计划

本案例的教学计划见表 2-17。

表 2-17　案例教学计划

案例教学计划	具体内容
教学时长	1 个学时
课前计划	发放案例正文和思考题，要求学生在课前完成阅读并对思考题作答
课堂计划	1. 介绍税案始末，让学生了解案例的基本情况和焦点问题。 2. 将学生分成小组进行讨论，讨论本案中企业可能采取的筹划方法及其可能产生的税务风险、讨论税务机关可能的质疑，然后每个小组派一名同学上台发言。 3. 归纳总结每个小组的发言，提出各小组的优缺点，并解答有争议之处。 4. 结合问题，回顾案例
课后计划	通过对本案例的学习，请同学们谈谈自己的收获和感悟（500 字左右），并以 word 的形式上交

（七）案例的建议答案及相应依据

1. 公司 CN2、CN3 和 CN4 分别以 8%、5%和 6%费率对外向香港关联企业 HK2 和 HK1 支付技术使用费和品牌使用费的方式是否合理？

在具有经济实质与合理商业目的的支撑下，境内公司向境外企业支付基于技术与品牌的特许权使用费是合理的。但是除了在"定性"方面符合要求，纳税人的"定量"数据支持也非常重要，如在业务模式、发展阶段、行销地域、所属行业等方面有可比性的分析报告，是判定特许权使用费费率是否合理的基础。本案中 CN3 和 CN4 分别对外支付 5%和 6%的技术使用费和品牌使用费是具有合理性的，具体依据见可比性分析；但 CN2 对外支付 8%的技术使用费有点偏高，企业的解释是因为可比性分析中可比公司的范围主要是香港及内地的公司，香港又是低税区，承诺未来随着业务地域范围的扩大，会将可比公司范围拓展到其他亚太地区。整体来看，对外支付的费率是合理的。

2. 生产企业、外销企业通过转让定价使其在国内保持微利是否合理？

生产企业 CN3 出现微利的原因有许多，如经济大环境不景气导致市场压力大和产品售价下降，固定资产利用率低导致固定成本高，裁员导致短期内赔偿成本上升。这些是企业微利的客观原因。其对外支付 6%的特许权使用费虽然构成其利润减少的一项重要内容，但这笔支付是有其合理依据的，因为其生产技术升级对香港 HK2 公司存在高度依赖性。可比性分析的数据支持了 6%费率选择的合理性。

外贸业务当中，通过香港等中间层公司做"转口"贸易而截留利润的做法相当普遍，但判断这种通过外销商品的转让定价保持国内企业微利的做法是否合理的关键是转让定价的"合理性"。在合理性前提下，国内企业出现微利是可以得到主管税务理解的。然而，要注意的是，"微利"不是目的，而是结果，转让定价的精髓在于通过可比公司等的人数据体现关联公司之间的"独立交易原则"。只要企业有可比性分析的证据表明，同行中类似业务模式国内企业都基本上是微利的，那么这一操作方法的合理性就是站得住脚的。本案中 CN5 提供了净利润率选择的可比性分析，具有一定合理性。

3. 对外研发服务享受增值税免抵退政策是否合理？

根据我国财税〔2016〕36 号文，对外研发服务可以享受增值税免抵退税政策。CN2 来自 HK2 的研发服务收入（占总收入 60%）适用增值税免抵退政策，可按月向主管税务机关申报办理增值税免抵退税。

4. F 先生的离岸信托收益是否需要申报纳税？

至少迄今为止，F 先生不需要对离岸信托收益申报纳税，因为我国现行税法并没有明文规定信托收益分配需要缴纳个人所得税，并且离岸信托税收征管难。但随着 CRS 的正式实施以及我国税收法律的完善，境外信托收益的税务风险与日俱增，未来可以选择对其税收居民身份进行规划。

（八）其他教学支持材料

本案例以幻灯片的形式进行辅助说明。

（九）思考题参考答案

（扫一扫）

（十）附件（相关法律法规条款）

1.《中华人民共和国个人所得税法》（2018 年修正）第一条

第一条 在中国境内有住所，或者无住所而一个纳税年度内在中国境内居住累计满一百八十三天的个人，为居民个人。居民个人从中国境内和境外取得的所得，依照本法规定缴纳个人所得税。

在中国境内无住所又不居住，或者无住所而一个纳税年度内在中国境内居住累计不满一百八十三天的个人，为非居民个人。非居民个人从中国境内取得的所得，依照本法规定缴纳个人所得税。

纳税年度，自公历一月一日起至十二月三十一日止。

2. 国家税务总局公告 2016 年第 42 号《关于完善关联申报和同期资料管理有关事项的公告》第四条

关联交易主要包括：（一）有形资产使用权或者所有权的转让。有形资产包括商品、产品、房屋建筑物、交通工具、机器设备、工具器具等。

（二）金融资产的转让。金融资产包括应收账款、应收票据、其他应收款项、股权投资、债权投资和衍生金融工具形成的资产等。

（三）无形资产使用权或者所有权的转让。无形资产包括专利权、非专利技术、商业秘密、商标权、品牌、客户名单、销售渠道、特许经营权、政府许可、著作权等。

（四）资金融通。资金包括各类长短期借贷资金（含集团资金池）、担保费、各类应计息预付款和延期收付款等。

（五）劳务交易。劳务包括市场调查、营销策划、代理、设计、咨询、行政管理、技术服务、合约研发、维修、法律服务、财务管理、审计、招聘、培训、集中采购等。

3. 财税〔2016〕36 号《财政部、国家税务总局关于全面推开营业税改征增值税试点的通知》附件四《跨境应税行为适用增值税零税率和免税政策的规定》

中华人民共和国境内（以下简称"境内"）的单位和个人销售的下列服务和无形资产，适用增值税零税率：

向境外单位提供的完全在境外消费的下列服务：研发服务。

4. 国家税务总局 2017 年 6 号公告第三十条

第三十条　判定企业及其关联方对无形资产价值的贡献程度及相应的收益分配时，应当全面分析企业所属企业集团的全球营运流程，充分考虑各方在无形资产开发、价值提升、维护、保护、应用和推广中的价值贡献，无形资产价值的实现方式，无形资产与集团内其他业务的功能、风险和资产的相互作用。

企业仅拥有无形资产所有权而未对无形资产价值做出贡献的，不应当参与无形资产收益分配。无形资产形成和使用过程中，仅提供资金而未实际执行相关功能和承担相应风险的，应当仅获得合理的资金成本回报。

5. 香港《2018 年税务（修订）（第 3 号）条例》

附表 8B［第 14、14AAC、63H 及 63HA 条及附表 42］

两级制利得税率——法团

就于 2018 年 4 月 1 日或之后开始的课税年度而言，须按以下税率微收利得税——

（a）就法团而言：

（i）不超过 $ 2 000 000 的第 14 条应评税利润——8.25%；

（ii）第 14 条应评税利中超过 $ 2 000 000 的部分——16.5%；

（b）就属某合伙的合伙人的法团而言：

（i）不超过限额的有关第 14 条应评税利润的净份额——8.25%；

（ii）第 14 条应评税利润的净份额中超过限额的部分——16.5%。

6.《内地和香港特别行政区关于对所得避免双重征税和防止偷漏税的安排》第十二条

第十二条特许权使用费

一、发生于一方而支付给另一方居民的特许权使用费，可以在该另一方征税。

二、然而，这些特许权使用费也可以在其发生的一方，按照该一方的法律征税。但是，如果特许权使用费受益所有人是另一方居民，则所征税款不应超过特许权使用费总额的 7%。双方主管当局应协商确定实施该限制税率的方式。

三、本条"特许权使用费"一语是指使用或有权使用文学、艺术或科学著作（包括电影影片、无线电或电视广播使用的胶片、磁带）的版权，专利、商标、设计或模型、图纸、秘密配方或秘密程序所支付的作为报酬的各种款项，或者使用或有权使用工业、商业、科学设备或有关工业、商业、科学经验的信息所支付的作为报酬的各种款项。

四、参考文献

［1］杜莉. 国际税收［M］. 上海：复旦大学出版社，2019.

［2］朱青. 国际税收［M］. 北京：中国人民大学出版社，2021.

［3］杨志清. 国际税收［M］. 2 版. 北京：北京大学出版社，2018.

［4］朱喻松. 我国离岸信托反避税税制设计［D］. 上海：上海财经大学，2022.

案例 2-11　H（印度）公司软件开发服务转让定价调整诉讼案

一、基础知识

（一）转让定价策略的应用

转让定价是指跨国关联企业间内部转让交易所确定的价格，这一价格通常与市场价格存在差距，是跨国企业进行利润转移的重要工具。由于转让定价发生在跨国公司集团的内部成员之间，而这些成员由于法律或经济上的原因相互之间在经营管理和经济利益方面又存在着紧密的联系，因此转让定价并不一定符合市场竞争的原则，而是根据公司集团的整体利益人为地加以确定。也就是说，一项交易的转让价格既可以等于市场自由竞争所形成的价格，又可以不等于这种竞争价格。转让定价的这种特殊性，决定了它在跨国公司集团的内部管理和国际避税方面有着广泛的用途。转让定价可以用于跨国关联企业之间的各项交易，包括销售产品、提供劳务、发放贷款、转让技术等。在这些交易中，通过实施一定的转让定价策略，跨国公司就可以把公司集团的利润从一个国家的关联公司转移到另一个国家的关联公司的账上。例如，为了使海外某一国家的子公司获得较高的利润，跨国母公司可以向其低价销售产品零部件，或由子公司向母公司高价出售产成品。又如，为了减少海外子公司的利润，跨国母公司在向其提供劳务、贷款或专利使用权时可以收取较高的劳务费、利息或特许权使用费，把子公司的一部分利润转到母公司的账上。此外，在关联企业的运输费、保险费、管理费、佣金等项费用的支付上也可以采用上述转让定价策略。

（二）转让定价调整

由于跨国集团对价格的人为操纵，使内部交易的转让价格高于或者低于市场竞争价格，以达到在跨国公司集团内部转移利润的目的，这应当被视为滥用转让定价。转让定价调整指对跨国关联企业间的内部交易价格进行的调整，以使其与公平原则或其他监管要求保持一致。其调整目的是在遵守税收法规的前提下，确保所定价反映市场状况，并在关联实体之间公平分配利润。这一点尤为重要，因为相关实体可能会有操纵转让价格的动机，试图将利润转移至低税收管辖区或减少纳税义务。这些调整可以由税务机关在审计期间进行，也可以由公司主动进行，以管理其转让定价政策并降低税务争议的风险。

总的来说，转让定价是指在跨国公司内部进行公司间交易时设定价格的做法，而转让定价调整涉及修改这些价格，以确保其符合税收法规和公平原则。这两个概念对于跨国公司有效管理其纳税义务和尽量减少税务纠纷的风险至关重要。

（三）转让定价调整的原则

独立交易原则，通常被称为转让定价领域的公平原则，集中体现了跨国公司内部关联实体之间交易的基本原则。独立交易原则意味着，跨国公司内部关联实体之间交易的价格应与在类似情况下进行类似交易的不相关各方所商定的价格相当。从本质上讲，关联实体应该像在竞争市场中经营的独立实体一样进行交易。独立交易原则主要包含以下三方面的内容：一是基于市场的定价。相关实体之间的交易应该像在公开市场中独立各方之间进行的交易一样定价。二是可比交易。关联方之间交易的价格应当与不相关方之间类似交易的价格具有可比性。三是一致性和透明度。独立交易的原则要求一致地应用转让定价方法和透明的定价过程文件。

这一原则确保转让价格反映商品、服务或无形资产的公平市场价值，并有助于防止相关实体人为地将利润转移到低税收管辖区或逃避纳税义务。遵守独立交易原则是跨国公司在公司间交易中保持透明度、公平性和遵守税收法规的必要条件。

二、H（印度）公司软件开发服务转让定价调整诉讼案[①]

案例概述：随着经济全球化趋势不断发展，各个跨国公司之间的跨境交易日益普遍，而 BEPS 行动计划在全球的开展，使得各国税务局对跨境交易转让定价的监管与审查也更加严格，尤其加大了对关联交易的审查力度，因此，跨国公司转让定价的风险问题必须引起重视。H（印度）公司作为 H 公司的孙公司，因向其关联企业提供了软件开发服务，受到印度税务部门的调查，税务部门对该关联交易的转让定价做出了调整。H（印度）公司对此不服并进行上诉，就可比公司的选择与在进行可比性分析时营运资金的差异能否进行调整这两个问题，与印度转让定价官员、争议解决小组进行交涉和抗辩，所得税上诉法庭最终同意了 H 公司（印度）的部分请求，降低了其软件开发服务的补税金额。本案例的研究能给像 H 公司一样的"走出去"企业在降低跨境交易涉税风险方面以经验借鉴，为我国服务好"走出去"企业的税务风险管理及为印度短期税收利益与长期经济社会发展的平衡提供启示。

① 1. 本案例由重庆市专业学位研究生教学案例库建设项目——《国际税收案例库》建设小组（重庆工商大学）成员简慧颖、令狐丁艳、王淑琴、张小慧、蹇代娇、汤凤林撰写，作者拥有著作权、修改权、改编权，未经允许，本案例的所有部分不能以任何方式与手段擅自复制或传播。

2. 本案例只供教研讨论之用，并无暗示某种管理行为是否有效之意。

（一）案例背景

21世纪以来，印度凭借人口红利带来的市场潜力，经济持续高速增长，成为全球成长最快的新兴经济体之一和软件制造的"世界大工厂"，也成为了我国手机"出海"的必争之地，众多企业（如小米、OPPO、华为、一加等）纷纷到印度投资建厂。近年来，由于印度政府提出"自力更生"的计划①，实施"对华产业替代"政策②，以及缓解财政压力等原因，印度税务部门对许多外资企业，尤其是中国企业进行了多次税务检查和严格的纳税调整，引发了不少税收争议；印度的这一举动也给在印中资企业的生产经营和研发过程带来了诸多困难。2018年11月，印度税务机关对H（印度）公司开展转让定价调查，将其信息技术支持服务收入视为软件开发业务收入并要求补税，H（印度）公司不服，于是向印度税务争议解决小组、所得税上诉法庭提出复议和上诉。

H（印度）公司［全称为H技术（印度）有限公司］是H公司的孙公司，也是H公司在印度的业务运营实体。H公司于1999年开始进军印度电信市场，并选定印度信息中心号称"印度硅谷"的班加罗尔，设立研究机构着手相关软件研发。2001年，H公司在印度的研发中心全面运作，以制造符合当地需求的产品。经过多轮投资和多年发展，2011年，H公司成为印度第一大全球市场主要机顶盒供应商，占其市场比重的24%；印度也成为当时H公司最大的海外销售市场。H（印度）公司主要承接H集团公司在印度的各种服务，包括提供网络基础设施设备，为企业客户提供信息化解决方案，与当地高校、研究机构合作推动科技创新，为涉及数字经济领域提供相关的解决方案和技术支持等。H公司在印度的股权架构如图2-31所示：

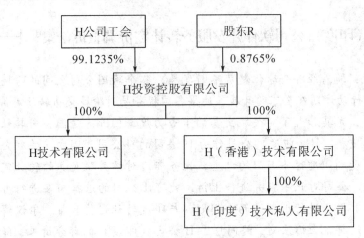

图2-31 H（印度）公司股权架构图

---

① "自力更生"运动的内核是扶持本土制造业。为达成此目的，莫迪政府此次推出了20万亿卢比（约为印度GDP的10%）的一揽子经济计划，同时宣布将推出土地、劳动力、流动性和法律体制等一系列新改革，培育本土市场和供应链体系，实现自力更生。

② "对华产业替代"政策由三大部分组成，即以生产挂钩激励计划（PLI）为代表的产业政策、以全球范围内寻求"中国替代品"及签订新双边自贸协定为代表的经贸政策、以融入美西方创新链和价值链为代表的新经济政策。其中，生产挂钩激励计划是重中之重。该计划重在通过财政激励手段，优先鼓励印企以及外来资本在严重依赖"中国制造"的产业领域加强印度自主生产能力建设，特别是提升规模效应。

从业务上来看，H（印度）公司在H公司集团软件研发中所负责的具体事项如下：首先，由H公司集团通过市场调研完成印度市场用户的产品需求分析，了解用户产品的原始需求，包括产品概念化、规格和可行性研究，以及列出综合产品功能清单。若产品可行，原始需求将传给H（印度）公司的工程师。系统工程师理解需求后，采用迭代开发模式，通过组织跨职能团队协作，推动需求和解决方案的发展。随后在高级设计阶段，解释整个系统的产品架构框图，确定主要组件和接口，进而衍生出开发所需的各项任务。发布计划涉及多个迭代，用于预测版本交付时间。团队召开会议，根据优先需求、团队能力和评估结果制定发布时间表。迭代计划是就开发团队承诺的最高级别需求的完成达成一致，并确定交付的详细任务和测试，从需求中提炼出接受标准。迭代鉴定阶段，通过将迭代开发转移到测试团队来评估工作，测试团队运行手动/自动化测试用例，开发团队修复报告的缺陷。迭代评审阶段，通过验证需求的功能、非功能和代码质量属性，与相关方一起评审迭代的技术成熟度。根据迭代评估报告，决定是否发布。也就是说，H（印度）公司主要是根据H公司集团所提出的产品综合功能清单要求进行软件研发。具体流程细节如图2-32所示。

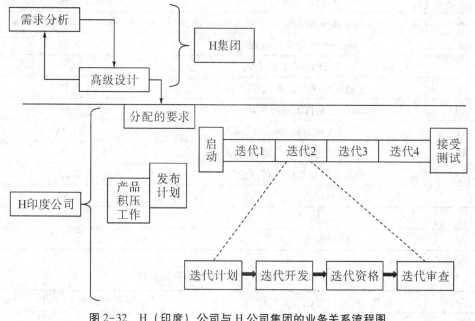

图2-32　H（印度）公司与H公司集团的业务关系流程图

（二）案例焦点

本案例争议焦点集中在：第一，印孚瑟斯有限公司和拉森拓博信息科技有限公司能否纳入H（印度）公司转让定价时可比公司范围，进行可比利润水平分析；第二，H（印度）公司与可比公司的营运资金差异是否需要调整以更好地进行可比分析。

（三）案例分析

1. 可比公司的选择

（1）双方选择的可比公司。

H（印度）公司和印度税务当局均认为，应当将交易净利润法作为确定本案中独立交易价格的最佳方法，将营业利润/营业成本作为 H（印度）公司与可比公司进行营业利润比较的利润率指标（Profit Level Indicator，PLI）。在此共识基础上，H（印度）公司先选择了 13 家与自身公司财务状况相近的可比公司，印度税务机关选择了 20 家公司作为可比公司，来计算参考的平均利润率（具体见表 2-18、表 2-19）。H（印度）公司计算的软件开发服务的平均利润率为 13.10%，而印度转让定价官员将信息技术支持服务的收入也计入软件开发服务，导致计算出的 H（印度）公司的平均利润率比 H 公司自己计算的高出 0.03%，即 13.13%（详见表 2-20）。

表 2-18　H（印度）公司选取的可比公司

序号	可比公司名称	平均利润率（OP/OC）/%
1	中联软件出口有限公司	8.19
2	怡盛科技有限公司	9.29
3	资讯通科技有限公司	25.85
4	信息科技私人有限公司	3.44
5	华锐系统有限公司	0.19
6	瑞尔软件有限公司	-4.26
7	Sagarsoft（印度）有限公司	5.89
8	塔塔 Elxsi 有限公司	27.19
9	宇迪斯解决方案私人有限公司	4.18
10	Bhilwara 信息技术有限公司（分部）	26.45
11	茂德工程有限公司（分部）	21.18
12	R 系统国际有限公司（分部）	24.17
13	萨斯肯科技有限公司（分部）	6.52
	35 分位值	5.89
	中位值	8.19
	65 分位值	21.18

表 2-19　转让定价官员选取的可比公司

序号	可比公司名称	平均利润率（OP/OC）/%
1	资讯科技有限公司	9.89
2	先兆系统私人有限公司	11.65
3	Exilant 科技私人有限公司	17.17
4	马恒达科技有限公司	18.57
5	拉森拓博信息科技有限公司	18.94
6	卓越软件实验室私人有限公司	19.73
7	精灵电路私人有限公司	20.19
8	黑胡椒科技私人有限公司	20.62
9	Mindtree 有限公司	21.21
10	Aptus 软件实验室私人有限公司	22.70

表2-19(续)

序号	可比公司名称	平均利润率（OP/OC）/%
11	亚信农业有限公司	24.51
12	恒久系统有限公司	24.98
13	Wipro 有限公司	26.83
14	塔塔 Elxsi 有限公司	28.24
15	资讯通科技有限公司	28.52
16	Nihilent 有限公司	30.17
17	第三软件有限公司	30.94
18	Threesixty Logica 测试服务私人有限公司	36.58
19	印孚瑟斯有限公司	37.38
20	赛博软件私人有限公司	56.81
	35 分位值	20.19
	中位值	23.60
	65 分位值	28.83

表 2-20 双方利润率指标计算详情

详情	转让定价调查			转让定价官员报告
	软件开发服务部分	信息技术支持服务部分	总计	总计（被认为全部是软件开发服务）
营业收入（OR）	Rs 4 937 139 539	Rs 3 982 080 444	Rs 8 919 219 983	Rs 8 919 219 983
营业成本（OC）	Rs 4 365 118 021	Rs 3 519 234 982	Rs 7 884 353 002	Rs 7 884 353 002
营业利润（OP＝OR－OC）	Rs 572 021 518	Rs 462 845 462	Rs 1 034 866 981	Rs 1 034 866 981
关联交易利润率（OP/OC）	13.10%	13.15%	13.13%	13.13%

注：摘自判决书 India – H Technologies India Pvt. Ltd. v. ACIT, 5 December 2022 ，其中 Rs 为印度货币卢比的符号。

其中，在转让定价审查过程中，H（印度）公司选取的 13 家可比公司，平均利润率为 8.19%，与 H（印度）公司关联交易利润率 13.10% 相差 4.91%；转让定价官员选取的 20 家可比公司，平均利润率为 23.6%，与转让定价官员审查出的 H（印度）公司关联交易利润率 13.13% 相差 10.47%。无论是 H（印度）公司方还是转让定价官员方得出的差额都大于 3%[①]，因此 H（印度）公司的关联交易无法被认定为独立交易，需要进行转让定价调整。最终，转让定价官员认为 H（印度）公司营业收入需要增加 825 840 327 卢比。具体过程见表 2-21：

---

① 印度税务机关 2020 年 10 月 19 日第 83/2020 号文件 ITA 第 92C 条作出解释：独立交易价格不超过可比公司的 3%，实际进行的转让价格将被视为 2020/21 财政年度的公平价格。

表 2-21　转让定价的调整额

项目	数额
按可比公司计算出的独立交易平均利润率	23.60%
运营成本（OC）	Rs 7 884 353 002
独立交易价格（ALP）= 123.60% * OC	Rs 9 745 060 310
调整前总收入	Rs 8 919 219 983
调整增加收入	Rs 825 840 327

注：同表 2-20。

由表 2-19 和表 2-20 可知，双方选择的可比公司数量不同，并且只有塔塔 Elxsi 有限公司和资讯通科技有限公司是双方均选取的，其余公司各不相同。原因可能有两方面：

第一，双方立场不同。转让定价官员站在印度政府方立场，为防止跨国企业通过各种合法或非法的手段逃避税收，在对跨国公司关联交易利润率指标进行审查后，如发现有出入，则会重新确定独立交易利润率指标，并且在选取可比公司时更倾向于选择利润率处于较高水平的企业作为可比公司，以防止税收流失。而 H（印度）公司通常有最大限度地提高交易回报的动机，在不违反国际双边税收协定的前提下，倾向于通过合理地比较所有可用的替代方案，尽可能选取与自身公司规模相近且利润率处于较低水平的企业作为可比公司，以减轻税收负担，从而实现利润最大化的目的。

第二，双方对可比公司的认定存在差异。《OECD 2010》[1] 建议在进行可比公司选择时可参考以下标准：①销售额、资产或员工人数制定规模标准。因为交易的绝对价值或与当事方活动成比例的交易规模可能会影响买卖双方的相对竞争地位，从而影响可比性。②与无形资产相关的标准，如：无形资产净值/总资产净值的比率。当被测方不使用有价值的无形资产或参与重大研发活动时，它们可用于排除具有有价值的无形资产或重大研发活动的公司。③与出口销售额（国外销售额/总销售额）重要性相关的标准（如适用）。④与库存的绝对价值或相对价值相关的标准（如适用）。⑤其他标准。第三方在创业公司、破产公司等此类特殊情况明显不宜比较。

在本案例中，参考公司与被评估公司的财务状况、经营成果、资本结构等企业的异质性会导致公司间直接比较不合理，这也是印度转让定价官员与 H（印度）公司在可比公司选择存在分歧的原因所在。除此之外，《OECD 2014》第六章[2]提出无形资产通常具有独特的性质，在选取可比公司时，很难找到大量具有所审查的关联交易相似特征的公司，因此，OECD 提倡在涉及无形资产的交易定价时采用双边分析法，即双方当事人的观点都应被充分考虑，这使得关联交易当事人拥有一定的自主选择权利，依据公司财务状况来选取合适的可比公司。并且，由于自主选取权利的存在，H（印度）公司选取可比公司时倾向于选择业务范围局限于软件开发服务的小型企业，来降

①　OECD - Transfer Pricing Guidelines for Multinational Enterprises and Tax Administrations - 22 July 2010.

②　OECD, Guidance on Transfer Pricing Aspects of Intangibles - Action 8；2014 Deliverable（OECD 2014）.

低利润率指标。而转让定价官员对业务范围的标准并不局限于软件开发服务，在筛选可比公司时会将与之类似或业务范围更广的大型企业也考虑在范围内。

综上所述，由于转让定价官员与 H（印度）公司所处立场不同，两者在选择可比公司时持有的选择标准不一致，最终导致了双方筛选的可比公司的数量及范围不一致。

（2）关于两家可比公司选择的争议。

在可比公司的选择上，H（印度）公司对转让定价官员对是否将印孚瑟斯有限公司和拉森拓博信息科技有限公司纳入可比公司名单持有异议。关于印孚瑟斯有限公司和拉森拓博信息科技有限公司能否作为可比公司，双方的观点如下：

对于印孚瑟斯有限公司，H（印度）公司认为不应将其纳入可比公司的范围，理由如下：

① 业务范围不同。首先，印孚瑟斯有限公司主要提供商业咨询、技术、外包和软件服务，并且还提供以加速知识产权为主导的创新产品、业务平台和解决方案。此外，该公司的新服务产品涵盖大数据分析、云数据、网络安全、物联网工程服务以及数据对接和微服务等领域的高端服务，该公司服务产品众多，而 H（印度）公司提供的常规软件开发服务难以与之进行比较。其次，印孚瑟斯有限公司主要是向全球客户提供业务咨询与软件开发等各种性质的 IT 服务，业务范围较广、整体性较强。而 H（印度）公司提供的单一常规软件开发服务仅是印孚瑟斯有限公司软件产品业务下的一个分支，且印孚瑟斯有限公司并未对此类服务做细分处理，导致印孚瑟斯有限公司的细分信息不足，无法根据印孚瑟斯有限公司提供的整体业务来评估与 H（印度）公司的专属服务的可比性。最后，印孚瑟斯有限公司还从事研发活动，这将提高该公司自身的生产力、现代化、业务协同等能力，与仅提供专用服务的 H（印度）公司完全不同，因此两者不具有可比性。

② 品牌价值不同。"印孚瑟斯"品牌作为该公司拥有的最重要的无形资产之一，其运营与销售均受到其品牌名称的影响，并且品牌名称能够赋予印孚瑟斯有限公司更好的谈判地位，有助于优化企业的成本和利润。但 H（印度）公司仅向其关联企业提供定向软件开发服务，所有销售都是在成本加成的基础上向关联企业进行的，因此母公司的品牌名称（H 公司）不会对 H（印度）公司的销售成本与利润产生影响。因此，两者并不具有可比性。

③ 规模与地位不同。一方面，印孚瑟斯有限公司经营规模较大，营业额是 H（印度）公司的 50 多倍。并且近年来印孚瑟斯有限公司多次展开收购与合并业务，例如，印孚瑟斯有限公司董事会已经批准收购一家总部位于美国的创意和消费者洞察机构——黄嘟嘟控股有限公司。这意味着印孚瑟斯有限公司已经成为面向国际市场的大型跨国企业，这与仅为关联企业提供定向服务的 H（印度）公司经营规模差距明显，因此，两者不具有可比性。另一方面，印孚瑟斯有限公司作为市场领导者，是印度历史上第一家在美国上市的公司，在 1999 年通过了 CMMI5 级（软件工程规范最高级别）认证，2021 年位列 "2021 福布斯全球企业 2 000 强" 第 492 位[①]、"亚洲品牌 500 强"

---

① 2021 年福布斯全球企业 2 000 强。

排行榜第 123 位①。印孚瑟斯有限公司几乎是其所提供的各项服务市场里的领军企业，与仅仅作为 H 公司在印度设立的孙公司的行业地位差距较大，因此不适合做 H（印度）公司的可比公司。

④费用、风险承担能力不同。首先，费用承担能力不同。印孚瑟斯有限公司承担大量营销与研发费用。此外，印孚瑟斯有限公司拥有大量海外开支，其境外重大支出分别占 2017/18 财年、2016/17 财年和 2015/16 财年总支出的 68.09%、49.06% 和 49.51%。然而，H（印度）公司主要在印度开展业务且仅是一家专属服务提供商，承担较少的营销与研发费用。其次，风险承担能力不同。印孚瑟斯有限公司采用的是低风险的、在时间和成本等方面可预测性高的全球交货模式，自主风险承担能力较强，是一家成熟的风险承担实体，而 H（印度）公司仅是其关联企业的服务提供商，风险承担能力较弱，两者不具有可比性。

然而，争议解决小组认为应将印孚瑟斯纳入可比公司范围，其理由如下：

① 关于细分数据。印孚瑟斯有限公司来自软件服务的收入为 6191 亿卢比，而来自软件产品的收入仅为 31 亿卢比，即产品收入仅占总营业收入的 0.05%，所以来自软件产品的微薄收入不会影响公司从软件开发中获得的利润，也就不需要考虑细分数据。即争议解决小组不认同 H（印度）公司关于细分数据不足的描述。

② 关于品牌价值。印孚瑟斯有限公司收入的增长是由于采取了各种商业举措来加速增长，而不仅仅是因为品牌价值。此外，印孚瑟斯有限公司 98.5% 的收入来自顶级客户的回头客业务，而品牌建设支出仅占总收入的 0.39%，因此品牌价值并未对印孚瑟斯有限公司的销售成本与利润产生影响，争议解决小组不认同 H（印度）公司方关于品牌价值的论述。

③关于费用承担。印孚瑟斯有限公司 2018 年的研发支出为 374 亿卢比，仅占其总营业收入的 0.6%，研发支出占销售额的比例低于 3%，因此无法证明研发支出对该公司的利润率有实质性影响。2018 年印孚瑟斯有限公司销售和营销支出仅占总收入的 0.46%，不会对印孚瑟斯有限公司的利润率产生影响。因此，争议解决小组不认同 H（印度）公司方关于营销费用与研发费用的论述。

对于拉森拓博信息科技有限公司，H（印度）公司认为不应将其纳入可比公司范围，主要理由如下：

①业务范围不同。首先，拉森拓博信息科技有限公司提供广泛的 IT 服务，包括应用程序开发、维护和外包、企业解决方案、基础设施管理服务、测试、数字解决方案和平台解决方案，为银行、金融服务、保险、媒体和娱乐、旅游、物流和医疗保健等不同行业的客户提供服务。各种性质的服务被包括在内，而 H（印度）公司仅提供常规软件开发服务，二者无法相提并论。不仅如此，拉森拓博信息科技有限公司还从事海内外产品贸易，且这些服务或产品作为企业整体业务并没有细分，因此无法根据拉森拓博信息科技有限公司提供的整体业务来评估与 H（印度）公司的专属服务的可比性。其次，拉森拓博信息科技有限公司从事研究开发活动。研发支出将导致生产率提

① 世界品牌实验室品牌排行榜。

高、现代化、运营协同等，这反过来又对成本效益结构和利润率产生影响。因此，H（印度）公司不能与拉森拓博信息科技有限公司相比。最后，拉森拓博信息科技有限公司拥有众多无形资产，运营着新兴技术，并拥有这些技术的所有权，如大数据分析、物联网、云数据、用户体验等，这些无形资产能够为拉森拓博信息科技有限公司创造巨额利润。而 H（印度）公司仅提供服务，各类技术所有权由母公司持有，其资产所有量与拉森拓博信息科技有限公司资产所有量无法相比。

②品牌价值不同。拉森拓博信息科技有限公司拥有具有市场支配地位的品牌形象，使其能够与客户在谈判中达成更优惠的交易价格，从而提高公司业务利润。但 H（印度）公司仅向其关联企业提供定向软件开发服务，所有销售都是在成本加成的基础上向关联企业进行的，因此母公司的品牌名称（H 公司）不会对 H（印度）公司的销售成本与利润产生影响。因此，两者并不具有可比性。

③规模不同。拉森拓博信息科技有限公司已经进行了几次收购，这些收购的协同效应将影响拉森拓博信息科技有限公司的盈利能力与经营规模。例如，2017 年"智能数据科学私人有限公司"与拉森拓博信息科技有限公司的合并计划获得批准，并完成全部资产转让。通过此次收购获得的协同效应使得拉森拓博信息科技有限公司 2017/18 财年的整体利润率得到较大提升，企业规模也与 H（印度）公司持续拉大，以至于两者现阶段不具有可比性。

④费用承担能力不同。除了常规研发支出外，拉森拓博信息科技有限公司还拥有大量海外支出。在 2017/18 财年、2016/17 财年和 2015/16 财年的海外支出分别占总支出的 54.04%、53.32% 和 55.02%。鉴于 H（印度）公司主要在印度境内开展业务，没有产生任何重大的国外费用，因此无法与 H（印度）公司进行比较。

然而，争议解决小组认为应将拉森拓博纳入可比公司范围，其理由如下：

① 关于业务范围。首先，拉森拓博信息科技有限公司的营业收入主要来自软件开发服务，其主营业务为应用程序维护和开发、企业资源规划和测试等。H（印度）公司的主营业务是在计算机网络、计算机软硬件、数据通信设备、电子设备、无线电和无线通信产品和设备以及各种类型的无线通信设备领域开展设计软件开发、软件维护和支持服务业务。因此可以看出，拉森拓博信息科技有限公司的业务与 H（印度）公司相当。其次，拉森拓博信息科技有限公司无形资产仅包括计算机软件，没有拥有任何关于知识产权的开发或许可权。并且上述所提及的计算机软件是任何软件公司都能使用的正常软件，因此不能被解释为独特或非常规资产。因此拉森拓博信息科技有限公司没有自己的知识产权，并且没有任何依靠知识产权获得的收入来源。争议解决小组不认同 H（印度）公司方关于业务范围这一观点的论述。

②关于品牌价值。拉森拓博信息科技有限公司年度报告上写道，"客户关系是我们业务的核心。我们拥有高客户回头率，所以我们的收入很大一部分来自于我们成功执行先前约定的重复业务"，"我们有效竞争能力主要来自于我们吸引和留住合格员工的能力，截至 2017 年 3 月 31 日和 2018 年 3 月 31 日，我们的员工福利支出分别占我们总收入的 55.6% 和 56.0%"。即拉森拓博信息科技有限公司认为客户关系和员工关系是促进公司收入增长的重要因素。换句话说，其实是它的运营效率促进了收入增长和品牌

知名度。所以没有任何信息表明该品牌影响了公司的收入或利润。争议解决小组不认同 H（印度）公司方关于品牌价值的观点。

③关于费用支出。拉森拓博信息科技有限公司在研发方面的支出为 3.02 亿卢比，仅占总收入的 0.43%，远低于 3%。并且拉森拓博信息科技有限公司并未研发出任何独特的产品，也未产生单独的收入来源，剩余费用支出也都是为提高服务质量所产生的日常费用。因此，争议解决小组不认同 H（印度）公司方观点④中关于研发支出的论述。

2. 营运资金的调整

营运资金是指企业在经营中可供运用、周转的流动资金净额，是流动资产减去流动负债后的净额。对营运资金进行调整，会影响公司的净利润率。在该税务案件中，争议解决小组拒绝印度转让定价官员和 H（印度）公司提出的对被评估方与可比公司的营运资金差异进行调整的申请。因为，争议解决小组认为，尽管可比分析时对营运资金差异进行调整可以提升可比性，但如何进行准确的调整存在相当大的困难。

（1）营运资金调整的理由。

根据 OECD 跨国企业和税务部门转让定价指南，可比性调整是指在应用公平原则时，如果一项非受控交易与一项受控交易之间或进行这种交易的企业之间存在对公开市场上这种交易支付的价格或成本的差异，由此对公平市场的交易净利润率产生影响，则可以进行合理的调整以消除此类差异的影响。营运资金调整是一种可比性调整，旨在提高可比指标的可靠性。

进行营运资金调整是试图调整被评估方与潜在可比公司之间由货币时间价值所带来的差异，公司将需要资金来弥补向供应商付款和向客户收款之间的时间差距，这种差异将反映在利润中。若公司持有较高水平的应收账款，公司允许其客户在相对较长的时间内支付其账款，在这段时间内，如果公司的流动资金不足以应付业务往来，则公司将需要通过借贷资金来填补现金的短缺；从投资角度来看，公司的应收账款也影响了它的投资，如果公司能立即收到货款并用于投资的话，能收获投资收益。应收账款应该等于立即付款的价格加上立即付款价格的付款周期利息，因此销售价格包括反映这些付款条件和补偿时间效应的因素，而货币的时间价值所带来的利息并不属于利润。公司实际的收入应该从价格中剔除时间价值的因素，否则会高估收入，从而高估利润。同样地，拥有高库存水平的公司要么需要借钱购买从而增加利息支出，要么需要减少可用于投资的现金盈余从而减少投资收益，销售的实际成本应在总成本中加上时间价值所带来的利息成本，否则会低估成本，从而高估利润。相反的情况适用于持有较高水平的应付账款的公司，通过持有高额应付账款，公司可以从较长的付款周期中获益。它将需要借更少的钱来为购买提供资金，或可从用于投资的现金盈余数量的增加中受益。因此，销售的成本应包括反映这些付款条件和补偿时间效应的因素，销售的实际成本应从总成本中减去时间价值所带来的收益，否则会高估成本，从而低估利润。

（2）营运资金调整的争议。

①争议解决小组反对营运资金调整。

争议解决小组也认为营运资金有必要调整，但要准确地进行营运资金调整异常困难，因此反对可比性分析时进行营运资金调整。具体理由如下：难以统计和获得 H（印度）公司和可比公司的每日周转资金数据，而这是确定营运资金调整的唯一可靠数据来源；从事不同分部业务的公司年报中没有披露各个分部营运资金，无法进行适当的比较；资产负债表中的披露不包括贸易和非贸易的债务债权的分拆，在没有这种分拆的情况下进行的营业资金调整将导致计算出现偏差，并且不同公司的资金成本会有所不同。因此，如果根据广泛的近似值、估计和假设进行营运资金调整，不会产生可靠的结果。

②H（印度）公司主张对营运资金进行调整。

H（印度）公司的理由如下：首先，在 H（印度）公司 2017 年的软件开发服务转让定价案件的裁决中，所得税法庭同意在该案件中进行营运资金调整。其次，关于要求 H（印度）公司提供可比公司的业务具体情况和数据，H（印度）公司认为，一方面被评估方只能依靠公共领域的信息来提供可比公司信息，如果该公共领域的信息不充分，超出了被评估方的权力范围，则被评估方难以提供有关可比公司的正确信息；另一方面，税务局有权要求可比公司提供所需的详细信息。因此，以被评估人无法提供具体的可比公司的详细信息为理由拒绝对营运资金的差异进行调整是不合理的。最后，关于争议解决小组要求使用存货、应收账款和应付账款等的每日余额计算营运资金调整，而根据所得税法庭的德里法庭在 ITO 与 E Value Serve（2016）一案的判决中，德里法庭认为坚持使用营运资金要求的每日余额来计算营运资金调整是不合理的，而且在转让定价分析中，在被评估方和可比公司之间有差异的时候，进行合理性调整的目的是使可比公司和被评估方处于相同的地位。故 H（印度）公司认为应该对营运资金进行调整。

③印度转让定价官员认可对营运资金的调整。

印度转让定价官员认可了 H（印度）公司计算的营运资金调整比例。首先，根据中国–印度所得税条约（1994）第 92C 条的相关规定，在进行转让定价调整时，要求可比公司和被评估方的净利润率都以相同的基数来进行计算。而受控交易与非受控交易之间的营运资金差异会对净利润率产生影响，所以印度转让定价官员认为营运资金差异有必要调整，否则会影响转让定价可比指标的可靠性。其次，营运资金差异调整的关键在于确定以下两个方面：统一营运资金在被评估方与可比公司之间进行比较的时间点或者时间段；选择适当的利率计算，参考 OECD 的建议，可采用与被评估方在同一市场上经营的商业企业的利率。因此，如果对以上两个方面进行营运资金差异的调整，则能够使可比公司和被评估方的净利润率计算基数一致。

3. 法院裁决

（1）两家公司被排除在可比公司名单外。

对于是否要将印孚瑟斯技术有限公司与拉森拓博信息科技有限公司排除在可比公司名单外，法庭参照 2018 年裁决的微软（印度）研究实验室就软件开发服务诉所得税委员（CIT）的案例，最终作出如下判决：根据印孚瑟斯技术有限公司公司年报，印孚瑟斯技术有限公司拥有巨大的无形资产，是软件服务开发服务领域的领军企业。而 H

（印度）公司是一个没有无形资产的专属服务提供商，二者无法进行比较。因此，所得税上诉法庭决定将印孚瑟斯技术有限公司排除在外。拉森拓博信息科技有限公司在软件开发服务框架下提供各种服务，还从事货物贸易及其他技术服务，并且服务与产品销售并未做细分处理，无法获得有关软件开发服务的细分数据。H（印度）公司则是常规软件开发的专用服务提供商，二者无法相提并论。鉴于此，考虑到有关评估年度拉森拓博信息科技有限公司的业务事实并无改变，法庭最终决定，将拉森拓博信息科技有限公司排除在可比公司名单之外。

（2）营运资金差异允许调整。

对于是否将 H（印度）公司与可比公司营运资金的差异纳入可比分析的调整，法庭最终做出如下判决：根据印度–中国所得税条约（1994）第 92C 条，在独立交易价格的确定过程中，其净利润率应以相同的基数进行计算，这就要求在可比的非受控交易中产生的净利润率必须进行调整。因此，法庭最终决定允许调整 H（印度）公司与其可比公司的营运资金差异。

综上所述，经过听证会后，根据事实，双方的证词、证据和适用的判决条例，所得税上诉法庭在 2022 年 12 月 5 日宣布最终庭审意见，通过了 H（印度）公司的部分诉求。第一，在可比公司的选择上，同意将印孚瑟斯技术有限公司与拉森拓博信息科技有限公司排除在计算利润率的可比公司之外，并接受了 H（印度）公司选取某些可比公司的诉求，使得独立交易价格利润率降为 20.19%。转让定价官员将软件开发服务的转让定价收入调整为 556 983 890 卢比；第二，在营运资金的调整方面，法庭通过了对 H（印度）公司与可比公司的营运资金差异进行调整的申请，营运资金的差异允许扣除 1.28%。① 最终，转让定价官员将软件开发服务的转让定价收入调整为 456 064 172 卢比，具体结果如 2-22 所示。

表 2-22　转让定价的调整计算

项目	数额（INR）
按可比公司计算出的独立交易平均利润率	20.19%
减去：周转金调整	1.28%
调整后的利润率	18.91%
运营成本（OC）	Rs 7 884 353 002
独立交易价格（ALP）= 118.91% * OC	Rs 9 375 284 155
调整前总收入	Rs 8 919 219 983
调整增加的收入	Rs 456 064 172

---

① 由于 2022 年的判决书中只提到了允许营运资金的调整，但并没有给出调整比率，因此作者出于案例撰写需要，参考了 2021 年案例中营运资金差异调整的比率。

（四）案例启示

1. 对 H（印度）公司和 H 公司集团的启示

（1）尽可能与印度税务当局签订预约定价协议降低转让定价风险。

预约定价协议是纳税人和税务机关之间的协议，为未来的交易预先确定可接受的转让定价方法，H 公司可以与税务机关签订预约定价协议。签订预约定价协议为特定交易建立双方认可的转让定价方法和定价范围，防止 H 公司与税务机关之间的转让定价纠纷，减少对 H 公司间交易的公平性质产生分歧和双重征税的可能性。通过遵守预约定价协议中的条款和条件，H 公司可以确保遵守转让定价法规，并最大限度地减少与转让定价文件和报告相关的行政负担。预约定价协议谈判涉及到 H 公司与税务部门的对话与合作，这有助于与印度税务机关建立积极的关系，从而在其运营所在的司法管辖区建立信任和信誉，并在其他税务问题上获得潜在的优惠待遇。

预约定价协议使 H 公司能够有效地将转让定价纳入其全球税收筹划战略。通过确保不同司法管辖区可预测和一致的转让定价结果，H 公司可以优化其税收状况，管理其全球税收负担，并提高其整体税收效率。

（2）区分 SWD 与 ITeS[①]两部门的业务统计降低征税利润率。

在税务机关评估官员对 H（印度）公司的评估阶段计算利润率时，转让定价官员认为 H（印度）公司的软件开发业务与信息技术支持业务的功能相似，便将这两个业务合并为软件开发业务，从而使软件开发服务的成本利润率增加。然而，软件开发业务是为其在中国的关联企业提供开发商业应用软件和信息系统等服务，不包括研究开发服务；信息技术支持服务则是为其关联企业提供网络运营支持服务与技术支持服务，其中，网络运营支持服务是 H（印度）公司为 H 公司中国提供实时网络监控、故障管理、网络变更管理、服务履行支持等服务；技术支持服务是 H（印度）公司为使现有项目有效运行，为 H 公司集团提供技术支持服务[②]。由此可见，软件开发部门与信息技术支持业务部门提供的服务并无任何关系，因此，H 公司集团如果在后续转让定价业务中因此受到质疑，可就此点为由与转让定价官员进行有效抗辩，从而减少软件开发服务部分的利润率，进而减少补税的金额。

（3）做好整体战略安排，提升应对风险的能力。

H 公司不仅需要在投资前认清东道国潜在风险，做好投资前的风险研判与防范工作；还需要在投资过程中结合在东道国的实际经营情况，决定是继续扩大投资规模还是及时止损退出东道国市场。如若印度政府依然一意孤行违反 WTO 最惠国规则，将 H 公司排除在参加 5G 实验的名单外，或者是只允许 H 公司参加试验不允许参与部署，并针对 H 公司做出带有歧视性的政策，如本案中选取利润水平远高于 H（印度）公司利润水平的公司作为可比公司，那么 H 公司就应及时根据集团整体利益做出是退出印度市场的决定，以此来保证 H 公司集团整体利益不受过多负面影响。

[①] 软件开发服务：Software Development Services，简称 SWD；信息技术支持服务：Information Technology enabled Services，简称 ITeS。

[②] 关于软件开发部门与信息技术支持部门的业务内容参考于 2023 年判决书。

2. 对"走出去"中资企业的启示

（1）合法合规经营是降低税务风险的关键。

面对印度法律和税务体系繁杂，效率不高，政策变化快的特点，中资企业不仅需要在赴印投资前，充分了解本行业在落地印度后面临的行业竞争、政府采购限制、公司注册、财税筹划、资金出入境等政策，更需要选择专业律师和会计师事务所协助企业在印度进行合法、合规经营；并且及时根据政策的变化调整经营策略，尤其是税务处理，避免因经营违规引发税务机关惩处，对企业经营带来负面影响。H（印度）公司在2021年与印度税务机关结案的案例拉锯了十年之久，不仅耗费企业的人力物力，更是影响企业的后续经营。因此企业要做到合规经营，除了遵守法规外，更应从原有已判决案例中吸取教训，学习经验，避免在经营过程中出现已判决案例中的问题。中资企业应从本次H（印度）公司因转让定价而引发的税收争议中吸取经验，在后续经营过程中，保留所有转让定价安排的全面文件，该文件应包括交易的详细信息、使用的转移定价方法、执行的基准分析以及定价决策背后的基本原理。清晰详细的文件是企业遵守转让定价法规的证据，有助于企业在税务审计或纠纷中捍卫自己的立场。另外，企业应定期审查其转让定价安排，评估交易的公平性质，发掘潜在的问题或值得关注的领域，并进行必要的调整或改进，以确保企业遵守转让定价政策和相关法规。

（2）建立灵活的定价调整机制。

在全球实施BEPS行动计划的背景下，各国对跨国企业转让定价行为的监督力度不断提升。同时，随着经济全球化深入发展，跨国企业的规模不断扩大，无形资产关联交易持续增长，无形资产的特殊性及其他可比因素使得选择合适的可比公司越发困难，如本案中H（印度）公司与印度政府在对可比公司进行选择时，因H（印度）公司与所选取的可比公司业务侧重与经济规模等不同存在争议。因此"走出去"企业除了需在经营中做到合法合规外，还应根据当下背景，建立灵活的转让定价调整机制，及时根据公司经营变化调整可比公司选择范围，使可比公司的选择更合理，降低转让定价调整的风险。此外，也可以选择事先与相关税务机关达成预约定价，从而增加预约定价期间内的税收确定性，降低集团公司的税务风险。

（3）与地方政府建立良好关系，争取东道国政府的政策支持。

本案中，对H（印度）公司进行税务检查的是印度中央政府，而非邦政府。而在印度联邦行政区划中的一级行政区域中的28个邦、6个联邦属地，每一个邦都有各自的民选政府。地方邦只需要对地方负责，不需要向中央负责，每个邦都有独立的具地方特色的管理模式，中央对于邦的影响力不大，因此中资企业选择投资地、处理好投资所在地邦政府的关系至关重要，投资金额比较大的企业最好在投资前与邦政府做好前期的沟通交流工作，了解邦政府的支持态度和鼓励政策。行业龙头企业可考虑带领其上下游供应链厂家建立工业园区，以通过提高整体投资额、创造本土就业机会、上缴更多税收来增加对该邦政府的影响力，确保得到长期有效的支持和更好的奖励机制。当前，印度中央政府出台系列政策打压中资企业，中资企业在反映诉求的同时，应注意与企业所在地的地方邦政府加强交流、建立良好的工作关系，反映经营中的问题和困难，这些问题和困难会影响企业效益、影响缴纳税款，使邦政府认识到，企业的经营效益与邦政府的利益是一致的，争取邦政府协助解决企业的问题与困难。

3. 对政府的启示

（1）中国政府应完善跨境税收争议解决机制。

近年来，国际格局和国际体系正在发生深刻调整，国际力量的对比正在发生深刻变革，针对中国国际贸易的反倾销、反补贴和贸易保护措施不断放大国家间利益诉求冲突，中国大型跨国企业在对外投资中也面临着诸多税收争议，这给中国国际税收争议解决机制带来了极大挑战。目前中国的国际税收争议解决形式较为单一，税收争议的解决方法主要有相互协商、行政诉讼，这些方法耗时长，争议解决成本高、风险大，不利于企业"走出去"投资。OECD 范本新增条款建议引入国际仲裁来解决争议，但与中国开展紧密合作的"一带一路"沿线发展中国家，难以提供满足税收仲裁所需要的实务经验、财政预算和人力资源。相比于依赖税务机关相互协商的行政程序和需要法院进行判决的行政诉讼，具有居中裁决性质的类仲裁机制能够从程序效率和裁决执行方面有效提升争议解决的效率，在最大程度维护国家税收主权的基础上，提高争议解决机制效率。针对双边协商效力不足、协商耗时过长等问题，中国政府未来可以依托"一带一路"税收征管合作论坛，实现国际税收争议解决由双边协商向多边协调的突破，为企业跨境税务争议提供高效解决方案，为国家深度参与全球税收治理提供支撑。

（2）印度政府要把握好短期利益和长期利益的平衡。

短期利益指印度政府通过加强反避税获得的税收利益，长期利益指印度政府优化营商环境，通过吸引外资企业投入来为印度创造大量就业岗位、承担社会责任，同时拉动印度经济增长，促进社会稳定发展。

由于疫情冲击，印度的财政赤字率在 2020 至 2021 财年由计划的 3.5% 大幅增长至9.8%，政府部门的公共债务占 GDP 比重由前几年的平均 70%，大幅抬升至接近 90%。而为了刺激经济发展，印度政府推动了百万卢比基建计划，因此，缓解财政压力极有可能是印度近年来对来自中国的企业（如小米、华为、OPPO 等）在印度的办公室和制造厂进行多次突击检查的重要原因。截至 2024 年 1 月，小米、VIVO、OPPO 等中国企业占据印度超过半数智能手机市场（Canalys）。印度政府对诸多在印中资企业的突击检查，短期内可以获得可观的税收收入，但也可能使在印外资企业对印度营商环境失望，也会影响潜在外资企业进入印度市场的决策。长此以往将导致正处于发展中国家阶段的印度失去外部注入的经济活力，降低印度经济发展增速，影响印度发展。因此，印度政府需要在税收收入带来的短期利益和经济稳定发展的长期利益间寻找平衡点。本案中转让定价调查官员、争议解决小组的观点不一致，不排除有印度各方在短期与长期利益之间进行着平衡与取舍的因素存在。另外，部门间关注点与视角不同，对部分法规解读口径不一致，这可能使企业选择对自身更有利的解读口径进行税务处理，然而如果另一部门对此并不认可的话，易引发不必要的税务争议。因此印度相关部门应对有争议的税务予以明确，公开办事流程、提高工作效率，严格依法办税。同时，印度相关部门要确保司法公平、公正地对待中资企业通过法律维护自身合法权益。

（一）适用对象与教学目的

1. 适用对象

本案例主要适用于"国际税收""税收筹划"，也可以将本案例作为"税务管理"课程的辅助案例。本案例的教学对象包含财经类、法律类的本科生和研究生，特别是税收和会计专业的本科生和研究生。

2. 教学目的

一是加深学生对软件开发服务转让定价相关知识点的理解，使其了解跨国集团搭建组织架构的整体筹划思路，以及各企业业务规划、功能定位和筹划的具体实现方法和操作流程；二是以案例的讲解形式，剖析软件开发服务转让定价中可比性分析时可比公司的选择、营运资金的调整等知识点，不仅能提高学生的学习兴趣，而且能培养学生的自学能力、运用理论分析解决实际问题的能力，从而避免机械地学习和记忆；三是使学生对"走出去"企业转让定价的税务风险管理有一定了解，在合法合规经营基础上，建立灵活的定价调整机制，签订预约定价协议，争取东道国政府的政策支持等是降低企业转让定价税务风险的关键。

（二）启发思考题

1. 跨国企业开展转让定价时可以从哪些角度进行可比性分析？
2. 无形资产转让定价调整的方法有哪些？
3. 如果通过签订预约定价协议来降低 H（印度）公司的税务风险，有什么优点？又有怎样的局限性？

（三）分析思路

先简单介绍案例背景，在此基础上提出案例的焦点问题，即：H（印度）公司能否将印孚瑟斯有限公司和拉森拓博信息科技有限公司纳入可比公司范围进行可比利润水平分析；H（印度）公司与可比公司的营运资金差异是否需要调整以更好地进行可比分析。再围绕这两个问题分析 H（印度）公司提出的反驳观点、争议解决小组的观点以及法院的最终判决。然后，从 H（印度）公司及其集团母公司、"走出去"中资企业和中印两国政府三个层面分析经验启示。

（四）理论依据与分析

1. 本案例所用到的具体法规依据

（1）关于税收居民身份判定的依据：《印度所得税法（1961 年）》第 6（3）节

（2）关于 H（印度）公司进行转让定价以及印度对 H（印度）公司进行转让定价调整的制度依据：《印度所得税法（1961 年）》第 92 至 92F 节

（3）有关营业利润与特许权使用费区分争议：《中华人民共和国政府和印度共和国政府关于对所得避免双重征税和防止偷漏税的协定》第七条、第十二条

（4）关于使用规定方法确定的独立交易价格与转让定价价格之间的差额的依据（脚注 9）：《印度所得税法（1961 年）》第 92C 节

（5）双方对可比公司的认定存在差异的原因参考的依据（脚注 10、11）：OECD - Transfer Pricing Guidelines for Multinational Enterprises and Tax Administrations - 22 July 2010. 和 OECD，Guidance on Transfer Pricing Aspects of Intangibles - Action 8：2014 Deliverable（OECD 2014）.

（6）关于应当进行营运资金调整的依据：ITO V. E Value Serve（2016）、IT（TP）A. No. 1939／Bang／2017 Huawei Technologies India Pvt. Ltd. v. JCIT（2019）、《中华人民共和国政府和印度共和国政府关于对所得避免双重征税和防止偷漏税的协定》（1994 年）第九条第二款

2. 税务分析的过程与结果

（1）关于两家可比公司选择的争议——印孚瑟斯有限公司。

①H（印度）公司认为印孚瑟斯有限公司不应纳入可比公司的范围。

理由一：业务范围不同。印孚瑟斯除了提供软件服务，还提供大数据分析、云数据、网络安全、物联网工程服务以及数据对接和微服务等领域的高端服务，而 H（印度）公司主要提供的常规软件开发服务仅是其业务体系下的一个分支，且印孚瑟斯并未对此类服务做细分处理，导致细分信息不足，所以无法用印孚瑟斯整体业务来评估与 H（印度）公司的专属服务。

理由二：品牌价值不同。"印孚瑟斯"品牌名称能够赋予印孚瑟斯有限公司更好的谈判地位，有助于优化企业的成本和利润。但 H（印度）公司仅向其关联企业提供定向软件开发服务，所有销售都是在成本加成的基础上向关联企业进行的，母公司的品牌名称（H 公司）不会对 H（印度）公司的销售成本与利润产生影响。因此，两者并不具有可比性。

理由三：规模与地位不同。印孚瑟斯公司最为一家大型跨国企业，经营规模较大，营业额是 H（印度）公司的 50 多倍。并且印孚瑟斯公司几乎是其所提供的各项服务市场里的领军企业，与仅仅作为 H 公司在印度设立的孙公司的行业地位差距较大，因此不适合做 H（印度）公司的可比公司。

理由四：费用、风险承担能力不同。印孚瑟斯公司不仅承担大量营销与研发费用以及海外开支，而且是一家成熟的风险承担实体，自主风险承担能力较强，而 H（印度）公司仅是其关联企业的服务提供商，费用与风险承担能力较弱。因此，两者不具有可比性。

②印度争议解决小组认为应将印孚瑟斯纳入可比公司范围。

理由一：关于细分数据。印孚瑟斯有限公司来自软件服务的收入为 6191 亿卢比，而来自软件产品的收入仅为 31 亿卢比，即产品收入仅占总营业收入的 0.05%，所以来自软件产品的微薄收入不会影响公司从软件开发中获得的利润，也就不需要考虑细分数据。即争议解决小组不认同 H（印度）公司关于细分数据不足的描述。

理由二：关于品牌价值。印孚瑟斯有限公司收入的增长是由于采取了各种商业举措来加速增长，而不仅仅是因为品牌价值。此外，印孚瑟斯有限公司 98.5% 的收入来

自顶级客户的回头客业务，而品牌建设支出仅占总收入的 0.39%，因此品牌价值并未对印孚瑟斯有限公司的销售成本与利润产生影响，争议解决小组不认同 H（印度）公司方观点 2。

理由三：关于费用承担。印孚瑟斯有限公司 2018 年的研发支出为 374 亿卢比，仅占其总营业收入的 0.6%，研发支出占销售额的比例低于 3%，因此无法证明研发支出对该公司的利润率有实质性影响。因此，争议解决小组不认同 H（印度）公司方观点 4 中关于营销费用与研发费用的论述。

另：关于拉森拓博信息科技有限公司是否应纳入可比公司的范围，双方观点与争论过程与印孚瑟斯有限公司相似。

（2）营运资金调整的争议。

①H（印度）公司主张调整。

第一，H（印度）公司主张调整被评估方与可比公司之间的营运资金差异并计算出营运资金调整比例。因为在 H（印度）公司 2017 年的软件开发服务转让定价案件的裁决中，所得税法庭同意在该案件中进行营运资金调整。

第二，H（印度）公司反驳争议解决小组的一系列拒绝营运资金调整的理由。关于要求 H（印度）公司提供可比公司的业务具体情况和数据，一方面 H（印度）公司只能依靠公共领域的信息来提供可比公司信息；另一方面，税务局有权要求可比公司提供所需的详细信息。因此，以被评估人无法提供具体的可比公司的详细信息为理由拒绝对营运资金的差异进行调整是不合理的。进行合理性调整的目的是使可比公司和被评估方处于相同的地位，并不必然使用每日余额数据作为依据进行营运资金调整。H（印度）公司认为应该对营运资金进行调整。

②印度转让定价官员认可调整。

第一，印度转让定价官员进一步强调了进行营运资金差异调整的必要性。根据印度-中国所得税条约（1994）第 92C 条的相关规定，在进行转让定价调整时，要求可比公司和被评估方的净利润率都以相同的基数来进行计算。受控交易与非受控交易之间的营运资金差异会对净利润率产生影响，所以印度转让定价官员认为营运资金差异有必要调整，否则会影响转让定价可比指标的可靠性。

第二，印度转让定价官员指出营运资金调整是可行的。只要在营运资金差异调整时做到以下两点便能使可比公司和被评估方的净利润率计算基数一致：一是统一营运资金在被评估方与可比公司之间进行比较的时间点或者时间段；二是选择适当的利率计算，可参考 OECD 的建议，采用与被评估方在同一市场上经营的商业企业的利率。

③争议解决小组反对调整。

争议解决小组也认为营运资金有必要调整，但要准确地进行营运资金调整异常困难，认为根据广泛的近似值、估计和假设进行营运资金调整，不会产生可靠的结果。具体理由如下：一是难以统计和获得 H（印度）公司和可比公司的每日周转资金数据，而这是确定营运资金调整的唯一可靠数据来源；二是不同公司年报中没有披露各个分部营运资金，无法进行适当的比较；三是资产负债表中的披露不包括贸易和非贸易的债务债权的分拆，在没有这种分拆的情况下将导致计算出现偏差，并且不同公司的资金成本会有所不同。

（3）法院裁决。

①可比公司选择的裁决。将印孚瑟斯技术有限公司与拉森拓博信息科技有限公司排除在计算利润率的可比公司之外。

②营运资金调整的裁决。法庭通过了对 H（印度）公司与可比公司的营运资金差异进行调整的申请，将允许扣除的营运资金差异调整为 1.28%。

（五）关键点

第一，本案梳理了印度的企业所得税制度、中印双边税收协定，软件开发企业 H 公司利用转让定价进行税收筹划的业务基础，以及开展转让定价避税的税务风险。分析了各方关于 H（印度）公司转让定价过程中的可比公司选择和营运资金差异调整的争议和依据，以及法院的最终判决，加深了学生对关联企业间软件开发服务转让定价与调整、可比性分析和税务风险防控等有关知识点的理解。

第二，通过案例分析与讨论方法，剖析软件开发服务转让定价与调整、可比性分析、税务风险管理等知识点，不仅能提高学生的学习兴趣，而且能培养学生的自学能力、运用理论分析解决实际问题的能力，从而避免机械地学习和记忆；

第三，通过分组讨论的学习方式，增强学生的团队合作能力和自我表达能力，以及培养学员对案例进行系统分析、逻辑推理并合理决策的能力。

（六）建议课堂计划

本案例的教学计划见表 2-23。

表 2-23 案例教学计划

案例教学计划	具体内容
教学时长	1 学时
课前计划	发放案例正文和思考题，要求学生在课前完成阅读并对思考题作答。
课堂计划	1. 介绍税案始末，让学生了解案例的基本情况和焦点问题。 2. 将学生分成小组进行讨论，讨论本案中企业可能采取的可比公司选择方法、营运资金差异调整及其可能产生的税务风险、讨论印度转让定价官员和争议解决小组可能的质疑，以及所得税上诉法庭的裁决，然后每个小组派一名同学上台发言。 3. 归纳总结每个小组的发言，提出各小组的优缺点，并解答有争议之处。 4. 结合问题，回顾案例。
课后计划	通过对本案例的学习，请同学们谈谈自己的收获和感悟（500 字左右），并以 word 的形式上交。

（七）案例的建议答案及相应依据

1. 印孚瑟斯有限公司和拉森拓博信息科技有限公司能否纳入可比公司范围进行可比利润水平分析？

在可比公司选择上，H（印度）公司以业务范围、品牌价值、经营规模与行业地位、费用风险承担能力等方面的不同，认为转让定价官员不应该将印孚瑟斯有限公司和拉森拓博信息科技有限公司纳入可比公司的范围。印度争议解决小组从以下三个方面，即不需要考虑业务细分收入数据，品牌价值并未对印孚瑟斯有限公司的成本与利润产生重要影响，无法证实研发支出对该公司的利润率有实质性影响，提出应将印孚瑟斯纳入可比公司范围。关于拉森拓博信息科技有限公司是否应纳入可比公司的范围，双方观点与争论过程与印孚瑟斯有限公司相似。

法院最终裁决将印孚瑟斯技术有限公司与拉森拓博信息科技有限公司排除在计算利润率的可比公司之外。

2. H（印度）公司与可比公司的营运资金差异是否需要调整以更好地进行可比分析？

在营运资金差异调整上，H（印度）公司依据其 2017 年的类似案例裁决结果，主张调整被评估方与可比公司之间的营运资金差异并计算出营运资金调整比例。并且，从公司只能依靠公共领域的信息来提供可比公司信息和税务局有权要求可比公司提供所需的详细信息的角度，反驳了争议解决小组以被评估人无法提供具体的可比公司的详细信息为由拒绝对营运资金的差异进行调整的说辞；在调整的可行性上，也并不必然使用每日余额数据作为依据进行营运资金调整，达到使可比公司和被评估方处于相同的地位即可。

印度转让定价官员认为营运资金差异调整是必要的、可行的。争议解决小组也认为营运资金有必要调整，但要准确地进行营运资金调整异常困难，认为根据广泛的近似值、估计和假设进行营运资金调整，不会产生可靠的结果。法院最终通过了对 H（印度）公司与可比公司的营运资金差异进行调整的申请，将允许扣除的营运资金差异调整为 1.28%。

（八）其他教学支持材料

本案例以幻灯片的形式进行辅助说明。

（九）思考题参考答案

（扫一扫）

（十）附件（相关法律法规条款）

1.《印度所得税法（1961 年）》第 6（3）节

居民企业是指自 2016 年 4 月 1 日起在印度注册成立的企业或以往任意一个年度实际管理机构所在地位于印度的企业。实际管理机构所在地是企业经营管理活动的总机构所在地。印度中央直接税税务局（CentralBoardforDirectTaxes，CBDT）于 2007 年发布的6号公告对实际管理地在股东股份控制、管理控制和经营控制等方面做了明确界定。

印度所得税法第6条规定，达不到居民企业标准的公司属于非居民企业。从税收角度考虑，外国公司在印度的分公司（BranchOffice）会被视作为外国公司的延伸，因此在征税时也会被认定为非居民企业。

2.《中华人民共和国政府和印度共和国政府关于对所得避免双重征税和防止偷漏税的协定》第七条、第十二条

（1）关于特许权使用费和技术服务费。

第十二条第一款规定：发生于缔约国一方而支付给缔约国另一方居民的特许权使用费或技术服务费，可以在该缔约国另一方征税。

第二款规定：这些特许权使用费或技术服务费也可以在其发生的缔约国，按照该缔约国的法律征税。但是，如果收款人是特许权使用费或技术服务费受益所有人，则所征税款不应超过特许权使用费或技术服务费总额的10%。

第七款规定，由于支付特许权使用费或技术服务费的人与受益所有人之间或他们与其他人之间的特殊关系，就有关使用、权利或情报支付的特许权使用费或技术服务费数额超出支付人与受益所有人没有上述关系所能同意的数额时，本条规定应仅适用于后来提及的数额。在这种情况下，对该支付款项的超出部分，仍应按各缔约国的法律征税，但应对本协定其他规定予以适当注意。

（2）关于营业利润。

第七条第一款规定：缔约国一方企业的利润应仅在该缔约国征税，但该企业通过设在缔约国另一方的常设机构在该缔约国另一方进行营业的除外。如果该企业通过设在该缔约国另一方的常设机构在该缔约国另一方进行营业，则其利润可以在该缔约国另一方征税，但应仅以归属于该常设机构的利润为限。

第七条第二款规定：除适用第三款的规定以外，缔约国一方企业通过设在缔约国另一方的常设机构在该缔约国另一方进行营业，应将该常设机构视同在相同或类似情况下从事相同或类似活动的独立分设企业，并同该常设机构所隶属的企业完全独立处理，该常设机构可能得到的利润在缔约国各方应归属于该常设机构。

3.《印度所得税法（1961年）》第92至92F节

《印度所得税法（1961年）》第92至92F节自2001年4月1日起生效，旨在规范集团内跨境交易。

第92A条，定义了关联企业；

第92B条，定义了国际交易；

第92BA条，定义了特定的国内交易；

第92C条，规定了计算正常价格的方法；

第92D条，规定了记录、信息和文件的保存。2019年财政法》修订了

第92D条规定，即使在以下情况下，保存文件的义务也应适用

第92E条，要求成员实体提供证明；

第92E条，要求特许会计师对关联企业之间的国际交易出具证明；以及

联营企业之间的国际交易；

第 92F 条规定了与计算正常交易价格有关的各种术语的定义。

印度转让定价规定以经济合作与发展组织（Organization for Economic Co-operation and Development，OECD，以下简称"经合组织"）标准为基础。

根据这些规定，两家或两家以上关联企业（包括常设机构）之间跨境交易涉及的收入和费用（包括支付的利息）的确定，必须符合独立交易原则。转让定价规定也适用于成本分摊安排、特定资本融资交易、企业重组以及无形资产交易等关联交易。印度税务部门如果发现关联交易不符合独立交易原则，或者关联方没有按规定保存规定的文件和信息从而无法正确判断其转让定价行为的合规性，都需开展转让定价调查，通过纳税调整，使关联方交易的应纳税额与符合独立交易原则的非关联方的交易应纳税额保持一致。

4.《印度所得税法（1961 年）》第 92C 节

独立交易价格不超过可比公司的 3%，实际进行的转让价格将被视为 2020/21 财政年度的公平价格。

5. ITO V. E Value Serve（2016）、IT（TP）A. No. 1939/Bang/2017 Huawei Technologies India Pvt. Ltd. v. JCIT［2019］、《中华人民共和国政府和印度共和国政府关于对所得避免双重征税和防止偷漏税的协定》（1994 年）第九条第二款

（1）ITO V. E Value Serve（2016）

ITAT 的德里法庭在 ITO 与 E Value Serve（2016）的案例中认为，坚持使用营运资金要求的每日余额来计算营运资金调整是不合适的，因为不可能进行这样的操作，而且营运资金调整必须基于部署的开业和关闭营运资金。法庭还观察到，在转让定价分析中总是有一个估计的因素，因为它不是一门精确的科学。人们必须看到，正在进行合理的调整，以使可比方和测试方处于相同的地位。

（2）IT（TP）A. No. 1939/Bang/2017 Huawei Technologies India Pvt. Ltd. v. JCIT［2019］

ITAT 在华为（印度）的 2012-13 财年案件中的裁决，其中就营运资金调整，仲裁庭认为，在 IT（TP）A. No. 1939/Bang/2017 Huawei Technologies India Pvt. Ltd. v. JCIT［2019］一案中，华为（印度）的营运资本调整不能被拒绝。

（3）《中华人民共和国政府和印度共和国政府关于对所得避免双重征税和防止偷漏税的协定》（1994 年）第九条第二款

缔约国一方将缔约国另一方已征税的企业利润，而这部分利润本应由该缔约国一方企业取得的，包括在该缔约国一方企业的利润内，并且加以征税时，如果这两个企业之间的关系是独立企业之间的关系，该缔约国另一方应对这部分利润所征收的税额加以调整，在确定上述调整时，应对本协定其他规定予以注意，如有必要，缔约国双方主管当局应相互协商。

四、参考文献

［1］India – H Technologies India Pvt. Ltd. v. ACIT, 4 August 2021（Decision）

［2］India – H Technologies India Pvt. Ltd. v. ACIT, 5 December 2022（Decision）

［3］India – H Technologies India Pvt. Ltd. v. ACIT, 1 November 2023（Decision）

［4］唐子湉，陈晓. 在逆全球化"寒流"中寻找外贸"黄金准则"［N］. 南方日报，2023-12-28（A06）.

［5］沙飞云，徐晓东. 逆全球化背景下经济政策不确定性与企业投资［J］. 上海管理科学，2023，45（06）：22-29.

［6］肖迅韬. 在印中资企业的困境与对策［J］. 国际公关，2023（19）：107-109.

［7］宁胜男. 中国手机品牌在印度何以遭遇"至暗时刻"［J］. 企业观察家，2023（4）：122-123.

［8］李慧. 中国软件出口政策的演变及影响分析［D］. 北京邮电大学，2022.

［9］毕延琳. 软件和信息技术服务业对中国经济增长的影响研究［D］. 济南：山东财经大学，2020.

［10］凌慧. 中国手机企业印度市场进入策略研究［D］. 杭州：浙江大学，2018.

［11］齐妙. H公司手机进军印度的市场探索及发展前景分析［J］. 商场现代化，2016（30）：2.

［12］杨洪，侯丁火. 国际税收争议解决中的税收确定性及中国方案［J］. 学习与实践，2023

［13］王珲. 印度税务争议解决机制初探［J］. 国际税收，2020（5）：26-31.

［14］卢颖异. 国际税收争议解决机制的新发展及其应对［J］. 法学，2023（4）：174-191.

第三篇
国际税收征管合作、协调案例

案例 3-1　香港 X 公司设置导管公司间接转让我国居民企业避税案

一、基础知识

（一）滥用税收协定

滥用税收协定是指一个第三国居民利用其他两个国家签署的税收协定中相互给予对方税收居民的预提税优惠，享受到本不该享受的税收利益，从而达到避税目的。滥用税收协定大致分为以下几种类型：①择协避税；②拆分合同；③收入性质由股息改为资本利得；④规避较低的股息限制税率关于持股时间的规定；⑤规避资本利得免税关于持股时间的规定。其中，"择协避税"是最常见的税收协定滥用形式。

（二）择协避税

1. 择协避税定义

择协避税，即第三方居民为了规避某国的预提所得税，滥用该国与另一国签署的税收协定，通过在另一国投资设立居民公司的手段，将该居民公司作为管道公司间接获取税收利益的行为。

2. 择协避税的具体形式

根据税收协定，缔约国的居民纳税人往往可以享受各种税收优惠待遇，如从另一缔约国取得的投资所得可以按较低的税率缴纳预提所得税等。然而，为了规避税负，本来没有资格享受协定待遇的第三国居民也会设法利用税收协定提供的税收优惠，这就是择协避税。择协避税又分为设置直接导管公司和"踏石过河"型导管公司。

3. 择协避税的应对

（1）受益所有人。

择协避税会使两个协定国本来想给予对方国家居民的税收利益无意地给予了一个第三国居民，从而破坏了两国之间的互惠原则，同时也会降低国与国之间签订税收协定的意愿。从 20 世纪 70 年代起，国际社会就开始致力于抑制跨国公司的择协避税行为，并引入了"受益所有人"这个概念，所谓受益所有人是指可自由决定资本或资产是否可使用，以及资本的收益如何使用的人。如 1977 年的《经合组织范本》在股息、利息、特许权使用费条款中就加进了"受益所有人"的概念；当年的《〈经合组织范本〉注释》在第一条的注释中也增加了"不适当地使用税收协定"一节。1986 年，OECD 财政事务委员会（CFA）发布了两份报告，其中之一为《双重征税与使用管道公司》；2002 年，该委员会又发布了《限制获得协定利益的资格》的报告。2003 年，《〈经合组织范本〉注释》在协定第一条的注释中加进了一个样板条款，以供各成员用来对付择协避税行为。2014 年，OECD 在更新《经合组织范本》时，在第 10 条（股息）、第 11 条（利息）和第 12 条（特许权使用费）的注释中又对"受益所有人"的概念进行了新的说明，并允许 OECD 通过审查、限制使用"受益所有人"的概念来应对各种择协避税行为。在 2015 年 OECD 提交并由 G20 安塔利亚峰会通过的 BEPS15 项行动计划中的第 6 项《防止在不适当的情况下提供协定利益》，提出了应对择协避税的一项最低标准。目前利用受益所有人进行反协定滥用的具体做法有排除代理人和排除导管公司这两种。

①排除代理人。经合组织在发布的税收协定范本中利用了排他法的方式将中间人排除在"受益所有人"身份之外。其中，经合组织提出的中间人主要包括指定人和代理人，这类申请人在利益传输的过程中仅扮演着中间载体的角色，指定人和代理人在申请享受税收协定优惠待遇资格时，不能被认定为"受益所有人"，无法获得相应的协定优惠待遇。以代理人为例，代理人代为收取所得，但必须按照要求将相关所得转移给被代理人，被代理人才对该笔所得享有控制、支配权。运用"受益所有人"制度，可以有效地识别出指定人和代理人，将这类申请人排除在"受益所有人"外，从而进一步打击国际避税行为，维护国家税收权益，防范国家税收收入流失。

②排除导管公司。从目前国际社会的观点可以分析出，如果导管公司在利息、股息、特许权使用费等所得利益传输中起到中间人的作用，应将导管公司排除在"受益所有人"外。当然，由于各国的制度设计存在着差异，对导管公司的排除范围也不一致。一般来说，导管公司具备以下特征：不从事实质性经营活动；所在国对来源于国外的所得征收较低的税；第三国居民是真正的受益方。

（2）利益限制条款。

在税收协定中加入综合性的利益限制（limitation on benefits，LOB）条款是应对择协避税的重要手段之一。利益限制条款通过一系列的客观测试规则，判断纳税人是否应当享有税收协定缔约国的居民身份。美国首先将利益限制条款引入《国内收入法典》，后又引入到 1977 年美国税收协定范本中。1989 年美国在与德国签署的税收协定中第一次应用了利益限制条款，此后该条款广泛出现在美国对外签署的税收协定中。OECD 自 2003 年起在税收协定范本注释中引入了利益限制条款，供签署税收协定的国家参考选用。2017 年的 OECD 范本和联合国范本还将利益限制条款列入了正文，并为此增加了第二十九条"利益的授予"。

LOB 条款的主要目的在于防止纳税人择协避税，将协定优惠授予缔约国真正的居民。其基本逻辑是：纳税人满足任何一项测试要求便可以被认为其安排具有真正的商业目的，或与另一缔约国有足够强的联系，即使在没有商业联系的情况下也能保证利益，而且这种商业目的或联系超过了获得协定利益的目的。作为一项特殊反协定滥用规则，LOB 条款的特殊性体现在它专门针对择协避税行为，而非所有类型的协定滥用。其反滥用功能通过一系列客观测试和主观测试实现，广义上的 LOB 条款通常也包括主要目的测试（Principal Purpose Test, PPT）规则，狭义上的 LOB 条款则将两者区分开来。LOB 条款以客观测试为主，常见的有合格居民测试、上市公司测试、所有权和税基侵蚀测试等；主观测试则包括积极贸易或商业测试以及税局裁量测试。客观测试条款通常描述纳税人本身或者其经营安排可能具有的特征，并设置具体比例或条件约束，便于对照测试规则判断纳税人能否通过测试。主观测试则更多地依靠税务机关对纳税人情况作进一步考察，以判断其是否具有商业实质，或者是否与缔约国具有充分的联系。主观测试和客观测试的性质及考虑因素虽有所区别，但最终目的相同，均是考察获取协定利益是否为纳税人适用协定的主要目的之一，这与 LOB 条款打击择协避税行为的目标相吻合。

因此，LOB 条款的作用就在于解决择协避税带来的一系列危害，更精准地打击国际逃避税行为，保护协定缔约国的税收利益，维护税收协定的互惠性，让税收协定回归本源，发挥其稳定全球税收治理体系、维护国际经济秩序以及促进国际贸易发展的作用。

（三）应对间接转让股权的反避税措施

企业间接转让股权，有的是实际经营管理的需要，但也有的是为了避税。各国对此的应对办法主要是遵循"实质重于形式"以及"一步到位"的原则，在间接转让股权问题上"去伪存真"，对利用间接持股结构规避股权转让所得税的行为不予认可。例如，《国家税务总局关于非居民企业间接转让财产企业所得税若干问题的公告》（国家税务总局公告 2015 年第 7 号）明确指出："非居民企业通过实施不具有合理商业目的的安排，间接转让中国居民企业股权等财产，规避企业所得税纳税义务的，应按照企业所得税法第四十七条的规定，重新定性该间接转让交易，确认为直接转让中国居民企业股权等财产。"这里的间接转让中国居民企业股权，是指非居民企业通过转让直接或间接持有中国企业股权的境外企业（不含境外注册的中国居民企业）股权，产生了与直接转让中国企业股权相同或相近实质结果的交易，包括非居民企业重组引起境外企业股东发生变化的情形。

1. 判定间接转让中国居民企业股权是否有合理的商业目的
参见案例 2-5 相关内容。
2. 认定为"不具有合理商业目的"需要同时满足 4 个条件
参见案例 2-5 相关内容。
3. 具有合理商业目的的情形（集团内部重组适用的安全港规则）
参见案例 2-5 相关内容。
4. 非居民企业间接转让中国居民企业股权的税务处理
参见案例 2-5 相关内容。

案例概述： 本案例以香港 X 公司设置导管公司避税为基本事项，描写了贵阳 X 公司的关联企业香港 X 公司涉嫌设置导管公司——S 公司与 G 公司，通过与同属维尔京群岛的 Y 公司转让维尔京群岛的 G 公司的 100% 股权，从而间接转让我国居民企业股权。在双方对峙中，针对焦点维尔京群岛的 G 公司，香港 X 公司认为 G 公司的设立有合理商业目的，而贵阳国税局认定其无积极经营行为。经过各方调查取证，专案组认定 S、G 公司为导管公司，其中 G 公司滥用了税收安排规避企业所得税，香港 X 公司的间接转让股权行为没有合理商业目的，最终判定结果为香港 X 公司应对本次间接转让股权补缴预提所得税 1.44 亿元。虽然案件已经审判结束，但由此案引出了对间接转让股权合理性的认定、滥用税收协定设置导管公司的讨论，这些讨论对于正确理解境外股权交易这一问题有着重要的参考价值，也为税务机关加强非居民企业税收管理提供了经验和借鉴。

（一）引言

贵阳市某区国税局在日常管理中，发现了一条不起眼的网上信息：现其所辖的贵阳 X 公司所做广告中，公司名称发生了变化，但其工商登记和税务登记信息均无变更。职业敏感让税务人员立即将此风险信息上报给了贵阳市国税局国际税收管理办公室。随后税务人员上网查询，发现了一条与贵阳 X 公司相关的境外股权交易信息：贵阳 X 公司的香港关联公司 X 公司已将其持有的 S 公司的 100% 股权转让给 Y 公司。S 公司和 Y 公司的注册地都是英属维尔京群岛。税务机关认为其中的间接转让我国股权可能会存在避税的嫌疑，于是着手对贵阳 X 公司及其上层公司的调查。

（二）公司背景

本案例中的贵阳 X 公司属于我国居民企业。贵阳 X 公司又与香港公司 X 公司是关联企业关系。位于英属维尔京群岛（以下简称"BVI"）的 S 公司为香港公司 X 公司的全资子公司。G 公司注册地在香港，注册资本仅为 1 元港币，是 BVI 中 S 公司的全资子公司。也就是说，香港 G 公司同时是贵阳 X 公司的母公司。

本次交易中，贵阳 X 公司的香港关联公司 X 公司已将其持有的 BVI 的 S 公司的 100% 股权转让给同属 BVI 的 Y 公司。从表面看，可以发现本次交易双方（香港 X 公司及 BVI，Y 公司）及交易标的（BVI，S 公司）均在境外，股权架构异常复杂，是属于境外转让我国居民企业股权。具体控股结构关系如图 3-1 所示。

---

① 1. 本案例由重庆市专业学位研究生教学案例库建设项目——《国际税收案例库》建设小组（重庆工商大学）成员吕文倩、汤凤林撰写，作者拥有著作权、修改权、改编权，未经允许、本案例的所有部分不能以任何方式与手段擅自复制或传播。

2. 本案例只供课堂讨论之用，并无暗示某种管理行为是否有效之意。

3. 本案例资料来源于中国税务报的穿透"导管"公司 追缴亿元税款。

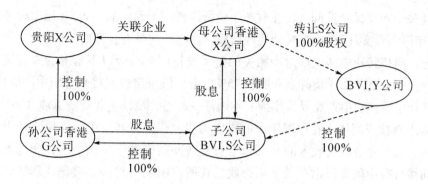

图 3-1　控股关系结构

调查发现香港 X 公司转让 S 公司取得的收益，与 S 公司和 G 公司的实际注册资本、资产总额、生产经营状况、收入和现金流都明显不匹配。

从 BVI, S 公司的财务报表发现，S 公司注册资本折合人民币仅有 7 万元，但是股权转让成交价格高达 50 多亿元，而 S 公司是香港 G 公司及贵阳 X 公司 100% 的全资持股者，说明 BVI, S 公司的大部分收入来自香港 G 公司及贵阳 X 公司。发现 S 公司除了间接持有贵阳 X 公司的股权外，没有其他不动产、无形资产、存货和设备等有价值的资产，S 公司的股权价值 99% 以上来自贵阳 X 公司。在最近两年中，S 公司没有实际收入。

另外，从香港 G 公司的财务报表发现，G 公司的注册资本仅为 1 元港币，其所有资产均来自贵阳 X 公司的利息，同样没有其他不动产、无形资产、存货和设备等有价值的资产，这也说明 G 公司的全部收入来自贵阳 X 公司。其中，G 公司在两年内分别向银行贷款 5 亿元港币和 3.55 亿元港币给贵阳 X 公司，融资比例仅占 G 公司年度总债权的 10.85% 和 7.7%，两笔贷款均由香港 X 公司提供担保，G 公司承担的风险极其有限。在最近两年中，G 公司的收入 100% 来自贵阳 X 公司的利息。

（三）焦点问题

本案例的焦点问题有两个：第一，香港 X 公司把 BVI, S 公司转让给 BVI, Y 公司是否为间接转让我国境内企业贵阳 X 公司股权的行为？第二，BVI, S 公司和香港 G 公司是否属于为避税而设立的导管公司？

（四）案例分析

针对第一个焦点问题，由于本案的境外股权转让涉及我国居民企业，所以应就本次股权交易中名义控股与实质控股进行分析，本次交易能否构成非居民企业境外间接转让不具有合理商业目的在我国交税。

如图 3-1 所示，本案中的名义控股关系为香港 X 公司控股 BVI, S 公司，S 公司控股香港 G 公司，G 公司控股贵阳 X 公司。本次交易为香港 X 公司转让子公司 BVI, S 公司 100% 的股权给 BVI, Y 公司。由于名义上转让双方都是境外企业，而标的也属于境外企业，所以无须向我国缴纳企业所得税。

由于本次境外股权交易中，间接转让的是我国居民企业贵阳 X 公司，根据国家税务总局《关于非居民企业间接转让财产企业所得税若干问题的公告》（国家税务总局公告 2015 年第 7 号文件），间接转让我国居民企业财产应具有合理商业目的。7 号文件第四条规定，间接转让中国应税财产相关的整体安排同时符合以下情形的应直接认定为不具有合理商业目的：①境外企业股权 75% 以上价值直接或间接来自于中国应税财产；②间接转让中国应税财产交易发生前一年内任一时点，境外企业资产总额（不含现金）的 90% 以上直接或间接由在中国境内的投资构成，或间接转让中国应税财产交易发生前一年内，境外企业取得收入的 90% 以上直接或间接来源于中国境内；③境外企业及直接或间接持有中国应税财产的下属企业虽在所在国家（地区）登记注册，以满足法律所要求的组织形式，但实际履行的功能及承担的风险有限，不足以证实其具有经济实质；④间接转让中国应税财产交易在境外应缴所得税税负低于直接转让中国应税财产交易在中国的可能税负。可见，本次间接转让我国居民企业的行为不具有合理商业目的，因为：①境外企业 S 公司股权价值 99% 以上来自贵阳 X 公司；②在最近两年中 S 公司没有实际收入，其实际收入大部分来自贵阳 X 公司，满足间接转让中国应税财产交易发生前一年内，境外企业取得收入的 90% 以上直接或间接来源于中国境内；③S 公司注册地为避税天堂 BVI，注册资本折合人民币仅有 7 万元，没有其他任何有价值的资产，且无实质性经营活动；④若香港 X 公司直接转让贵阳 X 公司应缴纳 10% 的企业所得税，而通过转让 S 公司间接转让贵阳 X 公司无须缴纳企业所得税，因而在境外应缴所得税税负远远低于直接转让中国应税财产交易在中国的可能税负。所以本次交易实际为香港 X 公司间接转让贵阳 X 公司 100% 的股权给 BVI，Y 公司。根据《企业所得税法实施条例》第九十一条，非居民企业取得企业所得税法所规定的"来源于中国境内的所得"，减按 10% 的税率征收企业所得税。所以香港 X 公司间接转让我国居民企业贵阳 X 公司应缴纳 10% 的企业所得税。

针对第二个焦点问题，S、G 公司是否属于为避税而设立的导管公司。一般来说，导管公司是指通常以逃避或减少税收、转移或累积利润等为目的而在第三方国家设立的公司。这类公司仅在所在国登记注册，以满足法律所要求的组织形式，而不从事制造、经销、管理等实质性经营活动。设立 S 与 G 公司的作用可以从以下两种控股关系进行分析：①不设置中间层公司；②同时设置中间层 S、G 公司。具体控股结构如图 3-2 所示。

首先是第①种情况，香港 X 公司直接控股贵阳 X 公司。根据香港的资本利得税（企业所得税）规定，香港只对各行业、专业或商业取自或来自香港的利润征收利得税，即从贵阳 X 公司获得的利润不用在香港缴纳资本利得税。根据《内地和香港特别行政区关于对所得避免双重征税和防止偷漏税的安排》第十条第二款规定，股息受益所有人是另一方的居民，则所征税款不应超过股息总额的 5%；第十一条第二款规定，利息受益所有人是另一方的居民，则所征税款不应超过利息总额的 7%。即香港 X 公司从贵阳 X 公司获得的利润只需在内地缴纳 5% 和 7% 的股息和利息预提税。由于本次交易是香港 X 公司直接转让贵阳 X 公司股权，所以应在内地缴纳 10% 的企业所得税。

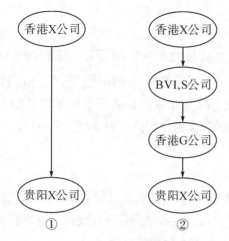

图 3-2 两种不同控股关系

其次是第②种情况，由香港 X 公司控制 S 公司，S 公司控股 G 公司，G 公司控制贵阳 X 公司。首先，香港 G 公司从贵阳 X 公司获得利息。若考虑 S、G 公司的设置均合理，此时的 G 公司，从贵阳 X 公司处直接获得利息，由于香港只对各行业、专业或商业取自或来自香港的利润征收资本利得税，即从贵阳 X 公司获得的利息不用在香港缴纳资本利得税。同时根据《内地和香港税收安排》第十条第二款、第十一条第二款规定，获得的利润只需在内地缴纳 7% 的利息预提税，就能够将从贵阳 X 公司获得的利息转移到香港 G 公司。其次香港 G 公司支付股息给 BVI，S 公司。由于香港对企业没有预提税的规定，所以从香港转出股息不需要缴税。此外根据 BVI 的税收法律，离岸公司所得无须向当地政府缴纳资本利得税，所以此环节不会产生税收负担。最后 BVI，S 公司支付股息给香港 X 公司。因为 BVI 对股息也没有预提税的规定，香港又对离岸公司不征收资本利得税，所以此环节也没有产生税收负担。所以通过由香港 X 公司控制 S 公司，S 公司控股 G 公司，G 公司控制贵阳 X 公司这条路径，从贵阳 X 公司转移到香港 X 公司的利润在内地只用缴纳 7% 的利息预提税，从贵阳 X 公司转移到香港 X（HK）公司的股息在内地只用缴纳 5% 的利息预提税。这与第①种控股方式对应的预提税税率是相同的。但是根据上述分析，如果本次交易被定性为境外股权转让，且具有合理商业目的，则无须就转让贵阳 X 公司股权在我国缴纳企业所得税，因而不用缴纳 10% 的企业所得税。

由此可见，设置 S、G 公司的真实目的是构建复杂的控股关系使本次交易被定性为境外股权转让，从而逃避转让贵阳 X 公司股权应缴纳的 10% 的企业所得税。具体来说设置 S 公司的原因为，使本次交易定性为境外股权转让，便于在境外完成我国居民企业贵阳 X 公司的股权交易；因为 BVI 对公司注册的要求简单、成立程序快捷、维续成本低廉、保密性高；宽松的外汇管制；无须缴付任何所得税、预提税、资本利得税、资本转移税。设置 G 公司的原因为，根据《内地和香港税收安排》对于香港居民企业取得的来源于内地的利息所得，可以申请享受预提所得税税率为 7% 协定优惠待遇；可以使应纳预提税税率与不设置 S、G 公司时的预提税税率保持不变。所以 S、G 公司均为避税设置的导管公司，且 G 公司滥用了《内地和香港税收安排》中的利息条款，构成了踏石过河型导管公司。

1. 企业方观点

企业方提出，此次股权转让发生在中国境外，标的物 S 公司也设立在中国境外，所以构成境外股权交易，因此无需在中国缴纳任何税收。且由香港 X 公司设立的 BVI，S 公司及香港 G 公司，设立的商业目的是履行境外融资功能，具有充足的商业目的，并非是为了规避在中国的纳税义务。因此，税务机关将 BVI，S 公司与香港 G 公司认定为导管公司缺乏实际依据。

2. 税务机关观点

税务机关则认为 S、G 公司均为避税而设置的导管公司，其中 G 公司为滥用税收协定设置的踏石过河型导管公司，且本次间接转让股权不具有合理商业目的。

（1）S、G 公司为避税而设置的导管公司。

根据上述 S、G 公司的财务报表，以及踏石过河型导管公司的定义可知，S 公司设置的目的是使本次交易被定性为境外股权交易，通过转让导管公司 S 公司的股权，可避免因直接转让贵阳 X 公司取得转让所得而被征收企业所得税。G 公司是通过滥用《内地和香港税收安排》规定，将从贵阳 X 公司获取的利息，以股权的形式转移给 BVI，S 公司，目的是使应纳预提税税率与不设置 S、G 公司的预提税税率保持一致，且有助于此次转让形成名义上的境外间接股权转让的假象。所以本案例中的 S、G 公司都属于为避税设置的导管公司，其中 G 为踏石过河型导管公司。由于转让贵阳 X 公司的股权带来的利润直接给了香港 X 公司，根据反税收协定滥用的方法——透视法，应直接追究香港 X 公司的责任，而非被穿透的 S、G 公司责任。

（2）此次间接转让股权不具有合理商业目的。

间接转让股权的合理性判定。根据《国家税务总局关于非居民企业间接转让财产企业所得税若干问题的公告》（国家税务总局公告 2015 年第 7 号）第四条规定，税务机关认定了四项事实（见前文分析）。此四项事实有充分的证据予以证明，因此认定本次间接股权转让交易不具有合理商业目的。

综上，应重新定性该间接转让交易，确认为直接转让中国居民企业股权等财产。按照《企业所得税法》第三十七条规定，非居民企业取得财产转让所得应该属于源泉扣缴的所得。又根据国家税务总局公告 2015 年第 7 号文件第八条规定，间接转让股权所得按照本公告规定应缴纳企业所得税的，依照有关法律规定或者合同约定对股权转让方直接负有支付相关款项义务的单位或者个人为扣缴义务人。若扣缴义务人未扣缴或未足额扣缴应纳税款的，股权转让方香港 X 公司应自纳税义务发生之日起 7 日内向主管税务机关申报缴纳税款，并提供与计算股权转让收益和税款相关的资料。

3. 专案组判决结果理由

综合考虑企业和税务机关双方的观点，专案组最终同意税务机关的看法，S、G 公司均为避税而设立的导管公司，其中 G 公司为滥用税收协定设置的踏石过河型导管公司，且本次间接转让股权不合理。最终根据企业所得税法的相关规定，香港 X 公司按股权转让价减除股权成本价后的差额补缴预提所得税 1.44 亿元。

（五）案例启示

本案例详细描述了香港 X 公司设置导管公司间接转让我国居民企业避税的问题，其中包括该事件的进程以及双方的观点。本案中，重点关注了两个焦点问题。一是本次境外间接转让股权交易是否具有合理的商业目的，需不需要在中国境内交税；二是 S 公司与 G 公司是否是为了避税而设立的导管公司。首先根据国家税务总局公告 2015 年第 7 号文件分析本次间接转让股权的商业目的不合理；其次根据导管公司的定义可以分析出 S、G 公司均为导管公司，其中 G 公司为踏石过河型导管公司。最终说明了本次境外股权转让实质是直接转让贵阳 X 公司的股权，所以应在我国缴纳企业所得税。

从纳税人角度来看：第一，试图通过低税率地区境外中间公司控股境内企业的方式来避税存在很大的税务风险，若为正常的境外股权交易，应保证境外中间层控股公司股权稳定，具有一定的经济实质，以避免因间接股权转让被认定为不具有合理商业目的而被征税。第二，当为间接转让我国居民企业财产时，应符合我国相关法律法规，例如合理商业目的的判定等规定。第三，非居民企业间接股权转让一旦被重新定性，需要在我国缴纳税款，扣缴义务问题同样需要企业格外关注。根据源泉扣缴制度，间接股权转让交易中，受让方是扣缴义务人。第四，扣缴义务人未扣缴，且股权转让方未缴纳应纳税款的，主管税务机关可以按照税收征管法及其实施细则规定，追究扣缴义务人责任。第五，除了合理商业目的的判定和扣缴义务问题外，非居民企业准确识别其交易是否构成间接转让中国应税财产也很重要。在实际中，间接转让我国应税财产的形式有很多种。根据相关规定，非居民企业重组，引起直接或间接持有中国应税财产的境外企业股东发生变化的情形，也属于间接转让我国应税财产。但是，境外企业股东间的合并、分立等交易，导致中国应税财产被转让时，非居民企业可能会认为，该交易不存在直接的股权转让行为，因而忽略了在中国的纳税义务。

从税务机关角度来看：第一，对于间接转让我国财产的情况，应高度重视其存在的风险，特别是商业目的的合理性判定。第二，为争取更多非居民税源，税务机关应该不断完善非居民企业间接转让股权所得税管理制度，在大力宣传非居民股权转让税收法规的同时，拓宽信息获取渠道，继续加大涉外企业税务登记变更信息、境外关联交易信息和"走出去"企业生产经营信息采集力度，强化纳税人跨境投资、经营和财产类所得的税源监控，加强对外售付汇的备案管理，深入开展对非居民企业取得股权转让所得、特许权使用费等项目的检查，防范税收流失，更好地维护税法尊严，促进经济发展。第三，在交易中若存在滥用税收协定等问题，应该严厉制止这种行为，以维护我国正当的税收权益。

本案例的进一步启示：跨国企业进行间接转让股权时，必须满足相关的法律法规，不能存在侥幸避税的想法；税务机关也应严格把关，不断完善本国税法，坚定维护国家的税收主权，与企业共同创造良好的营商环境。

三、案例使用说明

（一）适用对象与教学目的

1. 适用对象

本案例主要适用于"国际税收""税收筹划"等课程。本案例的教学对象包含财经类的本科生和研究生，特别是税收学专业的本科生和研究生。

2. 教学目的

一是使学生对相关知识具有感性的认识及深入的思考，其中包括的知识点有滥用税收安排、导管公司、间接转让股权中企业的合理商业目的等问题。二是培养学生的辩证、逻辑思维方式。引导学生运用类比法、逆向思维和多向思维，归纳总结等方法去分析和学习，站在企业及税务机关双方的角度进行思考，从而避免机械地学习、记忆。三是便于教师采用启发式教学、发现式教学、研究式教学等教学方法的灵活运用，以打破教师在课堂上"一言堂"，通过课堂的引导性提问，以及站在企业及税务机关两种不同的立场作答，充分调动学生的积极性，启发学生思维，参与教学过程，将被动变为主动。

（二）启发思考题

1. 如何界定企业的商业目的是否合理？
2. 间接转让股权与直接转让股权有何不同？
3. 滥用税收协定有几种方式？分别列出并进行解释。
4. 针对设置导管公司滥用税收协定行为，反税收协定滥用的举措有哪些？

（三）分析思路

先介绍案例的背景资料，提出案例的两个焦点问题，即本次境外间接转让股权交易是否具有合理的商业目的，需不需要在中国境内交税；S公司与G公司是否是为了避税而设立的导管公司。再分析本次间接转让股权的商业目的不合理的原因是，S、G公司均为避税而设置的导管公司，G公司没有积极经营行为，并且滥用了《内地和香港税收安排》。然后得出本次境外股权转让实质是直接转让贵阳X公司的股权，应在我国缴纳企业所得税的结论。

（四）理论依据及分析

焦点之一在于S公司与G公司是否是为了避税而设立的导管公司。根据导管公司的判定：导管公司是指通常以逃避或减少税收、转移或累积利润等为目的而设立的公司。这类公司仅在所在国登记注册，以满足法律所要求的组织形式，而不从事制造、经销、管理等实质性经营活动。S、G公司由于无实质性经营活动，收入均来自贵阳X公司，所以符合导管公司的认定。其次，根据上述分析的两种控股情况，G公司的设立可以使本次交易的预提税率与不设置S、G公司的预提税税率保持一致，且有助于此次转让形成名义上的境外间接股权转让的假象。可以认定其滥用了《内地和香港税收安排》中的利息预提税税率。

焦点之二在于本次境外间接转让股权交易是否具有合理的商业目的，需不需要在中国境内交税。根据国家税务总局公告 2015 年第 7 号文件第四条规定，再根据案例背景资料分析，有充分的证据予以证明，本次间接股权转让交易不具有合理商业目的。

（五）关键点

本案例中需要识别的知识点有：滥用税收安排，导管公司、间接转让股权中企业的合理商业目的。

通过对本案例的学习，学生可以将其与实际联系起来。一方面可以培养学生快速获取案例基础信息的能力，如香港 X 公司的控股情况、S、G 公司的经营状况和经营结构等；另一方面，通过站在企业及税务机关双方角度来思考是否该缴纳企业所得税的问题，可以增强学生表达能力和团队合作能力，以及培养学员对案例进行系统分析、逻辑推理并合理决策的能力。最终提炼出自己对本案例的看法与观点，从而加深对上述知识点，即滥用税收安排、导管公司、间接转让股权中企业的合理商业目的的理解记忆。

（六）建议课堂计划

本案例可以作为专门的案例讨论课来进行（见表 3-1）。

表 3-1　案例教学计划

案例教学计划	具体内容
教学时长	1 个学时
课前计划	发放案例正文和思考题，要求学生在课前完成阅读并对思考题作答
课堂计划	1. 介绍税案始末，让学生了解案例的基本情况和焦点问题。 2. 将学生分成小组进行讨论，探讨站在企业及税务机关双方角度来思考是否该缴纳企业所得税，并说明理由，然后每个小组派一名同学上台发言。 3. 归纳总结每个小组的发言，提出各小组的优缺点，并解答有争议之处。 4. 结合问题，回顾案例
课后计划	整理思考题答案，写在作业本上并提交

（七）案例的建议答案以及相关法规依据

本次境外转让股权，首先应该根据国家税务总局关于非居民企业间接转让财产企业所得税若干问题的公告》（国家税务总局公告 2015 年第 7 号）第四款分析本次交易间接转让股权的商业目的是否合理。其次应该根据导管公司的定义进行分析中间层 S、G 公司是否是为了避税设立的导管公司。根据上述分析结果可以表明此次交易不应该被定义为间接转让股权交易，而应该以直接转让股权来确定应交税款。所以税务机关做出的税务事项通知书并无不妥，香港 X 公司应该按国家税务总局公告 2015 年第 7 号文件第八款、《企业所得税》第三十七款规定缴纳企业所得税。

（八）其他教学支持材料

本案例以幻灯片的形式加以辅助说明。

（九）思考题参考答案

（扫一扫）

（十）附件（相关法律法规条款）

1.《国家税务总局关于非居民企业间接转让财产企业所得税若干问题的公告》（国家税务总局公告 2015 年第 7 号）

第一条：非居民企业通过实施不具有合理商业目的的安排，间接转让中国居民企业股权等财产，规避企业所得税纳税义务的，应按照企业所得税法第四十七条的规定，重新定性该间接转让交易，确认为直接转让中国居民企业股权等财产。本公告所称中国居民企业股权等财产，是指非居民企业直接持有，且转让取得的所得按照中国税法规定，应在中国缴纳企业所得税的中国境内机构、场所财产，中国境内不动产，在中国居民企业的权益性投资资产等（以下称中国应税财产）。间接转让中国应税财产，是指非居民企业通过转让直接或间接持有中国应税财产的境外企业（不含境外注册中国居民企业，以下称境外企业）股权及其他类似权益（以下称股权），产生与直接转让中国应税财产相同或相近实质结果的交易，包括非居民企业重组引起境外企业股东发生变化的情形。间接转让中国应税财产的非居民企业称股权转让方。

第二条：适用本公告第一条规定的股权转让方取得的转让境外企业股权所得归属于中国应税财产的数额（以下称间接转让中国应税财产所得），应按以下顺序进行税务处理：①对归属于境外企业及直接或间接持有中国应税财产的下属企业在中国境内所设机构、场所财产的数额（以下称间接转让机构、场所财产所得），应作为与所设机构、场所有实际联系的所得，按照企业所得税法第三条第二款规定征税；②除适用本条第①项规定情形外，对归属于中国境内不动产的数额（以下称间接转让不动产所得），应作为来源于中国境内的不动产转让所得，按照企业所得税法第三条第三款规定征税；③除适用本条第①项或第②项规定情形外，对归属于在中国居民企业的权益性投资资产的数额（以下称间接转让股权所得），应作为来源于中国境内的权益性投资资产转让所得，按照企业所得税法第三条第三款规定征税。

第三条：判断合理商业目的，应整体考虑与间接转让中国应税财产交易相关的所有安排，结合实际情况综合分析以下相关因素：①境外企业股权主要价值是否直接或间接来自于中国应税财产；②境外企业资产是否主要由直接或间接在中国境内的投资构成，或其取得的收入是否主要直接或间接来源于中国境内；③境外企业及直接或间接持有中国应税财产的下属企业实际履行的功能和承担的风险是否能够证实企业架构具有经济实质；④境外企业股东、业务模式及相关组织架构的存续时间；⑤间接转让中国应税财产交易在境外应缴纳所得税情况；⑥股权转让方间接投资、间接转让中国应税财产交易与直接投资、直接转让中国应税财产交易的可替代性；⑦间接转让中国应税财产所得在中国可适用的税收协定或安排情况；⑧其他相关因素。

第四条：除本公告第五条和第六条规定情形外，与间接转让中国应税财产相关的整体安排同时符合以下情形的，无需按本公告第三条进行分析和判断，应直接认定为不具有合理商业目的：①境外企业股权75%以上价值直接或间接来自于中国应税财产；②间接转让中国应税财产交易发生前一年内任一时点，境外企业资产总额（不含现金）的90%以上直接或间接由在中国境内的投资构成，或间接转让中国应税财产交易发生前一年内，境外企业取得收入的90%以上直接或间接来源于中国境内；③境外企业及直接或间接持有中国应税财产的下属企业虽在所在国家（地区）登记注册，以满足法律所要求的组织形式，但实际履行的功能及承担的风险有限，不足以证实其具有经济实质；④间接转让中国应税财产交易在境外应缴所得税税负低于直接转让中国应税财产交易在中国的可能税负。

第八条：间接转让不动产所得或间接转让股权所得按照本公告规定应缴纳企业所得税的，依照有关法律规定或者合同约定对股权转让方直接负有支付相关款项义务的单位或者个人为扣缴义务人。

扣缴义务人未扣缴或未足额扣缴应纳税款的，股权转让方应自纳税义务发生之日起7日内向主管税务机关申报缴纳税款，并提供与计算股权转让收益和税款相关的资料。主管税务机关应在税款入库后30日内层报税务总局备案。

扣缴义务人未扣缴，且股权转让方未缴纳应纳税款的，主管税务机关可以按照税收征管法及其实施细则相关规定追究扣缴义务人责任；但扣缴义务人已在签订股权转让合同或协议之日起30日内按本公告第九条规定提交资料的，可以减轻或免除责任。

2.《中华人民共和国企业所得税法实施条例》

第九十一条：非居民企业取得企业所得税法第二十七条第⑤项规定的所得，减按10%的税率征收企业所得税。下列所得可以免征企业所得税：①外国政府向中国政府提供贷款取得的利息所得；②国际金融组织向中国政府和居民企业提供优惠贷款取得的利息所得；③经国务院批准的其他所得。

第一百二十条：企业所得税法第四十七条所称不具有合理商业目的，是指以减少、免除或者推迟缴纳税款为主要目的。

3.《企业所得税法》

第三条：居民企业应当就其来源于中国境内、境外的所得缴纳企业所得税。非居民企业在中国境内设立机构、场所的，应当就其所设机构、场所取得的来源于中国境内的所得，以及发生在中国境外但与其所设机构、场所有实际联系的所得，缴纳企业所得税。非居民企业在中国境内未设立机构、场所的，或者虽设立机构、场所但取得的所得与其所设机构、场所没有实际联系的，应当就其来源于中国境内的所得缴纳企业所得税。

第二十七条：企业的下列所得，可以免征、减征企业所得税：①从事农、林、牧、渔业项目的所得；②从事国家重点扶持的公共基础设施项目投资经营的所得；③从事符合条件的环境保护、节能节水项目的所得；④符合条件的技术转让所得；⑤法第三条第三款规定的所得。

第三十七条：对非居民企业取得本法第三条第三款规定的所得应缴纳的所得税，实行源泉扣缴，以支付人为扣缴义务人。税款由扣缴义务人在每次支付或者到期应支付时，从支付或者到期应支付的款项中扣缴。

第四十七条：企业实施其他不具有合理商业目的的安排而减少其应纳税收入或者所得额的，税务机关有权按照合理方法调整。

4.《内地和香港特别行政区关于对所得避免双重征税和防止偷漏税的安排》

第十条第二款：然而，这些股息也可以在支付股息的公司是其居民的一方，按照该一方法律征税。但是，如果股息受益所有人是另一方的居民，则所征税款不应超过：如果受益所有人是直接拥有支付股息公司至少25%资本的公司，为股息总额的5%。

第十一条第二款：然而，这些利息也可以在该利息发生的一方，按照该一方的法律征税。但是，如果利息受益所有人是另一方的居民，则所征税款不应超过利息总额的7%。双方主管当局应协商确定实施限制税率的方式。

第十三条第二款：转让一方企业在另一方的常设机构营业财产部分的动产，包括转让常设机构（单独或者随同整个企业）取得的收益，可以在该另一方征税。第四款：转让一个公司股份取得的收益，而该公司的财产主要直接或者间接由位于一方的不动产所组成，可以在该一方征税。第五款：转让第四款所述以外的任何股份取得的收益，而该项股份相当于一方居民公司至少25%的股权，可以在该一方征税。

四、参考文献

［1］刘霜，颜红宇，朱泓，等. 穿透"导管"公司 追缴亿元税款［N］. 中国税务报，2016-12-06（05）.

［2］陈宇，郭海英. 利益限制条款及其在我国税收协定中的应用［J］. 国际税收，2021（7）：41-47.

［3］朱青. 国际税收［M］. 北京：中国人民大学出版社，2021.

［4］杨志清. 国际税收［M］. 2版. 北京：北京大学出版社，2018.

［5］杜莉. 国际税收［M］. 上海：复旦大学出版社，2019.

案例 3-2　山东省某受控外国公司特别纳税调整

一、基础知识

（一）受控外国公司

1. 受控外国公司概念

利用在外国建立受控公司特别是运用避税港进行避税，是跨国纳税人减轻税负常用的手段之一。一国纳税人经常通过在国外设立控股公司，并对这些经济组织实行操纵和控制，进行有利于避税的活动安排。这些避税活动常与税收协定和避税地发生联系。其基本手段是在避税地建立一个受控外国公司（controlled foreign corporation，CFC），通过转让定价等手段将尽可能多的利润转移到受控外国公司账上，并利用部分居住国政府对未分配或只分配不汇回的利润有推迟课税的规定，将利润长期滞留在避税地受控外国公司，从而达到长期规避居住国税收负担的目的。

在跨国纳税人不断运用避税港的情况下，国家的税收权益不断遭到损害，税收收入受到影响，税收的公平原则也相应遭到破坏。为此，许多国家制定相关法律取消推迟课税的规定，以阻止跨国纳税人利用避税地基地公司进行避税，这种立法被称为对付避税地的法规或受控外国公司法规。

2. 受控外国公司的判定

判定一个公司是否为受控外国公司，主要包括纳税主体的界定、"控制"的标准和时间的确认等方面的内容。

大多数国家和地区关于受控的标准是根据持股比例来判定的，持股比例一般指本国居民对外国公司的共同持股比重，许多国家还会规定每一个股东直接或间接单一持有的最小股权比重。如美国《国内收入法典》F 分部法规将外国受控公司美国全部股东控制权标准规定为 50%，并且每个股东还要拥有该外国公司 10% 或 10% 以上的股份才受限于 CFC 税制，而某外国子公司一旦被判定为外国受控公司，该公司基本上就不再适用延期付税制优惠了。日本立法规定，日本居民必须至少直接或者间接地拥有外国公司所发行股票总额的 50%，且每一个日本股东必须至少直接或间接地拥有外国公司所发行股票总额的 5% 才负有纳税义务。英国要求全部英国居民持股比例达到 40% 及以上，而且英国的居民公司必须拥有外国公司 10% 及以上的股权才会被征税。德国和法国规定的本国居民持股比重为 10% 但并不要求每个本国股东的最低持股比例。此外，为了防止本国居民通过外国公司间接控制 CFC 进行避税，很多国家在规定 CFC 标准时都加上了间接控制。

目前我国 CFC 法规中包含法律控制标准和实质控制标准。法律控制标准指由居民企业，或者由居民企业和居民个人（以下统称"中国居民股东"，包括中国居民企业股东和中国居民个人股东）在纳税年度任何一天单层直接或多层间接单一持有外国企业10% 及以上有表决权的股份，且共同持有该外国企业 50% 及以上的股份；实质控制标准是指中国居民股东持股比例没有达到法律控制标准，但在股份、资金、经营、购销等方面对该外国企业构成实质控制，这种情况下，该居民企业或者中国居民仍被认定为 CFC 纳税主体。但对于什么行为、何种性质构成"实质控制"，我国目前的 CFC 法规里并没有加以说明。

关于"控制"时间的界定。日本《特别征税措施法》里规定控股标准和所有权标准在该外国公司财政年度最后一天必须同时满足。法国《法国税法典》则规定在外国公司实体财政年度末应满足所有权标准，或适用一个税收年度中拥有时间超过 183 天的标准。美国规定 CFC 必须在一个纳税年度中不间断的 30 天内成为 CFC。新西兰法律中规定 CFC 的控制或所有指一年中的任何时间，但计算控制利益和所有权都是基于外国公司税收年度特定的测试日期（公历年每个季度的最后一天）。我国要求在纳税年度任何一天同时满足控股标准和所有权标准。

（二）应对间接转让股权的反避税措施

各国在间接股权转让问题上主要遵循"实质重于形式"以及"一步到位"的原则，在间接转让股权问题上"去伪存真"，对利用间接持股结构规避股权转让所得税的行为不予认可。我国国家税务总局公告 2015 年第 7 号则明确指出，如果非居民企业通过实施不具有合理商业目的的安排，间接转让中国居民企业股权等财产，规避企业所得税纳税义务的，应按照企业所得税法第四十七条的规定，重新定性该间接转让交易，确认为直接转让中国居民企业股权等财产。

1. 判定间接转让中国居民企业股权是否有合理的商业目的

《国家税务总局关于非居民企业间接转让财产企业所得税若干问题的公告》要求应整体考虑与间接转让中国居民企业股权交易相关的所有安排，并结合实际情况综合分析以下相关因素：

（1）境外企业股权的主要价值是否直接或间接来自中国应税财产。

（2）境外企业的资产是否主要由直接或间接在中国境内的投资构成，或者其取得的主要收入是否直接或间接来源于中国境内。

（3）境外企业及直接或间接持有中国应税财产的下属企业实际履行的功能和承担的风险是否能够证实企业架构具有经济实质。

（4）境外企业股东、业务模式及相关组织架构的存续时间。

（5）间接转让中国应税财产交易在境外应缴纳所得税的情况。

（6）股权转让方间接投资、间接转让中国应税财产交易与直接投资、直接转让中国应税财产交易的可替代性。

（7）间接转让中国应税财产所得在中国可适用的税收协定或安排情况。

（8）其他相关因素。

2. 认定为"不具有合理商业目的"应同时满足的 4 个条件

如果与间接转让中国居民企业股权相关的整体安排同时符合以下情形，则无须按照以上因素进行分析和判断，可直接认定为不具有合理商业目的：

（1）境外企业股权 75% 以上的价值直接或间接来自中国应税财产。

（2）间接转让中国居民企业股权交易发生前一年内任一时点，境外企业资产总额（不含现金）的 90% 以上直接或间接由在中国境内的投资构成；或间接转让中国居民企业股权交易发生前一年内，境外企业取得收入的 90% 以上直接或间接来源于中国境内。

（3）境外企业及直接或间接持有中国居民企业股权的下属企业虽在所在国家（地区）登记注册，以满足法律所要求的组织形式，但实际履行的功能及承担的风险有限，不足以证实其具有经济实质。

（4）间接转让中国居民企业股权交易在境外应缴所得税税负低于直接转让中国居民企业股权应在中国缴纳的所得税税负。

3. 具有合理商业目的情形（集团内部重组适用的安全港规则）

（1）交易双方的股权关系具有下列情形之一：

①股权转让方直接或间接拥有股权受让方 80% 以上的股权；②股权受让方直接或间接拥有股权转让方 80% 以上的股权；③股权转让方和股权受让方被同一方直接或间接拥有 80% 以上的股权。

境外企业股权 50% 以上（不含 50%）的价值直接或间接来自中国境内不动产的，上述持股比例应为 100%。上述间接拥有的股权按照持股链中各企业的持股比例乘积计算。

（2）如果将本次间接转让交易与可能再次发生的间接转让交易相比，在未发生本次间接转让交易的情况下，相同或类似间接转让交易中的中国所得税负担不会减轻。

（3）股权受让方全部以本企业或与其具有控股关系的企业的股权（不含上市企业股权）支付股权交易对价。

非居民企业间接转让中国居民企业的股权一旦被认定为不具有合理的商业目的，就要按照我国《企业所得税法》第三款的规定纳税，即非居民企业（股权转让方）取得的间接转让股权所得，应作为来源于中国境内的权益性投资资产转让所得，缴纳 10%（或协定税率）的预提所得税。

税款征缴方面，《国家税务总局关于非居民企业间接转让财产企业所得税若干问题的公告》规定：间接转让股权所得应缴纳企业所得税的，依照有关法律规定或者合同约定对股权转让方直接负有支付相关款项义务的单位或者个人为扣缴义务人。扣缴义务人未扣缴或未足额扣缴应纳税款的，股权转让方应自纳税义务发生之日起7日内向主管税务机关申报缴纳税款，并提供与计算股权转让收益和税款相关的资料。主管税务机关应在税款入库后30日内层报国家税务总局备案。扣缴义务人未扣缴，且股权转让方未缴纳应纳税款的，主管税务机关可以按照《税收征管法》及其实施细则的相关规定追究扣缴义务人的责任；但是，扣缴义务人已在签订股权转让合同或协议之日起30日内按相关规定提交资料的，可以减轻或免除责任。

二、山东省某受控外国公司特别纳税调整案[①]

案例概述： 2012年，设立在境外的B（香港）公司向山东省税务机关提起居民企业身份申请，2014年年底主管税务机关在掌握该公司股权结构的基础上，成功利用受控外国企业反避税规则对其应归属于内地母公司——A公司的利润进行特别纳税调查，并就境外子公司之间股权转让收入进行了一般纳税调整。此案被有关媒体列为我国运用受控外国公司规则实施反避税的首个成功案例，其中涉及我国受控外国企业反避税规则的多项制度，有利于我们进一步学习我国特别纳税调整规则，并对于我们了解税务机关应用CFC规则对纳税人的避税方案进行调整的过程具有重要的意义。

（一）案例背景

A公司于1999年经批准设立，注册地址在山东省某工业园，主要从事化工产品（不含危险品）销售。B公司为A公司设立在香港的全资子公司，主要从事国际贸易、信息咨询、投资业务，董事会成员5人，均为母公司即A公司委派。C投资公司，是B（香港）有限公司在香港设立的全资子公司，该公司拥有中国境内三家外商投资企业D化学有限公司、E化学有限公司、F有限公司各90%的股份（见图3-3）。

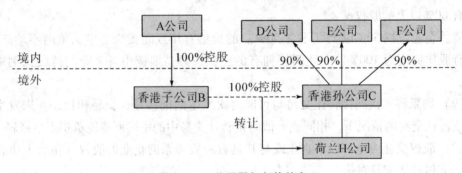

图3-3　A公司股权架构信息

---

① 　1. 本案例由重庆市专业学位研究生教学案例库建设项目——《国际税收案例库》建设小组（重庆工商大学）成员张怡、汤凤林撰写，作者拥有著作权、修改权、改编权，未经允许，本案例的所有部分不能以任何方式与手段擅自复制或传播。

2. 本案例只供课堂讨论之用，并无暗示某种管理行为是否有效之意。

3. 本案例资料来源于中国税务期刊2015年03期山东省地税局利用受控外国企业反避税案例侧记。

2011 年，B 公司与荷兰某公司签订股权转让协议，将 C 公司全部股权转让给该荷兰公司，扣除相关股权成本，B 公司取得股权转让收益 3 亿元。B 公司向主管税务机关提出居民企业身份申请。主管税务机关借此获得该公司的股权结构信息，对该公司进行深入调查。

调查发现，B（香港）有限公司于 2011 年 7 月，将 C 投资有限公司 100% 股权转让给荷兰 H 国际化学有限公司，股权转让的对价为人民币 4.5 亿元，加上营运资本调整及债务净额调整，扣除相关股权成本后，股权转让收益为 3 亿元。由于 B（香港）有限公司实际从事的业务仅有对 C 投资有限公司的投资业务，其国际贸易、信息咨询业务均未实际开展，所以，B（香港）有限公司的经营利润就全部表现为对 C 投资有限公司的股权转让收益。B（香港）有限公司对应归属于其母公司 A 化工有限公司的利润（股权转让收益），一直未作分配处理。同时，A 公司与 B 公司提供的材料无法证明 B 公司的实际管理机构在境内。

税务机关认为，B 公司利润不作分配的行为并非出于合理经营需要，是为了规避 A 公司的分配所得应纳的税款而进行的避税安排；同时 B 公司向主管税务机关提出居民企业身份申请是为了利用《企业所得税法》第二十六条规定的"符合条件的居民企业之间的股息、红利等权益性投资收益"为免税收入，如果 B 公司为中国内地居民企业，则 B 向 A 的利润分配就有可能被认定为免税收入，从而可以规避股权转让收益 3 亿元应当缴纳的所得税。

最终，B 公司未能被认定为中国居民企业。且经过 1 年多的特别纳税调查后，税务机关作出了如下处理决定：①B 公司利润不作分配的行为并非出于合理经营需要，应将其利润向 A 公司进行分配；②A 公司应就分配所得补缴税款；③股权转让虽发生在两家境外企业之间，但因该转让行为不存在合理商业目的，将其确认为直接转让中国居民企业的股权，B 公司应就该笔转让款补缴 3 000 万元的预提所得税。截至 2014 年，A 公司已申报税款 8 000 余万元，其中入库企业所得税 5 000 余万元，入库个人所得税 3 000 余万元。

（二）案例焦点问题

本案件的焦点问题：第一，B 公司是否应被判断为受控外国公司；第二，B、C 公司（非居民企业）之间转让股权的行为是否具有合理的商业目的。

（三）案例分析

1. 特别纳税调整规则的适用——受控外国公司的判断

（1）"控制"关系的判断。

我国受控外国企业税制关于"控制"的判断标准有两个：一是股权控制标准，即要求居民企业或者中国居民直接或者间接单一持有外国企业 10% 以上（含 10%，下同）有表决权股份，且上述单一持有外国企业 10% 以上股份的中国居民股东（包括居民企业和居民自然人）共同持有该外国企业 50% 以上股份；二是实质控制标准，即居民企业，或者居民企业和中国居民持股比例没有达到前述规定的标准，但在股份、资金、经营、购销等方面对该外国企业构成实质控制。这两个标准只要满足其中一个即可。依此规定，从本案中，A公司、B公司、C公司之间的股权架构看，A公司显然已对B公司形成了实际的控制关系。

（2）应税收入与豁免条款的确定。

根据《特别纳税调整实施办法（试行）》第八十四条规定，中国居民企业股东能够提供资料证明其控制的境外企业满足以下条件之一的，可免于将外国企业不作分配或减少分配的利润视同股息分配额，计入中国居民企业股东的当期所得：（一）设立在国家税务总局指定的非低税率国家（地区）；（二）主要取得积极经营活动所得；（三）年度利润总额低于500万元人民币。

根据《国家税务总局关于简化判定中国居民股东控制外国企业所在国实际税负的通知》（国税函〔2009〕37号）规定，中国居民企业或居民个人能够提供资料证明其控制的境外企业设立在美国、英国、法国、德国、日本、意大利、加拿大、澳大利亚、印度、南非、新西兰和挪威的，该外国企业不作分配或者减少分配的利润视同股息分配额，可免于计入中国居民企业的当期所得缴纳企业所得税。香港不在列举国家（地区）范围之内。加上B公司并无实质性其他业务，说明A公司控制的香港子公司B转让孙公司C获得的利润不分配，不具有合理商业目的，应被视作股息分配，不能在中国免缴企业所得税。另外，B（香港）有限公司2011年的利润全部为股权转让所得，不属于积极经营所得；且其2011年的利润3亿元超过了500万元人民币，综上所述，B公司作为中国居民企业A公司控制的境外企业，其不作分配的3亿元不满足受控外国企业的豁免规则。

2. 一般反避税规则的适用——境外子公司B、C（非居民企业）之间转让股权的行为

《企业所得税法》第四十七条是关于反避税管理的一般性规定。而我国《特别纳税调整实施办法（试行）》（国税发〔2009〕2号）（以下简称《办法》）第九十二条则具体规定了税务机关可在下列5种情况下启动一般反避税调查：①滥用税收优惠；②滥用税收协定；③滥用公司组织形式；④利用避税港避税；⑤其他不具有合理商业目的的安排。在这里，"其他不具有合理商业目的的安排"被作为兜底条款列入其中，"不具有合理商业目的"成为适用一般反避税规则的核心要件。我国《企业所得税法实施条例》第一百二十条对此做了原则性的解释，即"不具有合理商业目的"是指以减少、免除或者推迟缴纳税款为主要目的。本案中，B公司为A公司设立在香港的全资子公司，虽说是从事国际贸易、信息咨询、投资业务，但据调查，2011年B公司仅有对C投资有限公司的投资业务，其国际贸易、信息咨询业务等积极经营活动均未实际开展，因此，不满足受控外国企业的豁免规则。

由于B公司和C公司的相关设置，在此次股权转让交易中，它们扮演的是中间公司的角色，不具有合理商业目的。此次股权转让，名义上是香港B公司把中国香港C公司的股权转让给荷兰H公司，是一种间接股权转让；实际上此次转让的是中国境内的D、E、F公司，并且由于A、B、C三公司之间是100%控股关系，此次股权转让最终实质上是境内A公司把D、E、F公司转让给了荷兰H公司，这就转变成了居民企业

的股权转让。有了 B、C 公司的存在，名义上的间接股权转让，A 公司只需就 B 公司的利润分配在境内缴纳所得税，并且若 B 公司请求的居民企业身份被认定成功，该笔利润分配将被认定为免税收入无需缴纳企业所得税。假设没有 B、C 公司的存在，A 把 D、E、F 公司转让给荷兰 H 公司，属于直接转让中国居民企业的股权，A 公司需要就取得股权转让所得缴纳企业所得税，可见，B、C 公司的存在可以使集团少交 3 000 万元的所得税，加上 B、C 并无其他实质性业务，因此，B、C 的设置是不具有合理商业目的的。

最终，税务机关基于上述理由，认定此次股权转让中 B、C 公司的设置是"不具有合理商业目的"的税收安排，看似非居民企业间的股权转让应被视为是对中国居民企业股权的直接转让，应就该笔转让款补缴 3 000 万元的预提所得税。

（四）案例启示

CFC 法规早在 2008 年起实施，我国 CFC 税制的基本框架也已经形成，但在制度的精细化、与国内其他税制及国际税法的衔接方面还存在一些问题，加上当时税务机关相对缺乏有关反避税的经验，近几年才在征管方面取得突破，目前我国现行的 CFC 税制运行还不够理想，相关的成功案例还不多见。此案作为我国运用受控外国公司规则实施反避税的首个成功案例，开拓了全国税务系统反避税的新领域，为开展反避税调查积累了经验和方法，为此我国应在控制关系认定、合理经营需要等方面的法规进行细化，降低税务机关的征管成本和难度，推动我国反避税规则的发展。

对于企业纳税主体来说，该反避税案件的结案，给"走出去"企业敲响了警钟，需要引起其足够的重视。随着我国特别纳税调整的进一步完善，一味通过保留境外利润进行避税的风险正在逐渐增大。在低税负地区设立的中间控股公司是否有"合理的商业目的"或"实质性经营活动"，或是否有足够的证据来说明其"合理商业目的"或"实质性经营活动"的存在。对于中间控股公司而言，"实质性经营活动"的存在既是享受与投资目的地国之间的税收协定某类优惠的前提条件，也是避免落入 CFC 税制规制的有效保障。

三、案例使用说明

（一）适用对象与教学目的

1. 适用对象

案例主要适用于"国际税收"，也可以将本案例作为"中国税制"课程的辅助案例。本案例的教学对象包含财政学类税收学方向的本科生和税务方向的学术型和专业型研究生。

2. 教学目的

一是旨在帮助学生理解反国际避税规则中的受控外国公司规则，熟练掌握我国特别纳税调整办法，建立分析思路；二是便于培养学生的辩证思维，从多个税法主体角度考虑问题，同时让学生充分参与课堂教学中，能够联系实际地理解政策内容。

（二）思考题

1. A 公司主张"B、C 两家境外子公司在海外均开展实质性的商业活动，其设立的目的不是避税，因此不适用受控外国企业的相关规则"是否具有合理性，理由是什么？

2. "合理经营需要"的定义以及判断标准是什么？我国现行特别纳税调整制度应该如何进一步完善？

3. 税务机关做出其需要进行纳税调整的判定依据有哪些？

4. 我国受控外国企业税制关于"控制"的判断标准中存在哪些改进的必要？

（三）分析思路

先介绍案例背景，在此基础上提出案例的焦点问题，即：B 公司是否应被判断为受控外国公司；B、C 公司（非居民企业）之间转让股权的行为是否具有合理的商业目的。再用受控外国公司的适用规则判定 B 公司为受控外国公司，接着分析 B 公司转让 C 公司（非居民企业）股权给荷兰 H 公司的行为"不具有合理的商业目的"应当适用一般反避税规则。然后讨论分析得出 B 公司属于受控外国企业并应该就其转让款缴纳所得税的结论。

（四）理论依据与分析

本案例的焦点在于受控外国企业特别纳税调整的适用以及受控外国企业一般反避税规则的适用。因此，相关的理论依据大多与我国的特别纳税调整政策有关，如国税发〔2009〕2 号文是专门针对我国特别纳税调整实施办法的专门文件，规定受控外国企业是指由居民企业，或者由居民企业和居民个人控制的设立在实际税负低于法定税率（25%）水平 50%（12.5%）的国家，并非出于合理经营需要对利润不作分配或减少分配的外国企业。上述利润中归属于该居民企业的部分，应计入该居民企业的当期收入。同时，据《企业所得税法》第四十七条对反避税管理的一般性规定，境外子公司的转让股权的行为属于一般反避税规则中存在其他不具有合理商业目的的安排，以此税务机关可启动一般反避税调查。

（五）关键点

本案例需要学员识别的主要知识点包括：受控外国企业基本概念及避税过程、受控外国企业中的控制判别标准、可归属所得的确定以及我国特别纳税调整办法。

通过对现实案例的全面分析，将理论和实践紧密联系起来。一方面可以培养学生将课堂知识灵活运用于真实案例中的能力；另一方面可以增强学生思考能力，开拓学生的思维，从实践中案例的处理过程中发现我国现存政策的漏洞及不足之处，启发学生做进一步的研究。

（六）建议的课堂计划

本案例的教学计划见表 3-2。

表 3-2　案例教学计划

案例教学计划	具体内容
教学时长	1 个学时
课前计划	发放案例正文和思考题，要求学生在课前完成阅读并对思考题作答
课堂计划	1. 介绍税案始末，让学生了解案例的基本情况和焦点问题。 2. 将学生分成小组进行讨论，讨论本国税务机关能否对本案例中非居民企业间接转让本国公司股权获得的收益征税，并说明理由，然后每个小组派一名同学上台发言。 3. 归纳总结每个小组的发言，提出各小组的优缺点，并解答有争议之处。 4. 结合问题，回顾案例
课后计划	整理思考题答案，写在作业本上并提交

（七）案例的建议答案以及相关法规依据

B（香港）公司应当被认定为受控外国企业，并进行特别纳税调整。《办法》第七十六条规定"受控外国企业是指根据所得税法第四十五条的规定，由居民企业，或者由居民企业和居民个人控制的设立在实际税负低于所得税法第四条第一款规定税率水平 50%（12.5%）的国家（地区），并非出于合理经营需要对利润不作分配或减少分配的外国企业。"虽然香港地区的法定税率为 16.5%，高于 12.5%，但由于其对资本利得不征税，B 公司获得的股权转让收入不需要在香港纳税，因而其实际税负显然低于12.5%。因而 B 公司是受控外国企业。

境外子公司 B 转让 C 公司（非居民企业）股权给荷兰 H 公司的行为"不具有合理的商业目的"应当适用一般反避税规则，对 B 公司启动一般反避税调查。2008 年国家税务总局发布的《新企业所得税法精神宣传提纲》（国税函〔2008〕159 号）对"不具有合理商业目的"的适用进行了限定，认为"不具有合理商业目的"的安排通常具有以下特征：一是必须存在一个安排，即人为规划的一个或一系列行动或交易；二是企业必须从该安排中获取"税收利益"，即减少企业的应纳税收入或者所得额；三是企业获取税收利益是其安排的主要目的。根据上面的分析，A 公司安排 B 公司和 C 公司的存在使其扮演中间公司的角色，使直接转让股权变为间接转让股权；从此安排中能够获得 3 000 万元的税收利益，减少企业的应纳税所得额；B 公司仅有对 C 投资有限公司的投资，未开展实质性的业务，企业获取税收利益是其安排的主要目的，同时满足以上三个特征，因此，可推断其已经构成避税安排。

（八）其他教学支持材料

本案例以幻灯片的形式进行辅助说明。

（九）思考题参考答案

（扫一扫）

（十）附件（相关法律法规条款）

1.《中华人民共和国企业所得税法》第四十五条、《特别纳税调整实施办法（试行）》第七十六条

由居民企业，或者由居民企业和居民个人控制的设立在实际税负低于 12.5% 的国家（地区），并非出于合理经营需要对利润不作分配或减少分配的外国企业，视为受控外国企业进行所得税处理，对其利润中应归属于居民企业的部分，应当计入居民企业的当期收入，据以计算缴纳企业所得税。

2.《特别纳税调整实施办法（试行）》第八十四条

中国居民企业股东能够提供资料证明其控制的外国企业满足以下条件之一的，可免于将外国企业不作分配或减少分配的利润视同股息分配额，计入中国居民企业股东的当期所得：（一）设立在国家税务总局指定的非低税率国家（地区）；（二）主要取得积极经营活动所得；（三）年度利润总额低于 500 万元人民币。

3.《国家税务总局关于简化判定中国居民股东控制外国企业所在国实际税负的通知》（国税函〔2009〕37 号）

中国居民企业或居民个人能够提供资料证明其控制的外国企业设立在美国、英国、法国、德国、日本、意大利、加拿大、澳大利亚、印度、南非、新西兰和挪威的，可免于将该外国企业不作分配或者减少分配的利润视同股息分配额，计入中国居民企业的当期所得。

4.《中华人民共和国企业所得税法》第四十五条、《特别纳税调整实施办法（试行）》第七十六条

对视为受控外国企业进行所得税处理的，其利润中应归属于居民企业的部分，应当计入居民企业的当期收入，据以计算缴纳企业所得税。

四、参考文献

［1］魏俊. 疏议我国受控外国企业反避税规则：以山东省某受控外国公司（CFC）特别纳税调整案为例［J］. 税务研究，2018（8）：66-69.

［2］王文静，韩子宇. 完善我国受控外国企业法规的研究：基于国内典型案例的视角［J］. 国际税收，2018（6）：47-52.

［3］王海军，赵洪顺，黄海荣. 探索 实践 拓宽反避税工作新领域：山东省地税局利用受控外国企业反避税案例侧记［J］. 中国税务，2015（3）：19-21.

［4］朱青. 国际税收［M］. 北京：中国人民大学出版社，2021.

［5］杨志清. 国际税收［M］. 2 版. 北京：北京大学出版社，2018.

案例 3-3 欧盟委员会关于 X 公司与荷兰税务机关的预约定价协议的裁定

一、基础知识

（一）预约定价协议

1. 预约定价协议的概念

预约定价协议（APA），是指纳税人事先向税务机关提出未来年度可能发生的关联交易的定价原则和计算方法，经过税务机关审核同意后，双方就定价原则和计算方法达成的协议。其目的主要是解决未来年度的转让定价问题。预约定价协议包括单边预约定价和双边预约定价两种。单边预约定价是纳税人与一个税务当局之间的协议；双边预约定价是关联企业所在的两个国家的税务当局与纳税人之间的协议。涉及两个或两个以上国家的双边或多边协议通常包含在所涉及国家的相互协商程序中，有时被称为相互协商程序下的预约定价协议。双边预约定价协议将会是预约定价协议的发展趋势。

美国是最早（1991 年）推行预约定价制度的国家，之后，加拿大、墨西哥、澳大利亚、西班牙、德国、荷兰、英国、法国、新西兰、日本、韩国等国都随后实行了预约定价制度。我国从 1998 年开始引入预约定价，并在 2008 年新的《企业所得税法》中加以明确。1995 年，经济合作与发展组织发布的《转让定价指南》正式推荐了预约定价制度。近年来，越来越多的国家引入了预约定价制度，越来越多的纳税人愿意以此解决或事先避免转让定价问题。

2. 转让定价税收制度的完善

近年来，许多国家都在进一步修正转让定价税收制度，以完善与规范转让定价的税务处理。

美国早在 1968 年即发布了《国内收入法典》第 482 条，实施转移定价税收制度。

又于 1990 年 6 月公布了《预约定价协议草案》，并从次年开始推行预约定价制度。2006 年 7 月 31 日，美国公布了修正的转移定价法规，主要修订内容有：提供有关受控技术服务交易及《国内收入法典》第 482 条关于无形资产技术服务交易所得分配的课税指南，将衡量受控服务价值的 6 种方法中的成本加价法废除，改为技术服务成本法；在签订书面协议后，活动开始前所做的附条件协议应当符合实质经济交易；股东活动费用支出列支仅限于保护受控集团资本或遵守相关法令，规定股东活动费用支出的唯一效果，是用以保护受控集团资本或为遵守相关法令或管理规定，方可视为股东活动，将过去注重行为的企图和目的转为产出与结果；修正无形资产所有人的认定标准，规定除非名义所有人与交易经济实体不一致，原则上将拥有合法名义者推定为所有人，若无明确的法定名义所有人，则以掌控无形资产者为所有人，取代原适用的"开发者"或"赞助者"规定等。

日本、英国等国家也都在近年来修订或加强了转让定价税务处理方面的规定。总之，转让定价的税务处理是一个很复杂的问题，国家间的协调固然重要，但解决问题的关键还在于跨国公司应当自觉地按照独立企业的公平原则处理与其关联企业之间的交易与财务往来。

（二）交易净利润法

1. 交易净利润率法的定义

交易净利润率法是一种以独立企业在一项可比交易中所能获得的净利润率为基础来确定转让定价的方法。根据交易净利润率法，纳税人在关联交易下取得的净利润率应与可比非关联交易情况下非受控纳税人取得的净利润率大致相同。

交易净利润率法建立在以下观点基础之上，即从长期来看，那些在相同产业以及相同条件下经营的企业应取得相同的利润水平。因为从经济理论角度来看，如果一个企业比它的竞争对手利润率高，那么它就可以扩大生产和销售，此时它的低效率的竞争对手就可能被淘汰出局，或者提高效率迎头赶上，这样各类企业的利润率就会趋同。根据交易净利润率法，在关联交易下，纳税人取得的收益要与独立交易情况下非关联交易的利润指标进行比较，而且所要比较的是净利率，而不是毛利率。再销售价格法和成本加成法都是比较相关企业的毛利率。毛利是指销售收入减去销售成本（但不能减去各种费用）以后的差额；而这里的净利润则等于销售收入减去销售成本和各种费用（但其中不包括利息和所得税税款）后的差额，其又被称作息税前利润。净利润比毛利润受交易条件差异的影响要小，所以使用净利润率指标调整转让定价比较科学。使用交易净利润率法一般是比较成本净利润率（净利润/成本）、销售净利润率（净利润/销售额）或资产净利润率（净利润/营业资产）。在使用交易净利润率法时，可以采用如下利润率指标：

（1）资产收益率＝息税前利润/［（年初资产总额+年末资产总额）/2］×100%；

（2）营业利润率＝营业利润/营业收入×100%；

（3）息税前营业利润率＝息税前利润/营业收入×100%；

（4）完全成本加成率＝息税前利润/完全成本×100%；

（5）贝里比率＝营业毛利／（营业费用＋管理费用）×100％。

2．交易净利润率法的使用步骤

（1）进行功能、风险分析，确定可比数据。

首先要分析受检的关联企业发挥的功能及承担的风险，并确定它是否拥有有价值的无形资产，然后找出可比的交易或企业，最后是找出该受检企业与其他非关联企业进行的交易来比较。只有在没有内部可比交易时才可以使用关联企业没有参与的交易作为参照。当确定了可比企业或交易后，接下来就要进行功能和风险评估，税务机关应把所有影响利润率的因素都识别出来，在调整企业的转让定价时要把这些因素存在的差异全部考虑进去。经合组织 1995 年的《转让定价准则》指出："如果被比较的两个企业在特点上具有的差异对净利润率有很大的影响，则不对这种差异做调整就使用该法则是不适合的。"但该《转让定价准则》并没有提出在使用交易净利润率法时应如何对功能和风险差异进行调整。

（2）选择所比较的利润指标的年度。

由于企业可能有经济周期，而且企业可能会实行"市场渗入"战略，这些都会影响企业在某一时期的利润率，所以对上述企业使用交易净利润率法时，可以选择 3 年或更长时间的利润率指标进行比较。

（3）对多年的利润率指标进行分析。

经合组织的《转让定价准则》并没有明确规定使用哪个利润率指标，但一般认为使用多个指标比较好，这样可以相互核查。在分析时，一般要求使用利润率的算术平均值或按销售额进行计算的加权平均值。如果考虑整个经营周期的情况，则应对每一年的结果进行平均。这样，一年内企业与企业的差异就可以突出表现出来，在这个时期内企业的盈利模式也就可以一目了然。

（4）检验结果的合理性。

为了使转让价格真正符合公平市场价格，必须用其他方法对交易净利润率法进行检验。如果检验结果与交易净利润率法的结果有很大差异，则说明选择比较的企业或计算的方法有问题，应当重新进行修改。

（三）欧盟非法国家援助控制

"国家援助"实质就是各国的竞争政策。欧盟非法国家援助控制的作用是确保成员国不通过税收裁决或其他方式给予某些公司更优的税收待遇。如果避税使得特定企业获得"选择性竞争优势"，就会扭曲欧盟单一共同市场的公平竞争，由于避税收益是源自成员国政府的国家资源，因而这种国家援助就构成了"非法国家援助"。

根据《欧盟运行条约》第 107 条规定：由某一成员国提供的或通过无论何种形式的国家资源给予的任何援助，凡给予某些企业或某些商品的生产以优惠，从而扭曲或威胁扭曲竞争，只要影响到成员国之间贸易的，均与内部市场相悖。

第 108 条规定：①委员会应与会员国合作，不断审查这些国家现有的所有援助制度。它应向后者提出逐步发展或内部市场运作所需的任何适当措施。②如果委员会在通知有关各方提交其意见后，发现一国或通过国家资源提供的援助与第 107 条规定的国内市场不符，或这种援助被滥用，委员会应决定有关国家应在委员会确定的一段时间内取消或改变这种援助。③如果有关国家在规定时间内不遵守本决定，委员会或任何其他有关国家可在免除第 258 条和第 259 条规定的情况下，直接将此事提交欧洲联盟法院。应某一会员国的申请，理事会可一致决定，在免除第 107 条的规定或第 109 条规定的条例时，该国正在给予或打算给予的援助应视为与国内市场相适应，如果这种决定因特殊情况而有正当理由。就有关援助而言，如果委员会已经启动本款第一项规定的程序，有关国家已向理事会提出申请的事实应具有中止该程序的效力，直至理事会表明其态度为止。

二、欧盟委员会关于 X 公司与荷兰税务机关的预约定价协议的裁定案例①

案例概述：本案例以欧盟委员会关于 X 公司与荷兰税务机关的预约定价协议的裁定为背景，描写了 X 公司复杂的控股结构，不仅对荷兰 X 公司的定位、采用的交易净利润法、欧盟援助制度进行了分析，而且探讨了这些因素可能给 X 公司带来的避税效果，分析欧盟委员"死咬" X 公司的原因。本案的结果是欧盟委员会认定荷兰税务机关与 X 公司签订的预约定价协议不正当地减少了 X 公司在荷兰的税负，构成了荷兰税务机关对 X 公司的非法国家援助，X 制造公司应向荷兰税务机关补缴 2 570 万欧元税款。通过对本案的学习，同学们可以加强对预约定价协议、欧盟援助制度的认识与理解；未来税务机关有必要继续完善国际税收法规，"走出去"企业遇到相关调查时可以采用签订双边预约定价协议、申请相互磋商等降低税务风险。

（一）案例背景

自 2013 年 6 月起，欧盟开始对部分成员国的税收裁定个案进行国家援助审查，并在 2014 年 12 月将审查范围扩大至所有成员国。2015 年 10 月 21 日，欧盟委员会就 2008 年荷兰 X 制造公司与荷兰税务机关达成的预约定价协议进行的国家援助调查做出最终决议。欧盟委员会在转让定价报告中提出，荷兰政府在预约定价协议中采用的交易净利润法违背了独立交易原则。因为该预约定价协议涉嫌通过荷兰 X 制造公司与境外关联企业间不符合经济实质的关联交易定价，将荷兰 X 制造公司的利润转移至荷兰境外，从而减少了荷兰 X 制造公司在荷兰的税负；荷兰税务局与荷兰 X 公司签订的预约定价协议为 X 制造公司提供了《欧盟运行条约》第 107 条第 1 款所述的特殊优惠，从而构成了荷兰税务机关对荷兰 X 制造公司的非法国家援助，荷兰应收回 X 公司根据预约定价协议获得的优惠，同时 X 公司应向荷兰当局补缴 2 570 万欧元的税款。

---

① 1. 本案例由重庆市专业学位研究生教学案例库建设项目——《国际税收案例库》建设小组（重庆工商大学）成员吕文倩、汤凤林撰写，作者拥有著作权、修改权、改编权，未经允许、本案例的所有部分不能以任何方式与手段擅自复制或传播。

2. 本案例只供课堂讨论之用，并无暗示某种管理行为是否有效之意。

3. 本案例资料来源于国际税收非法国家援助——由星巴克避税协议引发的法律诉讼。

（二）X 公司简介

1. 发展状况

1971 年 4 月，位于美国华盛顿州的西雅图帕克市场的 X 公司创始店开业。原 X 公司市场部经理霍华德·舒尔茨于 1987 年 3 月买下了 X 公司门店，并于同年 8 月打造全新的 X 公司，将自己创立于 1985 年的每日咖啡公司与买下的 X 公司合并改造为大家更为熟悉的 X 公司。从此，X 公司跳出原有的框架，开始出售咖啡饮品，并逐渐从西雅图宁静的咖啡豆零售小店，转变成国际性连锁店。1992 年 6 月 X 公司在纳斯达克挂牌上市，该公司上市并成为当年首次上市最成功的企业。分店数量增长到 165 家。现在，X 公司经营的范围遍布亚洲、美洲、欧洲、中东及太平洋地区，在全球 70 个国家拥有超过 24 000 间门店，238 000 名员工，近几年的增长速度每年超过 500 家，目前 X 公司已成为咖啡行业的第一品牌，也是唯一把店面开遍四大洲的世界性咖啡品牌。X 公司的具体发展年鉴如表 3-3 所示。

表 3-3　X 公司的发展年鉴

时间	事件
1971	X 公司在西雅图派克市场成立第一家店，开始经营咖啡豆业务
1982	霍华德·舒尔茨先生加入 X 公司，并担任市场和零售总监
1987	舒尔茨先生收购 X 公司，并开出第一家销售滴滤咖啡和浓缩咖啡饮料的门店
1992	X 公司在纽约纳斯达克成功上市，从此进入新的发展阶段
2001-7-3	第三财季，X 公司实现利润 2.791 亿美元，合每股收益 36 美分
2009	X 公司推出速溶咖啡 Via，仅用 10 个月便实现 1 亿美元的全球销售额，并建立 4 万多个销售网点
2016-6-8	《2016 年 BrandZ 全球最具价值品牌百强榜》公布，X 公司排第 21 名
2017-6	《2017 年 BrandZ 全球最具价值品牌百强榜》公布，X 公司以 442.30 亿美元的品牌价值在百强榜排名第 22 名
2018-6-4	X 公司创始人兼董事会执行主席霍华德·舒尔茨宣布辞职
2018-8-28	X 公司零售咖啡业务被雀巢以 71.5 亿美元收购
2020-1-29	X 公司 2020 财年第一季度营收 71 亿美元，同比增长 7%

2. 经营范围

X 公司旗下零售产品包括 30 多款全球顶级的咖啡豆、手工制作的浓缩咖啡和多款咖啡冷热饮料、新鲜美味的各式糕点食品以及丰富多样的咖啡机、咖啡杯等周边商品。

3. 经营模式

（1）投资与合作模式。

按照美国 X 公司总部在世界各地 X 公司中所持股份的比例看，X 公司与世界各地的合作模式主要有以下四种：

①X 公司占 100% 股权，如在美国、英国、荷兰和瑞士等地；②X 公司占 50% 股

权，如在日本、韩国等地；③X公司占股权较少，一般在5%左右，如在夏威夷，中国台湾、香港等一级市场；④X公司不占股份，只是纯粹授权经营，比如在菲律宾、新加坡、马来西亚和北京等地。

（2）以直营经营为主。

30多年来，X公司对外宣称其整个政策是只运营公司直营店，在全世界都不要加盟店。X公司之所以采纳直营方式的理由是：品牌背后是人在经营，X公司严格要求本身的经营者认同公司的理念，认同品牌，强调动作、规律、品质的一致性；而加盟者都是投资客，他们只把加盟品牌看作赚钱的途径，可以说，他们唯一的目的就是为了赚钱而非经营品牌。因此，为了不让品牌受到不必要的干扰，X公司不开放加盟权。

（3）不花一分钱做广告。

据了解，X公司从未在公共媒体上花过一分钱的广告费。X公司认为，营销策略中，最重要的策略是分店本身，而不是广告。如果店里的产品与服务不够好，做再多的广告吸引客人来，也只是让他们看到负面的形象。X公司不愿花费过多的资金做广告与促销，但愿意让每一位员工都拥有最专业的知识与热忱的工作态度进行工作。这既经济又实惠的做法，也是X公司的独到之处。

（三）焦点问题

基于荷兰税务机关与X制造公司签订的预约定价协议，存在两个焦点问题：一是荷兰税务机关与荷兰X制造公司签订的预约定价协议是否合理，二是荷兰税务机关对荷兰X制造公司是否构成了非法国家援助。

（四）案例分析

为此，需要从X公司的控股结构、荷兰税务机关与X制造公司签订的预约定价协议、欧盟国家援助制度、与BEPS行动计划的联系四个方面进行具体分析。

1. X公司控股结构

X公司集团控制下的 Starbucks Coffee International（SCI）是一家成立于美国华盛顿州的有限责任公司，其通过美国集团内部一系列复杂的控股关系，控制着位于英国的有限合伙企业 AIki（AIki.LP），其次这家有限合伙企业控股荷兰X公司总部，荷兰X公司总部控股瑞士X公司和荷兰X制造公司。X公司控股结构如图3-4所示。

Alki.LP拥有X公司在欧洲、中东和非洲地区的无形资产所有权，这些无形资产包括X公司商标和咖啡豆烘焙技术等。Alki.LP将咖啡豆烘焙技术使用权授予荷兰X制造公司，将其他无形资产使用权授予荷兰X公司总部，并从荷兰X制造公司和荷兰X公司总部收取特许权使用费。

瑞士X公司负责X公司全球范围内的生咖啡豆采购工作，之后再把咖啡豆销售给世界各地的X制造公司，其中就包括荷兰X制造公司。为了利用瑞士税率较低的优势，把利润汇集在瑞士，瑞士X公司用较高的价格把生咖啡豆卖给荷兰X制造公司。

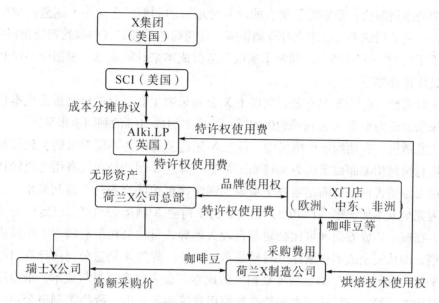

图 3-4　X 公司控股结构

荷兰 X 制造公司负责欧洲、非洲等地区的咖啡豆供应，从瑞士 X 公司采购了生咖啡豆之后，负责烘焙和包装咖啡豆，之后再分销给各地的门店。荷兰 X 制造公司声称其仅是一家来料加工的企业，其不亲自参与 X 公司集团内部的咖啡豆销售活动而且也不承担任何市场风险，相关销售协议由荷兰 X 公司总部与各 X 公司门店谈判并签署，荷兰 X 制造公司并不履行任何销售职能。

荷兰 X 公司总部是 X 公司集团在欧洲、中东和非洲地区的总部，其功能是负责和各门店谈判并签署经烘焙的咖啡豆和其他相关产品的销售协议，同时提供 X 公司商标等无形资产的使用权，向各门店收取特许权使用费。并且根据荷兰法律与 X 制造公司合并申报企业所得税。

2. 预约定价协议

关联企业之间免不了有业务往来，构成关联交易。出于避税或节税的考虑，企业往往在关联交易中采用非市场化的价格，实现转移利润、减轻税负，这就是转让定价。预约定价协议是企业与税务机关就企业未来年度关联交易的定价原则和计算方法所达成的一致协议。预约定价是一种事前约定，税企双方从一开始便明确了关联交易的税收问题，并进行跟踪，一旦发现风险问题，比较容易确认和解决，避免了盲目繁多的税务审计工作。预约定价既有利于税务机关提高征管效率、减少税务检查次数，又不影响纳税人的正常生产经营活动，避免由于特别纳税调整带来的涉税风险，从而降低征纳双方的成本。在 2008 年 4 月，荷兰税务机关与 X 制造公司签订了预约定价协议。

（1）交易净利润法。

《OECD 转让定价指南》推荐了 5 种定价方法，分别为可比非受控价格法、转售价格法、成本加成法、利润分割法和交易净利润法。X 制造公司采用的转让定价方法不是最常用的前三种，而是最后一种——交易净利润法。交易净利润法是指按照没有关联关系的交易各方进行相同或者类似业务往来取得的净利润水平确定利润的方法，是一种完全的净利润法，是剔除了所有的经营费用后的利润。在对生产制造商调整转让定价时，一般采用成本收益率来计算调整额。在与荷兰税务签订的预约定价协议中，X公司采用了以9%~12%的交易利润率乘以其运营成本来计算税基。根据交易净利润法计算，具体计算如下：

①关联采购。荷兰X制造公司向瑞士X公司采购生咖啡豆的价格根据成本加成法制定，采购价格为瑞士X公司采购生咖啡豆的成本加成20%的利润率水平。

②关联销售。在预约定价协议中，荷兰X制造公司因为不能对采购实施控制并且不实际履行销售功能而被定位为来料加工企业。荷兰X制造公司没有用传统转让定价方法直接制定销售价格，而是通过交易净利润法确定关联交易的合理利润水平，利润率指标为完全成本加成率（FCPR）。但是，由于荷兰X制造公司将自己定位为来料加工企业，在成本构成方面和可比公司存在较大差异，可比公司的利润率水平被进行了相应调整，即从完全成本中剔除原材料成本。此外，荷兰X制造公司在计算自己的利润率水平时，也只使用与加工咖啡豆相关的成本，而未包含原材料成本、纸巾纸杯等其他产品成本、第三方运输成本和特许权使用费等相关支出。荷兰X制造公司向有关联关系的X公司门店销售咖啡豆及其他产品的价格与向无关联关系的X公司门店销售同种产品的价格一致。表3-4以2011年荷兰X制造公司可比公司的数据为例，展示了不同调整方法下，荷兰X制造公司的可比利润水平区间。

表3-4 可比公司利润水平调整

2011年	营业利润	完全成本	原材料成本	利率	调整后FCPR1	调整后FCPR2
可比公司1	850	12 552	8 753	4.59%	11.80%	22.37%
可比公司2	109	1 555	760	4.59%	9.32%	13.71%
…	…	…	…	…	…	…
可比公司19	49	953	491	4.59%	5.73%	10.61%
可比公司20	464	7 421	3 507	4.59%	7.74%	11.85%
最低值					-6.37%	-3.25%
低四分之一值					7.24%	11.54%
中位值					10.56%	16.78%
高四分之一值					28.73%	36.90%
最高值					69.12%	73.13%

在同时对可比公司利润率水平的分子和分母进行调整后，FCPR1与FCPR2的计算公式为

$$FCPR1 = (营业利润 - 原材料成本 \times 利率) \div (完全成本 - 原材料成本)$$

仅对可比公司利润率水平的分母进行调整，计算公式为

$$FCPR2 = 营业利润 \div (完全成本 - 原材料成本)$$

假设荷兰X制造公司的利润率水平与可比公司中位值一致，则少缴纳的税款百分比为 $(16.78\% - 10.56\%) / 10.56\% \times 100\% = 58.90\%$

如表 3-4 所示，荷兰 X 制造公司对可比公司利润率指标的分子和分母同时调整后，应在荷兰缴纳的税款比仅对分母进行调整减少了 58.90%。

（2）采购价格的合理性。

荷兰 X 制造公司被定义为一家来料加工企业，因此采购价格根据成本加成法，即采购价格＝单位成本＋单位成本×成本利润率＝单位成本×（1+成本利润率），荷兰 X 制造公司向瑞士 X 公司购买生咖啡豆的价格为瑞士 X 公司从非关联方采购生咖啡豆的成本加成 20%的利润水平，这一利润水平是对瑞士 X 公司承担的采购功能的补偿。从荷兰 X 制造公司的同期资料报告中可以看出，其他生咖啡豆加工制造企业同期利润水平四分位区间为 4.9%至 13.1%，中位值为 7.8%。采购功能与生产功能同处于价值链的低端，应当获得与生产功能近似的利润水平，由此看来，20%的利润率不仅超过最高利润而且超过较多，还会使其采购价格高出其他生咖啡豆的采购价格。因此瑞士 X 公司和荷兰 X 制造公司的交易价格偏高，存在转移定价的嫌疑。

（3）X 制造公司的风险定位。

在调查中，X 制造公司不仅从事其声明的"无风险的来料加工业务"，还承担了存货损失风险。X 制造公司把采购来的生咖啡豆计入了资产，而且还计提了存货损失的风险准备金，具体如表 3-5 所示。

表 3-5　荷兰 X 制造公司的资产负债表摘要（2012 年 9 月 30 日）　　单位：欧元

资产	金额	负债	金额
固定资产		所有者权益和负债	
无形固定资产	5 385 686	所有者权益	69 753 248
有形固定资产	8 110 763	长期负债	28 719
流动资产		短期负债	
存货	61 619 519	应付账款	15 253 234
其中：原材料	35 516 052	其中：应付集团内公司	30 642 511
在产品	222 406	应付关联方	1 907
产成品	25 881 061	其他应付款	286 612
应收账款	10 148 648	其他短期负债	12 018 958
其中：应收集团内公司	25 794 362		
应收关联方	2 287 136		
其他应收款	3 997 032		
现金和现金等价物	10 642 040		
合计	127 985 189	合计	127 985 189

如果要适用交易净利润法，X 制造公司应该将采购生咖啡豆的成本、存货风险、中间分销环节费用等都纳入应税成本，但 X 制造公司并没有这么做。此外，就使用咖啡烘焙工艺方面的专有技术，X 制造公司向位于英国的关联公司支付了专有技术使用

费。然而，这笔专有技术使用费不但未被纳入 X 制造公司的应税成本，而且 X 制造公司支付的金额超高，既不是基于与类似公司的比较价格或该专有技术的本身价值，也不与 X 制造公司的收入或利润挂钩。这就否定了荷兰 X 制造公司仅是一家来料加工企业的说法。

（4）达到的避税效果。

①对相关国家的税负分析。

在英国的税负。根据英国法律条规，合伙企业不被视为一个纳税主体，其取得的所得分配到各个合伙人，由合伙人来缴纳税金。荷兰 X 制造公司通过特许权使用费将所有剩余利润转移给了位于英国的关联企业 Alki.LP。作为有限合伙企业，Alki.LP 的营业利润不需要在经营地缴纳企业所得税，而是分配至合伙人后，作为合伙人的所得缴纳相应税款。也就是说，英国在所得税层面被穿透，Alki.LP 的利润将在美国纳税。

在美国的税负。首先从美国 SCI 和英国 Alki.LP 签订的成本分摊协议入手，成本分摊协议是指两个以上企业之间议定的一项框架，用以确定各方在研发、生产或获得资产、劳务和权利等方面承担的成本和风险，并确定这些资产、劳务和权利的各参与者的利益的性质和范围。成本分摊协议中最常见的是无形资产成本分摊协议，参与开发的每个成员都享有独立使用无形资产的权利。位于美国华盛顿州的 SCI 和英国的 AlKi.LP 共同进行无形资产的开发，双方都享有对无形资产的使用权，实际上大部分的无形资产都在美国产生。双方若不签订成本分摊协议，一是美国 SCI 在授予 AlKi.LP 无形资产使用权时，Alki.LP 需要向美国 SCI 付款，美国 SCI 需就收取的特许权使用费缴纳大量的企业所得税；二是根据美国的一项法律，即受控外国公司在取得美国公司授予的无形资产后，不进行进一步开发就直接对外销售的，这属于受控外国公司实现的销售收入，不管是否汇回美国都要并入美国公司征税。所以 Alki.LP 在接受美国 SCI 授予的无形资产若不进一步开发就直接销售，收入需要并入美国 SCI 纳税。由于现在两者签订了成本分摊协议，Alki.LP 也是开发无形资产的参与者，表明美国 SCI 和英国 Alki.LP 共同开发无形资产，共同享有无形资产的使用权，事实上，X 公司大量的无形资产都是在美国产生的，而英国有限合伙企业 Alki.LP 和美国 SCI 签订成本分摊后，无形资产也自动地被视为归英国有限合伙所有，这样英国 Alki.LP 获得的特许权使用费可以留在英国不用交税。同时根据英国税法规定，在英国设立的 X 公司合伙企业 Alki.LP 取得的所得不以合伙企业的名义纳税，如此一来，这笔所得直接分配给在美国的合伙企业 SCI。而又因为美国华盛顿州是不征收个人所得税的州，由此，这笔收入就获得了双重节税的效益。

在荷兰的税负。在预提所得税方面，根据荷兰税法，对外支付特许权使用费无需缴纳预提所得税，因此，荷兰 X 制造公司向英国 Alki.LP 支付的特许权使用费无需在荷兰缴纳预提所得税。在企业所得税方面，由于荷兰 X 制造公司通过预约定价协议，每年仅保留了常规利润水平，因此仅需就有限的利润在荷兰缴纳企业所得税。此外荷兰 X 制造公司与荷兰 X 公司总部两家公司都向 Alki.LP 支付大量的特许权使用费而将利润转移到英国，而在英国经过上述分析既不需要缴纳企业所得税也不需要缴纳个人所得税，从而逃避了巨额税额。

在瑞士的税负。作为避税天堂之一，瑞士的企业所得税率极低，仅为 8.5%。荷兰 X 制造公司通过虚高的生咖啡豆采购价格，将部分利润转移至瑞士 X 公司，从而使得这部分利润仅需缴纳较低的企业所得税，达到减少 X 公司集团整体税负的目的。

②避税的手段。

由上述分析可以看出，荷兰 X 制造公司通过与荷兰政府签订的预约定价协议达到了避税的效果。欧盟委员会认为荷兰 X 制造公司至少通过以下两种方式减少了其在荷兰应缴纳的税款：一是荷兰 X 制造公司向 Alki.LP 支付了过高的特许权使用费，而 X 公司集团内其他企业或非关联企业并不需要就该烘焙技术的使用支付特许权使用费。二是荷兰 X 制造公司向瑞士 X 公司支付了过高的生咖啡豆采购费用。

由此可见，针对第一个焦点问题，即荷兰税务机关与荷兰 X 制造公司签订的预约定价协议不合理，因为它使得 X 公司实际缴纳的税收明显低于正常税负。

3. 欧盟国家援助制度

《欧盟运行条约》第 107—109 条构建了欧盟国家援助体系的基本框架。其中，第 107 条第 1 款对于国家援助措施的规定很广泛，包括"由某一成员国提供的或通过无论何种形式的国家资源给予的任何援助，凡通过给予某些企业或某些商品的生产以优惠，从而扭曲或威胁扭曲竞争，只要影响到成员国之间的贸易，均与内部市场相抵触"。税收措施是政府机构对国家财政资源的运用，符合国家援助措施的定义。特别是当成员国针对某些行业或产品给予税收优惠措施时，由于既是使用国家财政资源，又能增强特定企业或产品的竞争力，就更容易被认定为国家援助措施。因此，欧洲法院在判例中早已明确，成员国的税收立法包括在国家援助的审查范围之内。在欧盟委员会 2013 年做出的国家援助裁定中，34.3% 的非法援助都是成员国以税收立法形式制定的税收减免措施。由此可见，成员国税收立法是欧盟国家援助的重点审查对象。

一项国内措施要构成非法国家援助，须同时具备以下四个条件：①由国家或国家资源提供资金；②使企业（广义上从事经济活动的实体）获得优势，即获得正常市场条件下无法获得的经济利益；③不具有普适性，或者说具有选择性，即仅适用于某些企业或某些类型的企业，或者某些经济领域，这一标准最重要，也最具有争议性；④影响成员国之间的贸易关系并扭曲竞争。同时，《欧盟运行条约》第 107 条第二款和第三款还规定了国家援助可以豁免的两种情形①。若成员国的税收措施能够符合任何一款豁免条件，则该措施虽然构成了国家援助，成员国也可以被豁免，然后继续执行该措施。只有在成员国的税收措施构成了国家援助并且不符合豁免规定时，才会被认定为非法援助。可见，欧盟国家援助控制的职责在于确保成员国不会通过税收裁定或其

第三篇　国际税收征管合作、协调案例

---

① 《欧盟运行条约》第 107 条第二款：①具有社会意义的国家援助；②为了救济自然灾害或意外事件造成的损失而给予的国家援助；③因弥补德国分裂所造成的经济劣势而对原东德的特定地区给予的国家援助。第三款：①为维护生活水平特别低或就业严重不足地区的经济发展而提供的国家援助；②为推动具有欧共体整体利益的重要规划或者消除成员国经济生活中的严重混乱而提供的国家援助；③在不对贸易条件造成负面影响以至于影响欧共体整体利益的前提下，为推动某些经济部门或者经济区域的发展而提供的国家援助；④在不对贸易条件造成负面影响以至于影响欧共体整体利益的前提下，为推动文化发展和保护文化遗产而提供的国家援助；⑤理事会根据委员会的提议以特定多数同意的其他国家援助。

他手段给予部分选定的企业优于其他企业的税收待遇。更具体而言，就是利润在企业集团内不同公司之间以及同一公司内不同部门之间的分配必须反映经济实质。这意味着利润的分配应符合独立企业间的商业协议，即所谓的"独立交易原则"。

根据欧盟委员会对 X 公司的调查报告，"荷兰的税务机关更应该采用前三种传统交易方法，而不应直接同意 X 公司的税务顾问建议的第五种方法交易净利润法"。从这一表述可见，欧盟委员会的推理逻辑是先将前三种传统交易方法认定为定价的"正常"方法，然后认定 X 公司预约定价协议中所规定的交易净利润法偏离了这些"正常"方法，接着质疑这个偏离是否减轻了 X 公司在"正常"方法下应承担的税负，导致荷兰政府为 X 公司提供了非法援助。实际上，欧盟委员会虽然指责预约定价协议中所规定的定价方法不恰当，但是并没有从税法的角度审查，而是另辟蹊径，根据欧盟竞争法中的国家援助制度裁定协议中确定的不恰当定价方法为 X 公司提供了人为的、不当的税收利益。欧盟委员会认为荷兰税务机关协议确定的定价方法不正确，会减轻协议的另一方（X 公司）的税收负担。对照上述国家援助措施的 4 个条件来看，这份协议不是针对荷兰全部纳税人的税收政策，而是仅针对 X 公司的税收措施。另外，X 公司税负的减轻就意味着荷兰财政收入的减少。不仅如此，X 公司可以利用在预约定价协议下所获得的税收利益来增强其竞争优势，这恰好被认为是扭曲了欧盟的统一、公平市场的行为。所以欧盟委员会做出这项裁决的依据是其认为 X 公司预约定价协议中所规定的定价方法不正确，减轻了 X 公司的税收负担，荷兰应收回 X 公司根据预约定价协议获得的优惠。

4. 与 BEPS 行动计划的联系

欧盟委员会对 X 公司预约定价协议的调查始于 2013 年，与 OECD 在 2013 年发布 BEPS 行动倡议书和 BEPS 行动计划的时间不谋而合。并且，OECD 在 2015 年 10 月 5 日发布了 BEPS 行动计划的最终成果报告后，欧盟委员会也紧接着在 2015 年 10 月 21 日做出了上述裁定。这些"巧合"的时间点不免让人揣度是否欧盟委员会受到了 BEPS 行动计划的影响。对于欧盟委员会的裁决是否受到 BEPS 行动计划影响的猜测还可以从其他例证上看出端倪。

行动计划 5《通过提高税务协议的透明性及关注税务协议的实质性来有效地对抗逃税避税行为》，针对逃税避税行为修订相关税务文件时，应优先考虑增加跨国企业税务协议的透明度。比如强制性规定，一个国家税务部门针对跨国企业享受优惠税制的裁定应通过信息交换自动传达到另一相关国家的税务部门；又比如规定，跨国公司在一个国家要想享受某项优惠税制，必须满足某些"实质性经营活动"的要求。在本案中根据 BEPS 第 5 项行动计划，荷兰政府应就与荷兰 X 制造公司签订的单边预约定价协议同包括英国、瑞士、美国在内的相关各国开展强制性自发情报交换，使得这些国家的主管税务当局都能够了解荷兰 X 制造公司的利润流向和这些利润的课税情况，从而避免这些利润发生不征税或少征税的情况。

欧盟委员会在 2015 年 10 月这个时间点上裁定 X 公司的预约定价协议违法，有可能是为了进一步推动欧盟内部的税务裁定公开化。当所有成员国不得不将每一份待签的预约定价协议都提交给欧盟委员会进行内容审查时，更多的"税务裁定"类优惠信息就集中到了欧盟委员会，紧接着欧盟委员会就可以谋求各成员国进一步开展有关税收裁定情报的自动交换。欧盟对 BEPS 行动计划的积极态度与欧盟竞争法的目标也密切相关。为了维持和保护欧盟市场一体化，欧盟委员会必须协调好各成员国之间的税收立法和税收征管，避免成员国间税收竞争导致的资源浪费，这反映在欧盟委员会除了调查 X 公司的预约定价协议之外，同时也在调查其他跨国公司在欧盟签订的预约定价协议上，如卢森堡与菲亚特、爱尔兰与苹果、比利时与亚马逊的预约定价协议等。

从打击 BEPS 的角度来考虑，欧盟委员会对菲亚特和 X 公司的预约定价协议进行事后审查并且裁定违法后，跨国公司不可避免地产生了对预约定价协议确定性、可依赖性的顾虑，跨国公司很难继续依赖签订预约定价协议来避免定价转移调查，这也符合 BEPS 项目不断扩展打击跨国公司逃避税行为的目的。

又根据以上观点，可以得出第二个焦点问题结论，因为本案符合构成非法国家援助的四个条件，所以即荷兰税务机关对荷兰 X 制造公司构成了非法国家援助。

（五）案例启示

本案例详细描述了欧盟委员会关于 X 公司与荷兰税务机关的预约定价协议的裁定，其中包括该事件的进程以及欧盟委员会的观点。本案中欧盟委员会认为荷兰税务机关给予了 X 制造公司非法国家援助，原因是预约定价协议的定价方法不正确，而非从税收立法角度判定。基于此判定标准做出的判定可能会引起异议。

首先，欧洲法院在判例中早已明确，成员国的税收立法应被包括在国家援助的审查范围之内，是国家援助调查的重点审查对象，但是欧盟对 X 公司的国家援助调查竟一改以往常规做法，越过了对荷兰国内法的审查，而是直接认定荷兰税务机关在税收裁定中使用的转让定价方法错误，从而构成非法国家援助。本起案件的特殊性在于，欧盟委员会把审查权从传统上的对成员国国内立法的审查扩展到了对成员国税收征管行为的审查。这将成员国的国内税收立法置于尴尬的境地，压缩了税务机关在税收裁定中的自由裁量权，极大地削弱了成员国的税收主权。

其次，与纳税人签订预约定价协议是欧盟成员国税务机关在行使其税收征管权，签订协议行为本身并不违法，并且针对 X 公司的商业运营模式，荷兰的税务机关有一定的自由裁量权决定哪种定价方法更恰当。然而，欧盟委员会引入国家援助制度审查时，审查的不是签订的行为，而是协议的内容。欧盟委员会在审查报告中明确引述了 OECD 所建议的这个优先顺序，认为荷兰的税务机关更应该采用前三种传统交易方法，而不应直接同意 X 公司的税务顾问建议的交易净利润法。然而签订预约定价协议本来就应该是一个个案讨论的过程，每个跨国公司的关联交易类型不同、所承担的风险不同、可比的参照物不同，如何证明成员国税务机关和纳税人在预约定价协议确定的方法不正确，而欧盟委员会确定的方法就是正确呢？更何况荷兰税务机关在 2008 年与 X 公司谈签预约定价协议时是对它的交易价格做出预先判断，而欧盟委员会此次是事后审查。因此，当初荷兰税务机关与欧盟委员会目前面临的情况是不同的，获取的资料也不对称。若按照欧盟委员会的这种审查路径，欧盟成员国税务机关就会无法判断其签订的预约定价协议确定的方法是否正确，是否可能在欧盟委员会的事后审查中被推翻。根据国家援助制度的要求，成员国必须就可能构成国家援助的措施向欧盟委员会做事先申报，并且在欧盟委员会依照相关程序做出决定之前，成员国不得实施该措施。

荷兰税务机关和 X 公司谈签预约定价协议时是在 2008 年，而协议中所规定适用的定价方法是在签订协议后的 3~5 年有效，因此荷兰税务机关所确定的交易净利润法是根据谈签协议时对 X 公司之后交易所做出的事前判断。欧盟委员会对这个协议的国家援助审查是在 2013—2015 年进行的，也就是说是在协议开始履行后才进行的事后审查。以事后掌握的信息评判成员国税务机关数年前做出的事前判断，对税务机关不公平，公信力严重受损；事后判断距税收裁定做出的时间越久远，得出非法结论而补缴税款并加收利息的区间越长，对跨国企业也不公平，税收确定性荡然无存。为避免这一窘境，税务机关和跨国企业惟有两个选择：要么针对可能出现的税收裁定，双方各自投入大量资源开展和应对转让定价调查；要么在做出税收裁定之前提请欧盟委员会进行审查，审查合格方予执行，从而陷入遥遥无期的等待和对审查结果不确定性的焦虑中。两种选择显然都会造成经济效率的损失，违背了税收的确定性和便利性原则。

从企业角度来看，转让定价事先裁定有可能会为企业带来选择性优势，从而构成非法国家援助：一是不当适用国内税法，导致其应纳税额降低；二是该裁定不适用于处于类似法律和事实地位的其他企业；三是采用的转让定价方法导致偏离市场价格的结果，从而给企业带来优于其他类似企业的税收待遇。而在 BEPS 时代更为严格的反避税体系下，与本案类似的避税协议已不再能为企业提供确定性及合法避税的机会，企业应当仔细梳理其在整个集团价值链中承担的功能和风险，确保转让定价结果与价值创造相匹配，从而在更为广泛和透明的监管环境中，提高包括转让定价在内的税务协议的合规性和可预见性，有效防范税务风险，并提升整个集团的综合税务效益。同时赴欧投资企业也应尽量以双边预约定价协议取代单边预约定价协议，通过谈签双边预约定价协议增进税企三方沟通，尽早消除引发涉税争端的可能性，并避免成为强制性自发信息交换的重点对象。

从税务机关角度来看，欧盟国家援助调查所带来的不确定性进一步加剧了 BEPS 项目成果落地转化可能引发的国际税收争端，而两国运用税收协定相互协商程序解决转让定价争端的处理决定很容易被国家援助调查推翻，导致相互协商程序在解决涉税争端方面的功能受到一定程度破坏。为此，我国税务机关需结合欧盟开展国家援助调查的方法和结果，密切关注并主动及时地协助我国赴欧投资企业解决涉税争端。

本案例的进一步启示：随着经济全球化的发展，跨国公司资金、技术、人才和信息等生产资料在全球范围内流动。"引进来"和"走出去"企业在全球范围的利润分配，越来越受到各国税务当局的关注，并引发各国税务当局对跨国公司的转让定价税务调整。如果企业与境外子公司存在较多的关联交易，应及时向税务机关提起双边预约定价申请，通过两国税务当局的谈判形成双边预约定价安排，避免被两国税务机关转让定价调查的风险。同时，《BEPS 多边公约》正在试图通过加强国际合作来堵住跨国避税的漏洞。所以我国税务机关应当尽快建立符合我国国情的国际税收法规和理论体系来适应《BEPS 多边公约》，使我国国际税收规则从碎片化走向系统化。

三、案例使用说明

（一）适用对象与教学目的

1. 适用对象

本案例主要适用于"国际税收"等课程。本案例的教学对象包含财经类的本科生和研究生，特别是税收学专业的本科生和研究生。

2. 教学目的

一是使学生对相关知识具有感性的认识及深入的思考，相关知识点如预约定价协议、交易净利润法及欧盟国家援助制度等。二是培养学生的辩证、逻辑思维方式。引导学生运用类比法、逆向思维和多向思维，归纳总结等方法去分析和学习，如站在欧盟委员会的角度进行思考，本案中的预约定价协议是否合理，是否会造成荷兰税务机关对 X 制造公司的非法国家援助，从而避免机械地学习、记忆知识点。三是便于教师采用启发式教学、发现式教学、研究式教学等教学方法的灵活运用，以打破教师在课堂上"一言堂"，通过课堂的引导性提问，使学生站在各方立场作答，充分调动学生的积极性，启发学生思维，参与教学过程，将被动变为主动，最终形成自己的观点。

（二）启发思考题

1. X 公司运用了哪些避税方法？
2. 你如何看待欧盟委员会对此案的判定结果？
3. 谈谈本案对我国"走出去"企业的影响。

（三）分析思路

先简单介绍案例背景，提出本案例的焦点问题，一是荷兰税务机关与荷兰 X 制造公司签订的预约定价协议是否合理，二是荷兰税务机关对荷兰 X 制造公司是否构成了非法国家援助。再从荷兰 X 制造公司向 Alki.LP 支付了过高的特许权使用费和向瑞士 X 公司支付了过高的生咖啡豆采购费用两个方面避税，分析其签订的预约定价协议不合理。然后从 X 制造公司采用的交易净利润法导致其少缴税，分析此举构成非法国家援助。最后讨论分析得出结论。

（四）理论依据及分析

本案例的焦点之一在于荷兰税务机关与荷兰 X 制造公司签订的预约定价协议是否合理。首先，根据《OECD 转让定价指南》规定的五种定价方法，选择的成本交易法确定的采购价格比一般的采购价格要高出很多，这里就存在转移定价的嫌疑。其次，采用交易净利润法，X 制造公司应该将采购生咖啡豆的成本、存货风险、中间分销环节费用等都纳入应税成本，但其并没有这么做，导致应在荷兰缴纳的税款少了很多。所以本次交易的预约定价协议不合理。

焦点之二在于荷兰税务机关对荷兰 X 制造公司是否构成了非法国家援助。根据

《欧盟运行条约》第 107~109 条，X 制造公司采用的交易净利润法存在明显的不合理，确实会扭曲或威胁扭曲竞争，影响到欧盟成员国之间的贸易，所以是构成非法国家援助的。但是本案中，欧盟委员会认定的理由存在质疑。欧盟委员会是因为不认可 X 制造公司采用的转移定价方法，据以推断 X 公司获得了特殊优惠的推理方法。但是要说明的是，单纯不遵守方法并不一定会减轻税负，且欧盟委员会须证明所识别的预约定价协议中的方法错误导致无法得出可靠的独立交易结果的合理范围。此外，欧盟委员会并未说明纳税人采用交易净利润法而非可比非受控价格法导致结果太低的具体原因。因此，仅采用交易净利润法确定独立交易原则下 X 公司的报酬并未使 X 公司享有税收优惠，也就说明欧盟委员会认定的理由不充分。

（五）关键点

本案例中需要识别的知识点有预约定价协议、交易净利润法及欧盟国家援助制度。

学生通过对本案例的学习，将其与实际联系起来。一方面可以培养学生快速获取案例基础信息的能力，如 X 公司的背景信息、经营状况和经营结构、查找《欧盟运行条约》及《OECD 转让定价指南》相关法律条规等等；另一方面可以增强学生表达能力和团队合作能力，以及培养学员对案例进行系统分析、逻辑推理并合理决策的能力。通过分析欧盟委员会的认定理由，最终形成自己的观点，从而加深对上述知识点预约定价协议，交易净利润法及欧盟国家援助制度的理解记忆。

（六）建议课堂计划

本案例可以作为专门的案例讨论课来进行，教学计划见表 3-6。

表 3-6　案例教学计划

案例教学计划	具体内容
教学时长	1 个学时
课前计划	发放案例正文和思考题，要求学生在课前完成阅读并对思考题作答
课堂计划	1. 介绍税案始末，让学生了解案例的基本情况和焦点问题。 2. 将学生分成小组进行讨论，站在各方角度探讨预约定价协议是否合理，且是否构成了非法国家援助，并说明理由，然后每个小组派一名同学上台发言。 3. 归纳总结每个小组的发言，提出各小组的优缺点，并解答有争议之处。 4. 结合问题，回顾案例
课后计划	整理思考题答案，写在作业本上并提交

（七）案例的建议答案以及相关法规依据

本案例中，应从 X 公司的控股结构、荷兰税务机关与 X 制造公司签订的预约定价协议、欧盟国家援助制度、与 BEPS 行动计划的联系四个方面进行具体分析。针对焦点问题一，根据《OECD 转让定价指南》相关法律条规，可以发现荷兰税务机关与荷兰 X 制造公司签订的预约定价协议不合理。针对焦点问题二，根据《欧盟运行条约》相关法律条约，荷兰税务机关与 X 制造公司签订的预约定价协议，确实会扭曲或威胁扭曲竞争，影响到欧盟成员国之间的贸易，从而构成非法国家援助的。

（八）其他教学支持材料

本案例以幻灯片的形式进行辅助说明。

（九）思考题参考答案

（扫一扫）

（十）附件（相关法律法规条款）

1.《欧盟运行条约》

第107条（第TEC条第87款）：

第一款：除条约另有规定外，成员国或通过国家提供的任何援助任何形式的资源都会扭曲或威胁通过有利于扭曲竞争如某些企业或某些产品的生产，应影响到它们之间的贸易成员国，与内部市场不兼容。

第二款：以下内容应与内部市场兼容：①具有社会意义的国家援助；②为了救济自然灾害或意外事件造成的损失而给予的国家援助；③因弥补德国分裂所造成的经济劣势而对原东德的特定地区给予的国家援助。《里斯本条约》生效五年后，理事会根据委员会的提议采取行动，可以通过一项废除该决议的决定。

第三款：以下内容可能被认为与内部市场兼容：①为维护生活水平特别低或就业严重不足地区的经济发展而提供的国家援助；②为推动具有欧共体整体利益的重要规划或为消除成员国经济生活中的严重混乱而提供的国家援助；③在不对贸易条件造成负面影响以至于影响欧共体整体利益的前提下，为推动某些经济部门或者经济区域的发展而提供的国家援助；④在不对贸易条件造成负面影响以至于影响欧共体整体利益的前提下，为推动文化发展和保护文化遗产而提供的国家援助；⑤理事会根据委员会的提议以特定多数同意的其他国家援助。

2.《OECD转让定价指南》

转让定价指南采用的五种转让定价方式：

传统交易方法：可比非受控价格法、再销售价格法、成本加成法

其他方法：利润分割法、交易净利润法

3. BEPS行动计划5《通过提高税务协议的透明性及关注税务协议的实质性来有效地对抗逃税避税行为》，针对逃税避税行为修订相关税务文件时，应优先考虑增加跨国企业税务协议的透明度。比如强制性规定，一个国家税务部门针对跨国企业享受优惠税制的裁定应通过信息交换自动传达到另一相关国家的税务部门；又比如规定，跨国公司在一个国家要想享受某项优惠税制，必须满足某些"实实质性经营活动"的要求。

四、参考文献

［1］延峰，陆京娜. 非法国家援助：由星巴克避税协议引发的法律诉讼［J］. 国际税收，2016（1）：38-43.

［2］杨志清. 国际税收［M］. 2 版. 北京：北京大学出版社，2018.

［3］杜莉. 国际税收［M］. 上海：复旦大学出版社，2019.

案例 3-4 在印尼的中资企业 EPC 项目涉税争议案

一、基础知识

（一）对外承包和提供劳务主要面临的税收问题

"走出去"企业在境外承包工程和提供劳务，可以从来源国取得所得，对于此类所得，需要关注以下税收问题：

1. 当地对承包工程和提供劳务是否有预扣预缴税款的规定

不少国家为了加强对来源于境内所得的管理，都规定居民企业付服务费或工程款至外国企业时，需要预扣缴相关的税款，如阿根廷、巴西、哥伦比亚、加拿大、法国、日本、墨西哥、罗马尼亚、俄罗斯、印度、越南、土耳其、英国、美国等，而且预扣税率通常超过 15%，如印度尼西亚规定，对于任何支付给"非居民"的支出（不只限于购物），基于总额适用 20% 的税率扣缴税款。预扣税对于"走出去"企业在来源国的税负有很大的影响，因此，"走出去"企业在签订合同之前，必须首先了解工程所在地或劳务发生地是否有类似的预扣税规定。

2. 关于是否可以享受营业利润条款的协定待遇

如果来源国有预扣税规定，"走出去"企业想要降低在来源国的税负，就必须应用中国与来源国签订的税收协定中"营业利润"条款，判断所得是否可以享受"营业利润"条款的税收协定待遇。鉴于营业利润条款的核心是一方企业只有在来源国构成常设机构的情况下，才需要在来源国就营业利润缴税，是否构成常设机构，对于"走出去"企业来说，具有重要的影响，直接决定"走出去"企业是否需要在来源国交税。根据普华永道会计师事务所针对常设机构所做的非正式调查，89% 的被调查企业认为应该更加重视常设机构问题，63% 的被调查企业认为税务机关近年来在对常设机构征税问题上比以往更加激进，86% 的被调查企业认为人员流动性的增加会增加构成常设机构的风险。被调查的企业当中，有 1/3 的企业正在接受税务机关一项或多项关于常设机构的调查。

然而判断是否构成常设机构并非一个简单的问题。一则 OECD 范本和 UN 范本对常设机构的认定规定本身还存在不清晰之处。尽管 OECD 范本和 UN 范本花了很多笔墨讨论"常设机构"的定义，但是对于很多基础性的概念仍然不够清晰，涉及大量主观判断。例如，对于什么是辅助性和准备性的活动，并没有一个简单的判断标准，同样是采购活动，对于大部分企业来说，可能是辅助性的活动，但是对于商业零售企业来说，可能就是很重要的业务活动。同样是仓储活动，对于大部分企业来说可能是辅助性的，但是对于亚马逊、京东等电商企业来说，可能是很重要、很基本的业务活动。特别是 UN 范本中的服务型常设机构，所涉及的很多基本概念甚至都没有解释，从而给"走出去"企业判定是否构成常设机构时带来很多困难。再加上各国对于协定的理解和执行存在差异，在实践中对于常设机构的认定更是五花八门。实际上，即使是在同一个国家，不同个人和组织对于同一问题的认定可能也存在巨大的差异。例如，印度 Karnataka 高院曾经就 Nike 公司联络处（liaison office）是否构成常设机构、印度所得税上诉法庭就 Tesco 采购有限公司（中国香港）是否构成常设机构作出与税局不同的判断。

现实中，多数"走出去"企业的业务人员并不清楚自身活动是否构成常设机构，往往基于以往的经验行事，比如在 A 国从事某活动不构成常设机构，就认为在 B 国从事类似活动也不构成。或是因为税务局之前曾认定联络类活动不构成常设机构，就认为所有联络类活动都不会构成常设机构。实际上，随着企业活动的地理范围和业务范围不断扩大，往往就会越过红线，构成常设机构。印度法院关于新加坡东芝公司的案例就很好地说明了这一风险。东芝公司最初在印度从事的就是联络、收集商情等辅助性和准备性的活动，税务局根据企业的陈述认定不构成常设机构，但后来税务局在实地调查中，发现东芝公司印度办事处的工作人员不仅从事联系、收集商情等活动，还进行了广告、促销、市场调研等活动，甚至开展了与潜在客户沟通、进行价格谈判等活动，法院最终判决东芝公司的印度办事处构成常设机构。

（二）"走出去"企业加强"常设机构"的管理

1. 了解适用税收协定关于"常设机构"的具体规定

OECD 范本和 UN 范本的常设机构条款存在差异，一般来讲，发达国家之间签订的协定多采用 OECD 范本，而发展中国家所签订的协定多采用 UN 范本，但也有个别发展中国家的协定是采用了 OECD 范本的条款。是否构成常设机构，不能仅依靠过往的经验，一定要找到适用的协定，研究协定条款的具体表述，否则可能出现判断失误的情况。除了了解协定条款，还要了解当地关于常设机构认定的解释性文件和法律判例，从而更准确地进行评估。

2. 了解来源国对常设机构管理的态度

除了要关注适用协定中"常设机构"条款的具体规定，还要了解实务当中各国税务机关对常设机构的管理是否严格，如印度的税务机关对常设机构管理比较严格，有不少将外国企业认定构成常设机构并征税的案例，所涉及的常设机构不仅有固定型、工程型、服务型的，还有代理型常设机构，纳税人经常为是否构成常设机构与税务机关对簿公堂。然而，有些国家对常设机构的管理并不是很严格，或者只是对工程型或服务型常设机构的管理比较严格，对代理型常设机构的管理处于放任的状态。普华永道会计师事务所针对常设机构问题对企业的调查结果显示，有78%的受访者同意或非常同意各国的税务机关在处理常设机构的态度上不一致。尽管如此，可以肯定的是，各国税务机关的总体趋势是强化了对常设机构的管理，有63%的被调查者认为税务机关对常设机构的管理更积极了。特别是在欧洲和美国等国家，陆续有一系列关于常设机构认定的重大案件发生，比如，西班牙最高法院在2012年作出判决，支持税务局将罗氏西班牙子公司认定为罗氏母公司的常设机构，要求罗氏母公司将其在西班牙的全部销售额认定为源自西班牙的所得，要在西班牙征税。2016年，西班牙最高法院又作出判决，认定戴尔西班牙公司构成戴尔爱尔兰公司的常设机构。这两个判决在国际税收领域都引起很大的反响，因为这些案例与此前其他欧洲国家（如挪威对戴尔子公司）的判决结论截然相反，大大增加了跨国公司在其他国家构成常设机构的风险。

3. 了解来源国具体执行标准

除了了解是否构成常设机构，还需要知道各国对于构成常设机构的外国企业如何征税，因为税收协定不会规定具体的征税方法，仅仅是规定了一般性的原则，因此，各国在实操中对于如何对常设机构征税存在较大的差异，这会对企业的实际税负产生很大的影响，这一点往往也是税务机关和企业关于常设机构争议的另一个焦点领域。比如，在上面的案例中，西班牙高院裁定罗氏母公司要就在西班牙的全部销售额征税，而罗氏公司认为应该仅就销售子公司取得的佣金收入征税。

印度虽然有众多的常设机构判例，但是对于如何对常设机构征税也没有给出明确的指引，而是依据每个判例的具体情况采用不同的方法，主要是根据常设机构执行的功能、拥有的资产和承担的风险，将常设机构作为一个独立的实体，应用转让定价的方法来确定常设机构应该获得的利润并征税。这一方法体现在德里法院在Galileo International Inc一案的判词中的说明："关于如何合理分配利润给常设机构，并没有一个指引，必须在考虑常设机构的功能、资产与风险的基础上，根据每个案子的具体情况来判断。"

更多的国家采用比较简便的方法，按照常设机构收入的一定比例确定应税利润。个别国家采用特殊的方法计算和征收税款。比如，在越南实行外国承包商预提税（Foreigner Contractor Withholding Tax，FCWT），这并不是一个独立的税种，而是一种对付出越南境外的款项征收增值税和所得税（包括企业所得税和个人所得税）的方式。在这种方式下，从越南取得各类收入的外国企业可以选择扣除法、直接法或混合法在越南交税。扣除法需要企业按照越南的会计准则记账，企业可以按实际的增值额或利润额缴纳增值税和所得税。直接法按收入总额的一定比例征收增值税和所得税。在混合法下，企业可以按扣除法缴纳增值税，但是按直接法缴纳所得税。按照FCWT的规定，所有从越南取得收入的外国企业都需要缴税，虽然按照税收协定的规定，企业在没有构成常设机构的情况下可以免所得税，但实际上很难申请，因此凡是从越南取得所得的"走出去"企业必须了解这些实际执行情况，考虑可能的税收成本。

4. 了解在中国是否可以抵免境外常设机构已经缴纳的税款以及抵免的具体要求

要求中国在境外常设机构的所得要并入中国企业的所得纳税，所得在来源国已经缴纳的税款可以抵免。实务当中，由于各国对于常设机构的征税方法不同，会给"走出去"企业带来一些实际的困难，比如境外营业机构的亏损不得抵减境内营业机构的盈利；在境外缴纳的一些界定不明朗的所得税性质的税款无法抵免在中国应缴纳的企业所得税；当地实务操作要交而按照税收协定规定不应该缴纳的税额在中国无法抵免等。企业只有提前了解和评估可能的税收影响，并针对性地采取措施，才能避免境外缴纳税款无法抵免的情况出现。

5. 检视业务流程，从根本上管理和控制常设机构风险

了解以上各方面规定之后，企业需要有针对性地制定策略，从根本上管理和控制常设机构风险，并将相关的策略传递到一线的业务人员。比如，某中国企业在中国香港设有子公司，集团拟与加拿大某企业开展业务，为加拿大某企业提供生产线改造服务，该项业务可以由中国香港子公司完成，也可以由内地母公司完成。如果由内地母公司去执行此项业务，按照中国与加拿大的税收协定，内地母公司有可能在加拿大构成服务型常设机构，但是因为中国香港与加拿大的税收协定是参照 OECD 范本签订的，没有服务型常设机构的条款，如果由中国香港子公司执行此项业务，不会因为项目执行人员在加拿大停留超过 183 天而构成常设机构，因此决定中国香港子公司与加拿大公司签约并执行这一业务，从根本上控制了在加拿大构成常设机构的风险。实际执行项目时，还需要保证没有内地母公司的员工参与该项目，真正从质和形式上消除在加拿大构成常设机构的风险。

二、案例 3-4：在印尼的中资企业 EPC 项目涉税争议案[①]

案例概述： 随着共建"一带一路"的不断推进，我国海外工程承包企业"走出去"步伐不断加快，在印尼，中资企业进行了大量的电力基础设施建设。然而，中资企业在印尼建成的电站在陆续完成交接或进入尾期之际，印尼税务机关陆续要求部分承建电站项目的中资企业提出补缴所得税及罚款，最终印尼法院判决中资企业需补缴 EPC（Engineering Procurement Construction）项目合同中的 P 部分的税收。该类案件税务争议集中在中资企业 EPC 合同收入的税基和税率上，最终印尼税务机关裁定 EPC 合

---

① 1. 本案例由重庆市专业学位研究生教学案例库建设项目——《国际税收案例库》建设小组（重庆工商大学）成员刘玲林、汤凤林撰写，作者拥有著作权、修改权、改编权，未经允许，本案例的所有部分不能以任何方式与手段擅自复制或传播。

2. 本案例只供课堂讨论之用，并无暗示某种管理行为是否有效之意。

3. 本案例资料来源于《国际商务财会》中中国企业海外工程项目涉税风险——印尼补征部分 EPC 项目"最终税"案例和印尼电力市场 EPC 总承包的风险与防范案例启示。

同的征税范围是其全部收入，税率为3%。虽然税务争议已经结案，但该案例可以让我们懂得通过充分利用当地中介机构、多方获得实践经验、申请相互协商程序和与相关机构多沟通等途径，来解决在"一带一路"过程中遇到的类似涉税争议。

（一）案例背景

1. 中资企业在印尼的电力EPC项目

印尼作为首次响应"21世纪海上丝绸之路"倡议的地方，在吸引中资企业投资方面具有得天独厚的优势。印尼地处印度洋与太平洋交汇处，坐拥马六甲、龙目、巽他海峡等海上战略通道，是"21世纪海上丝绸之路"联通大洋洲、欧洲和非洲等地区的重要合作伙伴，该国拥有17 000多座岛屿，煤炭、天然气、地热以及水力资源储备丰富，有良好的电站建设资源条件，但长期以来电力基础设施建设滞后，目前仍有相当比例的人口尚未用上电，局部停电情况时有发生。

近年来，印尼政府在缓解电力紧张方面做出了巨大努力。2006年，为满足印尼日益增长的电力需求，时任印尼总统苏西洛发布第71号总统令，要求实施1 000万千瓦加速电站建设计划，该计划由PLN（印尼国家电力公司）通过国际公开招标方式实施。2006年，印尼启动第一个10 000MW发电机组计划，已于2009年基本完成。2009年，印尼政府再次启动第二个10 000MW发电机组计划。

中国企业在印尼的市场机会主要是燃煤和燃气发电的建设和运营，尤其是燃煤。目前中国企业已经在世界燃煤电力工程建设市场中占据重要的地位，尤其在中南亚地区。上述印尼规划中的电站项目大部分为中国企业获得，2006年4月，哈尔滨动力设备股份有限公司、东方电气集团、上海电气集团和中国技术进出口总公司获得了印尼历史上规模大、投资额高、总价值达70亿~80亿美元的燃煤电站的电站建设项目。

但是，出乎意料的是，随着建成的电站陆续完成交接或进入尾期，印尼税务机关陆续向部分承建电站EPC项目的中资企业提出要求，针对EPC项目的P部分补缴最终税及相关罚款，同时要求合同全范围的最终税率从3%调整至4%。但企业不服，所以相关企业反复与当地税务机关沟通，并申请启动复议、诉讼程序及两国双边税收协商程序，但收效甚微。截至目前，已判决的案件均为败诉。

2. 印尼的相关所得税制

根据印尼所得税制，在印尼注册成立或者以印尼为户籍国家的公司会被视为印尼的居民纳税人。在印尼通过常设机构从事商业活动的外资企业，一般需要履行与居民纳税人一样的纳税义务。印尼的所得税主要以预提所得税的形式征缴。预提税一般以印尼所得税（Pajak Penghasilan/ PPh）税法为依据，主要包括：

（1）PPh Final［第4条第（2）款最终税］。

针对建设施工、土地建筑物转让出租等类业务征收的所得税，由付款人从支付给纳税机构金额中代为扣缴。具体涉及的业务类型见表3-7。

表 3-7　印尼付款人代扣代缴预提税的业务类型及税率

项目	税率
1. 土地和/或建筑物租金	10%
2. 转让土地和建筑物权收益	5%
3. 建筑施工费	2%/3%/4%
4. 建筑设计费	4%/6%
5. 建筑监督费	4%/6%
6. 因定期或储蓄存款产生的利息和印尼央行的票据（SBIs）产生的利息，以下两种除外：支付给在印尼运营的银行及政府批准的养老金基金的利息	20%
7. 债券利息，以下两种除外：支付给在印尼运营的银行及政府批准的20%养老金基金的利息	15%
8. 于印尼的股票交易所出售的股票收益。如使用此税率，创始人股东需于股票上市时按市场价的0.5%支付税款。否则，日后出售股票的收益将按标准税率计算	0%
9. 彩票中奖收入	25%
10. 于一个财政年度的总营业额不超过48亿印尼盾的个人和企业	1%

（2）分支机构所得税（Branch Profit Tax）。

印尼针对在印尼当地设立常设机构的外资企业，在企业所得税之后的净利润上再征收分支机构所得税，一般税率是20%。根据中印双边税务协定，税率减为10%。该项税的征收不取决于是否将税后利润转移到总部，只要企业有税后净利润，即需缴税。

对于在印尼承接电力工程项目的中资企业，PPh Final 和分支机构所得税是构成当地所得税的主要部分。

（3）EPC 项目。

本案涉及的 EPC 项目是指企业受业主委托，按照合同约定对工程建设项目的设计、采购、施工、试运行等实行全过程或若干阶段的承包。EPC 项目由 E（设计）、P（设备）、C（土建）三部分构成，其中 E、C 部分主要或者部分在印尼当地完成，P 部分由中资企业在中国境内组织采购、发运，全部工作在中国境内完成。这种合同模式起源于 20 世纪 60 年代。随着美国和其他发达国家工程技术的不断更新，不断涌现的新的项目需要加快建设。激烈的市场竞争要求将新产品早日投入市场。传统的设计—招标—施工的管理模式已不能满足业主的需要，于是新的工程项目总承包的 EPC 项目模式就应运而生。

（二）案例焦点问题

本文所述案例争议的焦点有两个：一是关于税基的争议，集中在 EPC 项目中的 P 部分（即设备部分）是否应当在印尼当地缴纳最终税（所得税）。二是关于税率的争议，集中在中资企业的合同全范围的最终税率是适用 3% 还是 4%。

(三) 案例分析

1. 印尼税务机关的观点

（1）税基方面。

印尼税务机关认为，中资企业在印尼的在建项目已构成常设机构，并且 EPC 合同项下所有进口设备都是用于在建项目的，而设备的采购和交付是承包商在 EPC 合同项下责任和职责的一部分，那么该项经济活动收入应纳入印尼的征税范围，整个 EPC 合同收入应当作为一个整体纳入建筑服务业的最终税征税范畴。

（2）税率方面。

根据印尼政府 2008 年第 51 号规定，建筑服务业务收入适用最终所得税，税率包括 2%、3% 和 4% 三档。若是 2008 年 1 月 1 日以前签署的相关合同，则该规定在 2009 年 1 月 1 日以后开始执行；若是 2008 年 1 月 1 日以后签署的合同，则是在签署时开始执行。其中，具有小规模资质的企业适用税率为 2%，具有大规模施工资质的企业取得的建筑服务类收入，适用税率为 3%，没有施工资质的企业取得的建筑服务类收入，适用税率为 4%（该施工资质是指由印尼建筑服务发展委员会签发的资质文件）。中资企业由于未实际取得相关资质，即使具备实际建设能力，也应当适用 4% 税率。

2. 中资企业的观点

本案涉及的 EPC 项目是指企业受业主委托，按照合同约定对工程建设项目的设计、采购、施工、试运行等实行全过程或若干阶段的承包。EPC 项目由 E（设计）、P（设备）、C（土建）三部分构成，其中 E、C 部分主要或者部分在印尼当地完成，P 部分由中资企业在中国境内组织采购、发运，全部工作在中国境内完成。

（1）税基方面。

虽然 EPC 合同是整体合同，但还是应当根据印尼税法和双重避税协议（DTAA：Double Taxation Avoidance Agreement）的规定，对不同的活动的纳税义务进行分开考虑。EPC 合同项下出口设备这一经济行为实施主体是中资企业的国内总部，是在印尼境外实施的，且相关利润已在中国境内缴纳了企业所得税，并非由中资企业在印尼的常设机构实施的，产生的利润不应归属于常设机构，不应在印尼缴纳企业所得税，否则将造成双重征税。

（2）税率方面。

由于当地政策因素等原因，印尼所有外资企业均无法办理该资质，而这些企业一般均具有国际工程承包资质。根据印尼公共工程部意见，这些外资企业均应视同具有大规模资质，可适用 3% 税率。项目执行前期，电站建设的业主单位印尼电力公司（PLN）也是按照 3% 的税率代扣代缴中资企业最终税。

3. 印尼法院判决依据

经印尼税务法庭裁决，中资企业 EPC 合同的征税范围应该是其全部收入，其次 EPC 合同在印尼适用 3% 税率缴纳最终税。

中资企业认为 EPC 合同的征税范围应该是其全部收入不符合中国和印尼两国签订的《关于避免双重征税及防止偷漏税协定》中相关规定（第七条第一段）："缔约国一

方企业的利润应仅在该缔约国征税，但该企业通过设在缔约国另一方的常设机构在该缔约国另一方进行营业的除外。如果该企业通过设在该缔约国另一方的常设机构在该缔约国另一方进行营业，其利润可以在该缔约国另一方征税，但应仅以直接或间接属于该常设机构的利润为限。但是，如果该企业证明上述活动不是由常设机构进行的，或者与常设机构无关，应不适用本款的规定。"所以已向最高法院重新提交上诉申请，截至目前，还无法得知印尼最高法院的最终判决结果，但是根据以往类似案例判决结果来看，关于税基问题的争议企业基本上都被判决败诉，税率的主张一般能得到支持。

（四）案例启示

本案例详细地描述了"走出去"企业在境外可能会与当地税务机关产生涉税争议的情形。

首先，"走出去"企业应该遇事不慌乱，充分利用当地中介机构，据理力争合法权益。在本案例中，如果中资企业没有积极应对，而是听之任之，则会被适用于更高的税率4%，而不是合理税率3%。因此当面对所在国税务机关不合理要求时，企业应该在充分了解当地法律环境的基础上，制定合理的应对方案。

其次，中资企业在走出国门开展业务之初最为重要的是深入研究当地税收法律规定，多方获取实践经验，善于甄别法律问题的弦外之音。法律环境是投资环境中非常重要的一个指标，投资环境的好坏甚至比项目本身的优劣更为重要。投资东道国的法律环境决定了企业该如何投资，甚至是否投资。在对法律环境进行尽职调查的过程中，尤其是对于发展中或欠发达国家、法制不健全的国家，不能仅仅局限于对书面资料的审查，在条件允许的情况下要做更深入的调研。深入调研以获取实践经验，其中调研工作可采用派专业人员前往该国，走访税务机关、中介机构等实地考察方式，也可以与当地相关领域中资企业沟通交流以了解可能会遇到的风险，以便在遇到风险时，能提前制定应对方案，确保项目的实施。在本案例中，则是应该考虑中资企业，特别是首次进入印尼市场的中资企业，EPC合同项目会在印尼遇到的风险，尤其税费方面的风险。

与一般国际工程承包项目不同，EPC合同模式的合同风险主要表现在合同范围、价款支付、银行保函、税收与保险条款业主责任条款、法律适用条款和争议解决条款等方面。除上述传统EPC模式的合同风险以外，结合印尼的特点，中资企业应该对如下风险引起关注：政治风险、汇率风险、当地业主或供应商风险、税费和保险风险。其中，虽然在EPC合同中成本终都应该转嫁由业主承担，但是EPC合同费用包干的特点让税费成为EPC项目投标和执行中的一个主要风险点。所以EPC总承包商在投标时有必要要求业主提供详细的税费的要求、标准和费率并在合同谈判过程中明确费用的构成和归属。同时，可以委托当地法律、财务和保险人员对当地的费用种类和费率进行调查研究，避免遗漏。另外，妥善协调与当地政府关系，可以有效减少或避免一些额外征收的费用。

最后，中资企业应该随时与相关机构保持沟通，积极获取政策变动信息。企业应将从一线市场获得信息及时向相关机构进行反映，充分发挥外交部、商务部、驻外使领馆和经商处及各地、各行业商会协会的作用，发挥国别、行业影响力，促使当地机关作出合理决策。在税务政策方面，一是要积极与国税总局国际司取得联系，申请启动双边税收协商程序（mutual agreement procedure，MAP），通过国家层面的沟通协商为企业解决问题。二是要针对早年制定的尤其是存在模糊描述的双边税收协定，建议税务总局尽快启动修订，针对共建"一带一路"重点合作伙伴谈判，有效实现共建"一带一路"的"共赢"。在本案例中，中资企业可以根据中印两国签订的《关于避免双重征税及防止偷漏税协定》中相关规定："当一个人认为缔约国一方或者双方所采取的措施，导致或将导致对其不符合本协定规定的征税时，可以不考虑各缔约国国内法律的补救办法，将案情提交本人为其居民的缔约国主管当局。"请求中国国家税务总局就该问题与印尼税务机关进行磋商，启动中国与印尼双方税务相互协商机制。

总之，不管结果如何，在共建"一带一路"友好交往过程中遇到涉税争议时最不可做的是一味妥协。

三、案例使用说明

（一）适用对象与教学目的

1. 适用对象

案例主要适用于"国际税收""税收筹划"，也可以将本案例作为"外国税制"课程的辅助案例。本案例的教学对象包含财经类的本科生和研究生，特别是会计和税收学专业的本科生和研究生。

2. 教学目的

一是让学生以学习基础知识为主导，从理论与实际上去理解知识，注意运用知识去分析问题和解决问题，达到学懂学会、学以致用的目的。二是便于教师采用启发式教学与发现式教学，充分调动学生的积极性，启发学生思维，以学会举一反三，做到突出重点，难点突破。

（二）思考题

1. 境外设立公司的"走出去"企业可能会遇到什么税务风险？
2. "走出去"企业在境外与当地税务机关发生涉税争议时应采取哪些措施？

（三）分析思路

先简单介绍案例相关背景，再提出案例争议的2个焦点：EPC项目中的P部分（设备部分）是否应当在印尼当地缴纳最终税（所得税）；中资企业的合同全范围的最终税率是适用3%还是4%。然后分析税务局、中资企业的观点，以及法院判决依据。最后讨论各种观点的合理性及从中得到的启示。

（四）理论依据与分析

由于本案例焦点在于解决"走出去"企业的涉外争议，故相关的理论依据大多与境外当地法律法规相关，如印尼税务机关根据印尼政府2008年第51号规定要求中资企业的EPC合同的"P"部分要纳入征税范围以及EPC合同收入在印尼适用4%的税率。但出于当地政策因素等原因，印尼所有外资企业均无法办理该资质，而这些企业一般均具有国际工程承包资质。而且根据印尼公共工程部意见，这些外资企业均应视同具有大规模资质，可适用3%税率。故印尼税务法庭裁决中资企业EPC合同的征税范围应该是其全部收入以及在印尼适用3%税率缴纳最终税。

（五）关键点

本案例的关键点是让学生能够通过对真实事件的全面分析，把理论与实际相结合，学会举一反三，以便之后遇到类似的问题时能够沉着冷静地应对。

在分析案件的过程中，一方面可以培养学员对该事件快速提取关键信息的能力；另一方面在自由讨论该案件的过程中，可以培养学员发散思维，在与他人沟通中学会从多个角度寻找问题的解决方式，培养其系统分析、合理决策的能力。

（六）建议的课堂计划

本案例的教学计划见表3-8。

表 3-8　案例教学计划

案例教学计划	具体内容
教学时长	1个学时
课前计划	发放案例正文和思考题，要求学生在课前完成阅读并对思考题作答
课堂计划	1. 介绍税案始末，让学生了解案例的基本情况和焦点问题。 2. 将学生分成小组进行讨论，讨论印尼税务机关能否要求本案例中的中资企业补缴税款以及遇到类似"一带一路"税务争议时该怎么处理并说明理由，然后每个小组派一名同学上台发言。 3. 归纳总结每个小组的发言，提出各小组的优缺点，并解答有争议之处。 4. 结合问题，回顾案例
课后计划	整理思考题答案，写在作业本上并提交

（七）案例的建议答案以及相关法规依据

根据中印尼两国签订的《关于避免双重征税及防止偷漏税协定》中第七条第一段规定，印尼税务机关判定中资企业的征税范围应该是EPC项目合同的全部收入。

根据印尼政府2008年第51号规定第三条，印尼税务机关原本应该判定中资企业税基适用税率为4%，但由于当地政策因素等原因，印尼所有外资企业均无法办理该资质，而这些企业一般均具有国际工程承包资质。其次，根据印尼公共工程部意见，这些外资企业均应视同具有大规模资质，可适用3%税率。

最终，印尼税务法庭判定中资企业EPC合同全部收入在印尼按照3%税率缴纳最终税。

（八）其他教学支持材料

本案例以幻灯片的形式进行辅助说明。

（九）思考题参考答案

（扫一扫）

（十）附件（相关法律法规条款）

1. 中印尼两国签订的《关于避免双重征税及防止偷漏税协定》第七条

缔约国一方企业的利润应仅在该缔约国征税，但该企业通过设在缔约国另一方的常设机构在该缔约国另一方进行营业的除外。如果该企业通过设在该缔约国另一方的常设机构在该缔约国另一方进行营业，其利润可以在该缔约国另一方征税，但应仅以直接或间接属于该常设机构的利润为限。但是，如果该企业证明上述活动不是由常设机构进行的，或者与常设机构无关，应不适用本款的规定。

2. 印尼政府 2008 年第 51 号第三条

建筑服务业务收入适用最终所得税，税率包括 2%、3% 和 4% 三档。其中，具有小规模资质的企业适用税率为 2%，具有大规模施工资质的企业取得的建筑服务类收入，适用税率为 3%，没有施工资质的企业取得的建筑服务类收入，适用税率为 4%。（该施工资质是指由印尼建筑服务发展委员会签发的资质文件）。

3. 中印两国签订的《关于避免双重征税及防止偷漏税协定》第二十五条

当一个人认为缔约国一方或者双方所采取的措施，导致或将导致对其不符合本协定规定的征税时，可以不考虑各缔约国国内法律的补救办法，将案情提交本人为其居民的缔约国主管当局。

四、参考文献

[1] 施海. 印尼电力市场 EPC 总承包的风险与防范 [J]. 华中电力，2011，24 (4)：9-13.

[2] 支红妍. 中国企业海外工程项目涉税风险：印尼补税部分 EPC 项目"最终税"案例启示 [J]. 国际商务财会，2018 (1)：21-24.

[3] 易奉菊. 国际税收：理论、实务与案例 [M]. 上海：立信会计出版社，2022.

案例 3-5　非法获取的数据能否用于信息交换：来自瑞士的实践与争议

一、基础知识

(一) 国际税收征管互助

随着国际交往的不断深入，跨国经济活动日益频繁，税务机关执行税收政策同样受到全球化的挑战，因此，各国之间加强国际税收征管合作便成为在这一背景下的必然趋势。

1. 国际税收征管互助的作用

首先，国际税收征管合作是应对经济全球化的必然要求。在经济全球化的背景下，一方面，随着各国逐步消除了对跨国投资等各类经济活动的限制，纳税人在全球范围内开展经济活动越来越便利；另一方面，在国家主权原则下，国家执法权往往被限制于一国领土范围以内，税务机关只能在各国主权范围内行使征管权力，难以获得位于他国的征税所需信息，调查取证、追征欠税等执法活动也无法延伸至国土以外。基于这一原因，跨国间的征管协作显得尤为重要。

其次，国际税收征管合作是维护各国税收主权的重要手段。税收主权是国家主权的重要组成部分。在资本全球化流动的背景下，国际税收征管合作的有效机制既可以使国家的税务检查和信息搜集的触角延伸至境外，也可以通过相互借鉴和合作，提高应对各种避税手段的能力，对一国加强跨境税源的管理、提高执法覆盖范围具有举足轻重的作用。

再次，国际税收征管合作是虚拟经济高度发展的应对措施。在信息化不断发展的今天，以金融交易为代表的虚拟经济高度发达，电子商务欣欣向荣。据统计，"十一五"期间，我国电子商务交易总额增长近 2.5 倍，2010 年达到约 4.5 万亿元。商务部、发改委、工信部和财政部等部门预计，到 2020 年，我国电子商务交易额将达到 43.8 万亿元。虚拟经济与电子商务的发展使交易方便跨越国界、变得更加隐蔽。加强国际税收领域的合作，是应对这一现象不可或缺的手段。

最后，国际税收征管合作是打击利用避税地进行恶意筹划的有力武器。20世纪初，各类避税地的不断涌现对世界经济产生了不小的冲击。避税地大量的非正常金融业务和虚构经济业务，扭曲了市场对资源的基础配置作用，偏离了税收中性原则，导致了税收流失，更对金融危机起到了推波助澜的作用。避税地负面作用的一个重要原因就是其信息不透明，随着 2008 年金融危机的爆发，国际社会采取多项行动，动用了政治、经济压力迫使这些避税地与其他国家签订税收情报交换协定，参与国际税收征管合作，达到透明度和有效情报交换的国际标准。这一系列的措施对整顿国际经济秩序、打击利用避税地恶意逃避主权国家税款、创造公平的国际竞争环境起到了有力的支持和帮助。

2. 税收征管互助的主要内容

随着全球化进程的不断加快，国际社会对征管合作的要求也不断提高，合作的广度与深度持续拓展。目前，国际税收征管合作的主要内容有：第一，税收情报交换，包括专项情报交换、自发情报交换、自动情报交换、同期税务检查、境外税务检查与调查等；第二，税款征收协助，包括税收主张追索、保全措施等；第三，税务文书送达。这些国际税收征管合作内容基本覆盖了税务执法的调查取证、税务检查和涉税决定的执行等全过程。通过这些合作形式，税务机关执法行为受领土限制的情况将得到改善，利用国家税收执法权限制而滋生的国际逃避税行为将得到有效遏制。

（二）国际税收征管互助公约

1. 公约的产生与发展

为加强成员间税收征管互助，OECD 与欧洲委员会共同起草了《税收征管互助公约》并于 1988 年 1 月 25 日起开放给 OECD 与欧委会成员国签字，从此，建立了一个国际税收协作的框架。

随着时代的发展，国际征管合作的环境与公约诞生之日相比发生了较大变化，税收情报交换的国际标准也日益完善与统一。2008 年国际金融危机以来，国际社会对建立更为有效的跨国税收合作给予了更多关注，2009 年二十国集团（G20）伦敦峰会呼吁为打击国际逃避税，要求世界各国尽快达到符合国际标准的税收情报交换水平。同时，为解决发展中国家缺乏相关资源，难以在新的透明度环境下获益的问题，2009 年4 月参与 G20 伦敦峰会的领导人呼吁应尽快采取措施使发展中国家也能从税务合作新环境中获益，其中便包括建立多边的情报交换体系。2009 年 8 月 G20 伦敦峰会主席、英国首相布朗致信 OECD，指出"发展一个有效的多边机制对解决这一问题将有帮助"。在此背景下，OECD 与欧委会推进了税收征管互助工作，起草了互助公约的议定书，将公约提升到税收情报交换的国际标准，并将缔约国的范围扩大到了 OECD 与欧委会成员国以外的其他国家。G20 对 OECD 的做法表示欢迎，随后在 2009 年 9 月，G20 在英国伦敦举行的财政部部长会议上发表声明指出："我们欢迎……情报交换多边机制向所有国家开放这一进展。"修订公约的议定书最终于 2010 年 5 月开放签字，2011 年 6 月

1 日起正式生效。

2. 公约的主要内容

《税收征管互助公约》促进了国际合作，也推动了各国税收法律的执行，为缔约国之间在纳税评估、税款征收等过程中提供了各种形式的税收征管互助，从而有利于遏制跨国逃税与避税。公约提供的税收征管互助的形式涵盖专项情报交换、自动情报交换、自发情报交换、同期税务检查、境外税务检查、税款追缴协助、保全措施、文书送达等，同时对保密性要求、费用承担等做出了详细规定。

3. 各国参与公约的情况

截至 2022 年 6 月 1 日，全球已有 99 个国家签署《公约》，包含阿塞拜疆、比利时、丹麦、芬兰、法国、格鲁吉亚、德国、希腊、冰岛、爱尔兰、意大利、摩尔多瓦、荷兰、挪威、波兰、葡萄牙、俄罗斯、斯洛文尼亚、西班牙、瑞典、土耳其、乌克兰、英国、阿根廷、澳大利亚、巴西、加拿大、哥斯达黎加、印度、印度尼西亚、日本、韩国、墨西哥、南非、美国、中国、瑞士等。2013 年 8 月 27 日，我国正式签署了《多边税收征管互助公约》，正式成为该公约第 56 个签约方。至此，G20 所有成员都加入了该公约。这是我国签署的第一个多边税收协议，标志着我国在参与国际多边税收合作机制的道路上又迈出了历史性的、坚实的一步。

（三）国际税收情报交换

税收情报交换是我国作为税收协定缔约国承担的一项国际义务，也是我国与其他国家（地区）税务主管当局之间进行国际税收征管合作以及保护我国合法税收权益的重要方式。为了加强国际税务合作，规范国际税收情报交换工作，根据我国政府与外国政府签订的关于对所得（或财产）避免双重征税和防止偷漏税的协定、《税收征收管理法》及其实施细则以及其他相关法律法规规定，国家税务总局制定《国际税收情报交换工作规程》（以下简称《规程》）。

1. 情报交换概述

《规程》所称情报交换，是指我国与相关税收协定缔约国家的主管当局为了正确执行税收协定及其所涉及税种的国内法而相互交换所需信息的行为。情报交换应在税收协定生效并执行以后进行，税收情报涉及的事项可以溯及税收协定生效并执行之前。

情报交换在税收协定规定的权利和义务范围内进行。我国享有从缔约国取得税收情报的权利，也负有向缔约国提供税收情报的义务。情报交换通过税收协定确定的主管当局或其授权代表进行。我国主管当局为国家税务总局。省以下税务机关（含省）协助总局负责管理本辖区内的情报交换工作，具体工作由国际税务管理部门或其他相关管理部门承办。我国税务机关收集、调查或核查处理税收情报，适用《税收征收管理法》的有关规定。

2. 情报交换的种类与范围

（1）情报交换的种类。

情报交换的类型包括专项情报交换、自动情报交换、自发情报交换、同期税务检查、授权代表访问和行业范围情报交换等。

①专项情报交换是指缔约国一方主管当局就国内某一税务案件提出具体问题，并依据税收协定请求缔约国另一方主管当局提供相关情报，协助查证的行为。专项情报交换包括获取、查证或核实公司或个人居民身份，收取或支付价款、费用，转让财产或提供财产的使用等与纳税有关的情况、资料、凭证等。

②自动情报交换是指缔约国双方主管当局之间根据约定，以批量形式自动提供有关纳税人取得专项收入的税收情报的行为。专项收入主要包括利息、股息、特许权使用费收入；工资薪金，各类津贴、奖金，退休金收入；佣金、劳务报酬收入；财产收益和经营收入等。

③自发情报交换是指缔约国一方主管当局将在税收执法过程中获取的其认为有助于缔约国另一方主管当局执行税收协定及其所涉及税种的国内法的信息，主动提供给缔约国另一方主管当局的行为。自发情报交换包括公司或个人收取或支付价款、费用，转让财产或提供财产使用等与纳税有关的情况、资料等。

④同期税务检查是指缔约国主管当局之间根据同期检查协议，独立地在各自有效行使税收管辖权的区域内，对有共同或相关利益的纳税人的涉税事项同时进行检查，并互相交流或交换检查中获取的税收情报的行为。

⑤授权代表访问是指缔约国双方主管当局根据授权代表的访问协议，经双方主管当局同意，相互间到对方有效行使税收管辖权的区域进行实地访问，以获取、查证税收情报的行为。

⑥行业范围情报交换是指缔约国双方主管当局共同对某一行业的运营方式、资金运作模式、价格决定方式及偷税方法等进行调查、研究和分析，并相互交换有关税收情报的行为。

（2）情报交换的范围。

除缔约国双方另有规定外，情报交换的范围一般为：①国家范围应仅限于与我国正式签订含有情报交换条款的税收协定并生效执行的国家；②税种范围应仅限于税收协定规定的税种，主要为具有所得（和财产）性质的税种；③人的范围应仅限于税收协定缔约国一方或双方的居民；④地域范围应仅限于缔约国双方有效行使税收管辖权的区域。

（四）国际法的善意原则

国际法意义上的"善意原则"，最先来源于"约定必须遵守"，《布莱克法律辞典》将"善意"一词定义为包含如下几种思想状态：信念或目的的诚实，忠诚于其义务，在贸易或商业中遵守公平交易的合理商业标准，没有欺诈或谋求不合理利益的意图。"善意"要求行为主体的合情合理、诚实守信，它难以被赋予客观的衡量标准，而更倾向于主观上的定义。

值得特别注意的是，在国际法实践之中，善意原则不可凭空存在。国际法院指出，善意原则本身并不能单独构成法律义务的来源。对善意原则的违反不是抽象的、凭空的，这种违反可能建立在对条约的违反之上，或与对另一方利益造成损害相关，或是以违背某项义务为基础。国际税收情报交换与善意原则之间的关系在于，国际税收信息交换的原则和机制是以善意和诚信为基础的。各国在税收事务上的合作和信息交换都需要有诚信和公平的原则指导，以确保税收数据的准确性、公正性和互惠性。另外，各国在信息交流过程中需保持尊重和平等，遵守国际法的原则，避免利用税收信息交换机制来违背国际承诺或滥用权力。总之，善意原则在国际税收信息交换中起到了重要的指导作用，确保了税收合作的公正、透明和有效性。

二、"非法获取的数据能否用于信息交换：来自瑞士的实践与争议"案例①

案例概述：根据瑞士和法国之间签订了《法国—瑞士所得和财产税收协定（1966年)》和《税收征管互助法案》，尽管瑞士有义务为法国提供税收征管互助的相关信息，但瑞士不得提供在其法律或正常行政管理过程中无法获取的信息。2014年10月瑞士税务当局曾应请求两次向法国提供信息协助，但瑞士联邦行政法院认为税务当局的数据属于非法获得，不应提供给法国；税务当局上诉，联邦最高法院根据信息获取是否涉及实际在瑞士受到惩处的罪行以及善意原则做出的如下最终判决：在2017年2月16日案件（ATF 143 II 202）中，支持瑞士联邦税务局将信息发送给法国，因为该信息并不是"通过瑞士法律下的刑事犯罪而获取的信息"，并且法国的善意毋庸置疑。在2017年3月17日案件（ATF 143 II 224）中，法国和瑞士税务当局在信息请求和提供过程中均用到了Falciani数据，而Falciani涉嫌违法，法国还单方面违反双边税收协定第28条不使用从日内瓦汇丰银行窃取的数据的承诺，因此，裁定该信息不得发送给法国。

（一）案例背景

一直以来，瑞士实行严格的银行信息保密制度②，这吸引了无数来自全球的非法资金（洗钱、腐败等）的流入，使瑞士成为全球最大的离岸金融中心。据报道，瑞士银行管理了2.2万亿美元的离岸资产，仅4.1万平方千米的瑞士掌握了世界1/3的个人财富③。加上瑞士还实行低直接税率，一度被称为全球富人的"避税天堂"。英国税收正义网络（Tax Justice Network）公布的金融保密指数显示，全球超豪们在避税天堂共隐藏了32万亿美元的财富，瑞士名列榜首。

然而，随着金融危机的爆发和各国财政的吃紧，国际反避税力度加大，瑞士实行了三个世纪的银行保密制度遭遇极大挑战，在信息缺乏透明和涉嫌帮助客户逃税方面饱受他国诟病，最终，瑞士不得不加入税收征管互助合作，开展税收信息交换。在欧

---

① 本案例由重庆市专业学位研究生教学案例库建设项目——《国际税收案例库》建设小组（重庆工商大学）成员康承梅、汤凤林撰写，作者拥有著作权、修改权、改编权，未经允许、本案例的所有部分不能以任何方式与手段擅自复制或传播。

② 1934年瑞士制定西方第一部《银行保密法》，该法允许客户使用代名办理储蓄业务；并要求任一金融从业者不得泄露客户信息资料，合则要面临0.5—5年的监禁和最高5万瑞士法郎的罚款，且保密协议终身有效，不因其离职、退休和解雇而失效；根据《银行保密法》，瑞士金融机构甚至可以拒绝任何政府机关、法院对客户账户的调查和监控，除非有确凿证据证明存款人存在犯罪行为。

③ 新浪财经中国新闻网. 瑞士不再为外国账户保密2万亿离岸资产或曝光［EB/OL］. (2014-05-07)［2023-12-08］. http://finance.sina.com.cn/money/forex/20140507/121319028959.shtml.

洲，两大邻国法国和德国对瑞士的银行保密制度提出了严厉的批评，甚至呼吁把其列入"不合作的避税天堂"黑名单。在北美，2013 年 1 月，美国对瑞士韦格林银行的税务诉讼，迫使其承认曾协助 100 多位美国公民所持有的 12 亿美元资产逃税，从而不得不支付 5 790 万美元的罚款，此后，这家有着 270 年历史的银行倒闭。在欧美国家竭力打击偷逃税和洗钱犯罪的压力下，2013 年 10 月 15 日，瑞士签署《多边税收征管互助公约》，与其他签约国达成税务信息共享的协议；2014 年 5 月 6 日签署《税务事项信息自动交换宣言》，承诺逐步提交与税务相关的外国客户账户信息。

政府间税收征管合作和税收信息交换为各国反避税提供了重要基础，《多边税收征管互助公约》使得瑞士银行等金融机构进入国际税收征管网络，瑞士与上百个国家开展跨国界的情报交换和多样化的征管合作，为瑞士洗去"不合作的避税天堂"嫌疑起到了重要作用；然而，随着共同申报准则（CRS）的签订，数据窃取事件不断出现，跨境税务情报的大量交换带来了纳税人权利保护的重大问题。本文以瑞士税务当局应请求向法国提供的两次信息协助为基础，探讨非法获取的数据能否用于国家间税收征管合作的信息交换问题。

（二）案情简介

近年来，几起银行数据泄露案表明客户信息机密性得不到保障，瑞士税务当局倾向于使用银行数据泄露的客户信息；然而，根据瑞士法律，泄露银行数据是违法的。瑞士联邦行政法庭裁定，非法获取的数据不得被用于税收信息交换；瑞士税务当局不服上诉，联邦最高法院根据不同情形分别对税务当局是否应当向请求国法国提供信息进行了终审判决。

1. 2017 年 2 月 16 日案件（ATF 143 Ⅱ 202）

2012 年 12 月 21 日，法国向瑞士联邦税务局提出税收征管互助请求，要求瑞士提供其列出法国纳税人名单在瑞士 B 银行的详细资产信息。法国声称其司法当局已对瑞士 B 银行的代理人在法国境内进行的非法银行推销活动进行了调查，法国司法当局将这些代理人名单转交给了法国税务部门，其中就包括被指控与瑞士 B 银行有业务关系的法国纳税人的姓名。在从瑞士银行 B 收集了信息之后，瑞士联邦税务局于 2014 年 10 月 21 日决定提供协助，并向法国发送了有关 A 先生（名单所列的人）的某些银行信息。

但是，联邦行政法庭根据《税收征管互助法案》第 7（c）条①和法瑞税收协定第 28 条第 1 款（b）项、第 2 款，认为尽管瑞士有义务为法国提供税收征管互助信息，但不得提供在其法律或正常行政管理过程中无法获取的信息，尤其是如果该请求违反了善意原则，瑞士税务当局通过被瑞士法律认为是刑事犯罪方式得以获取的信息时，则该请求应不予考虑［《税收征管互助法案》第 7（c）条］。瑞士税务当局不服判决进行

---

① 《税收征管互助法案》第 7（c）条：如果该请求违反了善意原则，尤其是通过瑞士法律下的刑事犯罪获取的信息，则该请求将不予考虑。

上诉，联邦最高法院于 2017 年 2 月 16 日推翻行政法院的判决，认为法国的请求协助并不违反善意原则，这些条款并不形成法国向瑞士请求协助的障碍，瑞士税务当局可以将信息传递给法国。

2. 2017 年 3 月 17 日案件（ATF 143 II 224）

2014 年 4 月 7 日，法国向瑞士税务局提出信息协助请求，要求瑞士提供居住在法国的纳税人 C 先生及其妻子 D 太太在瑞士 E 银行的信息，因为法国当局认为，C 先生和 D 太太涉嫌在 E 银行持有未申报资产。E 银行将文件传递给了瑞士联邦税务局，瑞士联邦税务局于 2014 年 10 月 23 日将文件转交给法国。

然而，联邦行政法庭认为税务当局不应当受理该信息协助请求，因为协助请求基于刑事犯罪案件，根据《税收征管互助法案》第 7（c）条（如果该请求违反了善意原则，尤其是通过瑞士法律下的刑事犯罪获取的信息，则该请求将不予考虑。），判定不予受理。瑞士联邦税务局于 2017 年 3 月 17 日提出上诉，联邦最高法院最终驳回了联邦税务局提出的上诉，支持并确认了联邦行政法庭的判决。

案件流程如图 3-5 所示。

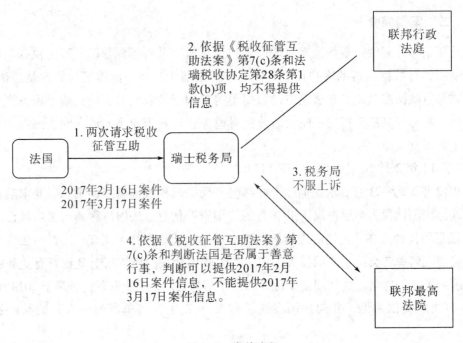

图 3-5 案件流程

（三）案例焦点

本案例的焦点问题在于被非法窃取的数据泄露后，税务局能否将泄露的信息用于税收征管互助？为什么两次案件中联邦最高法院判决不同？

（四）案例分析

1. 相关法律

（1）国际法的善意原则。

善意原则的具体含义难以进行明确的定义。起源于罗马民法的善意原则，体现了对诚信契约和诚信诉讼的要求。诚信契约意指契约双方在履行合约时应本着善意的初衷，承担因诚信要求而衍生的补充义务；诚信诉讼则要求，当事方在诉讼中善意行使诉讼权利，同时法官在解释和理解当事人约定和行使自由裁量权时，应本着善意，公平公正地做出裁判。伴随历史的进程，善意原则也普遍融入西方各国的法律制度，并随着国际交往的不断发展而走上国际法的舞台。国际法意义上的善意原则，最先来源于约定必须遵守，《布莱克法律辞典》将"善意"一词定义为包含如下几种思想状态：信念或目的的诚实，忠诚于其义务，在贸易或商业中遵守公平交易的合理商业标准，没有欺诈或谋求不合理利益的意图。"善意"要求行为主体的合情合理、诚实守信，它难以被赋予客观的衡量标准，而更倾向于主观上的定义。

值得特别注意的是，在国际法实践之中，善意原则不可凭空存在。国际法院指出，善意原则本身并不能单独构成法律义务的来源。对善意原则的违反不是抽象的、凭空的，这种违反可能建立在对条约的违反之上，或与对另一方利益造成损害相关，或是以违背某项义务为基础。

（2）《税收征管互助法案》第7（c）条。

如果该请求违反了善意原则，尤其是通过瑞士法律下的刑事犯罪获取的信息，则该请求将不予考虑。

（3）法瑞税收协定第28条第1款（b）项、第2款。

在任何情况下均不得解释为对缔约国施加义务，提供在该缔约国或另一缔约国的法律或正常行政管理过程中无法获取的信息。

2. 联邦最高法院的判决

（1）对2017年2月16日案件（ATF 143 Ⅱ 202）的判决。

联邦最高法院确定了以下事实：2013年法国协助请求所附的姓名清单取自法国SAB银行的内部文件，并由法国SAB银行的经理们转交给法国银行业监管机构，然后由监管机构呈送给巴黎检察官，进而转交给法国税务部门，法国税务部门得以在2013年提出互助请求。

联邦最高法院认为，尚不确定瑞士B银行的员工自己将信息传递给了法国的监管机构。

为确定瑞士当局是否必须遵守法国的协助请求，瑞士联邦最高法院审查了以下两个法律问题：首先，关于是否符合善意原则。联邦最高法院裁定《税收征管互助法案》第7（c）条的第2部分（如果是通过瑞士法律下的刑事犯罪获取的信息，则该请求将不予考虑）是不适用的。因为本条仅适用于"实际在瑞士应受到惩处"的被指控罪行，也就是说必须满足瑞士法律所规定的刑事犯罪条件，并且瑞士当局具有（领土或域外）

检控这项罪行的管辖权。联邦最高法院做出此判决并没有违反银行保密规定①，也没有违反制造或贸易保密规定②或行业间谍规定③。

其次关于法国是善意还是恶意行事。联邦最高法院认为法国的善意是毋庸置疑的。联邦最高法院认为，即使法国 SAB 银行的员工在与监管机构进行沟通时发生了刑事犯罪（即银行员工违规将客户信息泄露给监管机构），也不会妨碍法国税务部门将这些信息用于征税目的或起诉逃税行为，因为法国法律并不对这样的使用进行禁止，文件"可能已被某人窃取"的事实（即信息泄露）并不能改变法律不禁止这些信息被法国税务局用来进行协助请求的结论。因此，联邦最高法院排除了法国以"恶意"行事的可能性。

总之，联邦行政法庭拒绝给予协助的判决违反了法律，因为《税收征管互助法案》第 7 条在此案中并不适用，而且法国的善意也是毋庸置疑的，由此最高法院确认了瑞士联邦税务局将信息发送给法国的决定。

（2）对 2017 年 3 月 17 日案件（ATF 143 Ⅱ 224）案件的判决。

联邦最高法院认为：首先，被指控的纳税人 C 先生和 D 女士的名字是通过 Falciani 数据获得的。Hervé Falciani 因涉嫌窃取包含有汇丰银行日内瓦客户姓名的数据等重大行业间谍活动而在 2015 年被联邦刑事法庭判处 5 年徒刑④。法国用从日内瓦汇丰银行窃取的数据来提出协助请求，违反了法瑞税收协定第 28 条的规定（2010 年，法国承诺不会根据使用从日内瓦汇丰银行窃取的数据来提出协助请求）。根据一般善意原则，单方面承诺对法国具有约束力，协助请求违反了瑞士对法国承诺所带来的合法预期。

其次，不但法国使用了从日内瓦汇丰银行窃取的数据来提出协助请求，而且瑞士 E 银行传送给瑞士税务当局应请求发给法国的关于 C 先生和 D 女士的银行账户信息，是通过查询他们的佣金发现的，而该佣金数据也是来自发送给比利时和乌拉圭当局的 Falciani 数据。而这正是《税收征管互助法案》第 7（c）条第 2 部分所规定的情形。当通过瑞士法律下的刑事犯罪获取的信息时，法国的请求和瑞士的协助均违反了善意原则，该请求不应予以考虑。因为《税收征管互助法案》第 7（c）条的第 2 部分不仅适用于直接基于 Falciani 数据提出的协助请求，而且也适用于间接源自 Falciani 数据的请求。

因此，在 ATF 143 Ⅱ 224 案中，联邦高院裁定，联邦行政法庭根据《税收征管互助法案》第 7（c）条作出的协助请求不予受理的判决正确，即信息无法发送至法国。

3. 对联邦最高法院判决的解读

同样是法国向瑞士税务局提出信息互助请求，信息获取均涉及刑事犯罪行为，为什么联邦最高法院做出了截然不同的判决结论？联邦最高法院在此案审理过程中确立了三个规则。

首先，作为一般规则，当被指控的税收征管互助请求是基于窃取的数据时，必须

---

① 《联邦银行法》第 47 条。
② 《联邦刑事法》第 162 条。
③ 《联邦刑事法》第 273（2）条。
④ 《联邦刑事法》第 273 条第 2 款和第 3 款。

在瑞士实际惩处的罪行①和其他涉嫌的罪行（在国外和瑞士域外管辖范围内犯下的罪行）之间划清界限。联邦最高法院裁定，只有在第一种情况（瑞士实际惩处的罪行）下，才能根据国际公法（善意原则）拒绝接受请求。在第二种情况下，必须进一步探讨请求的具体情况，特别是必须研判请求国的善意，但数据可能已在国外被盗这一事实并不是得出该国恶意行事的结论的充分理由，至少当其国内法授权使用的数据是如此。

其次，善意和互信原则在支持征管互助中发挥着重要的作用。如果《税收征管互助法案》第 7（c）条的第 2 部分不适用，原则上，即使使用窃取的数据来提出协助请求，也必须给予协助。

最后，如果请求国单方面承诺不将窃取的数据用于提出税收征管互助请求，则提出此类请求将违反该承诺，从而根据善意原则，会对请求国的行为产生约束力。如果信息获取过程实际上涉及在瑞士予以惩处的罪行，这适用《税收征管互助法案》第 7（c）条第 2 部分的情形，此时，法国这种违反承诺的行为不管怎样都将导致瑞士拒绝提供协助。

4. 单方面承诺是否是拒绝提供协助的前提？

在 ATF143 Ⅱ 224 案件（第二个案件）中，联邦最高法院认定法国的请求违反了其所做出的承诺（不使用瑞士所认定的非法数据），同时也裁定该请求是实际在瑞士应以惩处的犯罪［《税收征管互助法案》第 7（c）条第 2 部分］，从而判定瑞士税务局应拒绝提供协助。但是，联邦最高法院并未说明，如果请求国法国是基于实际在瑞士应予以惩处的犯罪获得的数据（例如 Falciani 数据）提出协助请求，而未单方面宣布其基于窃取的数据提出的请求行为，请求是否仍会遭到拒绝？

如果即使在 2017 年 3 月之后作出的几项判决中，联邦行政法庭认为，唯一相关的问题是请求国是否单方面违反了承诺，这相当于违反了善意原则。审查协助请求是否基于 Falciani 数据并不重要，因为即使用到了"非法窃取的数据"，也不能拒绝接受请求。单方面承诺是适用《税收征管互助法案》第 7（c）条第 2 部分的前提条件。

由于税务局还可以向联邦最高法院进行上诉，联邦行政法庭的判决不是最终判决，联邦最高法院需要就是否应将单方面违反承诺视为拒绝接受请求的必要条件作出最终裁决。不管怎样，联邦行政法庭的做法是值得商榷的；因为根据联邦最高法院的说法，适用《税收征管互助法案》第 7（c）条第 2 部分就意味着瑞士必须拒绝协助请求。

5. 适用证据的合法性原则

联邦最高法院在两个案件审理中均未采用证据的合法性原则，在第一个案件中，联邦最高法院确认法国当局的协助请求符合善意原则，法国、瑞士用到了窃取的数据（被调查人的姓名清单）进行信息交换；但最高法院没有对在什么情形下才有法国国内法授权使用"可能被某人窃取"的文件。然而，瑞士国内的刑事和行政程序均受证据合法性原则的约束，该原则要求，只有当合法地获取证据或重大公共利益证明获得该证据具有合理性时，才可以使用非法取得的证据。这一原则在欧洲人权法院裁定的 K. S.

---

① 在这种情况下，第 7（c）条第 2 部分适用。

和 M. S. 诉德国一案中得到了体现，欧洲人权法院认为，对税收犯罪的起诉可以优先于尊重家庭权利，只要在获取起诉税收犯罪的相关证据时没有蓄意地、系统地违反法律。

对于本案来说，联邦最高法院有必要对个人基本权利予以高度重视，审查两国当局有没有足够的理由以说明其使用非法证据的合理性，从而在受到挑战时作出合理判决。

（五）案例总结与启示

本案详细介绍了法国两次向瑞士请求税收征管互助的具体内容，解读了联邦最高法院对税收征管互助的不同主张，分析联邦最高法院给予不同判决的理由，其中一个关键问题是：请求国通过非法途径获取的数据能否用于税收征管互助？

依据《税收征管互助法案》第 7（c）条第 2 部分条例，对被指控的税收征管互助请求能否给予协助进行分析，如果请求是基于窃取的数据，必须在瑞士实际惩处的罪行和其他涉嫌的罪行之间划清界限，即在国外和瑞士域外管辖范围内犯下的罪行之间划清界限。联邦最高法院裁定，只有在瑞士实际惩处的罪行下，才能根据善意原则拒绝接受请求。在第二个案件的情况下，必须进一步探讨请求的具体情况；特别是必须研判请求国的善意，但数据可能已在国外被盗这一事实并不是得出该国恶意行事的结论的充分理由，至少当其国内法授权使用数据时是如此。

如果请求国单方面承诺不将窃取的数据用于提出税收征管互助请求，则提出此类请求将违反该承诺，从而根据善意原则对协助产生约束力。在适用《税收征管互助法案》第 7（c）条第 2 部分（通过瑞士法律下的刑事犯罪获取的信息）的情况下，这种违反承诺的行为无论如何都将导致拒绝提供协助。

瑞士联邦委员会也打算限制"基于窃取的数据提出请求时拒绝提供征管协助"的理由。在联邦最高法院对这两个案件判决的前不久，瑞士联邦委员会采纳了一项提议，以如下方式修改《税收征管互助法案》的第 7（c）条：仅在"违反善意原则，尤其是在该请求是基于请求国通过以下方式取得信息时，才对该请求予以拒绝"：①瑞士法律下的刑事犯罪；②根据行政协助程序进行；③具有积极的行为。瑞士联邦委员会在其提议中强调，重要缔约国认为瑞士对在税收征管协作领域中窃取数据的理解不符合 OECD 标准。该修正案的立法程序正启动实施。

无论信息交换出于何种政治理由，司法当局都应分析所有相关规则。这意味着，即使在某些情况下，善意和互信原则应得出的结论是必须对基于窃取的数据提出的请求开展信息交换，司法当局还是要对有关个人的（宪法）权利进行彻底的分析，这意味着瑞士当局必须进行额外的调查。无论如何，当局应就这些权利是否受到侵犯作出合理的判决。

三、案例使用说明

（一）适用对象与教学目的

1. 适用对象

本案例主要适用于"国际税收"。本案例的教学对象包含财经类的本科生和研究生，特别是税收学专业的本科生和研究生。

2. 教学目的

一是加深学生对税收征管互助、善意原则等知识点的理解，使其了解请求税收征管互助的基本流程；二是以案例的形式进行讲解，深入剖析泄露数据能否用于税收征管互助请求，能培养学生的辩证分析思维、自学能力、运用理论分析解决实际问题的能力，从而避免机械地学习和记忆；三是使学生对跨国之间请求税务互助方面产生新的认识，即跨国税务合规不仅需要考虑本国税务当局的要求，还需要考虑所在国税务当局和有关国际组织的相关规则的要求。

（二）启发思考题

1. 什么是善意原则？

2. 请求国通过非法手段获取的数据能否用于税收征管，相关国家能否拒绝提供税收征管互助？

（三）分析思路

在梳理案例发生背景的基础上，先简要介绍案例基本情况。再分析案例的焦点问题，即被非法窃取的数据泄露后，税务局能否将泄露的信息用于税收征管互助；法国曾两次向瑞士请求提供征管互助，针对两次征管互助请求，为何联邦最高法院判决不同。然后基于《税收征管互助法案》和国际法中的善意原则，结合窃取数据的行为是否是瑞士实际惩处的罪行以及请求国是否是善意的，来判定瑞士税务局是否应当进行征管协助。最后结合相关国际法案分析得出结论。

（四）理论依据与分析

本案例基本情况如下：法国曾两次向瑞士请求提供征管互助，针对两次请求税务当局提供了协助，联邦行政法庭作出不当协助的判决，联邦最高法院做出了的不同判定，本案例详细分析了其原因何在。所用到的相关理论依据有《税收征管互助法案》《法国—瑞士所得和财产税收协定（1966 年)》。

（五）关键点

第一，本案梳理了在 2012 年和 2014 年法国曾分别向瑞士联邦税务局提出了税收征管互助请求的基本情况，分析了为何联邦行政法庭和联邦最高法院的判定依据，加强了学员对税收征管互助、善意原则、国际诉讼等有关知识点的理解。

第二，通过对本案例的学习，使学生掌握税收征管互助的基本流程，分析基于数据泄露，税务机关能否向相关国家提供税收征管互助，并对为何联邦最高法院针对类似案例做出不同判定的原因进行了分析。

第三，通过分组讨论的学习方式，增强学生的团队合作能力和自我表达能力，以及培养学员对案例进行系统分析、逻辑推理并合理决策的能力。

（六）建议课堂计划

本案例的教学计划见表3-9。

表3-9 案例教学计划

案例教学计划	具体内容
教学时长	1个学时
课前计划	发放案例正文和思考题，要求学生在课前完成阅读并对思考题作答
课堂计划	1. 介绍税案始末，让学生了解案例的基本情况和焦点问题。 2. 将学生分成小组进行讨论，讨论本案中为何两次税收征管互助中联邦最高法院对联邦行政法庭的判决有不同裁定？然后每个小组派一名同学代表法国、瑞士税务局、联邦行政法庭和联邦最高法院等上台发言。 3. 归纳总结每个小组的发言，提出各小组的优缺点，并解答有争议之处。 4. 结合问题，回顾案例
课后计划	通过对本案例的学习，请同学们谈谈自己的收获和感悟（500字左右），并以word的形式上交

（七）案例的建议答案

基于2012年和2014年法国曾分别向瑞士联邦税务局提出了税收征管互助请求的基本案情，为何联邦联邦最高法院做出不同判定依据的原因简单总结如下：

法国曾在2012年和2014年分别向瑞士联邦税务局提出了税收征管互助请求，针对这两次请求，在初审阶段，联邦行政法庭（FAT）取消了瑞士联邦税务局（SFTA）的决定，不支持信息传递给法国税务部门，联邦最高法院依据《税收征管互助法案》第7（c）条和判断法国是否属于善意行事，在ATF143 II 202（2017年2月16日案件）中，裁定瑞士联邦税务局可以将信息发送给法国的决定，因为《税收征管互助法案》第7条不适用，并且法国的善意毋庸置疑。在ATF143 II 224（2017年3月17日案件）中，因为该决定涉及针对从国外一家银行（法国）窃取的数据提出的协助请求，这适用《税收征管互助法案》第7（c）条的第2部分，并且，法国单方面违反了其不使用Falciani数据的承诺。所以联邦行政法庭根据《税收征管互助法案》第7（c）条作出了协助请求不予受理的裁定：信息无法发送至法国。

（八）其他教学支持材料

本案例以幻灯片的形式进行辅助说明。

（九）思考题参考答案

（扫一扫）

（十）附件（相关法律法规条款）

1.《税收征管互助法案》第 7（c）条

如果该请求违反了善意原则，尤其是通过瑞士法律下的刑事犯罪获取的信息，则该请求将不予考虑。

2. 法瑞税收协定第 28 条第 1 款和第 2 款

在任何情况下均不得解释为对缔约国施加义务，提供在该缔约国或另一缔约国的法律或正常行政管理过程中无法获取的信息。

四、参考文献

[1] 埃里克·C. C. M. 坎梅伦. 全球税收协定判例集 [M]. 北京：中国税务出版社，2020.

[8] 杨志清. 国际税收 [M]. 2 版. 北京：北京大学出版社，2018.

第四篇
商品课税的国际协调案例

案例 4-1　B 公司 3D 打印技术侵权案

一、基础知识

（一）对数字化 3D 打印技术征收关税的必要性和可行性分析

1. 对数字化 3D 打印技术征税的必要性分析

对 3D 打印技术征收关税可引导、扶持境内 3D 打印行业发展。3D 打印行业作为新兴高科技产业，改变了传统制造业的发展趋势，对现代经济发展具有重要意义。3D 打印技术不但突破了传统实体制造只能依靠零部件生产加工再组装为产成品的技术壁垒，实现了一体化制造；而且使制造方式由减材制造升级为增材制造，有效节约了原材料；此外，3D 打印技术还可根据用户需求进行定制，实现多样化制造，为供求不匹配提供了有效解决路径。鉴于上述原因，《"十四五"智能制造发展规划》（征求意见稿）将 3D 列为"关键核心技术"。然而，3D 打印技术在中国的发展才起步，需要国家予以政策和制度上的支持。在近年来关税财政职能趋于弱化、贸易保护职能和调节职能逐渐成为主导的背景下，我国有望通过征收关税的方式来实现对国内 3D 打印技术发展的贸易保护。

对数字化 3D 打印图纸征收关税是税收公平的需要。3D 打印技术介入产品制造后，在一定程度上将实体货物的传统跨境贸易变成了数字化 3D 打印图纸的跨境贸易，从而导致 3D 打印对实体制造的大规模代替。根据荷兰银行和金融服务公司（ING）2017 年发布的报告，到 2060 年 50% 的制成品可以通过 3D 打印完成，25% 的世界贸易将被消解。由于实体货物的跨境贸易受海关监管，可以在入境时征收关税，但数字化 3D 打印图纸进出关境的形式为数据文件的电子传输，这不属于目前关税的征收对象，因为现行关税的征税对象是准许进出关境的货物和物品，从而使其脱离了海关监管。可见，3D 打印技术参与产品制造以后，货物的进出口形式发生了改变，一国无法对数字化 3D

打印图纸的跨境贸易征收关税，从而带来税收不公平问题。既然实体货物的跨境贸易要缴纳关税，通过电子传输的数字化产品跨境贸易也需要缴纳关税，因为数字化产品贸易只是将实体产品的跨境贸易变为数字化 3D 打印图纸的跨境提供，仍然属于销售性质。

2. 对数字化 3D 打印征收关税的可行性分析

区块链等计算机网络技术给数字化 3D 打印图纸征收关税提供了技术支持。对数字化产品征收关税的难点之一是海关网络信息监管技术不足，无法捕捉到数字化产品交易的发生和交易的内容。目前中国大力建设的区块链等技术已经逐步运用到税收领域，区块链作为共享数据库，存储于其中的数据或信息，具有"不可伪造""全程留痕""可以追溯""公开透明"和"集体维护"等特征，海关可从中获取正确完整且不能被篡改的交易数据，这为对经济行为征税提供了坚实基础。因此，区块链技术的发展及其在税收征管中的应用，有利于海关对数字化产品的跨境贸易进行监管与关税征收。

国家间税收情报交换机制网络的构建，有助于提高跨国涉税信息透明度。目前，我国已经初步构建起了包括双边税收协定、多边税收协定和专门的税收情报交换在内的国家间税收情报交换网络。截至 2021 年 7 月，我国内地（大陆）对外签署了 107 个避免双重征税协定，其中 101 个已生效，并与我国香港、澳门两个特别行政区签署了税收安排，与我国台湾签署了税收协议，这些税收协定协议和安排都设置了情报交换条款。我国于 2013 年签署了《多边税收征管互助公约》，其中列示了应请求的情报交换、自动情报交换、自发情报交换、同期税务检查和跨境税务检查这五种情报交换方式。我国还于 2015 年签署了《金融账户涉税信息自动交换多边主管当局间协议》，执行《共同申报准则》，并于 2018 年与其他国家（地区）税务主管当局完成第一次交换信息。并且先后与巴哈马、英属维尔京等 10 个国家或地区签订税收情报交换协定，对专项情报交换、境外税务检查、机密性要求、费用分担等内容进行了规定。通过积极向协定和条约缔约国发函，充分利用上述协定和条约中相关条款进行涉税情报交换，可在一定程度上减轻获取 3D 打印技术跨境交易信息的困难，实现对数字化 3D 打印技术的监管。

（二）数字化 3D 打印技术对关税征税规则的挑战

3D 打印技术对关税征税规则的冲击主要来自于 3D 打印制造代替实体制造，3D 打印图纸通过跨境电子传输代替实体产品出入关境，使关税征管制度应用于 3D 打印技术时失效。具体来说，数字化 3D 打印技术对关税征税规则的挑战主要体现在 3D 打印图纸的定性、估价、海关监管三个方面。

1. 数字化 3D 打印图纸使关税征税对象的性质不明确

想要对数字化 3D 打印图纸征收关税，首先要明确征税对象的性质，这直接关系到其对应的国际税收多边贸易规则的选择和征税方式。然而，迄今为止还没有将 3D 打印图纸定性为征税对象的直接依据。下面基于国际上使用最广泛且最具有权威性的 GATT 规则和 GATS 规则对"货物"和"服务"的表述规定，分析将 3D 打印图纸定性为关税征税对象的主要障碍。

（1）GATT 规则和 GATS 规则缺乏对"货物"和"服务"的明确界定。

作为 WTO 体系下使用最广泛的两种国际多边贸易规则，GATT 规则和 GATS 规则都没有对服务与货物进行直接定义，海关在对跨境贸易的交易内容定性时，通常根据交易内容的特性来进行区分。GATT 规则主要是对跨国货物贸易进行规范，它没有提及货物的概念；GATS 规则主要是对跨国服务贸易进行规范，它仅仅把服务贸易概括成跨境交付、境外消费、商业存在和自然人流动四种方式。这导致海关基本上是通过跨境交易内容的存在形式、流通形式、贸易方式等来综合确认其性质的。如，在存在形式上，货物具有实体形态，看得见摸得着；服务是劳务提供者提供的不具有实体形态的劳动成果。在流通形式上，货物需要经过运输来流通；而服务通常没有固定的流通过程。在贸易方式上，货物的生产和销售界限明显，要经过加工生产制造出产成品，在达成交易后，交付货物，转移货物所有权；服务的生产和销售交付是同时完成的，且不能产生完全相同的服务。

（2）对数字化 3D 打印图纸定性的障碍分析。

3D 打印图纸缺乏明确的定性依据。现存的法律法规都没有明确界定数字化 3D 打印图纸性质的条款，各类商品归类的准则和规则等也都没有对数字化 3D 打印图纸定性的内容，因为我国《进出口税则》中的商品归类、国际上 GATT 规则下的海关商品分类编码体系和 GATS 规则下的服务分类清单都编写于数字经济兴起之前，没有对数字化 3D 打印图纸是货物还是服务进行相关规定。

现有规则关于货物与服务的不完全、不清晰的界限划分，给数字化 3D 打印图纸的定性带来了极大的摇摆空间。由于 GATT 和 GATS 都没有对货物和服务进行直接定义，从而使货物和服务的划分存在一定的模糊地带，对跨境交易的数字化产品定性比普通的货物和服务更难。因为货物的生产有固定的生产标准，生产后产品通常有固定形态，可储存；服务一般无法进行标准生产，不可储存。而 3D 打印图纸，作为数据文件，无生产标准，容易被保存、被修改；并且，在存在形式上，数字化 3D 打印图纸是数据代码，具有无形性，似乎应该定义为服务；然而，实质上 3D 打印图纸的跨境电子传输是对实体货物进出关境的替代，可以用 3D 打印图纸的跨境贸易来代替消解的实体货物跨境贸易量，因而，数字化 3D 打印图纸定义为货物也有一定的道理。可见，数字化产品与货物和服务都有相似处也都存在区别，现行规则不能为数字化 3D 打印图纸提供定性依据。

2. 数字化 3D 打印图纸计税依据难以确定

获取商品的计税依据也是关税征收的重要环节，因为关税税额的计算离不开关税完税价格的参与，然而 3D 打印图纸的交易价格难以获取、价值难以确定，对其价格或价值的评估成为关税征收的又一挑战。

（1）现行估价方法不适用于数字化 3D 打印图纸的估价。

当今国际上大多依据 GATT 规则下的《WTO 海关估价协议》来确定进出口货物的关税完税价格。估价协议明确了要按序次选择符合相应条件的以下六种价格估计方法对货物进行估价：成交价格法、相同货物成交价格法、相似货物成交价格法、倒扣价格法、计算价格法以及其他合理估价方法。其中，成交价格法是最基础、最合理的估价方法，它要求交易内容真实、实际交易价格公允，海关再根据实际交易价格及期间发生的相关费用进行合理调整。相同货物和相似货物成交价格法对参照货物有如下要求：与进口货物同时或大约同时入境、成交价已被海关认可，在符合以上条件的参照货物基础上最低的成交价作为估价；如果是相似货物，还需满足与进口货物在材料特性、功能等一系列相似条件。倒扣价格法则是在进口货物或其参照货物的合理销售价格基础上，再扣减相关费用得到进口价格。计算价格法通常在生产商愿意提供成本数据和其他必要审核材料时，以生产成本为基础进行计算。其他合理估价方法是当以上方法均不能使用时，运用其他可获取的适合的真实数据进行估算。

国际上通行的完税价格估价方法难以对3D打印图纸进行估价。因为，在成交价格法下，实际交易价格以发票金额和银行流水作为依据，但在3D打印图纸这类数字化产品的跨境交易，产品交付、货款支付是通过互联网进行的，若交易双方不开具发票，即使有银行转账的发生，也不能确定交易标的物是什么。相同货物或相似货物价格法的局限在于，3D打印图纸一般是特殊定制的，不会出现同样或相似用途的参照物。倒扣价格法需要寻找销售价格，3D打印图纸进口后一般是被用来打印实体产品，并不会直接出售，也就不会有销售价格。计算价格法下3D打印图纸的生产成本难以确定，3D打印图纸是由计算机建模软件或者通过机器扫描得到的数据文件，难以像流水线生产实体货物一样精确计算生产成本。

（2）数字化3D打印图纸价值组成难以确定。

海关估价委员会于1984年制定的《关于软件海关估价的决议》（以下简称《决议》）对数字产品的估价方法进行了补充规定，不过还很不全面。《决议》针对计算机软件提出了如下估价方法：①载体的价格或价值；②载体和软件的交易价格。前一种方法中载体（指承载软件进出关境的储存物，如U盘、光盘）的价值比起软件的价值来说小到可以忽略不计，不仅不能起到关税壁垒的作用，还会影响海关效率。后一种方法中得到的完税价格会大很多，能为数字化产品跨境交易提供估价参考，但此方法仅限于线下传输的情形，因为只有数字化产品在进出关境依附于实物载体才能有估价依据。然而数字产品的传输更多的是依靠线上传输，无法界定其载体的存在和所交易数字产品的价值。并且3D打印图纸的价值主要来源于其打印的实体产品，而打印往往发生在3D打印图纸进口后的流通过程中。

3. 海关难以监管电子传输的3D打印图纸

除了数字化产品的无形性给3D打印图纸的定性和估价带来的关税征收挑战，3D打印图纸的无形性、虚拟性也给海关监管带来困难。一般来说，海关监管的范围被限制在实体货物领域，监管区域也局限在地理概念的关境内。数字化3D打印图纸是存在于互联网环境下的数据代码，具有虚拟性，跨境交易可以在没有实物载体的情况下随时瞬间通过互联网完成。因此3D打印图纸被排除在海关监管外，海关无法对其交易活动进行识别和追踪，关境形同虚设。

（1）海关难以及时识别交易并获取交易信息。

3D打印图纸跨境交易发生时，海关没有办法及时识别交易并获取交易信息。实体货物进行跨国交易，跨国交付时必须通过海关，受到海关体系的严格监管，商品原产地、价格、数量等交易信息可以在实际审核过程中获得。但对于数字化产品而言，通过线上洽谈协商、钱货相讫可轻松达成跨国交付，整个过程可以轻松脱离海关监管。除非企业之间的交易正规，愿意开具合规发票、提供银行付款凭证并且据实申报进出口，海关才能实现监管。这需要企业遵从度高、自我管理完善作为前提，现实中并不是所有企业都有高度纳税意识，尤其数字化产品极易传输、难以被税务机关察觉从而逃税违法成本降低。没有企业的配合，海关就不能获取交易信息流、资金流和执行核查，甚至不能识别跨境交易的发生，关税的征税对象、纳税主体和应纳税额等都无法确定。

（2）跨境交易后海关难以追踪稽查。

在3D打印图纸跨境交易后，海关很难对其开展追踪稽查。当纳税人发生偷逃税行为，引起交易价格不公允或者海关不能获取交易价格时，需要对3D打印图纸的价值进行估计，并以此为依据征收税款。此时，3D打印图纸的价值应取决于使用其打印出来的实体产品的价值，可中国的税收体系缺乏对数字化产品的监管制度，使得3D打印图纸入境后，打印出多少实体产品、是否存在再流通等使用信息和传输路径都无从可知。也就是说，即使3D打印图纸入境后，海关通过银行流水等发现了跨境交易的存在，也无法判断交易标的物及其价值，从而难以实现对关税的稽查追征。

当加工贸易企业将3D打印技术用于保税加工时，海关有义务对3D打印耗材使用情况和核销进行监管。根据现行规定，如果在产品生产制造过程中原材料的损耗超过合理范围，海关有理由进行核查，必要时也可以进行处罚。但是，使用3D打印技术生产产品是层层堆积耗材的增材制造方式，其原材料的损耗会远远小于传统行业去掉原材料多余部分成型的减材制造方式，因此现有的加工合理损耗定义不适合3D打印生产，有必要进行相应的修改。

二、B公司3D打印技术侵权案①

案例概述： 把3D打印技术应用于口腔治疗的美国A公司于2012年3月向国际贸易委员会（International Trade Commission，ITC）提起诉讼，控诉美国B公司和巴基斯坦C公司在生产和销售牙齿矫正模型过程中侵犯了其专利权。A公司在其提起的诉讼中认为B公司侵权的依据为337条款，侵犯专利权的标的物为从巴基斯坦C公司传输到美国B公司的牙齿矫正器的数字模型和数字数据等。2014年4月，ITC把数字化3D打印图纸定性为货物，并依据337条款认定B公司及其相关实体公司在3D打印图纸的电子传输过程中构成侵权。B公司对此判决不服，于2014年6月向联邦上诉法院（Court of Appeals for the Federal Circuit，CAFC）提出上诉。CAFC否认了ITC对数字化

① 1. 本案例由重庆市专业学位研究生教学案例库建设项目——《国际税收案例库》建设小组（重庆工商大学）成员彭宇琦、汤凤林撰写，作者拥有著作权、修改权、改编权，未经允许，本案例的所有部分不能以任何方式与手段擅自复制或传播。

2. 由于企业保密的要求，在本案例中对有关名称、数据等做了必要的掩饰性处理。

3. 本案例只供课堂讨论之用，并无暗示某种管理行为是否有效之意。

4. 本案例资料来源于：https://investor.aligntech.com/company-information/news.

3D 打印图纸的定性，且认为 ITC 没有对于通过电子传输到美国的数据文件的进口管辖权，ITC 限制并缩小了美国政府对数字化产品的管辖权。由此可见，本案中美国 ITC 和 CAFC 根据各自的立场和依据，对于数字化 3D 打印图纸通过电子传输进入美国有不同的理解，并做出不同的判决。通过对 A 公司牙齿矫正器本案中两级裁决机构判决分歧原因和判决依据的分析，有助于学生了解 3D 打印技术这类数字化新兴产品如何改变跨境商品流通形式进而对一国管辖权产生影响。

（一）案例背景

A 公司成立于美国特拉华州，是将 3D 打印技术运用于牙科的先锋，其主营业务为口腔治疗定位、扫描以及 CAD/CAM（计算机辅助设计及制造）数字服务系统的设计、制造和销售，这个系统可以用于牙科正畸、牙齿记录保存。B 公司是美国的一家畸形牙齿矫正医疗用品和设备的制造销售运营公司，其总部在美国休斯敦。C 公司是 B 公司在巴基斯坦成立的分公司，主要业务是进行数据调整分析，构建数据模型。

A 公司先于 2011 年 2 月向美国得克萨斯州地区联邦法院提起诉讼，控告 B 公司在得克萨斯州的运营机构制造和销售牙齿矫正器的过程侵权。之后，A 公司发现了美国休斯敦 B 公司与巴基斯坦 C 公司间的跨国运作关系，认为美国国际贸易委员会（ITC）在调查和处理进口侵权产品方面经验丰富，于是中止了在得克萨斯州地区联邦法院提起的诉讼，在 2012 年 3 月向 ITC 投诉美国 B 公司和巴基斯坦 C 公司违反了美国 1930 年《关税法》第 337 条，即美国 B 公司向巴基斯坦 C 公司进口了数字模型、数字数据和治疗计划，且由此制造和销售的牙齿矫正器和 3D 打印制造方法侵犯了 A 公司在美国已经登记有效且可执行的专利权，要求 ITC 对 B 公司实施 337 调查。

A 公司之所以认定 B 公司侵权，是因为 B 公司制造销售牙齿矫正器的过程与 A 公司的专利基本相同。A 公司的专利是使用扫描软件获取患者牙齿结构和定位数据构建三维数字模型，再结合 3D 打印技术制造实体的牙齿矫正器。而 B 公司在扫描获取患者齿列分布数据后，把数据传输给位于巴基斯坦的分公司 C。C 公司得到基础数据后完成三维数字建模，之后把三维数字模型数据传回 B 公司，由 B 公司完成 3D 打印，再把打印出来的实体牙齿矫正器提供给患者。A 公司和 B 公司制造过程中的三维数字模型就是 3D 打印图纸。B 公司制造销售牙齿矫正器过程如图 4-1 所示。

在整个案件审理过程中，ITC 与 CAFC 作出了不同的裁定。2014 年 4 月 3 日，ITC 就此诉讼作出最终裁决，认为从巴基斯坦 C 公司传回美国 B 公司的数据文件（digital files）即 3d 打印图纸是"货物"（articles），其电子传输（electronic transmission）构成"进口"（importation），因此认定 B 公司违反 337 条款，并对 B 公司及其相关实体公司颁布了停止令（Cease and desist orders）和禁止令（In rem exclusion orders）。其后，B 公司对 ITC 的裁决不服，于 2014 年 6 月 3 日向美国联邦巡回上诉法院提出上诉。上诉期间，CAFC 认为 B 公司及其实体公司使用与 A 公司相同的方法制造销售牙齿矫正器侵犯了 A 公司的专利权，但数据文件不能被认定为"货物"，从巴基斯坦 C 公司向美国 B 公司电子传输数据文件的过程中也没有构成进口，并且判定 ITC 不能以 337 条款来获取数据文件电子传输的进口管辖权。

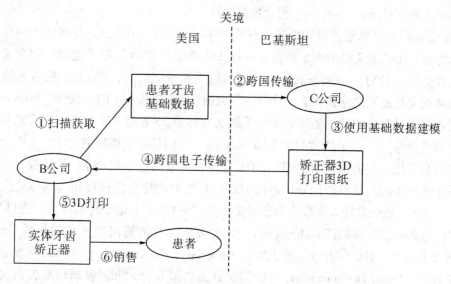

图 4-1　B 公司制造销售牙齿矫正器的过程

（二）案例焦点问题

在本案例中，CAFC 与 ITC 都判定 B 公司及其实体公司生产牙齿矫正模型的方法侵犯了 A 公司的专利权，但就数字化 3D 打印图纸是否是货物、电子传输是否构成进口的问题未能达成一致。因此，案例的焦点问题为巴基斯坦分公司 C 传回美国 B 公司的牙齿矫正器 3D 打印图纸是否能被定性为"货物"，美国 ITC 是否能够依据章程 337 条款对数字化 3D 打印图纸进口进行管辖。

（三）案例分析

从案例判决结果来看，ITC 与 CAFC 针对于数字化 3D 打印图纸是否能够被定性为货物、进而受到 337 条款的管制有完全不同的看法。下面从案例判决分歧产生的原因、ITC 与 CAFC 不同的观点和判决依据、判决意义等方面进行详细分析。

1. 案例判决分歧原因

在本案例中两级判决机构在案件审理过程中产生分歧的原因归结于：新兴 3D 打印技术改变跨境商品流通形式从而对美国 ITC 进口管辖权产生了负面影响。

据美国 337 条款规定，如果 ITC 认定进口的某项货物侵犯了美国的知识产权，就有权对这项产品进行管制并禁止入境。在一般情况下，货物进口指的是实体货物通过物理存在的关境进境，但由于 3D 打印技术的出现，实体牙齿矫正器的生产程序发生改变，货物的进出口形式也从实体产品经由海关入境转变为 3D 打印图纸的跨境电子传输入境；由于数字化 3D 打印图纸不具有实体，与传统意义上的货物有本质区别，数字化 3D 打印图纸的跨境电子传输就很难明确界定为进口货物。ITC 和 CAFC 的分歧正是集中在 3D 打印图纸是否在 337 条款中 "articles" 的释义范围内，进而判定 C 公司向 B 公司跨境电子传输的牙齿三维数字模型数据是否属于商品进口，美国 ITC 有无管辖的权力。

2. ITC 裁定结果："articles"包含数据文件

ITC 曾向公众征求意见以辅助案件审理。ITC 针对案件争议点，提出四个问题向公众征求意见：①数据文件的电子传输是否在 337 条款 "货物" 和 "进口" 的含义范围内？②在分析 "货物" 一词是否包括电子传输的数据文件时，ITC 是否应考虑到电子传输的数据文件是不是直接代表实体货物的数据？③337 条款中的 "处理"（processed）一词是否包括计算机的数据处理？④《美国法典》第 35 卷第 271 节 "用于实施专利技术的材料或设备" 一语中的 "材料"（a material）一词是否包括数字文件？这四个问题的答案对数字化 3D 打印图纸的定性和 ITC 对电子传输的数字化产品的管辖权有重要意义，其中第一个问题是核心问题。根据 ITC 在判决中的相关信息可知（具体公众意见数据未公布），公众意见大多数认为数据文件是 "货物"，其电子传输构成 "进口"。

ITC 为维护国内知识产权不受侵害，认为数字文件的跨境电子传输构成了侵权。2013 年 5 月 6 日，ITC 的首席行政法法官（Administrative law judge，"ALJ"）发布了他的初步裁定（Initial Determination，"ID"），认为美国 B 公司和巴基斯坦 C 公司侵犯了 A 公司在申诉中提到的专利权，但认为 C 公司在从巴基斯坦向美国的电子传输过程中没有侵权行为，因为这一过程超出了 ITC 有限的进口管辖权。然而，ITC 后来收集到的公众意见则认为数据文件是 "货物"，其电子传输构成 "进口"，违反了国贸中心的章程。ITC 在听取了各方意见后，基于 337 条款保护国内知识产权不受涉嫌侵权进口产品的侵害的目的，一致同意 "货物" 不能局限于物理实体，应该包括数据文件，其电子传输也构成了 "进口"。因此，ITC 最终同意了 A 公司的主张，判定 B 公司及相关实体公司违反了 337 条款，要求巴基斯坦 C 公司停止并以后都禁止其将 3D 打印图纸传输至美国。

3. CAFC 判决结果：337 调查仅限于有形实体

B 公司不服 ITC 的判决，于是向 CAFC 提出了上诉。最终，CAFC 推翻了 ITC 的裁决，认为数据文件的电子传输不构成《美国法典》第 19 卷关税含义范围内的进口货物，跨境电子传输也不属于 337 条款的管辖范围，同时把案件退回了 ITC。CAFC 判决后，涉案主体双方都没有再向最高法院提起上诉。基于此，ITC 最终决定，案件不存在 337 条款违法，并撤销在这次调查中发出的停止令和禁止令。

CAFC 在审判过程中重点对 "articles" 一词进行了解释。首先，337 条款中没有给 "articles" 明确的定义，而 1922 年《关税法》中的 "articles" 只代表着有形货物，在《商品名称及编码协调制度》中所列举的 "articles" 也仅限于有形货物。CAFC 甚至援引了雪佛龙诉美国自然资源保护委员会案件中产生的法院对行政机关解释所辖法规行为审查的司法标准，即 "Chevron deference" 规则。在此规则下，ITC 对 337 条款中 "articles" 是否包含数据文件，及其电子传输是否构成进口进行解释时，要明确以下标准：国会是否直接对此 "articles" 有确切的规定，如果国会的意图很明确，法院和行政机关必须贯彻国会明确表达的意图；但是，如果国会没有明确规定且在具体问题上保持沉默或模棱两可，行政机关要在法律法规的规定下对问题进行解释，不能把自己的观点强加在对问题的解释上。由分析可知，国会在立法过程中都是把 "articles" 局限于有形实体，没有明确表示数据文件能纳入 "articles" 的含义范围内；再则根据相关法律法规的规定，"articles"也指有形实体。因此，CAFC 认为 337 调查只能针对实体货物，数字化 3D 打印图纸不能够被定性为货物，数据文件从巴基斯坦 C 公司通过电子传输到美国 B 公司的过程不在 ITC 基于 337 条款的管辖范围内。

4. 判决意义

ITC 和 CAFC 的判决结果及依据都对解决数字化产品的定性问题与管辖权获得问题具有现实意义。

ITC 企图以对"articles"含义的解释进行扩张来把更多新兴的物品或现象纳入其管辖范围内，进而达到对国内产业进行保护的目的。1998 年，ITC 在 Hardware 案中，把 337 条款中的"articles"解释为附着在硬盘上的电子信息，进而把硬件逻辑仿真系统（包含硬件及软件）列为侵权产品，并禁止进口。在 B 公司 3D 打印图纸侵权案中，ITC 试图再次把数字模型文件纳入"articles"的释义下，把数字数据通过电子传输至美国视为进口，那案件中的 3D 打印图纸就构成了 337 条款下的进口产品侵犯了美国国内已经登记且执行有效的专利权。进一步说，ITC 就依据 337 条款获得了数据文件的进口管辖权。但是 CAFC 驳回了 ITC 的最终裁定，认为 337 调查权限不包括电子传输的数据信息。CAFC 此判决结果，拒绝将数字化 3D 打印图纸定性为货物，也将数字化产品排除在了 ITC 进口管辖权外，延缓了对数字化产品实现全程监管的进程。

法律的漏洞会带来机遇和挑战。对于 A 公司而言，面对脱离 ITC 监管的 3D 打印图纸侵权问题，其维权势必困难重重，但 A 公司的法定代表人仍表示会通过其他法律途径进行维权，其在美国得克萨斯州地区联邦法院提起的诉讼也已经恢复。此外，很多跨国企业从中看到了避税的机会，将知识产权转化为数字化 3D 打印图纸从国外传输至国内，可以避开向国内支付的专利费，还可用这个方法将利润转移至避税地。但若长期如此，美国国会方面必定会注意到 3D 打印图纸对贸易保护带来的冲击，进而从立法方面明确扩大"articles"的解释，使国家行政机关获得管辖权。

（四）案例启示

在本案中，缺乏对数字化 3D 打印图纸定性的合理合法依据是 ITC 管辖权缺失的重要原因。因 B 公司改变了牙齿矫正器的生产流程，并用 3D 打印图纸的跨境电子传输代替了实体产品进入美国，使得 ITC 与 CAFC 对 337 条款的适用性产生了分歧。ITC 基于对国内 A 公司的知识产权进行贸易保护视角，扩大"articles"的含义，通过 377 条款来获得对通过电子传输的数字化 3D 打印图纸的进口管辖权。可是，由于国家最高立法机构国会及相关法律中都缺乏把数据文件纳入"articles"范围下的规定，这意味着 ITC 并不具有 3D 打印图纸进口的管辖权。可见，明确合法的定性依据在本案中是解决管辖权缺失问题的重要基础。

从国家最高管理层面和国际规则层面进行法律条款的完善，可有效解决数字化产品监管问题。从前文的分析可知，数字化 3D 打印图纸这类数字产品的出现，给现有关税征管规则带来挑战，其中最主要的挑战是缺乏对数字化 3D 打印图纸定性的明确依据，现有货物估价方法只针对有形实体，海关监管也缺乏有效路径和技术。对此，要解决这些问题，中国也可以根据 3D 打印技术在国内的发展状况选择适合的贸易规则，并适当扩大"货物"或"服务"的释义范围，完善相关法律规定，对数字化3D打印图纸合理合法地进行定性，打破估价方法的实体局限，并给予海关明确的监管权限和监管路径，至于海关监管技术的不足，未来需要突破关境的物理局限，建立起数字关境。

对"货物"或"服务"的范围进行扩展时，应避免过度解释，以免破坏国际规则。关税的征收对象是跨国贸易中的货物或服务，不是单个国家国内税收问题，涉及国家间的外交，不能一味只为保护国内优质产业的发展，严重妨碍别国3D打印技术的跨国贸易，进而违反WTO规则提倡的贸易自由化。

三、案例使用说明

（一）适用对象与教学目的

1. 适用对象

案例主要适用于"国际税收"，也可以将本案例作为"税收筹划"课程的辅助案例。本案例的教学对象为税收学专业各个方向的本科生和研究生。

2. 教学目的

本案例体现了3D打印技术通过改变跨境商品流通形式对一国管辖权产生了影响，其实质为3D打印技术改变了商品进出关境时的形态，即由实体货物变成了无实体形态的数字化3D打印图纸。作为新兴的国际税收问题，对此案例进行解读和学习，有助于学生开拓发现和解决问题的能力。其次，通过认真思考课后问题，有助于解决3D打印图纸这类数字化产品给关税等流转税征收规则带来的挑战。

（二）思考题

1. 3D打印技术对关税征税规则是否有影响？如果有，其影响机理是什么？
2. 3D打印技术给关税征管会带来哪些挑战？有何应对方法？

（三）分析思路

先了解各个公司的生产经营模式，厘清B公司和C公司生产销售牙齿矫正模型的过程，判断B公司是否存在侵权行为；再分析ITC和CAFC在案件判决过程中的分歧原因，找出案件的焦点问题；然后结合相关法律法规规定，分析ITC和CAFC的判决结果和判决依据，并提出自己的看法；最后把分析结果进行讨论，得出相应的结论，并进行后续思考。

（四）理论依据与分析

本案例的焦点问题在于从巴基斯坦C公司通过电子传输至美国B公司的数字化3D打印图纸是否构成337条款内容中的"货物"进口。

ITC根据其保护美国国家利益的立场及群众意见，认为"货物"不能局限于物理实体，应该包括数据文件，其电子传输也构成了"进口"。CAFC依据现有相关制度规定中对"articles"的界定以及"Chevron deference"规则，认为337调查只能针对实体货物，数字化3D打印图纸不能够被定性为货物，数据文件从巴基斯坦C公司通过电子传输到美国B公司的过程不在ITC基于337条款的管辖范围内。

（五）关键点

本案例需要识别的主要知识点包括：3D打印技术对税收征管的影响机理、数字化产品的定性依据、数字化产品监管。

通过对税收案件进行全面分析，将理论教学和实践教学紧密联系起来。这可以培养学生获取信息并运用理论知识点对案例进行系统分析的能力，还可以在分析过程中加深理论知识的理解。

（六）建议的课堂计划

本案例的教学计划见表4-1。

表4-1 案例教学计划

案例教学计划	具体内容
教学时长	1个学时
课前计划	发放案例正文和思考题，要求学生在课前熟悉案例并对思考题作答
课堂计划	1. 介绍案件始末，让学生了解案例的基本情况和焦点问题。 2. 将学生分成小组讨论本案例中巴基斯坦C公司通过电子传输给美国B公司的数字化3D打印图纸是否构成337条款中的货物进口，并发表小组意见及依据。 3. 归纳总结每个小组的发言，提出各小组的优缺点，并解答有争议之处。 4. 结合问题，回顾案例
课后计划	整理思考题答案并提交

（七）案例的建议答案

美国目前没有相关法律法规明确规定数字化3D打印图纸可以被定性为"货物"，国会对此也没有确切规定，因此3D打印图纸不能被定性为货物，其电子传输也不构成进口，美国ITC对3D打印图纸的跨境电子传输不具有管辖权。但是依据税收公平原则以及为维护各国的税收权益，数字化产品需要被纳入各个税种的征收范围内。

（八）其他教学支持材料

本案例以幻灯片的形式进行辅助说明。

（九）思考题参考答案

（扫一扫）

（十）附件（相关法律法规条款）

1. 美国"337 条款"

美国国际贸易委员会如发现货物所有者、进口商或承销商及其代理人（1）将货物进口到美国或在美国销售时使用不公平竞争方法和不公平行为，威胁或效果是摧毁或严重损害美国国内产业，或阻碍该产业的建立，或限制或垄断了美国的贸易和商业；或者（2）将货物进口到美国、或为进口到美国而销售，或进口到美国后销售，而该种货物侵犯了美国已经登记的有效且可执行的专利权、商标权、版权或半导体芯片模板权，并且与这 4 项权利有关的产品有已经存在或在建立过程中的国内产业，则这些不公平竞争方法将被视为非法，美国应予以处理。

2. 美国 1930 年《关税法》（Tariff Act）第 337 条，后修正编入《美国法典》第 19 卷第 1337 节

根据该条款的规定，凡进口到美国的外国产品，不论以何种形式比如销售、出租、寄售等进入美国，若其侵犯了美国本土产业现有或正在建立中的合法有效的具有执行力的专利权、注册商标、著作权或外观设计（Mask Work）、专有技术等，即构成对 337 条款的违反，美国国际贸易委员会（ITC）都可进行调查。

四、参考文献

［1］鲁甜. 337 调查管辖范围的扩张趋势及我国对策［EB/OL］.（2017-08-01）［2023-12-06］. http://www.nipso.cn/onews.asp？id=37472.

［2］李斌. 互联网环境下跨境数字化产品海关估价征税的问题研究［D］. 北京：对外经济贸易大学，2016.

［3］彭宇琦. 数字化 3D 打印技术对关税征税规则的挑战及应对［D］. 重庆：重庆工商大学，2022.

案例4-2 美国家居电商 Wayfair 公司跨州缴纳销售税案

一、基础知识

（一）数字经济对常设机构带来的挑战

1. 数字经济对营业场所的挑战

数字经济下，企业的资源配置和业务开展更加灵活，互联网技术的发展使得企业的业务活动可以轻易地跨越地理障碍实现全球的运营和管理，从而减弱了对机构场所的依赖，不必通过设立实体机构销售货物、提供服务。企业完全可以通过虚拟的网络平台完成交易，将开发、设计、生产等核心经营业务全部剥离至境外，只通过虚拟的网络平台完成交易。以地理联系和物理存在为主要特征的常设机构规则已经无法反映具有数字经济特征的经济连接度，企业不设立营业场所也可以参与到一国的经济活动当中去。

以苹果的应用商店 App store 为例，遍布全球的应用程序开发商将开发完成的程序上传到应用商店，各国的手机用户可以自由选择下载并付费。应用商店类似于商场，用户是消费者。和商场不同的是，应用商店并不是实际存在的营业场所，只是一段数据所构成的一个虚拟交易平台，也就无法将其认定为常设机构。

2. 数字经济对固定性的挑战

数字经济本质是以数据为交易对象或者以数据为交易手段，而数据本身是虚拟的，借助服务器而存在，服务器是否能够构成常设机构？《OECD 税收协定范本》（以下简称《范本》）指出，服务器构成常设机构需要满足的条件之一是：服务器必须是固定的。如何判定处于某个特定地点的服务器是否固定，《范本》提出了以下两个标准：

第一，存在该服务器被移动的事实，而服务器是否具有移动的可能性并不重要。那么在实践中，服务器是否被移动过由谁来举证呢？如果由税务部门举证着实困难。

首先现实中服务器大多是租用的，其次企业也完全可以将网址在不同的服务器上进行迁移来避免服务器构成常设机构。

第二，服务器如果在某一确定地点存在足够长的一段时间，就可以被认为是"固定"的。那么"足够长的一段时间"究竟是多长？《范本》没有给出明确的标准，各国可根据自己的法制背景来明确，这就造成不同国家的差异，给国际税收征管带来了困难。

3. 数字经济对营业活动的挑战

信息交换技术被越来越多地运用到企业中，企业得以将很多核心营业活动剥离到境外或者线上，但是这并不意味着企业无需在收入来源国设立任何实体场所，因为诸如商品存储和物流配送等准备性、辅助性环节还是需要在收入来源国进行管控和调配，才最有利于经营活动的开展。但是，根据 OECD 范本和各国在税收征管实践中达成的共识，专门从事辅助性或准备活动的机构或者场所却被排除在常设机构的范围之外，基于税收公平原则，因其在整个价值形成和利润产生的过程中的贡献有限而豁免纳税。

数字经济也使得原来被视为准备性或辅助性服务的活动具有为企业带来主要收入的巨大潜能，成为企业价值创造过程中的不可或缺的主要部分。例如数字经济下的重要业务活动的代表：客户信息数据的收集。一些即时通讯软件（如 Facebook），通过为客户提供免费的信息交流平台，吸引大量的用户注册并使用。企业通过向这些客户投放广告、推送产品和提供服务来获取收入。然而，在现有常设机构规则下，这些活动被认定为准备性或辅助性的活动，也得到了税收减免，这显然与其实际创造的价值不相符。

同样，基于数字经济模式的企业可以将一项实质性的营业活动人为地拆分成若干个非营业性的辅助性活动在多地完成，从而承担各个分解活动的实体机构在各个国家都会被认定为从事准备性或辅助性活动，而都不会构成常设机构，从而逃避了收入来源地的税收征管。

（二）美国宪法里的 Commerce Clause（商业条款）

1. Commerce Clause（商业条款）具体内容

第八款：国会有权规定并征收税金、捐税、关税和其他赋税，用以偿付国债并为合众国的共同防御和全民福利提供经费；但是各种捐税、关税和其他赋税，在合众国内应划一征收；以合众国的信用举债；管理与外国的、州与州间的，以及对印第安部落的贸易；制定在合众国内一致适用的归化条例，和有关破产的一致适用的法律；铸造货币，调议其价值，并厘定外币价值，以及制定度量衡的标准；制定对伪造合众国证券和货币的惩罚条例；设立邮政局及延造驿路；为促进科学和实用技艺的进步，对作家和发明家的著作和发明，在一定期限内给予专利权的保障；设置最高法院以下的各级法院；界定并惩罚海盗罪、在公海所犯的重罪和违背国际公法的罪行；宣战，对民用船舶颁发捕押敌船及采取报复行动的特许证，制定在陆地和海面房获战利品的规则；募集和维持陆军，但每次拨充该项费用的款项，其有效期不得超过两年；配备和保持海军；制定有关管理和控制陆海军的各种条例；制定召集民兵的条例，以便执行联邦法律，镇压叛乱和击退侵略；规定民兵的组织、装备和训练，以及民兵为合众国服务时的管理办法，但各州保留其军官任命权，和依照国会规定的条例训练其民团的权力；对于由某州让与而由国会承受，用以充当合众国政府所在地的地区，握有对其一切事务的全部立法权；对于经州议会同意，向州政府购得，用以建筑要塞、弹药库、兵工厂、船坞和其他必要建筑物的地方，也握有同样的权力；并且为了行使上述各项权力，以及行使本宪法赋予合众国政府或其各部门或其官员的种种权力，制定一切必要的和适当的法律。

2. Commerce Clause（商业条款）适用范围的扩大

商业条款是《美国宪法》第一条第 8 款赋予美国国会的一项权力，它赋予国会"管制与外国以及几个州之间的贸易的权力"，商业贸易和相互作用的不同含义使该条款易于解释。美国最高法院的一系列案件形成了对商业条款的理解，扩大了其对航行、移民和歧视等问题的适用范围。根据商业条款扩大国会权力的第一个案例是吉本斯诉奥格登案。1824 年，最高法院裁定，纽约州授予的汽船航行垄断权无效，因为它禁止了新泽西州和纽约州之间的州际贸易。这项裁决意义重大，因为它确立了商业条款的适用范围超出州际贸易问题，包括州际贸易导航。1941 年，最高法院还利用商业条款支持州际自由移民。加州试图限制来到该州的移民人数，这项法律规定将非居民的贫困人口带进加利福尼亚州是一种犯罪行为。Edwardsv. California 对这项法律提出质疑，法院认为人是"商业物品"，因此移民流动是国会而不是各个州来监管的问题。在 20 世纪 60 年代，最高法院进一步扩展了商业条款，用它来为禁止不代表政府机构或不为政府机构工作的非国家行为者的歧视立法辩护，《第十四条修正案》保障的平等保护权只保护那些代表政府行事的国家行为者免受种族歧视，因此私营企业在法律上没有义务平等对待所有种族。法院认为，国会可以对顾客主要来自其他州的企业进行监管。1964 年，法院在《Katzenbach 诉 Mc Clung》一案中的判决将商业条款适用于一家餐厅，因为该餐厅主要为当地人服务，它的食物来自其他州。这两项决定确立了 1964 年民权法案的权力，将私营企业包括在内。虽然最高法院根据商业条款赋予国会多种权力，但也拒绝了与该条款的一些微妙的联系。例如，1995 年，国会试图禁止在学校区域使用枪支，理由是枪支的存在会创造一个不利于自由贸易的环境。商业条款具有多种应用，在某些情况下确实可以限制国会权力。

（三）美国宪法里的实体存在规则

实体存在规则（Physical presence rule）是指在税收征管领域，根据美国最高法院的判例法规定，一个州要求非本州企业征收销售税，必须具备该企业在该州有实体存在（如实际办公场所或雇佣员工）的要求。

这个规则来源于 1992 年美国最高法院案件"Quill Corp. v. North Dakota"的判决，判决中规定，除非一个企业在一个州有实体存在，否则该州不能强制要求该企业缴纳该州征的销售税。这个规则主要是为了保护跨州销售的企业，避免不同州之间的重复征税和负税等问题。

然而，随着电子商务的发展和互联网的普及，实体存在规则面临着挑战。一些州主张根据现代化的商业模式，对互联网销售进行税收征管的改革，以适应经济现实和公平竞争的需要。因此，实体存在规则目前在不同州之间有一定的争议和变化。

二、美国家居电商 Wayfair 公司跨州缴纳销售税案例①

案例概述： 本案例以美国家居电商 Wayfair 公司跨州缴纳销售税为背景，描写了南达科他州税务局就州外电商公司在本州销售货物应缴纳销售税的问题，状告外州电商 Wayfair 公司，在南达科他州税务局初审败诉的情况下，案件被上诉至最高法院。基于当下的经济模式环境等因素，最高法院做出最终判定，推翻了存在已久的实体存在规则，正式让跨州电商缴纳销售税成为事实。通过对本案例的学习，可以知道在美国跨州电商同样需要承担货物销售地的销售税，联邦最高法院给予了州税务机关征收销售税相关法律支持，本案对各国税务机关就跨境电商征收增值税这一现实问题也具有重要的借鉴价值。

（一）案例背景

1. 南达科他州诉外州电商公司 Wayfair 的缘由

美国电商 Nexus 概念（实体存在规则）的存在，一度不用向买家收取销售税，电商在商品售价上的优势，导致各州实体商家的生意不断被电商吞噬，电商的市场份额越来越大，但经电商征收上来的销售税越来越少。电商不征不缴销售税，给消费者所在州造成了大量的税收流失。据报道，美国各州加起来每年由此类原因导致的税收损失接近 80 亿~330 亿美金。本案例中被告是 Wayfair 公司，与其一同被南达科他州税务局提出上诉的还有其他两家外州电商公司。这三家公司在南达科他州境内都没有雇员或不动产，向该州境内销售的货物总额都达到了 S. 106 号法要求的最低征税标准，但没有一家公司向南达科他州缴纳了销售税。

为了能够使 S. 106 号法成为司法审查的依据，南达科他州首先提起了确认之诉，希望法院能宣布该法是有效的且对被告适用。其理由是，虽然依据 Bellas Hess 案和 Quill Corp 案两个相关案件判决书，S. 106 号法无效，但是法院有必要就当今的经济现状重新考量。同时，南达科他州还向法院申请了禁止令，要求被告 Wayfair 公司必须在本州注册执照并缴纳销售税。被告 Wayfair 公司则声称 S. 106 号法违宪。基于美国宪法中有关"商业条款"的原则，法院和南达科他州高级法院都认定南达科他州无权对外州电商公司征税，南达科他州税务机关败诉，最终案件被上诉至最高法院。

2. 南达科他州 S. 106 号法的出台始末

和大部分州一样，南达科他州税务局也向州内零售商品或服务的行为征收销售税；

---

① 1. 本案例由重庆市专业学位研究生教学案例库建设项目——《国际税收案例库》建设小组（重庆工商大学）成员吕文倩、汤凤林撰写，作者拥有著作权、修改权、改编权，未经允许，本案例的所有部分不能以任何方式与手段擅自复制或传播。

2. 本案例只供课堂讨论之用，并无暗示某种管理行为是否有效之意。

3. 本案例资料来源于美国最高法院判例——South Dakota v. Wayfair Inc., et al.

南达科他州还规定，如果销售者因为某些原因免交销售税，那么州内的消费者需要为他们购买的商品或服务缴纳与销售税同等税率的使用税。由于美国实施 Nexus 概念（实体存在规则），实体存在规则意味着除非零售商在一州有零售店面、事务人员或财产，否则该州无权要求该零售商交税；或者说外州公司只有在某州有实体存在时，该州才可向该公司征收销售税。作为销售者免交销售税的依据之一，税务局的统计，该规则的存在给南达科他州每年造成了 4 800 万至 5 800 万美元的税收流失；而南达科他州没有所得税，其财政收入的 60% 依赖于销售税和使用税的征收。于是 2016 年南达科他州颁布了 S.106 号法，该法指出无法对某些州外销售者征税的事实严重侵蚀了税基，造成了支撑该州公共服务的资金难以为继；并且，该法宣布南达科他州因为销售税的大量流失给本州带来了极大的财政压力。为了应对实体存在规则带来的困境，决定对州外销售者实施 106 号法。即只要满足：①每年向南达科他州境内输送的商品或服务的总值达 100 000 美元，或②参与 200 起以上向南达科他州境内输送商品或服务的交易，就会被视为在本州境内具有"实体存在"，从而需要向本州缴纳销售税。

3. Wayfair 公司的行业背景

Wayfair 公司由 Niraj Shah 和 Steve Conine 于 2002 年创立，是美国家居电商龙头，共收录了 1.2 万个品牌的 1 000 万种产品。公司在全球有超过 12 000 家供应商为其提供产品和服务，其中包括 Tempur-Pedic、Sealy 等大型家居品牌制造商和国内外的小型家居经营制造商。Wayfair 公司通过集中采购获得价格优势，依据客户的线上订单和地址安排第三方物流配送或自有配送服务，其中，约有 19% 的小件家居产品和 80% 的大件家具通过自有物流系统进行配送，这能大大缩短配送时间。2016 年，Wayfair 公司电商市占率达到 16.2%，仅次于亚马逊，位列美国家居电商市场第二位。美国的家居电商市场占有份额如图 4-2 所示。

图 4-2 2016 年美国家居电商市场占有率情况

此外，Wayfair 公司还能为消费者提供如下的高质量配送服务。

（1）为价值 49 美元及以上的产品提供免费送货。

大多数家居零售商需要根据距离和产品大小收取额外运送费用，但 Wayfair 公司对于任何价值 49 美元及以上的商品提供免费送货服务，并将大件家具送至门口。如果产品在运送过程中损坏或者消费者根本不喜欢产品的颜色及款式，消费者可以无偿退货。通过免费配送和无偿退货服务，Wayfair 公司保障了消费者权益和购物体验。

（2）自建物流系统，减少对第三方物流依赖。

公司 2015 年年初开始实施 CastleGate 计划，通过自己的仓库向消费者提供高质量的产品以满足次日或两日的交付保证。公司的专有物流网络有助于推动销售增长，以更快的送货时间和更好的送货上门服务增强消费者的购物体验，减少对第三方物流的依赖。Wayfair 公司的自建物流系统通过利用运输的规模经济来降低订单成本。

（二）焦点问题

本案的焦点问题：一是南达科他州设立的 S. 106 号法是否违宪；二是实体存在规则是否适用于跨州电商公司，即 Wayfair 公司是否需要对南达科他州缴纳销售税。

（三）案例分析

实体存在规则的存在，每年给美国的南达科他州造成了大量的税收流失，2016 年该州颁布了 S.106 号法，旨在向本州居民销售商品的外州电商收取销售税。南达科他州依据此法把包括 Wayfair 公司在内的几家大电商告上了法庭，要求履行销售税代收代缴义务。案子从审判法庭打到联邦巡回法庭，最后到了南达科他州最高法院，所有的裁决都是：依据联邦最高法院对 Bellas Hess 与 Quill Corp 案的裁决，南达科他州的该项法律违宪。最后，该案被上诉至美国联邦最高法院。

1. S. 106 号法是否违宪

关于 S. 106 号法是否违宪，需要从美国宪法里的商业条款（Commerce Clause）和实体存在规则两个方面分析判定。

（1）美国宪法里的 Commerce Clause。

美国宪法里的商业条款规定，美国国会享有制定、主导和规范美国与外国、美国州与州之间以及各州与印第安部落之间经贸活动的全部权力。由于各州州政府和立法机构考虑得更多的是本州利益，州立法或州政府解决经济纠纷存在一定局限性；涉及国家之间、州与州之间的经贸活动，由代表全体美国人民的国会来管理规范。虽然宪法将这种权力授予国会，但是在很多时候，为了维护各州之间的自由商务来往，国会无形之中会将一部分权力留给法院。

电子商务具有无边界的特性，对这种跨州、跨国、跨空域和时域商业活动的管束和规范，从征税角度来看涉及两个相关税种：销售税和企业所得税。美国税法关于电子商务的销售税和企业所得税的征纳税主体的规定如表 4-2 所示。

表 4-2　销售税与企业所得税征纳税主体

税种	纳税主体	税收机构
销售税	消费者（买家）	州和地方
企业所得税	电商（卖家）	联邦、州和地方

可见，联邦政府不征收销售税，只有各州和各地方政府在征收；征收销售税是州一层级的事务，州对跨州的电子商贸征收销售税是一种"越权"行为。美国国会在销售税上，也没有进行相应的规定，而是让各个州一级的立法机构自行处理，因此，国

家层面关于销售税的立法是不足的。

法院在处理州际征税案例时，认为只要各州不违反商业条款原则的要求，就可对州际商业活动征收税款。具体来说，法院是认可满足以下四个条件的州际征税的：①被征税对象在征税州有实体存在；②税率适当；③没有歧视州际商业活动；④与州所提供的服务密切相关。

由此可见，宪法赋予国会对跨州经贸活动的管辖权，国会在跨州经贸活动相关的销售税问题上迟迟没有出台相关法律，存在立法空白；各州政府通过自己立法对跨州电商公司征收销售税，南达科他州政府告电商 Wayfair 公司没有履行征缴销售税义务，电商 Wayfair 告州政府 S.106 号法违宪，直至诉讼到最高法院。因而进一步判定州政府依据 S.106 号法对跨州电商公司征收销售税的行为是否违宪的关键在于跨州电商是否在征税州有实体存在。

（2）实体存在规则。

实体存在联结是由 Bellas Hess 与 Quill Corp 两个案件引出的，具体内容如下。

①Bellas Hess v. Illinois（1967，Bellas Hess 公司起诉伊利诺伊州判例）。

在此案中，最高法院①认为 Bellas Hess 通过邮寄产品介绍图册、招揽客人电话下单、并通过物流寄送产品给客人的行为，并不构成最小关联。因为邮购公司和州内消费者的唯一联系是通过运输公司或美国邮政，不存在商业条款中所要求的最低程度关联。此外，在那个连电脑都不是那么普及的年代，让外州公司征收销售税，是个沉重负担，超出了合理的范畴。基于以上两点，Bellas Hess 方胜诉。同时，最高法院在此案中第一次提出了 Nexus 概念，并将 Nexus 简单定义为实体存在。这是最高法院首次明确一州若要向外州电商公司收取销售税，则必须要满足不能给跨州经贸增加过重负担的商业条款原则和实体存在规则，这意味着若州外零售商会因缴纳销售税而承担不合理的负担，以及零售商在一州若没有零售店面、事务人员或财产，则该州无权要求该零售商交税。

②Quill Corp v. North Dakota（1992，Quill Corp 公司起诉北达科他州判例）。

Quill 案判公司一方胜诉。一方面，在此案中，最高法院认定 Quill 这个软件公司当时卖了许多软件给 North Dakota 州的消费者，利润颇丰，不能说 Quill 和 North Dakota 没有关联，但这种关联又不源于实体存在。另一方面，North Dakota 州的想法是要在官司打赢之后，向 Quill 追溯过去 3 年的销售税。然而，由于 Quill 过去 3 年一直没有征收销售税，一旦被追溯，它不可能再找消费者索要税款，只能自掏腰包把税补上，同时还要面临各种罚款和利息，Quill 会面临破产倒闭的后果。更为严重的是，各州根据高院的判决，可以追溯所有适用的互联网公司。所以，高院最终只确认了实体存在规则仅仅只是构成 Nexus 中的一种情况，并根据"不能给跨州经贸增加过重负担"的商业条款原则，判 Quill 胜诉。根据 Bellas Hess 案②和本案，最高法院再次明确了各州政府要

---

① 最高法院不出台单独的司法解释，他们仅仅审理案件，并通过审理案件来确立审判原则与司法解释。

② 美国的法律框架：美国施行 common law system，这是说美国的法律由两大组成部分：第一是 common law，第二是 statutory law。所谓的 common law，简单来讲就是由法院裁定的过往案件。具体来讲就是前案的判决以及其所依据的法则、观点等，后案有责任遵从。换言之，前案立规矩，后案须遵从。

向州外电商公司征收销售税必须满足三个条件：电商需与该州构成 Nexus 关系、该州不得歧视外州电商、该州不得对外州电商造成不合理（合规）的负担。最高法院的工作是释法，定义 Nexus 的事情是国会和立法机构的事情。最高法院只说明"除了实体存在之外，还有其他情况也能构成 Nexus"，但是没有说明这些"其他情况"都是什么。由于国会和立法机构并没有对 Nexus 做进一步解释，这就使得在后来的一段时间里，电商们和整个法律实践上，基本都还是简单粗暴地认为，能构成 Nexus 的，只有实体存在规则，即雇员、仓库、办公室、库存等。

所以，从实体存在规则来说，南达科他州设立的 S.106 号法的确违宪了，因为 Wayfair 公司与南达科他州没有构成最小关联关系，因此，南达科他州不应向 Wayfair 公司征收销售税。但是，南达科他州当局并不认同此判决，遂向美国联邦最高法院上诉此案。

2. 最高法院的判定

案件上诉到最高法院，最高法院的九名法官，以五比四裁定，Bellas Hess 与 Quill Corp 两个案件所建立起来的实体存在规则，在当前的互联网时代是"不健全"和"不正确"的，从而推翻了之前所有法院依据 Bellas Hess 与 Quill Corp 两个案件所作出的判决。具体理由如下。

（1）实体存在规则虽然保护了跨州电商不被歧视，但实际会造成对本州实体公司的歧视。

最高法院在审判 Bellas Hess 和 Quill Crop 案时用到的商业条款原则的核心思想是为了避免跨州商业和电商受歧视初衷，强调不能给跨州电商造成不合理的合规负担。但对此案来说，实体存在规则的这种区别对待会导致本身相似的商业活动出现不同的纳税义务。州外的电商 Wayfair 公司往南达科他州卖了成千上万的商品却不用交销售税，不仅没有被歧视反而成了最大的获益者；对比南达科他州的实体公司，比如只有一个雇员的南达科他州小公司，它要承担代收代缴责任，这种倒转过来的只对实体公司征收销售税、不对州外的 Wayfair 公司征收销售税的做法，违背了设置商业条款原则的初衷，使那些本州的实体公司遭受不公平待遇。

（2）南达科他州设立的 S.106 号法遵循了商业条款原则。

商业条款其中一个原则是州政府不能对州际商业活动造成不合理的税收负担。在本案中，由于外州的商品在其本州销售时也是要交销售税的，S.106 号法允许南达科他州对跨州电商征收销售税这一行为，并没有给这些电商带来额外的税收负担。相反，S.106 号法还设有触发线，电商只有金额达到 10 万美元或达成 200 次交易及以上才需要缴纳销售税，这还在一定程度上豁免了部分小卖家和非专业卖家的征税负担。可见，南达科他州设立的 S.106 号法并没有给 Wayfair 公司带来不合理的税收负担。

基于以上几点，最高法院认为在电商经济不断发展的背景下，税收领域的实体存在规则应当被推翻，外州企业即使在本州内没有设立实体，在满足一定条件的情况下也需要缴纳销售税，所以最终判定南达科他州胜诉。

南达科他州胜诉意味着：南达科他州 S.106 号法没有违宪；根据 S.106 号法，Wayfair 公司有义务向南达科他州缴纳销售税。同时，此案标志着跨州电商正式缴纳销售税的开启。

（四）结论与启示

本案例详细描述了南达科他州税务机关打破实体存在规则征收跨州电商公司销售税的过程，具体涵盖了 Wayfair 公司、南达科他州税务机关以及最高法院三方的观点。在最高法院的判决下，实体存在规则已不适用跨州电商公司，所以 S. 106 号法不存在违宪的说法；同时 Wayfair 公司应根据 S. 106 号法的规定，向南达科他州缴纳销售税。

从跨州电商公司角度来看，一旦没有了实体规则的保护，跨州企业应根据各州的法律去注册经营执照；同时，销售税是消费者（买家）负担，跨境电商只是在交易发生时代收代缴，这不会增加卖家的成本，也不影响卖家的利润，唯一增加的是卖家的合规成本，所以跨州电商要尽量使公司内部合规化。

从税务机关角度来看，应根据本州实际情况来确定销售税规则，同时也要兼顾公平、效率原则；在征管方面，要注重税源的认定，加强对跨州电商公司的征管。

本案例的进一步启示：通过美国的跨州电商公司判决，可以衍生到跨境电商公司。首先，对于跨境电商公司来说，应该使其内部更加规范化，然后遵守各个国家的法律法规缴税。其次，对于各国的税收法律规范来说，应该尽快根据本地的实际情况设置关于跨境征收 VAT 的规则。最后，从税收征管来说，要公平对待实体公司与电商公司，税收征管流程要足够简化，避免加重纳税人额外税收负担，为全球的跨境电商征税创造良好的营商环境。

三、案例使用说明

（一）适用对象与教学目的

1. 适用对象

本案例主要适用于"国际税收"等课程。本案例的教学对象包含财经类的本科生和研究生，特别是税收学专业的本科生和研究生。

2. 教学目的

一是使学生对相关知识具有感性的认识及深入的思考，其中包括的知识点有跨境电商实际商品税收征管、实体规则存在等问题。二是培养学生的辩证、逻辑思维方式。引导学生运用类比法、逆向思维和多向思维、归纳总结等方法去分析和学习，随着经济环境的变化，实体存在规则的适用条件也要发生变化，从而避免机械地学习、记忆。三是便于教师采用启发式教学、发现式教学、研究式教学等教学方法的灵活运用，以打破教师在课堂上"一言堂"，通过课堂的引导性提问，如提出实体存在规则若不适用于跨州电商，那么何种方式适用于跨州电商等问题，充分调动学生的积极性，启发学生思维，参与教学过程，将被动学习变为主动学习。

（二）启发思考题

1. 跨境电商税收征管存在哪些问题？
2. 如果跨州电商不适合实体存在规则，又该适应何种规则？
3. 我国应如何对跨境电商进行税收征管？

（三）分析思路

先在梳理案例背景基础上，明确本案例的焦点问题，即南达科他州设立的 S. 106 号法是否违宪、实体存在规则是否适用于跨州电商公司；然后根据美国宪法里的 Commerce Clause（商业条款）和实体存在规则，分析 S. 106 号法的确违宪；然而，随着电商经济的不断发展，S. 106 号法没有违背商业条款规则，实体存在规则还导致了对州内实体公司遭受歧视，因此，最高法院判定 S. 106 号法合宪，WAYFAIR 公司应当向南达科他州缴纳销售税。

（四）理论依据及分析

本案例中的两个焦点问题需要合在一起分析。实体存在规则是否适用于跨州电商公司是判定 S. 106 号法是否违宪的基础。

根据美国宪法里的 Commerce Clause 和实体存在规则，S. 106 号法的确违宪，因为它有悖于 Bellas Hess 与 Quill Corp 两个案件中所建立起来的实体存在规则。但最高法院认为，随着电商经济的不断发展，S. 106 号法没有违背商业条款规则，即南达科他州并没有对外州电商造成不合理（合规）的负担；不仅如此，实体存在规则还导致了对州内实体公司遭受歧视，因此，最高法院认为，在电商经济不断发展的背景下，税收领域的实体存在规则应当被推翻，外州企业即使在本州内没有设立实体，在满足一定条件的情况下也需要缴纳销售税；最高法院最终判定南达科他州胜诉，S. 106 号法合宪，Wayfair 公司应当向南达科他州缴纳销售税。

（五）关键点

本案例中需要识别的知识点有：跨州电商征税与实体存在规则。在本案之前，根据美国的税法，销售税只能是由消费者向本州缴纳，电商也只需要在存在实体设施的地区向该州缴纳企业所得税，也即跨州的电商公司销售货物，并不需要在销售地区缴纳销售税。而实体存在规则，根据 Bellas Hess 与 Quill Corp 两个案件引出的概念，代表着各州政府要向州外电商公司征收销售税，除非州外电商公司在一州有零售店面、事务人员或财产，即该电商公司需与该州构成最小关联关系，否则该州无权要求该电商公司交税。实体存在原则也成为了外州公司只有在某州有实体存在时，该州才可向该公司征收销售税的重要条件之一。

通过对本案例的 Wayfair 公司学习，一方面可以培养学生快速获取案例基础信息的能力，如美国宪法里的 Commerce Clause，S. 106 号法的具体规定，Bellas Hess 与 Quill Corp 两个案件的判决情况等；另一方面通过探讨经济环境变化后的跨州电商公司是否应该缴纳销售税，增强学生表达能力和团队合作能力，以及培养学生对案例进行系统分析、逻辑推理并合理决策的能力。

（六）建议课堂计划

本案例可以作为专门的案例讨论课来进行（具体教学计划见表4-3）。

表4-3　案例教学计划

案例教学计划	具体内容
教学时长	1个学时
课前计划	发放案例正文和思考题，要求学生在课前完成阅读并对思考题作答
课堂计划	1. 介绍税案始末，让学生了解案例的基本情况和焦点问题。 2. 将学生分成小组进行讨论，讨论实体存在规则是否适用于对跨州电商征税，并说明理由，然后每个小组派一名同学上台发言。 3. 评论每个小组的发言，归纳总结各小组的优缺点，对争议之处作出解答。 4. 结合问题，回顾案例
课后计划	整理思考题答案，写在作业本上并提交

（七）案例的建议答案以及相关法规依据

根据最高法院的判决，Wayfair公司应根据S.106号法的规定：州外零售商只要每年向南达科他州境内输送的商品或服务的总值达100 000美元，或参与200起以上向南达科他州境内输送商品或服务的交易，就会被视为在本州境内具有"实体存在"，就需要向本州缴纳4.5%的销售税。

（八）其他教学支持材料

本案例以幻灯片的形式进行辅助说明。

（九）思考题参考答案

（扫一扫）

（十）附件（相关法律法规条款）

1. 美国宪法第八款

国会有权规定并征收税金、捐税、关税和其他赋税，用以偿付国债并为合众国的共同防御和全民福利提供经费；但是各种捐税、关税和其他赋税，在合众国内应划一征收；以合众国的信用举债；管理与外国的、州与州间的，以及对印第安部落的贸易；制定在合众国内一致适用的归化条例，和有关破产的一致适用的法律；铸造货币，调议其价值，并厘定外币价值，以及制定度量衡的标准；制定对伪造合众国证券和货币的惩罚条例；设立邮政局及延造驿路；为促进科学和实用技艺的进步，对作家和发明家的著作和发明，在一定期限内给予专利权的保障；设置最高法院以下的各级法院；界定并惩罚海盗罪、在公海所犯的重罪和违背国际公法的罪行；宣战，对民用船苹颁发捕押敌船及采取报复行动的特许证，制定在陆地和海面房获战利品的规则；募集和维持陆军，但每次拨充该项费用的款项，其有效期不得超过两年；配备和保持海军；制定有关管理和控制陆海军的各种条例；制定召集民兵的条例，以便执行联邦法律，镇压叛乱和击退侵略；规定民兵的组织、装备和训练，以及民兵为合众国服务时的管理办法，但各州保留其军官任命权，和依照国会规定的条例训练其民团的权力；对于由某州让与而由国会承受，用以充当合众国政府所在地的地区，握有对其一切事务的全部立法权；对于经州议会同意，向州政府购得，用以建筑要塞、弹药库、兵工厂、船坞和其他必要建筑物的地方，也握有同样的权力；并且为了行使上述各项权力，以及行使本宪法赋予合众国政府或其各部门或其官员的种种权力，制定一切必要的和适当的法律。

2. 南达科他州 S. 106 号法律文件

州外零售商只要①每年向南达科他州境内输送的商品或服务的总值达 100 000 美元，或②参与 200 起以上向南达科他州境内输送商品或服务的交易，就会被视为在本州境内具有"实体存在"，就需要向本州缴纳 4.5%的销售税。

四、参考文献

［1］美国最高法院判例. South Dakota v. Wayfair Inc., et al ［EB/OL］. (2017-04-16)［2024-03-16］. https://www.supremecourt.gov/opinions/17pdf/17-494_j4el.pdf.

［2］杜莉. 国际税收 ［M］. 上海：复旦大学出版社，2019.

［3］朱青. 国际税收 ［M］. 北京：中国人民大学出版社，2021.

［4］杨志清. 国际税收 ［M］. 2 版. 北京：北京大学出版社，2018.